E-Mail: walhalla@walhalla.de
http://www.walhalla.de

Walhalla Fachverlag · Haus an der Eisernen Brücke · 93042 Regensburg
Telefon (09 41) 56 84-0 · Telefax (09 41) 56 84-1 11

Dieter Klotz · Wilfred Arntz-Kohl

Meine Rechte danach

Die Versorgung der Berufssoldaten

14., neu bearbeitete Auflage

Von A wie Abflachung der Versorgungsbezüge bis Z wie Zulagen

WALHALLA FACHVERLAG

Bibliografische Information Der Deutschen Bibliothek
Die Deutsche Bibliothek verzeichnet diese Publikation in der Deutschen Nationalbibliographie; detaillierte bibliographische Daten sind im Internet über http://dnb.ddb.de abrufbar.

Zitiervorschlag:
Klotz, Dieter/Arntz-Kohl, Wilfred, Meine Rechte danach
Walhalla Fachverlag, Regensburg, Berlin 2006

Hinweis: Unsere Werke sind stets bemüht, Sie nach bestem Wissen zu informieren.
Die vorliegende Ausgabe beruht auf dem Stand von März 2006. Verbindliche Rechtsauskünfte holen Sie gegebenenfalls bei Ihrem Steuerberater, Rechtsanwalt oder Ihrer Wehrbereichsverwaltung ein.

Produktion: Walhalla Fachverlag, 93042 Regensburg
Umschlaggestaltung: Gruber & König, Augsburg
Druck und Bindung: Westermann Druck Zwickau GmbH
Printed in Germany
ISBN 10: 3-8029-6264-8
ISBN 13: 978-3-8029-6264-6

Nutzen Sie das Inhaltsmenü:
Die Schnellübersicht führt Sie zu Ihrem Thema.

Schnellübersicht

Schnellübersicht

Schnellübersicht

Vorwort zur 14. Auflage

Nichts ist so stetig wie der Wandel, aber nicht jeder Wandel bedeutet Fortschritt. So haben sich seit der 13. Auflage dieses Buches sehr viele gesetzliche Grundlagen, die die Versorgung des Berufssoldaten betreffen, geändert.

Die „Nach-Nachfolger" im Versorgungsreferat der Bundesgeschäftsstelle Bonn des Deutschen BundeswehrVerbandes haben das durch Hermann Giesen und Ernst Schleicher geschaffene Grundwerk gründlich überarbeitet.

Aber bereits seit Erscheinen der 13. Auflage mit Stand Juli 2004 haben sich so viele Änderungen/Neuerungen ergeben, dass eine neue Auflage erforderlich war.

Damit gibt es für den ausscheidenden Berufssoldaten wieder eine umfassende und aktuelle Hilfestellung zur Information über die zahlreichen Gesetze, Verordnungen und Verwaltungsvorschriften, die er im Zusammenhang mit einem Dienstende unterschiedlichster Art kennen sollte.

Die Versorgung aller Statusgruppen der Soldatinnen und Soldaten der Bundeswehr bildet einen wesentlichen Schwerpunkt der Verbandsarbeit, sodass diese Neuauflage zugleich auch stellenweise eine Art Rechenschaftsbericht über das neu Erreichte bzw. die Mosaiksteine des bewahrten Bestandes darstellt. Die diesen Druckstand verändernde „Tagesaktualität" finden Sie in unserem Verbandsmagazin „Die Bundeswehr", das monatlich erscheint, und auf unseren Web-Seiten unter www.dbwv.de.

Bonn/Berlin

Bernhard Gertz
Bundesvorsitzender des Deutschen BundeswehrVerbandes

Hinweis

Dieses Taschenlexikon behandelt aus der Sicht beratungserfahrener Praktiker die typischen Versorgungsprobleme, mit denen Berufssoldaten im Zusammenhang mit der Beendigung ihrer Dienstzeit und als Versorgungsempfänger oder Reservisten häufig konfrontiert werden.

Das Taschenlexikon verzichtet bewusst auf allzu viele Verweisungen auf Paragraphen, Gesetze, Verordnungen und Erlasse in der Erkenntnis, dass der Leser regelmäßig ohnehin nicht in der Lage ist, die entsprechenden Bestimmungen beziehungsweise sonstige Fundstellen über Schrifttum einzusehen. Ebenso wurde weitestgehend auf einen wissenschaftlich-juristischen Sprachstil verzichtet.

Für die Benutzung sei jedoch der Hinweis gestattet, dass ein Großteil der in diesem Ratgeber zitierten Vorschriften im *Deutschen Bundeswehr-Kalender* (ebenso im Walhalla Fachverlag erschienen, ISBN 3-8029-6030-0) abgedruckt ist. Der *Deutsche Bundeswehr-Kalender* ist bei jeder Kameradschaft des Deutschen BundeswehrVerbandes vorhanden.

Eine Zusammenstellung von Vorschriften, die mehr auf den Bedarf des ehemaligen Soldaten ausgerichtet ist, finden Sie in der einbändigen Loseblatt-Sammlung „Handbuch für ehemalige Soldaten und Beamte der Bundeswehr" (Walhalla Fachverlag, ISBN 3-8029-6031-9).

Die in diesem Ratgeber beantworteten Fragen und Probleme können, obwohl sie aus der jahrelangen Beratungspraxis im Verbandsleben erarbeitet wurden, natürlich nicht alle Versorgungsfragen abdecken. Versorgungsfälle sind häufig so kompliziert, dass es einer juristischen Beratung bedarf. Hierfür stehen die Vertragsanwälte des Deutschen BundeswehrVerbandes, aber auch die Bundesgeschäftsstelle des Verbandes den Mitgliedern zur Verfügung.

Dem nach alphabetischen Stichworten aufgebauten Lexikon ist ein Stichwortverzeichnis nachgestellt (Seite 358 ff.), das auch auf wichtige Unterbegriffe verweist, die den in der Schnellübersicht aufgeführten Hauptstichworten nachgeordnet sind.

Die ausgearbeiteten Berechnungsbeispiele beziehen sich nicht auf die Grundlage eines bestimmten Standes der Besoldungstabellen; sie sollen lediglich einen Anhaltspunkt für den Berechnungsvorgang liefern.

Abkürzungen

AAÜG	Anspruchs- und Anwartschaftsüberführungsgesetz
AFG	Arbeitsförderungsgesetz
AG	Amtsgericht
AltEinkG	Alterseinkünftegesetz
ATN	Ausbildungs- und Tätigkeits-Nachweis
AVG	Angestelltenversicherungsgesetz
AVmEG	Altersvermögensergänzungsgesetz
AVR	Ausbildungs- und Verwendungsreihe
AVZ	Auslandsverwendungszuschlag
Az.	Aktenzeichen
BAG	Bundesarbeitsgericht
BayVG	Bayrisches Verwaltungsgericht
BesGrp	Besoldungsgruppe
BBesG	Bundesbesoldungsgesetz
BBesO	Bundesbesoldungsordnung
BBVAnpG	Bundesbesoldungs- und -versorgungsanpassungsgesetz
BDA	Besoldungsdienstalter
BeamtVG	Beamtenversorgungsgesetz
BFD	Berufsförderungsdienst
BFH	Bundesfinanzhof
BGB	Bürgerliches Gesetzbuch
BGBl	Bundesgesetzblatt
BGH	Bundesgerichtshof
BhV	Beihilfevorschriften des Bundes
BMAuS	Bundesministerium für Arbeit und Sozialordnung
BMF	Bundesministerium für Finanzen
BMI	Bundesministerium des Innern
BMJ	Bundesministerium für Justiz
BMVg	Bundesministerium der Verteidigung
BO	Berufsoffizier
BO41	Berufsoffizier (bis zum 41. Lebensjahr)
BPflV	Bundespflegesatzverordnung
BRAGO	Bundesrechtsanwalts-Gebührenordnung
BRRG	Beamtenrechtsrahmengesetz
BS	Berufssoldat
BSG	Bundessozialgericht
BStBl	Bundessteuerblatt
BSZG	Bundessonderzahlungsgesetz

BU	Berufsunfähigkeit
BUKG	Bundesumzugskostengesetz
BVerfG	Bundesverfassungsgericht
BVerfGE	Bundesverfassungsgericht – Entscheidungen
BVerfGG	Gesetz über das Bundesverfassungsgericht
BVerwG	Bundesverwaltungsgericht
BVG	Bundesversorgungsgesetz
Bw	Bundeswehr
BwSw	Bundeswehrsozialwerk
DBA	Dienstbeschädigungsausgleich
DBV	Deutsche Beamten-Versicherung
DBwV	Deutscher BundeswehrVerband
DE	Diensteintritt
DFS	Deutsche Flugsicherung
DÖD	Der öffentliche Dienst (Zeitschrift)
DÖV	Die öffentliche Verwaltung (Zeitschrift)
DZE	Dienstzeitende
EFG	Entscheidungen der Finanzgerichte (Entscheidungssammlung)
EGBGB	Einführungsgesetz zum Bürgerlichen Gesetzbuch
EheRG	Ehereformgesetz
EinsatzVG	Einsatzversorgungsgesetz
ELOKA	Elektronische Kampfführung
ERH	Ehemalige, Reservisten, Hinterbliebene
EStG	Einkommensteuergesetz
EU	Erwerbsunfähigkeit
EuGH	Europäischer Gerichtshof
EURES	European Employment Services
FA	Fachausbildung
FAMRZ	Familienrechtszeitschrift
FöG	Förderungsgesellschaft DBwV
FWDL	Freiwillig Wehrdienstleistender
GdB	Grad der Behinderung
GG	Grundgesetz
GKG	Gerichtskostengesetz
GKV	Gesetzliche Krankenversicherung
GOÄ	Gebührenordnung für Ärzte
GOZ	Gebührenordnung für Zahnärzte
GRV	gesetzliche Rentenversicherung
GWDL	Grundwehrdienstleistender

heRG	höchstens erreichbares Ruhegehalt
i. V. m.	in Verbindung mit
i. d. F.	in der Fassung
JPD	Juristischer Pressedienst
KHEntgG	Krankenhausentgeltgesetz
KK	Krankenkasse
KKBw	Kleiderkasse der Bundeswehr
KV	Krankenversicherung
KVdR	Krankenversicherung der Rentner
LG	Landgericht
LHD	LH Dienstbekleidungsgesellschaft mbH
LSG	Landessozialgericht
MdE	Minderung der Erwerbsfähigkeit
MHG	Gesetz zur Regelung der Miethöhe
NAMSA	NATO Maintenance and Supply Agency
NJW	Neue juristische Wochenschrift
NVA	Nationale Volksarmee
NVwZ	Neue Zeitschrift für Verwaltungsrecht
NZWehrr	Neue Zeitschrift für Wehrrecht
OLG	Oberlandesgericht
OTL	Oberstleutnant
OVG	Oberverwaltungsgericht
PersAnpassG	Personalanpassungsgesetz
PflV	Pflegeversicherung
PK	Personenkennziffer
PKV	Private Krankenversicherung
PPV	Private Pflegeversicherung
PzInstFw	Panzerinstandsetzungs-Feldwebel
RÜG	Rentenüberleitungsgesetz
RVO	Reichsversicherungsordnung
SaZ	Soldat auf Zeit
SG	Soldatengesetz
SG	Sozialgericht
SGB	Sozialgesetzbuch
SLV	Soldatenlaufbahnverordnung
SoZR	Sozialrecht (Entscheidungssammlung)

StFw	Stabsfeldwebel
StHptm	Stabshauptmann
StoKa	Standortkameradschaft
SUV	Soldatenurlaubsverordnung
SVG	Soldatenversorgungsgesetz
SVÜV	Soldatenversorgungs-Übergangsverordnung
StKl	Steuerklasse
TGV	Trennungsgeldverordnung
TVöD	Tarifvertrag für den öffentlichen Dienst
Tz	Teilziffer
UKV	Umzugskostenvergütung
USK	Urteilssammlung für die gesetzliche Krankenversicherung
USG	Unterhaltssicherungsgesetz
VAHRG	Versorgungsausgleichshärteregelungsgesetz
VBK	Verteilungsbezirkskommando
VBL	Versorgungsanstalt des Bundes und der Länder
VergGr	Vergütungsgruppe
VersÄndG	Versorgungsänderungsgesetz
VersorgNG	Versorgungsnachhaltigkeitsgesetz
VersR	Versicherungsrecht (Entscheidungssammlung)
VG	Verwaltungsgericht
VGH	Verwaltungsgerichtshof
v. H.	vom Hundert
VMBl	Ministerialblatt des Bundesministers der Verteidigung
VReformG	Versorgungsreformgesetz
VV	Verwaltungsvorschriften
VwGO	Verwaltungsgerichtsordnung
VwVfG	Verwaltungsverfahrensgesetz
WBGA	Wehrbereichsgebührnisamt
WBO	Wehrbeschwerdeordnung
WBV	Wehrbereichsverwaltung
WDB	Wehrdienstbeschädigung
WDO	Wehrdisziplinarordnung
WoBauG	Wohnungsbaugesetz
WPflG	Wehrpflichtgesetz
WÜ	Wehrübende
ZBR	Zeitschrift für Beamtenrecht
ZDv	Zentrale Dienstvorschrift

Abflachung der Versorgungsbezüge

Das Bundesbesoldungs- und -versorgungsanpassungsgesetz 2003/2004 (BBVAnpG 2003/2004) ist nach seiner Verkündung im Bundesgesetzblatt am 15.09.2003 in Kraft getreten und damit endgültig rechtswirksam geworden. Damit hat aber auch zugleich die Umsetzung des durch das so genannte → Versorgungsänderungsgesetz geregelten abgeflachten Anstiegs der Versorgungsbezüge begonnen.

Bekanntlich bedeutet dies konkret, dass bei den 8 nach dem 31.12.2002 erfolgenden allgemeinen Erhöhungen der Besoldungs- und Versorgungsbezüge (also nicht bei Einmalzahlungen) durch die Anwendung so genannter Anpassungsfaktoren der Anstieg der Versorgungsbezüge – auch der Hinterbliebenen – in geringerem Umfange erfolgt als bei den aktiven Kameraden in der Besoldung. Für die entsprechende Erhöhung im Jahre 2003 hatte dies in der 1. Stufe zur Folge, dass die Versorgungsbezüge statt um 2,4 v. H. lediglich um 1,86 v. H., bei den beiden Anpassungen für das Jahr 2004 im Rahmen der 2. und 3. Stufe nur um jeweils 0,46 v. H. statt 1 v. H. gestiegen sind. Bezogen auf den an sich erdienten Ruhegehaltssatz (zum Beispiel 75 v. H.) bewirkt dies, dass faktisch die Pension mit einem geringeren als dem an sich erdienten Ruhegehaltssatz gewährt wird.

Versorgungsänderungsgesetz 2001: Beispiel für die Absenkung der Versorgungsbezüge durch Anpassungsfaktoren

Besoldungserhöhung (mögliches Jahr)	Ruhegehaltfähige Dienstbezüge (in EUR)	Ruhegehaltfähige Dienstbezüge nach Anpassung (+ je 2 v. H.) (in EUR)	Anpassungsfaktor	Ruhegehaltfähige Dienstbezüge nach Anpassungsfaktor (in EUR)	Ruhegehalt (57,31 v. H.) (in EUR)	abgesenkter Ruhegehaltssatz (in v. H.)
2002	2 329,01	–	–	–	1 334,76	–
1. (2003)		2 375,59	0,99458	2 362,71	1 354,07	57,00
2. (2004)		2 423,10	0,98917	2 396,86	1 373,64	56,69
3. (2005)		2 471,56	0,98375	2 431,40	1 393,43	56,38
4. (2006)		2 520,99	0,97833	2 466,36	1 413,47	56,07
5. (2007)		2 571,41	0,97292	2 501,78	1 433,77	55,76
6. (2008)		2 622,84	0,96750	2 537,60	1 454,30	55,45
7. (2009)		2 675,30	0,96208	2 573,85	1 475,07	55,14
8. (2010)		2 728,81	0,95667	2 610,57	1 496,12	54,83

Ohne Versorgungsänderungsgesetz: 57,31 v. H. von 2 728,81 EUR = 1 568,88 EUR

Es zeigt sich, dass das Ruhegehalt zwar betragsmäßig weiterhin ansteigt, faktisch jedoch der Ruhegehaltssatz von 57,31 v. H. auf 54,83 v. H. abgesenkt wird. Mithin handelt es sich entgegen den Beteuerungen des Gesetzgebers um eine verkappte Pensionskürzung.

Durch das zeitliche Zusammenfallen von Besoldungs- und Versorgungserhöhungen und der jeweiligen Anwendung der Anpassungsfaktoren wird erreicht, dass dem Pensionär/den Hinterbliebenen zwar betragsmäßig nicht weniger Versorgung als zuvor zusteht, jedoch die entsprechende Anhebung geringer ausfällt.

Lediglich die Bezieher der so genannten Mindestversorgung (Ruhegehalt in Höhe von 35 v. H. der eigenen Besoldungsgruppe oder – falls günstiger – 65 v. H. aus der Endstufe A 4) sowie die Bezieher einer Dienstunfallversorgung sind nicht vom Regelungsgehalt des Versorgungsänderungsgesetzes betroffen (zur „Mindestversorgung" siehe auch → NVA-Versorgung).

Musterverfahren

Der Deutsche BundeswehrVerband hielt die Abflachung in Übereinstimmung mit mehreren Verfassungsrechtlern und anderen Interessenvertretungen für einen nicht mit der Verfassung zu vereinbarenden Einschnitt in das Versorgungsniveau, der de facto trotz geschickter Verschleierung eine Bezügekürzung darstellt.

Aus diesem Grunde hatte der DBwV seine Mitglieder zur Beteiligung an Musterverfahren aufgerufen; das Ziel war die Erörterung der Verfassungsmäßigkeit durch das Bundesverfassungsgericht (BVerfG).

Stellungnahme des DBwV an das Bundesverfassungsgericht (2 BvR 1387/02 – Versorgungsänderungsgesetz 2001)

Zur Zulässigkeit und Begründetheit der erhobenen Verfassungsbeschwerden nehme ich für den Deutschen BundeswehrVerband wie folgt Stellung:

I. Zulässigkeit der Verfassungsbeschwerden

Trotz der teilweise sehr ausführlichen Stellungnahmen der Prozessvertreter der Beschwerdeführer und der Bundesregierung ist die Frage der Zulässigkeit der Verfassungsbeschwerden meiner Meinung nach nur unter einem einzigen Gesichtspunkt problematisch.

Die Beschwerdeführer wenden sich gegen mehrere Normen des Versorgungsänderungsgesetzes 2001 und rügen, dadurch in ihren grundrechtsgleichen Rechten aus Art. 33 Abs. 5 GG (individualrechtlicher Gehalt des Alimentationsprinzips) sowie in ihren Grundrechten aus Art. 3 Abs. 1 GG verletzt zu sein. Ebenso liege ein Verstoß gegen den aus dem Rechtsstaatsprinzip ableitbaren Grundsatz des Vertrauensschutzes vor. Letzteres kann im Verfahren der Verfassungsbeschwerde über eine mögliche Verletzung der Grundrechte aus Art. 2 Abs. 1 GG geltend gemacht werden, da Eingriffe in die allgemeine Handlungsfreiheit immer nur durch ein verfassungsgemäßes Gesetz zulässig sind.

Die Verfassungsbeschwerden richten sich damit gegen ein formelles Gesetz und somit einen Akt der öffentlichen Gewalt im Sinne des § 90 Abs. 1 Satz 1 BVerfGG.

Der Prozessvertreter der Beschwerdeführer legt fundiert dar, dass es sich auch um eine Beschwerde handelt, die die Beschwerdeführer selbst, gegenwärtig und unmittelbar betrifft.

Gleichwohl ist auch in diesen Fällen nach dem sich aus § 90 Abs. 2 Satz 1 BVerfGG ergebenden Subsidiaritätsgrundsatz vor Erhebung einer Verfassungsbeschwerde grundsätzlich zunächst die Erschöpfung des Rechtsweges zu fordern, wenn gegen die Verletzung der Rechtsweg zulässig ist.

Diese Zulässigkeit des Rechtsweges kann vorliegend nicht damit verneint werden, gegen ein Gesetz stünde der Rechtsweg ohnehin nicht offen. Es ist in der höchstrichterlichen Rechtsprechung anerkannt, dass ein Ruhestandsbeamter/Ruhestandssoldat seinen sich ausschließlich aus dem Gesetz ergebenden Anspruch auf Versorgung mittels verwaltungsgerichtlicher Klage überprüfen lassen und geltend machen kann, die beamten-/soldatenrechtliche Versorgung genüge nicht den verfassungsrechtlichen Anforderungen, insbesondere nicht dem in

Art. 33 Abs. 5 GG wurzelnden Alimentationsprinzip oder einem sich über Art. 14 GG (im Falle von Ruhestandssoldaten) ergebenden vergleichbaren Sicherungsniveau.

In diesen Fällen dient das fachgerichtliche Verfahren der Klärung im Streit befindlicher subjektiver Rechte im Rahmen des Versorgungsrechtsverhältnisses, sodass die Verwaltungsgerichte auf der Grundlage einer Feststellungsklage prüfen können, ob das Versorgungsrecht hinter dem verfassungsrechtlich Gebotenen zurückbleibt (vgl. zuletzt BVerwG vom 19.12.2002 – 2 C 34.01 – zur Versorgungsrücklage gemäß § 14a BBesG). In diesem Verfahren prüfen die Verwaltungsgerichte auch, ob Verstöße gegen Grundrechte (z. B. Art. 3 Abs. 1 GG) vorliegen.

Abweichend von vorgenannten Grundsätzen eröffnet § 90 Abs. 2 Satz 2 BVerfGG dem Bundesverfassungsgericht jedoch ausdrücklich die Möglichkeit, über eine vor Erschöpfung des Rechtswegs eingelegte Verfassungsbeschwerde sofort zu entscheiden, wenn sie u. a. von allgemeiner Bedeutung ist.

Die erhobenen Verfassungsbeschwerden sind vorliegend von allgemeiner Bedeutung, da die angefochtenen Normen eine Vielzahl von Ruhestandsbeamten und Ruhestandssoldaten (Bestand und Zugang) betreffen, grundsätzliche verfassungsrechtliche Fragen aufwerfen und die zu erwartende Entscheidung über den Einzelfall hinaus Klarheit über die Rechtslage in einer Vielzahl gleichgelagerter Fälle schafft (vgl. dazu BVerfGE 19, 268, 273).

Aufgrund dessen ist vorliegend wegen der allgemeinen Bedeutung eine sofortige Entscheidung über die Verfassungsbeschwerden geboten, um bei den hier einschlägigen Fragen Rechtsklarheit herbeizuführen.

Die angefochtenen Regelungen des Versorgungsänderungsgesetzes werden hinsichtlich ihrer Verfassungsmäßigkeit unter Verfassungsrechtlern kontrovers diskutiert, betreffen eine schnell und stetig zunehmende Zahl von Pensionären und sollen nach den Plänen der Bundesregierung durch ein so genanntes Versorgungsnachhaltigkeitsgesetz (VersorgNG) unter Fortführung der Regelungsinstrumentarien des Versorgungsänderungsgesetzes, insbesondere der Anwendung von Anpassungsfaktoren im Sinne des § 69e BeamtVG zur Absenkung erdienter Ruhegehaltssätze, noch (erheblich) intensiviert werden. Ein entsprechender Gesetzentwurf der Bundesregierung liegt bereits vor (vgl. z. B. Bundesrats-Drucksache 390/05 vom 27.05.2005).

Es ist mithin festzustellen, dass die Verfassungsbeschwerden nach § 90 Abs. 2 Satz 2 BVerfGG zulässig sind und das Bundesverfassungsgericht darüber entscheiden kann.

II. Begründetheit der Verfassungsbeschwerden

1. Alimentationsprinzip und amtsangemessene Versorgung (Art. 33 Abs. 5 GG)

   a) Der Deutsche BundeswehrVerband teilt die Auffassung der Beschwerdeführer, dass die Regelungen des § 69e Abs. 1, 3 und 4 BeamtVG (entspricht jeweils § 97 Abs. 1, 3 und 4 SVG) mit dem Alimentationsprinzip und dem Grundsatz der amtsangemessenen Versorgung unvereinbar sind.

   Die höchstrichterliche Rechtsprechung hat den Bedeutungsgehalt des Alimentationsprinzips aus Art. 33 Abs. 5 GG in der Vergangenheit weitgehend ausgefüllt.

   Das Alimentationsprinzip als einer der hergebrachten Grundsätze des Berufsbeamtentums aus Art. 33 Abs. 5 GG besagt, dass der Dienstgeber als Korrelat für die Dienstleistung des Beamten als öffentlich-rechtliche Unterhaltspflicht u. a. eine amtsangemessene Versorgung schuldet. Diese Verpflichtung erstreckt sich über den Tod hinaus auf die Hinterbliebenen.

   Im Zusammenhang damit ist stets der ebenfalls auf Art. 33 Abs. 5 GG beruhende Grundsatz der Versorgung aus dem letzten Amt zu beachten.

   Amtsangemessene Versorgung bedeutet daher einerseits, dass sich die Versorgungsbezüge grundsätzlich an den Dienstbezügen des letzten Amtes zu orientieren haben, andererseits dem Betroffenen ein unter Berücksichtigung der Entwicklung der allgemeinen wirtschaftlichen und finanziellen Verhältnisse und des allgemeinen Lebensstandards und der Bedeutung seines

Amtes genügender angemessener Lebensunterhalt zu gewährleisten ist. Abzustellen ist dabei auf das Nettoeinkommen (vgl. insbesondere BVerfGE 44, 249, 265 f.).

Bei der Entscheidung über die Angemessenheit steht dem Gesetzgeber ein verhältnismäßig weiter Gestaltungsspielraum zu, der in der Wohlstandsgesellschaft mehr bedeutet als in Zeiten der Entbehrung und Knappheit.

Der Umfang der Versorgung ist daher nicht eindeutig quantifizierbar. Das Alimentationsprinzip liefert aber einen Maßstabsbegriff, der jeweils den Zeitverhältnissen gemäß zu konkretisieren ist (vgl. BVerfGE 44, 249, 266).

Das besondere Treueverhältnis verpflichtet die Beamten jedoch nicht dazu, mehr als andere zur Konsolidierung der öffentlichen Haushalte beizutragen (BVerwG vom 19.12.2002 – 2 C 34.01).

Das Bundesverfassungsgericht hat dabei auch hervorgehoben, dass außerhalb dieses verfassungsrechtlich garantierten Rahmens der amtsangemessenen Alimentierung grundsätzlich kein Anspruch darauf besteht, dass die Versorgungsregelung, die bei der Begründung des Dienst- oder gar des Ruhestandsverhältnisses gegeben war, unverändert erhalten bleibt (vgl. BVerfGE 76, 256, 310).

Geklärt ist in diesem Zusammenhang ebenso, dass bei der Bemessung der amtsangemessenen Versorgung der Ruhestandsbeamten und sonstigen Bezieher von Versorgungsbezügen auch Entwicklungen des Versorgungsniveaus aller Versorgungssysteme, und damit auch des Niveaus der gesetzlichen Rentenversicherung, berücksichtigt werden können. Diese Berücksichtigung kann somit auch dazu führen, dass bei einer linearen Anpassung der Besoldung und der Versorgungsbezüge von einer strikten Parallelregelung abgewichen wird (BVerfG vom 14.10.2003 – 2 BvL 19/02).

Dieser dem Gesetzgeber im Rahmen des Art. 33 Abs. 5 GG eröffnete weite Spielraum politischen Ermessens findet jedoch auch seine Grenze darin, dass die Absenkung des Versorgungsniveaus im Ergebnis nicht zu einer Überkompensation gegenüber entsprechenden Absenkungsmaßnahmen im Bereich der gesetzlichen Rentenversicherung führen darf.

Dies gilt umso mehr, als der Gesetzgeber mit dem Versorgungsänderungsgesetz die ausdrückliche Zielsetzung verfolgt hat, die mit dem Altersvermögensergänzungsgesetz (AVmEG) geregelte Dämpfung des Rentenanstiegs „wirkungsgleich und systemgerecht" auf das Versorgungsrecht zu übertragen.

Liegt eine solche Überkompensation vor, bedeutet dies zumindest bei einer wesentlichen Abweichung der jeweils erzielten Niveauabsenkung ein nicht mehr mit dem Alimentationsprinzip zu vereinbarendes Ergebnis.

So liegt der Fall hier. Es erscheint bereits sehr zweifelhaft, ob sich der gesetzgeberische Zweck einer wirkungsgleichen Übertragung dem Grunde nach überhaupt realisieren lässt.

Der BGH hat dazu jüngst ausdrücklich festgestellt, dass sich im Gegensatz zur Absenkung des Höchstruhegehaltssatzes im Versorgungsrecht in der Gesetzlichen Rentenversicherung weder der Zeitraum der Übergangsphase noch das Absenkungsniveau verbindlich feststellen lassen (vgl. BGH vom 07.07.2004 – XII ZB 277/03).

Unabhängig von dieser Problematik, die zu der nicht nur in den dem Gericht vorliegenden Schriftsätzen der Prozessvertreter sehr kontrovers diskutierten Frage, welcher Vergleichsmaßstab für die Absenkung des Versorgungsniveaus bei der Rente heranzuziehen ist (Nettorentenniveau, allgemeiner Rentenwert etc.), führt, ergibt sich die fehlende Wirkungsgleichheit jedenfalls bereits daraus, dass der Gesetzgeber offenkundig die so genannte Bifunktionalität des Versorgungsrechts außer Acht gelassen hat.

Die Versorgung vereint Grund- und Zusatzversorgung, während die gesetzliche Rente nur eine Grundabsicherung darstellt, die es durch eine betriebliche oder private Altersvorsorge zu ergänzen gilt. Das wird von der Bundesregierung insoweit in keinem Punkt bestritten (vgl. insbesondere S. 6 und 7 des Schriftsatzes der Prozessbevollmächtigten vom 27.03.2003).

Eine solche Verpflichtung verbietet sich auf der Grundlage des Art. 33 Abs. 5 GG aber für Beamte.

Selbst wenn man also der Bundesregierung folgen sollte und im Ergebnis von einer prozentual in etwa identischen Niveauabsenkung ausginge, verstößt die 1:1-Übertragung der Niveauabsenkung bei der Rente gegen die Bifunktionalität des Versorgungsrechts und führt im Ergebnis nicht zu einer wirkungsgleichen Übertragung, da der fiktive Anteil einer „betrieblichen Altersversorgung" nicht ausgenommen wird. Zieht man zur Abstimmung dieses Anteils an der Gesamtversorgung die Zusatzversorgung für Arbeitnehmer des öffentlichen Dienstes (z. B. VBL-Renten) heran, so macht diese ca. ein Drittel aus.

Im Übrigen darf auch die zeitliche Komponente nicht unbeachtet bleiben. Soll die Niveauabsenkung im Versorgungsrecht nach dem Wiederaufleben der Versorgungsrücklage bereits im Jahre 2017 beendet sein, ist für den Bereich der gesetzlichen Rente das Jahr 2030 anvisiert.

Da die Beschwerdeführer somit im gesamtgesellschaftlichen Vergleich durch die verminderte Anpassung ihrer Versorgungsbezüge im Übermaß stärker betroffen sind, liegt ein Verstoß gegen das Alimentationsprinzip vor.

Dem kann auch nicht entgegengehalten werden, dass es zwischenzeitlich durch das Rentenversicherungs-Nachhaltigkeitsgesetz vom 21.07.2004 (BGBl I, S. 1791 ff.) zu einer weiteren Absenkung des Rentenniveaus gekommen ist. Ein so genannter Nachhaltigkeitsfaktor soll den Rentenanstieg zusätzlich dämpfen, wodurch nunmehr eine Absenkung des Bruttorentenniveaus um 8 v. H. bewirkt werden soll. Zum einen dient diese gesetzliche Maßnahme ausweislich der Begründung des Gesetzgebers keineswegs dazu, eine im Rahmen der Rentenreform 2001 geregelte Überkompensation im Versorgungsrecht zu korrigieren, sondern stellt einen neuen, eigenständigen Schritt dar, der nunmehr wiederum durch das geplante Versorgungsnachhaltigkeitsgesetz „wirkungsgleich und systemgerecht" auf das Versorgungsrecht übertragen werden soll.

Ein entsprechender Gesetzentwurf wurde dem Bundestag und dem Bundesrat von der Bundesregierung zugeleitet, wobei auch dazu dem Gedanken der Bifunktionalität erneut keine Beachtung geschenkt wird (vgl. Bundesrats-Drucksache 390/05 vom 27.05.2005).

b) Ein Verstoß gegen den Grundsatz der amtsangemessenen Versorgung ergibt sich zusätzlich aus einem zweiten Umstand, mit dem sich insbesondere das Verwaltungsgericht Frankfurt am Main in seinem dem Bundesverfassungsgericht nach Art. 100 Abs. 1 GG im Rahmen eines konkreten Normenkontrollverfahrens zugeleiteten Vorlagebeschluss eingehend auseinandersetzt (vgl. VG Frankfurt/Main vom 19.04.2004 – 9 E 4577/03 [V]).

Danach gehört es nicht nur zu dem vom Gesetzgeber bei der Bestimmung des Umfangs der Versorgungsbezüge zu beachtenden Strukturprinzip, dass sich die Versorgung an den letzten Dienstbezügen zu orientieren hat, sondern auch, dass die Schere zwischen Versorgungsbezügen und letzten Dienstbezügen bei einer entsprechend langen ruhegehaltfähigen Dienstzeit im Beamtenverhältnis (40 Jahre und mehr) nicht zu weit auseinander geht.

Es gehört gerade auch zum Kern der amtsangemessenen Versorgung, dass ab einem gewissen Maß der zurückgelegten Dienstleistung das Ruhegehalt einen bestimmten Abstand zu den letzten Dienstbezügen nicht unterschreitet. Ansonsten liefe der Grundsatz der Versorgung aus dem letzten Amt leer.

In diesem Zusammenhang hat sich – wie vom VG Frankfurt am Main deutlich herausgearbeitet – als Strukturvorgabe in der Vergangenheit über einen hinreichend langen Zeitraum in zahlreichen versorgungsrechtlichen Regelungen herausgebildet, dass eine ruhegehaltfähige Dienstzeit von 40 Jahren und mehr, zumindest wenn es sich um reine Dienstzeiten im Statusverhältnis handelt, zu einem Höchstruhegehaltssatz von 75 v. H. führt.

Gleichzustellen sind die Fälle, in denen Betroffene aufgrund gesetzlich geregelter vorgezogener Altersgrenzen in den Ruhestand treten (insbesondere Soldaten) und dafür besondere Altersgrenzenzuschläge erhalten.

Dieser sich aus Art. 33 Abs. 5 GG ergebende Grundsatz wird durch einen neuen Höchstruhegehaltssatz von nur noch 71,75 v. H. – unabhängig von der Dauer der ruhegehaltfähigen Dienstzeit – verletzt.

2. Vertrauensschutz/Grundsatz der Verhältnismäßigkeit

   a) Ich stimme den Beschwerdeführern weiterhin darin zu, dass die angegriffenen Normen des Versorgungsänderungsgesetzes für zum Zeitpunkt des In-Kraft-Tretens des Gesetzes vorhandene Ruhestandsbeamte, aber auch für ruhestandsnahe Jahrgänge, zu einer Verletzung des Vertrauensschutzgrundsatzes führen.

   Auch hier ist der Bundesregierung zunächst zuzugestehen, dass höchstrichterlich geklärt ist, dass verfassungsrechtlich grundsätzlich kein Anspruch darauf besteht, dass die Versorgungsregelung, unter der ein Betroffener selbst in das Ruhestandsverhältnis eingetreten ist, ihm unverändert erhalten bleibt.

   Der Gesetzgeber kann somit im Sinne einer unechten Rückwirkung – eine echte Rückwirkung liegt hier unstreitig nicht vor – versorgungsrechtliche Regelungen ändern, wenn dies durch wichtige und bedeutende Gründe gerechtfertigt ist (vgl. BVerfGE 76, 256, 346 f.). Ein solcher gewichtiger Grund kann allgemein durchaus in der demografischen Entwicklung und der defizitären Lage der öffentlichen Haushalte aufgrund der gesamtwirtschaftlichen Konjunkturlage gesehen werden.

   Gleichwohl darf eine gesetzliche Regelung, wie sie § 69e BeamtVG vornimmt, nicht dazu führen, dass der ebenfalls mit Verfassungsrang ausgestaltete Grundsatz der Verhältnismäßigkeit verletzt wird. So verhält es sich aber hier.

   Entgegen dem zu respektierenden höheren Grad ihres Vertrauensschutzes sind die Beschwerdeführer als Bestandspensionäre von der versorgungsrechtlichen Niveauabsenkung am stärksten und somit mit unverhältnismäßiger Härte betroffen. Für sie besteht im Gegensatz zu den Aktiven mit ausreichender Restdienstzeit keinerlei Möglichkeit zur Kompensation, insbesondere auch nicht über die steuerlich durch Zulagen bzw. erweiterten Sonderausgabenabzug (§§ 10a, 79 ff. EStG) geförderte „Riester-Rente".

Dem steht auch das Argument der Bundesregierung nicht entgegen, dass die „Abflachung" schrittweise erfolgt und sich durch den gewählten Umsetzungsmodus keine betragsmäßigen Kürzungen ergeben.

Das ist kein der Verfassung genügender Vertrauensschutz, da die Beschwerdeführer letztlich ohne Ausgleichschance in etwa acht bis zehn Jahren auf einen deutlich geringeren Ruhegehaltssatz zurückgeführt werden, worauf sie letztlich nur mit Konsumverzicht im Alter reagieren können.

Verfassungsmäßig gefordert ist daher eine Übergangsregelung, die entweder vorhandene Ruheständler von der Absenkung des Ruhegehaltssatzes in Gänze ausnimmt, zumindest jedoch, unter Einbeziehung auch der ruhestandsnahen Jahrgänge, ein ähnlich dem zwischenzeitlich erlassenen Alterseinkünftegesetz geregeltes „Kohortenmodell" schafft, in dem die Abflachungsintensität linear mit jedem Zugangsjahr in die Pension gesteigert und somit dem jeweiligen Grad des Vertrauensschutzes differenziert Rechnung getragen wird.

Der Gesetzgeber hat vorgenannte Grundsätze in der Vergangenheit bei der Neugestaltung versorgungsrechtlicher Regelungen mit gutem Grund beachtet. So wurde durch entsprechende Übergangsregelungen bei der Streckung und Linearisierung der Ruhegehaltsskala (§§ 14 BeamtVG/26 SVG) bzw. der Verschärfung des Hinzuverdienstrechtes gemäß §§ 53 BeamtVG/53 SVG nach dem Günstigkeitsprinzip dem alten Recht noch eine Weitergewährung von zehn bzw. sieben Jahren eingeräumt (vgl. dazu §§ 69c Abs. 4, 85 BeamtVG bzw. §§ 94b, 96 Abs. 4 SVG).

Endlich wurde bei der Neuordnung der Zusatzversorgung des öffentlichen Dienstes (VBL-Renten) zum 01.01.2002 durch den

Tarifvertrag Altersversorgung (ATV/ATV-K) seitens der Tarifvertragsparteien für Bestandsrentner und rentennahe Jahrgänge einem erhöhten Vertrauensschutz Rechnung getragen. Das darf durch den Versorgungsgesetzgeber nicht völlig außer Acht gelassen werden.

b) Die unverhältnismäßige Betroffenheit der Beschwerdeführer ergibt sich, wie deren Prozessbevollmächtigter zu Recht anführt, zweitens auch daraus, dass die ihnen erteilten bestandskräftigen Versorgungsfestsetzungsbescheide zumindest de facto widerrufen werden, obwohl dies nach § 49 VwVfG durch die dort abschließend genannten Fallalternativen nicht zugelassen wäre.

   Der Bestandsschutz wird hier durch eine Umgehung, konkret die gesetzliche Fiktion der Neufestsetzung der Ruhegehaltssätze gemäß § 69e Abs. 4 BeamtVG im Rahmen des achten Anpassungsschrittes, völlig entkernt. Eine an sich zulässige unechte Rückwirkung durch eine gesetzliche Vorschrift kann jedenfalls nicht dazu führen, dass dadurch bestandskräftige Versorgungsbescheide aufgehoben werden. Vielmehr ist hier dem Grundsatz der Rechtssicherheit und des Vertrauensschutzes Vorrang zu gewähren.

3. Allgemeiner Gleichheitssatz

Abschließend liegt auch ein Verstoß gegen den allgemeinen Gleichheitssatz vor. Der allgemeine Gleichheitssatz räumt dem Gesetzgeber einen weiten Gestaltungsspielraum ein und zieht nur im Wege eines Willkürverbots äußerste Grenzen für dessen Handeln.

Art. 3 Abs. 1 GG verbietet dabei, wesentlich Gleiches willkürlich ungleich und wesentlich Ungleiches willkürlich gleich zu behandeln. Die Grenzen der Gestaltungsfreiheit mit der Folge einer Verletzung hat der Gesetzgeber nur dann überschritten, wenn die gleiche Behandlung der geregelten ungleichen Sachverhalte mit Gesetzlichkeiten, die in der Natur der Sache selbst liegen, und mit einer am Gerechtigkeitsgedanken orientierten Betrachtungsweise nicht mehr vereinbar ist (vgl. z. B. BVerfGE 101, 116, 122).

Geeignete Vergleichsgruppen sind entgegen der Auffassung der Bundesregierung nicht die Beschwerdeführer als Beamte im Ruhestand und die Rentner. Hierbei handelt es sich nämlich nicht um wesentlich gleiche Gruppen von Betroffenen.

Nur im Versorgungsrecht gilt der Grundsatz der amtsangemessenen Versorgung, der einen Anspruch auf einen bestimmten Ruhegehaltssatz, bezogen auf die letzten ruhegehaltfähigen Dienstbezüge, begründet. Dieser Gedanke ist dem Rentenrecht völlig fremd, da die gesetzliche Rente lediglich eine nach Beiträgen und dem ihnen zugrunde liegenden versicherungspflichtigen Erwerbseinkommen bemessene Gegenleistung darstellt. Im Übrigen ist die zusätzliche Altersvorsorge Sache der Versicherten, eine solche Eigenverantwortung trifft den Beamten/Soldaten im Ruhestand jedoch nicht, da der jeweilige Dienstgeber alleine für eine amtsangemessene Alimentation einzustehen hat.

Vergleicht man somit die Beschwerdeführer als vorhandene Beamte im Ruhestand mit aktiven Besoldungsempfängern, so ergibt sich eine nicht durch sachgerechte Gründe gedeckte Ungleichbehandlung.

Beide Gruppen von Betroffenen werden durch das Abflachungsinstrumentarium des § 69e Abs. 3 und Abs. 4 BeamtVG letztlich auf einen um 3,25 Prozentpunkte geringeren Ruhegehaltssatz geführt. Die Aktiven können dies steuerlich begünstigt über einen längeren Zeitraum kompensieren und haben dafür ohnehin im Vergleich zu den Ruhegehältern höhere Bezüge zur Verfügung.

Aus Sicht des Deutschen BundeswehrVerbandes lege ich Wert darauf hervorzuheben, dass dies umso mehr im Bereich der Soldaten gilt, die durch besondere Altersgrenzenregelungen regelmäßig erheblich früher in den Ruhestand versetzt werden und dadurch ein deutlich geringeres Lebenseinkommen erzielen können. Gleiches gilt im Übrigen für aus der ehemaligen NVA übernommene Soldaten sowie Soldaten, die unter Inanspruchnahme eines Sondergesetzes (z. B. Personalstärkegesetz, Personalanpassungsgesetz etc.) in den Ruhestand getreten sind, zum vom Dienstgeber angestrebten Personalabbau beigetragen haben und daher besonderen Vertrauensschutz genießen.

Neben dem Umstand, dass bereits dem Grunde nach keine die unterschiedliche Behandlung rechtfertigenden Gründe ersichtlich sind, ist auch das Gewicht der Ungleichbehandlung erheblich. Ergreifen die nunmehr durch die Erweiterung des § 10a EStG begünstigten Besoldungsempfänger frühzeitig die Möglichkeit der Zusatzvorsorge, so können sie im Alter über ein im Vergleich zu den vorhandenen Ruheständlern deutlich höheres Absicherungsniveau verfügen. Dies ist eine Differenzierung von erheblichem Gewicht.

III. Ergebnis

Es ist somit abschließend festzustellen, dass die Beschwerdeführer in ihren Rechten aus Art. 33 Abs. 5 GG bzw. Art. 2 Abs. 1, 3 Abs. 1 GG verletzt sind.

Auch nach Auffassung des Deutschen BundeswehrVerbandes sind daher die angefochtenen Regelungen des Versorgungsänderungsgesetzes für nichtig zu erklären.

Das Urteil des Bundesverfassungsgerichts in Kurzform

Das Bundesverfassungsgericht hat mit Urteil vom 27.09.2005 entschieden, dass die mit dem Versorgungsänderungsgesetz 2001 geregelte Absenkung des Versorgungsniveaus von bisher 75 v. H. auf nur noch höchstens 71,75 v. H. der letzten (ruhegehaltfähigen) Dienstbezüge verfassungsrechtlich nicht zu beanstanden ist. Zwar haben die Karlsruher Richter somit im Ergebnis diesen Einschnitt gebilligt, zugleich aber durch sehr kritische Anmerkungen dem Gesetzgeber zumindest für die Zukunft deutliche Grenzen hinsichtlich weiterer Kürzungsvorhaben aufgezeigt.

Konkret verhandelt wurde über die Verfassungsbeschwerde von drei wegen Dienstunfähigkeit in den Ruhestand versetzten Beamten. Es handelte sich dabei um Musterverfahren, hinter denen Tausende von weiteren Ruhestandsbeamten und vor allem auch Ruhestandssoldaten standen. Obwohl einer der Beschwerdeführer nur der Besoldungsgruppe A 6 angehörte und einen Ruhegehaltssatz von lediglich 62,35 v. H. erreicht hatte, sah das Gericht keine Notwendigkeit, hinsichtlich verschiedener Fallgruppen von Betroffenen zu differenzieren.

Das Urteil im Einzelnen

Die Richter haben geprüft, ob die angegriffene Regelung des Versorgungsänderungsgesetzes gegen das so genannte Alimentationsprinzip, den Gleichheitsgrundsatz sowie gegen den verfassungsrechtlichen Vertrauensschutz verstößt.

1. Alimentationsprinzip aus Art. 33 Abs. 5 GG

   Das Bundesverfassungsgericht führt zwar zunächst aus, dass die Verfassung weder einen Höchstversorgungssatz von 75 v. H. noch den Grundsatz einer Entwicklung von Besoldung und Versorgung in strikter Parallelität vorschreibe.

   Sodann wird jedoch ausdrücklich der Behauptung der Bundesregierung widersprochen, eine Kürzung der Pensionen könne allein durch den Hinweis auf den zu erwartenden Anstieg der Ausgaben bei den Versorgungsbezügen begründet werden. Hierzu heißt es wörtlich:

   „Die vom Dienstherrn geschuldete (amtsangemessene) Alimentierung ist keine dem Umfang nach beliebig variable Größe, die sich einfach nach den wirtschaftlichen Möglichkeiten der öffentlichen Hand bemessen lässt."

   Die Verringerung des Versorgungsniveaus wird jedoch im Hinblick auf die Entwicklung der gesetzlichen Rentenversicherung als gerechtfertigt angesehen. Änderten sich also die gesamtgesellschaftlichen Rahmenbedingungen der Altersversorgung, so könne dies auch im Versorgungsrecht nachgezeichnet werden. Hierbei seien jedoch zwingend die Systemunterschiede beider Alterssicherungssysteme zu berücksichtigen. Ein wesentlicher Unterschied der gesetzlichen Rente gegenüber der beamtenrechtlichen Altersversorgung bestehe darin, dass die Sozialrente als Grundversorgung regelmäßig durch Zusatzleistungen (z. B. Betriebsrenten, VBL-Renten etc.) ergänzt werde und die Beamtenversorgung hingegen eine Vollversorgung darstelle (so genannte Bifunktionalität der Versorgung).

   Das Gericht stellt sodann fest, dass dieser Grundsatz bei der Übertragung der Rentenreform auf die Pensionen missachtet worden sei und daher keine wirkungsgleiche Übertragung vorliege. Dennoch habe der Gesetzgeber die verfassungsrechtlichen Grenzen seines Entscheidungsspielraums noch nicht überschritten, weil aufgrund der Unterschiedlichkeit der Versorgungssysteme eine prozentual identische Angleichung nicht verlangt werden könne und hinzu komme, dass aufgrund der ungewissen Entwicklung der Renten der Versorgungsgesetzgeber eine Art Prognose habe aufstellen müssen. In diesem Zusammenhang auftretende Ungenauigkeiten seien zunächst hinzunehmen, müssten jedoch ggf. später zu Gunsten der Pensionäre korrigiert werden, falls die tatsächliche Entwicklung von Renten und Pensionen auseinanderlaufe.

Dieser Möglichkeit habe der Gesetzgeber durch eine auch im Versorgungsänderungsgesetz vorgesehene „Überprüfungsklausel" Rechnung getragen.

2. Gleichheitsgrundsatz aus Art. 3 Abs. 1 GG

   Der Gleichheitsgrundsatz verbietet die Ungleichbehandlung vergleichbarer Sachverhalte ohne dafür rechtfertigenden Grund (so genanntes Willkürverbot).

   Das Bundesverfassungsgericht stellt zunächst klar, dass Besoldung und Versorgung unter dem einheitlichen Dach der Alimentation stehen. Der Pensionär habe seine Altersversorgung und die seiner Hinterbliebenen nicht selbst zu veranlassen; stattdessen seien die Bruttobezüge der aktiven Beamten/Soldaten von vornherein unter Berücksichtigung der künftigen Pensionsansprüche niedriger festgesetzt.

   Insofern gebe es auch in rechtlicher Hinsicht keine „Versorgungslast". Dieser Begriff lege die unzutreffende Annahme zugrunde, es lasse sich zwischen dem – im Vergleich zu einem Angestellten – preiswerteren aktiven Beamten/Soldaten, bei dem der Dienstgeber nicht mit den Sozialabgaben belastet sei, und dem teureren Pensionär differenzieren, für den weiterhin der Dienstgeber und nicht der Rentenversicherungsträger aufkommen müsse. Insofern stellten Aktive und Pensionäre vergleichbare Fallgruppen dar.

Dann stellt das Gericht ausdrücklich fest, dass die Belastung der Pensionäre in der Form der Reduzierung des Versorgungsniveaus gegenüber den Aktiven eine Ungleichbehandlung darstelle. Die sachliche Rechtfertigung für diese Ungleichbehandlung ergebe sich jedoch aus den gleichen Gründen, aus denen die nicht wirkungsgleiche Übertragung der Rentenreform im Rahmen des Kriteriums der amtsangemessenen Alimentation noch hinzunehmen sei (siehe oben zu 1.).

3. Vertrauensschutz aus Art. 20 Abs. 3 GG

   Hier sei der Vertrauensschutz der Betroffenen mit dem staatlichen Interesse, auf gesellschaftspolitische und wirtschaftliche Veränderungen (z. B. Entwicklung in der gesetzlichen Rentenversicherung, Notwendigkeit zur langfristigen Sicherung der Pensionen) reagieren zu können, abzuwägen.

   Der Zeitraum für die Umsetzung von etwa sieben Jahren und der Umstand, dass die Verminderung voraussichtlich nicht mit einer betragsmäßigen Kürzung der Bezüge einhergehen werde, lasse erwarten, dass sich Bestandspensionäre den veränderten Umständen anpassen könnten. Hinzu komme, dass das sachlich gerechtfertigte Ziel des Gesetzgebers, die Rentenreform auf die Pensionen zu übertragen, zudem von der Notwendigkeit unterstützt werde, auch das System der Beamtenversorgung langfristig zu sichern.

   Im Ergebnis überwiege somit im Interesse der Allgemeinheit das Vertrauensschutzinteresse.

Schlussfolgerung

Als Fazit kann festgehalten werden, dass das Versorgungsänderungsgesetz äußerst knapp die verfassungsrechtliche Hürde genommen hat. Dem Gesetzgeber sind aber jedenfalls für die Zukunft, in der durchaus mit erneuten Kürzungsbestrebungen zu rechnen ist, unter Heranziehung vieler vom DBwV in seiner Stellungnahme vorgetragener Argumente erhebliche Grenzen gesetzt worden. Insofern bietet die Karlsruher Entscheidung eine gewichtige Grundlage, um zukünftigen Einschnitten, z. B. durch das geplante Versorgungsnachhaltigkeitsgesetz, intensiv entgegenzutreten. Sie stellt daher keineswegs nur die negative „Absegnung" der Pensionsabflachungen dar, sondern enthält durchaus viele wichtige für uns positive Kernaussagen, die noch erhebliche Bedeutung erlangen können und werden. Die Musterverfahren waren somit nicht vergeblich!

Allgemeines zur Versorgung

Bei jedem Versorgungsfall – einschließlich der → Hinterbliebenenversorgung – sind für den Bereich der Versorgungsansprüche insbesondere 3 Gesetze zu beachten:

SVG

Das wichtigste Gesetz für die Versorgung der Berufssoldaten ist das Soldatenversorgungsgesetz (SVG).

Dieses Gesetz regelt die Normalversorgung des Berufssoldaten (→ Ruhegehalt).

Rentenversicherungsgesetz – SGB VI

Neben dem SVG sind bei der Versorgung der Berufssoldaten immer auch Ansprüche aus der → Rentenversicherung zu prüfen. Bei Berufssoldaten, die ohne Versorgungsansprüche aus der Bundeswehr ausscheiden (zum Beispiel auf eigenen Antrag), erfolgt eine Nachversicherung. Auch ohne Nachversicherung können neben einer Versorgung nach dem SVG Rentenansprüche gegeben sein, wenn die Voraussetzungen für eine Rente erfüllt sind (→ Rentenversicherung). Die gesetzliche Rentenversicherung ist im Sozialgesetzbuch – Sechstes Buch (SGB VI) geregelt.

BVG

Bei Kriegsbeschädigung oder → Wehrdienstbeschädigung kommt als 3. Gesetz noch das → Bundesversorgungsgesetz (BVG) mit seinen Rentenleistungen in Betracht.

Es ist darauf hinzuweisen, dass diese 3 Gesetze neben der Versorgung des Berufssoldaten auch Leistungen für die Hinterbliebenen insbesondere in Form von Witwen- und Waisenrenten regeln (→ Hinterbliebenenversorgung).

Altersvorsorge

(→ Steuerprobleme)

Anpassung der Versorgungsbezüge an die Besoldung

Die Anpassung der Versorgungsbezüge an eine Besoldungserhöhung der aktiven Soldaten ergibt sich aus § 50 Abs. 2 Beamtenrechtsrahmengesetz. Dort heißt es, dass von demselben Zeitpunkt an die Versorgungsbezüge entsprechend zu regeln sind, wenn die Dienstbezüge der Beamten allgemein oder für einzelne Laufbahngruppen erhöht oder vermindert werden. Da die Soldaten ebenfalls wie Beamte nach dem Bundesbesoldungsgesetz besoldet werden, gilt das Anpassungsrecht auch für Soldaten. Dementsprechend nehmen Soldaten im Ruhestand an linearen Besoldungserhöhungen wie aktive Soldaten teil, d. h., die ruhegehaltfähigen Dienstbezüge (→ Ruhegehalt) werden prozentual in gleichem Umfang angehoben wie die entsprechenden Dienstbezüge der aktiven Soldaten. Besonderheiten ergeben sich nunmehr aber durch die → Abflachung der Versorgungsbezüge.

Eine automatische Teilnahme der Pensionäre an allen strukturellen Besoldungsverbesserungen ist demgegenüber nicht gewährleistet.

Anrechnung von Einkommen

- von Einkommen auf die Ausgleichsrenten nach → Bundesversorgungsgesetz (BVG),
- von Einkommen aus einem → Anschlussarbeitsverhältnis für ausgeschiedene Berufssoldaten (→ Ruhensregelungen),
- der Rente auf das Ruhegehalt (→ Ruhensregelungen) und
- bei → Hinterbliebenenversorgung.

Anrechnung von Wehrdienstzeiten

Beamtenverhältnis

Insbesondere werden Wehrdienstzeiten für das Besoldungsdienstalter, für die ruhegehaltfähigen Dienstzeiten und somit für das → Ruhegehalt in vollem Umfang berücksichtigt. Dagegen werden Wehrdienstzeiten grundsätzlich nicht auf Probe- und Ausbildungszeiten im Beamtenverhältnis angerechnet (Probezeit).

Angestellter oder Arbeiter in der Privatwirtschaft oder im öffentlichen Dienst

Diese Zeiten sind unter bestimmten Voraussetzungen bei der Berechnung der Pension als so genannte ruhegehaltfähige Dienstzeit relevant. Siehe dazu im Einzelnen → Vordienstzeiten.

Wegen der Anrechnung von Wehrdienstzeiten siehe ferner → Rentenversicherung, → Besoldung(sdienstalter) und → Ruhegehalt.

Anschlussarbeitsverhältnis Pensionär

Hinzuverdienst

Hinzuverdienst umschreibt die Tatsache, dass ein Ruhestandssoldat zu seinen Versorgungsbezügen aus einem Anschlussarbeitsverhältnis Einkommen erzielt. Die schadlose Einkommenshöhe ist von Gesetzes wegen begrenzt; diese Grenzen überschreitende Beträge führen zu → Ruhensregelungen, d. h. Kürzungen der Versorgungsbezüge. Auf der Basis des § 53 BeamtVG sind die Einzelheiten hierzu in § 53 SVG geregelt.

Einkommensarten

- Einkünfte aus nichtselbstständiger Arbeit
  - Erwerbseinkommen in der Privatwirtschaft
  - Verwendungseinkommen aus einer Beschäftigung im öffentlichen Dienst
  - Erwerbsersatzeinkommen (gemäß § 18 (3) Satz 1 Nr. 1 SGB IV)
- Einkünfte aus selbstständiger Arbeit

- Einkünfte aus Gewerbebetrieb
- Einkünfte aus Land- und Forstwirtschaft

Diese Aufzählung bewegt sich in Anlehnung an § 2 EStG, genauso wie sich die nicht zum Hinzuverdienst zuzuordnenden Einkunftsarten aus § 22 EStG ableiten bzw. sich im Umkehrschluss ergeben.

- Einkünfte aus Kapitalvermögen
- Einkünfte aus Vermietung und Verpachtung
- sonstige Einkünfte (zum Beispiel Renten)
- Aufwandsentschädigungen
- Einkünfte aus schriftstellerischer, wissenschaftlicher, künstlerischer oder Vertragstätigkeit, wenn diese das zeitliche Maß einer im aktiven Dienst zulässigen Nebentätigkeit nicht überschreiten (in der Regel also bis zu acht Stunden wöchentlich!).

Trotzdem sind die Einkommenshöhe, gegebenenfalls die Einkunftsarten, nicht absolut dem Steuerrecht gleichzusetzen bzw. aus diesem abzuleiten:

- So sind bei der Einkommensberechnung aus nichtselbstständiger Arbeit zum Beispiel keine Sonderausgaben und Steuern abzuziehen. Es gilt das so genannte „Brutto-Prinzip".
- Andererseits reduziert zwar ein Abzug von Versorgungsausgleich und/oder Kapitalabfindungsrate den zu versteuernden Versorgungsbezug, Berechnungsgröße für die Berechnung der Hinzuverdienstgrenzen (→ Ruhensregelungen) bilden jedoch die (fiktiven) Versorgungsbezüge (= Betrag des erdienten Ruhegehaltes vor Abzug).
- Steuerliche Besonderheiten des Arbeitgebers, zum Beispiel für die Pauschalierung der Steuer (Job-Ticket, Fahrkostenzuschuss, Beitragszuschuss zur Krankenversicherung) bilden keine Reduzierung des Einkommens beim Arbeitnehmer.
- Eine nicht anrechenbare Aufwandsentschädigung liegt nur dann vor, wenn es sich um die Abgeltung von im Zusammenhang mit der Tätigkeit entstehenden Aufwendungen handelt (zum Beispiel Reisekosten). Anders liegt der Fall bei der Vergü-

tung der Arbeitsleistung selbst. Die Bezeichnung der Vertragsparteien ist dabei irrelevant!

Selbstverständlich kann allein z. B. durch eine zwischen dem Pensionär und dem Anschlussarbeitgeber vereinbarte Bezeichnung ein Erwerbseinkommen nicht zur Aufwandsentschädigung gemacht werden.

Unter Aufwandsentschädigungen sind demgegenüber zunächst insbesondere pauschale Leistungen aus öffentlichen Kassen für eine in der Regel ehrenamtliche Tätigkeit zu verstehen. Genannt sei z. B. die Entschädigung der kommunalen Ehrenbeamten. Die steuerrechtliche Betrachtung ist insoweit unbeachtlich, sodass in diesem Fall selbst der steuerpflichtige Teil als Aufwandsentschädigung gewertet wird.

Ansonsten wird die Abgrenzung zwischen Erwerbseinkommen und Aufwandsentschädigung danach zu ziehen sein, ob es sich um die finanzielle Abgeltung der sich aus unmittelbarer dienstlicher Veranlassung ergebenden Aufwendungen handelt, deren Übernahme dem Betroffenen nicht zugemutet werden kann (dann Aufwandsentschädigung) oder ob die Vergütung der Dienst- oder Arbeitsleistung im Vordergrund steht (dann Erwerbseinkommen).

Zu den Aufwandsentschädigungen zählen daher u. a. auch die Dienstaufwandsentschädigung im Sinne des § 17 Bundesbesoldungsgesetz (BBesG) – z. B. Zuschuss zur Beschaffung von Schutz- oder Berufskleidung – oder die Reisekosten (Fahrtkosten, Verpflegungsgelder, Übernachtungskosten) bzw. die Umzugskostenvergütung von einem öffentlichen oder privaten Anschlussarbeitgeber.

Zum Bereich der Aufwandsentschädigungen können letztlich auch die Einkünfte als Übungsleiter, Ausbilder, Erzieher oder für eine vergleichbare nebenberufliche Tätigkeit im Sinne des § 3 Nr. 26 Einkommensteuergesetz (EStG) gerechnet werden. Jedoch wird hier regelmäßig nur insoweit eine Anerkennung als Aufwandsentschädigung möglich sein, als Steuerfreiheit besteht (derzeit bis zu 1 848,00 EUR jährlich).

- Auch im Ausland erzieltes Einkommen, unabhängig von irgendwelchen Besteuerungsabkommen, unterliegt den Hinzuverdienstgrenzen.
- Bereits in der Dienstzeit aufgenommene Nebentätigkeiten stellen grundsätzlich keine Ausnahme dar, wenn sie nach Eintritt in die Pension weitergeführt werden; sie werden quasi eine Anschlusstätigkeit.
- Hinsichtlich der Zurechnung von Erwerbseinkommen gilt als ebenfalls selbstständig Erwerbstätiger, wer kraft seiner Stellung im Betrieb den notwendigen Einfluss auf die betriebliche Willensbildung nehmen kann (= Unternehmerinitiative) und dadurch das wirtschaftliche Unternehmensrisiko trägt, auch wenn ein anderer das Geschäft betreibt. Zu seinem Erwerbseinkommen zählen in diesem Falle nicht nur die Tätigkeitsvergütungen und gegebenenfalls Ertragsanteile aus der kapitalmäßigen Beteiligung, sondern auch sämtliche aus der Gesellschaft (zum Beispiel GmbH, OHG) aufgrund des Gesellschaftsvertrages zufließenden Erträge. Dies schließt gegebenenfalls auch steuerliche Bilanzierungsmöglichkeiten (Rücklagen, Ansparabschreibungen) ein.
- Durch den Arbeitgeber abschließend versteuertes Einkommen, das der Ruhestandssoldat in seiner Einkommensteuererklärung nicht mehr anführen muss, ist selbstverständlich Einkommen in Bezug auf gesetzliche Hinzuverdienstgrenzen (→ Ruhensregelung, „Mini-Job" auf Seite 259).

Berechnungszeitraum

- Die Berücksichtigung von Einkommen erfolgt monatsbezogen
  - bei nichtselbstständiger Tätigkeit gilt das monatsbezogene Zuflussprinzip absolut. Es ist also nicht möglich, einen nicht ausgeschöpften Betrag für zum Beispiel März auf den Monat April zur Überschreitung in gleicher Höhe zu übertragen.
  - bei selbstständiger Tätigkeit ist die Rechengröße der steuerliche Gewinn aus der Einkommensteuererklärung des Jahres geteilt durch 12, sofern das Einkommen nicht doch durch

Monatsbeträge (z. B. „gesetzte" Honorare, Provision) erzielt wird. Dieser Rechengang gilt auch dann, wenn die Tätigkeit im Laufe des Jahres erst aufgenommen oder schon beendet wird.

- Eine Saldierung zwischen verschiedenen anzurechnenden Arten von Einkünften ist nicht möglich (z. B. negative Einkünfte aus Gewerbebetrieb mit positiven Einkünften aus nicht selbstständiger Arbeit).
- Insbesondere bei nichtselbstständiger Arbeit über das Jahr in Teilbeträgen ausgezahltes – und als solches auf der Gehaltsbescheinigung erkennbares – „Weihnachtsgeld" wird im Monat Dezember berücksichtigt.
- Abfindungen, die zum Beispiel bei Beendigung eines Arbeitsverhältnisses als Entschädigung gezahlt werden, können auf zwei unterschiedliche Vorgehensweisen als Einkommen berücksichtigt werden:
  - Beträgt die Abfindung ein Vielfaches des bisherigen Monatsbezuges und ist eine Zuordnung zu einem in die Zukunft wirksamen Zeitfaktor, zum Beispiel für 6 Monate, möglich, erfolgt die Berücksichtigung wie bei fortlaufender Zahlung.
  - Ist weder aus der Abfindungshöhe noch aus einem genannten Zeitraum eine Ableitung möglich, erfolgt die Berücksichtigung wie bei Einkünften aus selbstständiger Tätigkeit (= geteilt durch 12).

Anzeigepflicht der Einkünfte

Gemäß § 60 SVG unterliegt der Versorgungsberechtigte einer → Anzeigepflicht der Versorgungsempfänger hinsichtlich des Bezuges von Einkünften nach Art und Höhe und jeder Änderung. Hierzu sind Verdienst-/Gehaltsbescheinigung oder Einkommensteuerbescheid und gegebenenfalls Arbeits- oder Gesellschafts-/Gesellschafterverträge vorzulegen.

Wichtiger Hinweis

„Grenzenlose konstruktive Fantasie" in der Gestaltung des Hinzuverdienstes, die offensichtlich die Umgehung der Ruhensregelungen zum Ziel hat, erfüllt ggf. den Tatbestand des Betruges und führt damit unter Umständen zum Verlust Ihrer Versorgung auf Zeit oder Dauer! Dieser Verlust schließt Ihre Hinterbliebenen ein!

Krankenversicherung

Mit der Pensionierung endet die unentgeltliche truppenärztliche Versorgung. Dafür ist der Pensionär beihilfeberechtigt. Die Beihilfe ersetzt regelmäßig nur 70 v. H. der Kosten im Krankheitsfall. Der andere Teil wird über eine private Restkostenversicherung von 30 v. H. abgedeckt.

Pflichtversicherung bis 1988

Bei Aufnahme eines versicherungspflichtigen Arbeitsverhältnisses wurde der pensionierte Soldat bis zum 31.12.1988 Mitglied der gesetzlichen Krankenversicherung (§ 165 RVO). Als Pensionär hatte der Berufssoldat a. D. die Möglichkeit, sich nach § 173 RVO auf Antrag von der Pflichtversicherung befreien zu lassen.

Keine Versicherungspflicht im Anschlussarbeitsverhältnis ab 1989

Die Rechtslage hat sich seit 01.01.1989 geändert. Pensionäre sind, wenn sie in einem dem Grunde nach krankenversicherungspflichtigen Arbeitsverhältnis stehen, nach § 6 Abs. 3 Satz 1 SGB V in dieser Beschäftigung von Gesetzes wegen krankenversicherungsfrei. Eines Antrages auf Befreiung bedarf es daher nicht mehr!

Diese Versicherungsfreiheit gilt aber nur für den Pensionär selbst, nicht für die Hinterbliebenen. Die Witwe des Soldaten unterliegt bei Aufnahme einer versicherungspflichtigen Tätigkeit – wie bisher – der Krankenversicherungspflicht.

Die Versicherungsfreiheit hat seit 01.01.1989 auch zur Folge, dass der Pensionär im Anschlussarbeitsverhältnis keinen Anspruch auf einen Arbeitgeberzuschuss zur Krankenversicherung hat.

Die Regelungen des Gesundheitsreformgesetzes machen den Zugang zur gesetzlichen Krankenversicherung für Berufssoldaten unmöglich.

Rentenversicherung

Keine Versicherungspflicht im Anschlussarbeitsverhältnis

Seit 1977 besteht für Pensionäre in der Regel keine Möglichkeit mehr, Pflichtbeiträge zur Rentenversicherung im Anschlussarbeitsverhältnis zu leisten, um sich eine „Zusatzversicherung" in der gesetzlichen Rentenversicherung aufzubauen (§ 5 Abs. 4 SGB VI). Vielmehr sind sie seit dieser Zeit von Gesetzes wegen von der Verpflichtung zur Zahlung der Arbeitnehmerbeiträge befreit. Eines Antrags auf Befreiung bedarf es deshalb nicht. Wegen der bei Dienstunfähigkeit ab 01.01.1992 geltenden Neuregelung der → Rentenversicherung. Der Arbeitgeber bleibt allerdings verpflichtet, den Arbeitgeberanteil an den Rentenversicherungsträger abzuführen (§ 172 SGB VI). Dieser Arbeitgeberanteil kommt der Solidargemeinschaft zugute.

Auszahlung der Arbeitnehmerbeiträge

Grundsätzlich besteht auch keine Möglichkeit, durch freiwillige Beiträge Versicherungsansprüche in der Rentenversicherung aufzubauen, wenn der Soldat nicht wenigstens 5 Versicherungsjahre in der Rentenversicherung hat. In diesem Fall kann er aber stets nach § 210 SGB VI die von ihm gezahlten Arbeitnehmeranteile zurückerstattet bekommen. Nur wer mit 5 Versicherungsjahren die so genannte „kleine Wartezeit" erfüllt hat, ist zur freiwilligen Weiterversicherung berechtigt (§ 7 Abs. 2 SGB VI). In diesem Fall ist eine Beitragsrückerstattung jedoch nicht möglich.

Anrechnung der Rente auf die Pension

Ist die so genannte „kleine Wartezeit" erfüllt, hat der Berufssoldat ab dem 65. Lebensjahr Anspruch auf Rente. Diese Rente wird aber gemäß § 55a SVG mit der Pension verrechnet. Nicht in die Anrechnung einbezogen werden auf freiwilligen Beiträgen beruhende Rententeile, soweit nicht der Arbeitgeber mindestens die Hälfte der Beiträge geleistet hat (§ 55a Abs. 4 SVG). Anrechnungsfrei bleiben darüber hinaus die Teile der Rente, die am Höchstruhegehalt fehlen. Darüber hinaus sind für diejenigen, die vor 1966 in die Bundeswehr eingestellt wurden, 40 v. H. der anzurechnenden Rente anrechnungsfrei (→ Ruhensregelung).

Arbeitslosenversicherung

Beitragspflicht

Im Anschlussarbeitsverhältnis ist auch der Berufssoldat a. D. verpflichtet, Beiträge zur Arbeitslosenversicherung zu leisten (§§ 340, 342 SGB III). Eine Befreiungsmöglichkeit besteht hierbei entgegen früherem Recht nicht mehr.

Kein Anspruch auf Arbeitslosengeld

Der Pensionär hat aufgrund einer Entscheidung des Bundesverfassungsgerichtes, die im Rahmen eines Musterprozesses des DBwV erging, trotz seiner Beitragspflicht keinen Anspruch auf Arbeitslosengeld (Urteil vom 11.03.1980, Az. 1 BvL 20/76).

Das Bundesverfassungsgericht hat in dem Zusammenhang zu § 118 Abs. 4 AFG (jetzt § 142 SGB III) ausgeführt, dass die Gewährung von Arbeitslosengeld neben der Pension als Doppelversorgung nicht gerechtfertigt sei, ebenso wie bei gleichzeitigem Rentenbezug. Eine Ausnahme gilt für BO 41 und vorzeitig wegen Dienstunfähigkeit ausgeschiedene Berufssoldaten im Anschlussarbeitsverhältnis. Da ihnen nur eine Teilversorgung nach SVG gewährt wird, wird diesem Personenkreis bei Arbeitslosigkeit nach einem Anschlussarbeitsverhältnis nach den Durchführungsanweisungen zu § 142 SGB III neben der Pension Arbeitslosengeld gewährt.

Sozialabgaben im Anschlussarbeitsverhältnis	
Arbeitgeber	**Arbeitnehmer (Versorgungsempfänger)**
gesetzl. Renten-Versicherung (§ 172 Abs. 1 SGB VI) → Hälfte von 19,5 %	**gesetzl. Renten-Versicherung** (§ 5 Abs. 4 Nr. 2 SGB VI) → kein Beitrag und kein Zugang
gesetzl. Kranken-Versicherung (§ 6 Abs. 1 Nr. 6 SGB V) → kein Beitrag (auch bei Mini-Job nicht)	**gesetzl. Kranken-Versicherung** (§ 6 Abs. 1 Nr. 6 SGB V) → kein Beitrag und kein Zugang
gesetzl. Arbeitsl.-Versicherung (§§ 25, 28 SGB III) → Hälfte von derzeit 6,5 %	**gesetzl. Arbeitsl.-Versicherung** (§§ 25, 28 SGB III) → Hälfte von derzeit 6,5 %, aber keine Leistung
Pflege-Versicherung (§§ 20, 23 Abs. 1 SGB XI) → kein Beitrag	**Pflege-Versicherung** (§§ 20, 23 Abs. 1 SGB XI) → kein Beitrag

Mini-Job (geringfügige oder kurzfristige Beschäftigung) und gesetzliche Hinzuverdienstgrenzen

Die aus arbeitsmarktpolitischen Gründen, zur Vereinfachung der Sozialabgabenpflicht und mit der Möglichkeit zur abschließenden steuerlichen Pauschalierung geschaffenen Mini-Job-Regelungen (400-EUR-Grenze) verlangen die Abgabenpflicht durch den Arbeitgeber. Auch hier entfällt die pauschale Abgabe zur Krankenversicherung.

Wichtig: Mini-Job-Grenzen haben nichts mit gesetzlichen Hinzuverdienstgrenzen zu tun. Dies sind in den betreffenden Gesetzen eigenständig geregelte Beträge, zum Beispiel

- Pensionierung wegen „einfacher Dienstunfähigkeit" = Greifen der → Ruhensregelungen bei Überschreitung von 75 v. H. der ruhegehaltfähigen Dienstbezüge zuzüglich 325,00 EUR;
- Inanspruchnahme der vorübergehenden Erhöhung der Pension (§ 26 a SVG) = Wegfall bei mehr als 325,00 EUR monatlich;
- Ausgleichszahlung nach § 38 (4) SVG = Rückforderung bei mehr als 325,00 EUR monatlich.

Weitere Auskünfte zum Mini-Job erteilt insbesondere die Bundesknappschaft.

Steuerfragen

Bei einem Anschlussarbeitsverhältnis stellt sich die Frage, ob steuerliche Nachteile durch das Zusammentreffen von Pension und Anschlussarbeitsverdienst auftreten. Grundsätzlich müssen die Bezüge des Anschlussarbeitsverhältnisses nach der Steuerklasse VI versteuert werden. Hierbei entsteht zunächst unter Umständen ein zu hoher Steuerabzug. Diese Nachteile können aber im Jahresausgleich bzw. im Rahmen der Einkommensteuererklärung wieder ausgeglichen werden, weil dann für den Gesamtverdienst die familiengerechte Steuerklasse zugrunde gelegt wird.

Kapitalabfindung

(→ Kapitalabfindung)

Meldepflicht

(→ Nachwirkende Pflichten)

Anwartschaftsversicherung

Es empfiehlt sich, insbesondere für Berufssoldaten, rechtzeitig bei einer privaten Krankenversicherung eine so genannte „Anwartschaftsversicherung" abzuschließen. Die Förderungsgesellschaft des Deutschen BundeswehrVerbandes unterhält mit der Continentale Krankenversicherungs a. G. hierzu einen Empfehlungsvertrag.

Diese Anwartschaftsversicherung hat den Vorteil, dass die Prämie nach dem Eintrittsalter zum Zeitpunkt des Eintritts in die Anwartschaftsversicherung, also wesentlich geringer ausfällt, weil der Beitrag mit steigendem Eintrittsalter ansteigt. Außerdem sind alle in der Zwischenzeit eingetretenen Gesundheitsrisiken ohne Beitragserhöhung mitversichert. Sie kommt auch für Ehefrauen von Soldaten in Betracht, die bei einem derzeit bestehenden Arbeitsverhältnis sich später privat versichern möchten.

Versäumt der Soldat den rechtzeitigen Krankenversicherungsschutz, so muss er beim Ausscheiden aus der Bundeswehr damit rechnen, dass er wegen des erhöhten Eintrittsalters und eventueller Gesundheitsschäden bei privaten Krankenversicherungen abgelehnt wird oder hohe Zuschläge zur Prämie in Kauf nehmen muss. Der Zugang zur gesetzlichen Krankenversicherung ist für Berufssoldaten seit 01.01.1989 völlig ausgeschlossen worden. Die private Krankenversicherung gewinnt somit besondere Bedeutung (→ Krankenversicherung).

Anzeigepflicht der Versorgungsempfänger

Gemäß § 62 BeamtVG/§ 60 SVG ist jeder Versorgungsempfänger verpflichtet, Änderungen in den persönlichen und sonstigen Verhältnissen, die für die Zahlung der Versorgungsbezüge von Bedeutung sind, sofort und unaufgefordert der WBV, möglichst unter Beifügung entsprechender Unterlagen anzuzeigen. Aufgrund unterbliebener Anzeige entstandene Überzahlungen sind zurückzuzahlen. Eine → Rückforderung von Versorgungsbezügen ist grundsätzlich unbefristet möglich, da der Auszahlungsbetrag unter einem gesetzlichen Vorbehalt steht.

Anzuzeigen sind insbesondere:

- jede Verlegung des Wohnsitzes (auch innerhalb des bisherigen Wohnortes);

- jede Veränderung der Familienverhältnisse (Heirat, Ehescheidung, Tod des Ehegatten sowie Geburt/Heirat/Tod eines Kindes);
- der Bezug von Kindergeld und/oder des kinderbezogenen Teils im Familienzuschlag (Unterschiedsbetrag) durch einen anderen Berechtigten;
- die Auflösung der häuslichen Gemeinschaft mit Kindern des Ehegatten (Stiefkindern), Pflege- oder Enkelkindern;
- alle anderen Änderungen, die Einfluss auf die Zahlung des → Kindergeldes haben können;
- die Aufnahme oder Beendigung einer Beschäftigung unter Angabe des Arbeitgebers und der Art der Beschäftigung sowie ein innerbetrieblicher Wechsel oder sonstige Änderungen des Arbeitsverhältnisses;
- der Bezug von Erwerbseinkommen (Einkünfte aus nichtselbstständiger Arbeit einschließlich Abfindungen, Einkünfte aus selbstständiger Arbeit, Einkünfte aus Gewerbebetrieb sowie Einkünfte aus Land- und Forstwirtschaft);
- der Bezug von Erwerbsersatzeinkommen nach § 18a Abs. 3 Satz 1 Nr. 1 SGB IV (zum Beispiel Arbeitslosengeld, Krankengeld, Übergangsgeld, Unterhaltsgeld, Kurzarbeitergeld, Winterausfallgeld, Mutterschaftsgeld, Insolvenzgeld);
- die Aufnahme oder Beendigung einer Beschäftigung des Ehegatten unter Angabe der Anschrift des Arbeitgebers;
- jede Änderung oder der Wegfall der Verpflichtung zur Zahlung von Unterhalt gegenüber dem geschiedenen Ehegatten;
- der Bezug weiterer Versorgungsbezüge (Ruhegehalt, Witwen-, Witwer-, Waisengeld, Unterhaltsbeitrag);
- der Bezug von Renten aus der gesetzlichen Rentenversicherung (Berufs-/Erwerbsminderungsrente, Regelaltersrente, Witwen-, Witwer-, Waisenrente);
- der Bezug ausländischer Renten;
- der Bezug von Renten aus einer zusätzlichen Alters- und Hinterbliebenenversorgung für Angehörige des öffentlichen Diens-

tes (zum Beispiel Versorgungsanstalt des Bundes und der Länder – VBL);

- der Bezug sonstiger Versorgungsleistungen (zum Beispiel Betriebsrenten, Leistungen aus einer berufsständischen Versorgungseinrichtung, Leistungen aus einer Lebensversicherung, zu der ein Arbeitgeber Zuschüsse geleistet hat, Leistungen nach dem Gesetz über eine Altershilfe für Landwirte – GAL);
- Verlust der Eigenschaft als Deutsche im Sinne des Artikels 116 des Grundgesetzes;
- rechtskräftige Verurteilung zu einer Freiheitsstrafe.

Bei Verletzung der Anzeigepflicht, die als schuldhaft zur Umgehung von Anrechnungs-, Kürzungs- und Ruhensregelungen vorgeworfen/nachgewiesen werden kann, droht der Entzug der Versorgungsbezüge auf Zeit oder sogar auf Dauer.

Sollten Sie Zweifel haben, ob Leistungen, die Sie erhalten oder erhalten haben, anzeigepflichtig sind, teilen Sie diese trotzdem schriftlich der WBV V mit; Sie werden den richtigen Bescheid als Antwort erhalten!

Arbeitsverhältnis

Nimmt der Berufssoldat nach Ausscheiden aus der Bundeswehr als Angestellter oder Arbeiter eine Tätigkeit im öffentlichen Dienst oder in der Privatwirtschaft auf, so gelten für die Ausgestaltung seines Arbeitsverhältnisses die Regelungen des Arbeitsrechtes. Das Arbeitsrecht ist durch eine Vielzahl von Rechtsquellen gekennzeichnet, die für die Regelung der Einzelfragen von Bedeutung sind: Es gilt zunächst der Arbeitsvertrag, ferner eventuell im Betrieb einheitlich geltende allgemeine Arbeitsbedingungen, Betriebsvereinbarungen, von den Tarifpartnern (Arbeitgeberverbänden und Gewerkschaften) abgeschlossene Tarifverträge sowie schließlich gesetzliche Bestimmungen, zum Beispiel Bürgerliches Gesetzbuch, Kündigungsschutzgesetz, Bundesurlaubsgesetz, Arbeitszeitordnung usw.). Für Streitigkeiten aus dem Arbeitsverhältnis ist das Arbeitsgericht zuständig.

Wichtige Hinweise für Berufssoldaten

→ *Anschlussarbeitsverhältnis*

Ausgleich für Berufssoldaten

Der einmalige Ausgleich gemäß § 38 (1) SVG

Der „einmalige" Ausgleich gemäß § 38 (1) SVG soll diejenigen Nachteile des Berufssoldaten ausgleichen, die auf der besonderen → Dienstaltersgrenze und der dadurch bedingten relativ frühen Versetzung in den → Ruhestand beruhen. Dem dadurch gegenüber den Beamten geminderten Gesamtlebenseinkommen wird durch den Ausgleich Rechnung getragen. Er beläuft sich auf das Vierfache der Dienstbezüge des letzten Monats, höchstens jedoch auf 4091,00 EUR. Im Zusammenhang mit der Verabschiedung des Versorgungsreformgesetzes sollte auf Länderinitiative hin der Ausgleich für ab 01.01.1999 ausscheidende Berufssoldaten völlig gestrichen werden. Nach den Verhandlungen im Innenausschuss konnte der DBwV diese vorgesehene Verschlechterung verhindern.

Da der Ausgleich nur die Nachteile der besonderen Dienstaltersgrenze ausgleicht, wird er bei vorzeitiger Versetzung in den Ruhestand wegen → Dienstunfähigkeit nicht gewährt. Er entfällt auch, wenn der Soldat bis zum Ruhestand gemäß § 28a SG unter Wegfall der Geld- und Sachbezüge beurlaubt war.

Weitere Einmalzahlung gemäß § 38 (4) SVG

Seit dem 01.01.2002 erhalten Soldaten, die mit einer besonderen Altersgrenze in den Ruhestand versetzt werden, zuzüglich zu den bereits gemäß § 38 Abs. 1 SVG gewährten 4091,00 EUR eine weitere Einmalzahlung gemäß § 38 (4) SVG, die ebenfalls mit der Versetzung in den Ruhestand gewährt wird. Da die → Abflachung der Versorgungsbezüge stufenweise eingeführt wird, gelten zunächst für die Jahre der Übergangsfrist auch abgestufte Beträge. Es gilt der Grundsatz, dass für jedes Jahr vor der Vollendung des 60. Lebensjahres ein Betrag gewährt wird, einzelne Monate eines Kalenderjahres werden anteilsmäßig berechnet. Maximal ergeben sich also 7 berücksichtigungsfähige Jahre (bei Ausscheiden mit 53 Jahren).

Dabei werden die einzelnen Jahre jedoch unterschiedlich bemessen. Für Zurruhesetzungen in der Zeit vom 01.01.2002 bis zum 31.12.2009 gelten die nachstehend genannten Beträge:

Kalenderjahr	Erhöhungsbetrag
2002	0,00 EUR
2003	66,00 EUR
2004	132,00 EUR
2005	198,00 EUR
2006	264,00 EUR
2007	330,00 EUR
2008	396,00 EUR
2009	462,00 EUR
ab 2010	je 528,00 EUR

Erst für Zurruhesetzungen nach dem 31.12.2009 gilt der volle Betrag von gegebenenfalls 7 x 528,00 EUR.

Wichtig: Sollte jedoch anschließend ein monatlicher Hinzuverdienst von mehr als 325,00 EUR pro Monat erzielt werden, wird der Betrag für den entsprechenden Monat wieder zurückgefordert.

Ein Weihnachts- oder Urlaubsgeld des privaten Arbeitgebers ist unschädlich!

Übergangsregelung VersÄndG:
Einmaliger Ausgleich – Berechnungsbeispiel

Versetzung in den Ruhestand mit 53:			31.08.2005
Vollendung 60. Lebensjahr:			31.08.2012
1. Jahr 2005	4/12 von 198,00 EUR	=	66,00 EUR
2. Jahr 2006			264,00 EUR
3. Jahr 2007			330,00 EUR
4. Jahr 2008			396,00 EUR
5. Jahr 2009			462,00 EUR
6. Jahr 2010			528,00 EUR
7. Jahr 2011			528,00 EUR
8. Jahr 2012	8/12 von 528,00 EUR	=	352,00 EUR
			2 926,00 EUR

Unter diesem Stichwort findet sich eine (subjektive) Abweichung in der Gleichstellung der Soldaten, die vorzeitig nach → PersAnpassG gehen:

Beispiel:

Ein OTL würde mit 58 Jahren im Jahr 2010 ausscheiden, es stehen ihm Ausgleichszahlungen für 2 Jahre zu. Da er aber vorzeitig nach PersAnpassG mit Ablauf des 31.12.2005 geht, stehen ihm 264,00 EUR + 330,00 EUR zu und nicht 2 x 528,00 EUR.

Einmalzahlungen für NVA-Soldaten

Soldaten mit Vordienstzeiten in der NVA erhalten eine weitere Einmalzahlung gemäß § 2 Nr. 7 SVÜV. Diese Leistung beträgt 512,00 EUR pro Jahr zwischen Pensionierung und Vollendung des 60. Lebensjahres. Damit sind also zurzeit noch für höchstens 7 Jahre 3 584,00 EUR erreichbar.

Diese Einmalzahlung ist als zusätzlicher Ausgleich aufgrund der nur geringer erdienten Pension im Sinne einer Existenzgründungshilfe zu verstehen, oder sie gilt als sich verrechnender Vorschuss bei Inanspruchnahme der vorübergehenden Pensionserhöhung gemäß § 26a SVG (→ NVA-Versorgung).

Der jeweilige Ausgleich ist steuerfrei.

Ausgleich für Wehrdienstbeschädigung

(→ Wehrdienstbeschädigung)

Auslandsaufenthalt

Alles globalisiert sich, so auch der dienstliche Einsatz, das Freizeitverhalten und die Wahl des dauerhaften Wohnsitzes. Insbesondere im Themenbereich Gesundheitsvorsorge heißt es, frühzeitig Überlegungen zur Lebensplanung und deren Konsequenzen bereits für heute anzustellen.

Wenn der kurze Auslandsaufenthalt zum Alltag gehört …

Besonders Soldaten, die auch noch in Grenznähe zu unseren Nachbarländern wohnen, ist nicht immer klar, welchen Risiken sie sich (und ggf. ihre Familie) aussetzen, wenn sie zum Kaffeetrinken „kurz" nach Luxemburg fahren, für das Wochenende den Kurztrip nach Wien machen oder die 2-Tages-Bus-Fahrt nach Dänemark – ohne ausreichenden Krankenversicherungsschutz.

Warum Risiko?

Erstattungen durch gesetzliche Krankenkassen, Beihilfe oder unentgeltliche truppenärztliche Heilbehandlung erfolgen in den Grenzen der deutschen Gebührenordnung der Ärzte (GOÄ)/Zahnärzte (GOZ). Der Krankenhausaufenthalt aufgrund eines unvorhersehbaren Notfalles/Kfz-Unfalles kann somit für die „Urlaubskasse" sehr, sehr teuer werden!

Beispiel:

5 Tage Krankenhausaufenthalt wegen Kfz-Unfall – „wollte nur tanken und Kaffee mitbringen" – bedeuteten eine Rechnung von 4575 EUR; Erstattung durch die Bundeswehr = 2062 EUR; Fehlbetrag aus eigener Tasche = 2513 EUR.

Denken Sie bitte über Kosten und Nutzen der Vorsorge in Form einer Auslandsreisekrankenversicherung für diese immer selbstverständlicher werdenden Fälle nach! Sie gilt nämlich – viel kostengünstiger – für das ganze Jahr und nicht nur für den einen „großen" Urlaub.

Dazu gehören auch Überlegungen für die Vorsorge zu einem krankheitsbedingten Rücktransport; bei Rücktransport mit einem Ambulanz-Jet aus der Türkei nach einem schweren Unfall sind schnell 21000 EUR Kosten auf der Rechnung!

Wenn Sie vorübergehend ins Ausland versetzt werden …

Prüfen Sie rechtzeitig Ihren Versicherungsordner; rechtzeitig heißt in diesem Falle bereits bei der Ankündigung der Versetzung vorsorglich, auch wenn die Versetzungsverfügung noch nicht vorliegt. Teilen Sie allen Versicherungen schriftlich die mögliche neue Dienststelle/Stadt/Land mit und erbitten Sie Auskunft über die Aufrechterhaltung Ihres Versicherungsschutzes bzw. die geänderten/zu ändernden Voraussetzungen für die Erlangung. Dabei ist auch zu bedenken, dass Sie ggf. in ein Land mit anderen Risikofaktoren gehen sollen, die es abzusichern gilt (z. B. Türkei = Erdbeben).

Die unter lfd. Nr. 1. angesprochene zusätzliche Gesundheitsvorsorge muss für Ihre Familie auf Dauer angelegt sein, darf also keine Auslandsreisekrankenversicherung, sondern muss eine Krankenversicherung sein, die die nachstehend aufgeführten Beihilfebestimmungen ohne zeitliche Begrenzung – ergänzt.

In den Beihilfevorschriften des Bundes gilt für abgeordnete Beamte/Soldaten die besondere Verwaltungsvorschrift für Bundesbeamte im Ausland (3. allgem. Verwaltungsvorschrift für Beihilfen in Krankheits-, Pflege- und Geburtsfällen vom 10.03.2004)

Trotzdem gilt auch hier die Überlegung, dass das Risiko der Krankenversorgung für Urlaubsreisen vom Stationierungsausland in ein anderes Reiseland für Sie selbst und Ihre Familie abgedeckt werden muss.

Dies gilt übrigens auch für die Soldaten, die zu einem Einsatz ins Ausland abgeordnet sind, wenn sie von dort in ein anderes Reiseland in den Urlaub starten.

Wichtig: Prüfen Sie insbesondere die Krankenversicherung Ihrer berücksichtigungsfähigen Angehörigen (Ehefrau, Kinder), da an deren sich ggf. ergebender Unversicherbarkeit die Entscheidung für die Annahme oder Ausschlagung des Versetzungsangebotes „hängen“ kann.

Beispiel:

Die Ehefrau ist durch ein Arbeitsverhältnis gesetzlich krankenversichert.

Sie möchte mitgehen, das Arbeitsverhältnis kündigen – aber aufgrund einer erlangten Erkrankung „besteht“ sie nicht die Gesundheitsprüfung der privaten Krankenversicherungen; sie ist nicht versicherbar. Es besteht ein Kostenrestrisiko von 30 v. H., da die Beihilfe ja nur 70 v. H. erstattet. Auch eine Erhöhung des Beihilfebemessungssatzes nach § 14 der Beihilfevorschriften kommt generell nicht in Frage, da das Moment der rechtzeitigen Versicherung nicht erfüllt ist. Wer also in seiner Lebensplanung an eine Auslandsverwendung (oder an einen späteren dauernden Auslandswohnsitz) denkt, sollte auch an die Anwartschaft für die Krankenversicherung seiner Frau denken, sofern diese heute noch in der gesetzlichen Krankenversicherung freiwillig, pflicht- oder familienversichert ist.

Ein weiteres Problem für die Ehefrau kann später einmal werden, dass durch die Fehlzeit in der Mitgliedschaft bei der gesetzlichen Krankenversicherung wegen der Auslandsverwendung ggf. die „selbstverständliche" Rückkehr in die gesetzliche Krankenversicherung gemäß den Bestimmungen des Sozialgesetzbuches V nicht mehr möglich ist (außer durch die sofortige Aufnahme einer Beschäftigung, aber wer schafft das immer sofort/ lückenlos).

Gleiches gilt für die Anrechnungszeiten bei der so genannten 9/10-Regelung zum Übergang in die Krankenversicherung der Rentner (KVdR). Hier würden die vier Jahre USA (= privat versichert) ebenfalls eine Fehlzeit bedeuten, die ggf. bei Renteneintritt die Mitgliedschaft in der KVdR verwehren könnte.

Erkundigen Sie sich bei Ihrer gesetzlichen Krankenversicherung, ob und wie Sie Mitgliedschaftszeiten anrechenbar erhalten können, wenn Sie das wollen.

Wenn Sie als „… a. D." Ihren ständigen Wohnsitz im Ausland wählen …

Wesentlichster Punkt für die Konsequenzen aus Ihrer Überlegung/Entscheidung ist die Tatsache, ob das Land Ihrer Wahl der Europäischen Union (EU) oder dem Europäischen Wirtschaftsraum (EWR) zuzuordnen ist oder „irgendwo in der Welt" liegt.

- Das beginnt mit der Steuer: Sind Sie unbeschränkt oder nur beschränkt einkommensteuerpflichtig? Antwort gibt das so genannte „Betriebsstätten-Finanzamt", das ist das Finanzamt am Ort der für Sie als Pensionär zuständigen WBV.

- Sollten Sie noch in Ausbildung befindliche Kinder mitnehmen wollen, hängt an der Antwort zur Steuerfrage die Kindergeldberechtigung, an dieser dann die Beihilfeberechtigung für das Kind.
- Alle Versicherungen sind schriftlich abzufragen; bei Lücken ist entsprechende Vorsorge zu treffen.

  Insbesondere Kranken- und Pflegeversicherung ist ausführliches Augenmerk zu schenken:

  - Krankenversicherung: Hier gibt es Angebote, die Ihre bisher erworbene Anwartschaft in der privaten Krankenversicherung nicht zunichte machen, aber das Restkostenrisiko eingrenzen.
  - Pflegeversicherung (PflV): Grundsätzlich ruht der Anspruch auf Leistungen der PflV bei Aufenthalt im Ausland! (Eine Ausnahme besteht, wenn es sich um einen vorübergehenden Auslandsaufenthalt von bis zu sechs Wochen im Kalenderjahr handelt; dann wird das Pflegegeld für diesen Zeitraum weiter gezahlt.)

  Bei dauerndem Wohnsitz im Ausland zahlt die private PflV „nur" Pflegegeld, also die Beträge für häusliche Pflege, sofern Sie Ihren Wohnsitz in einem Land der EU und des EWR wählen. Im außereuropäischen Ausland können Sie gar keine Erstattung von Pflegeaufwendungen erhalten. Da die Beihilfe der Pflegeversicherung folgt, aber auf die EU begrenzt ist, können Sie im EWR nur durch die private PflV anteilig Pflegegeld, im außereuropäischen Ausland in der Regel keine Beihilfe zur Pflege erhalten.

  (Für gesetzlich Pflegeversicherte besteht in einigen Ländern der EU die Möglichkeit der Inanspruchnahme von Pflege-Sachleistungen, sofern entsprechende Sachleistungsaushilfe-Verträge geschlossen wurden. Fragen Sie bei Ihrer Pflegekasse sorgfältig nach!)

  Bedenken Sie, ob Sie im Pflegefall oder generell später wieder nach Deutschland zurückkehren wollen; dann sollten Sie Ihre PflV aufrechterhalten.

- Wichtigster Paragraf der Beihilfevorschriften des Bundes ist § 13 (Beihilfefähigkeit für außerhalb der Bundesrepublik Deutschland entstandene Aufwendungen). Beachten Sie, dass es danach „positive" Ausnahmen nur für den Aufenthalt in EU-Ländern (nicht EWR-Ländern) gibt! Für das außereuropäische Ausland unterliegen Sie dem Kostenvergleich zur deutschen GOÄ oder GOZ.
- Machen Sie Ihre „Planungs-Tournee" nur schriftlich, „ein Telefonat kann man nicht nachlesen", und die mündlichen Aussagen eines Vertreters oder Sachbearbeiters sind juristisch unverbindlich!
- Teilen Sie Ihre Absicht frühzeitig – verbunden mit der Bitte um Rechtsauskunft zu den o. a. Themenbereichen – der für Sie zuständigen WBV (Versorgungsbezüge und Beihilfe) mit.

Infos

- Wenden Sie sich hinsichtlich der Kranken- und Pflegeversicherung frühzeitig an Ihre Krankenversicherung, ggf. über den DBwV an eine der Empfehlungsgesellschaften der → Förderungsgesellschaft (FöG) des DBwV, die in besonderem Maße auf die speziellen Belange von Soldaten und deren Familienangehörigen eingehen.
- Allgemeine Informationen für „Auswanderer" sind zusätzlich beim Bundesverwaltungsamt in Köln zu erlangen (www.bundesverwaltungsamt.de). Hier kann die geographisch für Sie zuständige Auskunfts- und Beratungsstelle von EURES herausgesucht werden, wo neben einer persönlichen Beratung nach Terminvereinbarung gegen Entrichtung einer Schutzgebühr auch die Anforderung von Info-Broschüren zu folgenden Themen möglich ist:
  - allgemeine Hinweise („Check-Liste")
  - Versicherungen
  - Heirat im Ausland
  - spezielle Informationen über bestimmte Länder

Auslandsversorgung

Mit der Verabschiedung des neuen Einsatzversorgungsgesetzes (EinsatzVG) ist durch die Initiative und unter tatkräftiger Mitwirkung des Deutschen BundeswehrVerbandes für die Soldaten im Auslandseinsatz eine erhebliche Verbesserung der Versorgungsleistungen erreicht worden.

Zweck des Einsatzversorgungsgesetzes

Die Bundesrepublik Deutschland hat sich entschlossen, im Rahmen internationaler friedensschaffender, friedenserhaltender und humanitärer Missionen vermehrt Verantwortung zu übernehmen und entsendet dazu Soldaten in Krisenregionen.

Mit der Teilnahme an diesen so genannten besonderen Auslandsverwendungen ist für den einzelnen Soldaten eine erheblich gesteigerte Gefahr für Leib und Leben verbunden.

Das Einsatzversorgungsgesetz trägt diesem Umstand Rechnung und passt das Versorgungsrecht der Soldaten, Beamten und sonstigen Angehörigen des öffentlichen Dienstes an diese veränderten Rahmenbedingungen an.

Es schafft hierzu nicht nur einen Katalog verbesserter Versorgungsleistungen, sondern reduziert zugleich die erforderlichen Anspruchsvoraussetzungen, um in den Genuss dieser erhöhten Leistungen zu gelangen.

Dadurch werden langwierige und bürokratische Untersuchungsverfahren vermieden.

Das Gesetz, das rückwirkend ab dem 01.12.2002 in Kraft trat, steht unter der Maxime, dass die Gefahren und Belastungen bei einer besonderen Auslandsverwendung gerade nicht mit denen im Inland oder bei einer Verwendung im sonstigen Ausland (zum Beispiel Übung in den USA) auf eine Stufe gestellt werden können.

Zudem wird versucht, für alle Statusgruppen (BS, SaZ, FWDL und Reservisten) eine vergleichbare Versorgung für die gleiche Gefahr, in der sie sich im Einsatz befinden, zu schaffen.

Wann greift das Einsatzversorgungsrecht?

Das Einsatzversorgungsgesetz regelt für bestimmte Fälle im Soldatenversorgungsgesetz (SVG) einen eigenen Abschnitt der sog. Einsatzversorgung mit einem verbesserten Versorgungsniveau.

Voraussetzung für die Gewährung von Einsatzversorgung ist das Vorliegen eines Einsatzunfalles.

Das Einsatzversorgungsgesetz

Zweck:

Anpassung des Versorgungsrechts der Soldaten/Beamten/Hinterbliebenen an durch zunehmende Auslandseinsätze erhöhte Gefahren und Belastungen

Umsetzung:

Schaffung eines eigenen Abschnitts Einsatzversorgung im SVG mit so genannten Einsatzunfall als „Einfallstor"

Ergebnis:

Einsatzversorgung führt zu verbesserten Versorgungsleistungen unter gleichzeitiger Beseitigung langwieriger/bürokratischer Untersuchungsverfahren

In-Kraft-Treten:

rückwirkend für Einsatzunfälle ab 01.12.2002

Wann liegt ein Einsatzunfall vor?

1. Bei allen dienstbedingten gesundheitlichen Schädigungen aufgrund von Unfällen/Erkrankungen während einer besonderen Auslandsverwendung:

   Besondere Auslandsverwendungen sind zum einen die Kontingenteinsätze (zum Beispiel KFOR, ISAF, Enduring Freedom etc.) sowie alle sonstigen Auslandseinsätze, denen eine einem Kontingenteinsatz vergleichbar gesteigerte Gefährdungslage zugrunde liegt (zum Beispiel Dienstreisen zum Kontingent, Verifikationseinsätze im Ausland etc.).

   Die Frage, ob eine vergleichbar gesteigerte Gefährdungslage vorliegt, wird erst bei Eintritt des Versorgungsfalles durch das BMVg geprüft. Sie ist zum Beispiel regelmäßig gegeben bei Dienstreisen zum Kontingent, da dort im gleichen Einsatzgebiet die gleichen gefährlichen Rahmenbedingungen für Kontingentangehörige wie für Dienstreisende vorliegen.

Ein Einsatzunfall kann sich nur im Einsatzgebiet ereignen. Dieses wird durch den einem Kontingenteinsatz zugrunde liegenden Beschluss der Bundesregierung genau definiert. Werden Soldaten auf dem Weg ins Einsatzgebiet rechtswidrig angegriffen (zum Beispiel durch einen Terroranschlag), so wird über eine andere Vorschrift eine in der Höhe mit der Einsatzversorgung vergleichbare Versorgung (zum Beispiel qualifizierte Dienstunfallversorgung für BS) gewährt!

2. Alle sonstigen, also nicht dienstbedingten Unfälle und Erkrankungen im Rahmen von besonderen Auslandsverwendungen, die auf gesundheitsschädigende oder sonst vom Inland wesentlich abweichende Verhältnisse zurückzuführen sind.

   Diese Fallvariante ist zum Beispiel wichtig bei Erkrankungen, die für das Einsatzgebiet typisch, jedoch nicht unmittelbar infolge des Dienstes eingetreten sind, sondern ganz allgemein (bei Gelegenheit) durch den Aufenthalt im Gefahrengebiet verursacht werden (zum Beispiel Malaria).

3. Alle Unfälle und Erkrankungen, die im Zusammenhang mit einer Verschleppung oder Gefangennahme stehen. Eine besondere Auslandsverwendung ist für diese Fallgruppe nicht erforderlich.

Exkurs: Die Frage, ob der Deutsche Bundestag einem Einsatz zustimmen muss, ist für das Vorliegen einer besonderen Auslandsverwendung ohne Bedeutung. Einer Zustimmung bedurften nach einer Entscheidung des BVerfG aus dem Jahre 1994 nur bewaffnete Auslandseinsätze. Gleichwohl war zum Beispiel der unbewaffnete Hilfseinsatz in Indonesien eine besondere Auslandsverwendung.

Erleichterungen für eine notwendige Zustimmung ergeben sich jetzt durch das neue Parlamentsbeteiligungsgesetz.

Der Einsatzunfall

→ Dienstbedingte gesundheitliche Schädigung aufgrund Unfall/Erkrankung während besonderer Auslandsverwendung (§ 63c Abs. 1 SVG n. F.)

→ Sonstige (also nicht dienstbedingte) Unfälle/Erkrankungen, die auf gesundheitsschädigende oder sonst vom Inland wesentlich abweichende Verhältnisse bei einer besonderen Auslandsverwendung zurückzuführen sind

→ Gesundheitliche Schädigung durch Unfall/Erkrankung bei dienstlicher Verwendung im Ausland im Zusammenhang mit Gefangennahme/ Verschleppung (Dienstreise, Militärattaché), eine besondere Auslandsverwendung ist für diese Fallgruppe nicht Voraussetzung

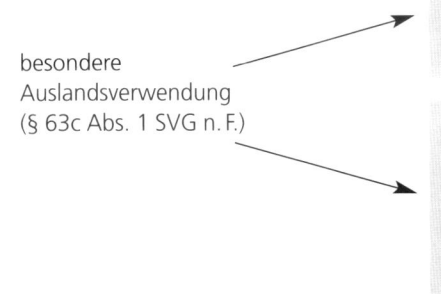

besondere Auslandsverwendung (§ 63c Abs. 1 SVG n. F.)

→ Kontingenteinsätze (zum Beispiel KFOR, EUFOR, ISAF etc.)

→ sonstige Auslandsverwendung mit vergleichbar gesteigerter Gefährdungslage (zum Beispiel Dienstreisen zum Kontingent, Verifikationseinsatz im Krisengebiet etc.)

Beginn:	Eintreffen im Einsatzgebiet
Ende:	Verlassen des Einsatzgebietes
Einsatzgebiet:	Einsatzregion, nicht Einsatzort

Ansprüche der Einsatzversorgung im Einzelnen und Verbesserungen zum bisherigen Recht

1. Qualifizierter Dienstunfall bei Berufssoldaten

Der Begriff des qualifizierten Dienstunfalls spielt nur für Berufssoldaten eine Rolle. Zukünftig ist jeder Einsatzunfall, der zur Dienstunfähigkeit und einem Grad der Minderung der Erwerbsfähigkeit (MdE) von mindestens 50 v. H. bei Beendigung des Dienstverhältnisses führt, ein qualifizierter Dienstunfall. Die MdE ist die medizinische Einstufung der Gesundheitsschädigung (Beispiel: Verlust des Unterschenkels = 50 v. H.).

Es entfällt das bisherige Erfordernis, dass der Unfall bzw. die Erkrankung mit den Besonderheiten am ausländischen Verwendungsort zusammenhängen muss.

Beim qualifizierten Dienstunfall wird die laufende Versorgung (Pension) in Höhe von 80 v. H. der so genannten ruhegehaltfähigen Dienstbezüge aus der Endstufe der übernächsten Besoldungsgruppe gewährt.

Dabei sind jedoch bestimmte Mindestbesoldungsgruppen zu beachten (zum Beispiel für Unteroffiziere mindestens A 9, für Berufsoffiziere mindestens A 12, für Stabsoffiziere mindestens A 16).

Der Leutnant (A 9) erhält die Versorgung wegen eines qualifizierten Dienstunfalles somit nach der Besoldungsgruppe A 12, der Major (A 13) aus der A 16.

Ebenfalls wird zukünftig allen Berufssoldaten, die an sich abgesenkte Dienstbezüge nach der „Ost-Besoldung" beziehen, die qualifizierte Unfallversorgung bei einem Einsatzunfall auf West-Niveau gezahlt. Das gilt auch für die Hinterbliebenen. Bisher war das nur bei Kontingenteinsätzen der Fall.

Qualifizierter Dienstunfall (nur BS)		
Leistungsart	neues Recht	altes Recht
qualifiziertes Unfallruhegehalt (§ 63d SVG n. F.)	Dienstunfähigkeit und Versetzung in den Ruhestand infolge Einsatzunfall	Unfall/Erkrankung musste mit besonderen Verhältnissen am Ort der Verwendung zusammenhängen
	Minderung der Erwerbsfähigkeit (MdE) i. H. v. 50 v. H. infolge Einsatzunfall bei Beendigung des Dienstverhältnisses	ebenso

Fortsetzung: Qualifizierter Dienstunfall (nur BS)

	erhöhtes Unfallruhegehalt in Höhe von 80 v. H. der ruhegehaltfähigen Dienstbezüge aus der Endstufe der übernächsten Besoldungsgruppe; es gelten Mindestbesoldungsgruppen (zum Beispiel für Stabsoffiziere A 16) gemäß § 27 Abs. 1 Satz 2 SVG)	ebenso
	qualifiziertes Unfallruhegehalt immer auf Grundlage der West-Bezüge	galt nur für Kontingentangehörige, ansonsten bei Anspruch auf Ost-Besoldung nach 2. BesÜV qualifiziertes Unfallruhegehalt gemindert

2. *Einmalige Unfallentschädigung bzw. einmalige Entschädigung*

Für die Angehörigen aller Statusgruppen (BS, SaZ, FWDL, Reservisten) wird bei einem Einsatzunfall und einer dadurch bedingten Minderung der Erwerbsfähigkeit von mindestens 50 v. H. bei Beendigung des Dienstverhältnisses eine einmalige Entschädigung gewährt.

Diese beträgt für den Soldaten selbst 80 000,00 EUR statt bisher 76 700,00 EUR. Für die Witwe und die versorgungsberechtigten Kinder wird der Betrag von 38 350,00 EUR auf 60 000,00 EUR erhöht.

Ganz wichtig ist, dass im Vergleich zum alten Recht eine MdE von 50 v. H. statt wie bisher 80 v. H. genügt und die Prüfung ersatzlos entfällt, ob der Unfall auf die sonst vom Inland wesentlich abweichenden Verhältnisse mit gesteigerter Gefährdungslage zurückzuführen ist.

Ferner ist für den Anspruch nicht erforderlich, dass das Dienstverhältnis vorzeitig endet.

Schließlich werden in gleicher Form auch die Beträge und der Grad der geforderten MdE (50 v. H. statt 80 v. H.) für die so genannte einmalige → Unfallentschädigung angepasst, die zum Beispiel Soldaten im Inland wie auch im Ausland zugute kommt, die besonders gefährliche Dienstverrichtungen ausüben (zum Beispiel Strahlflugzeugführer, Kampfschwimmer, Minenuntersuchungspersonal etc.).

Einmalige (Unfall-)Entschädigung (statusunabhängig)		
Leistungsart	neues Recht	altes Recht
einmalige Entschädigung (§ 63e SVG n. F.)	Einsatzunfall	Unfall/Erkrankung musste auf vom Inland wesentlich abweichende Verhältnisse mit gesteigerter Gefährdungslage zurückzuführen sein
	MdE i. H. v. 50 v. H. bei Beendigung des Dienstverhältnisses infolge Einsatzunfall	MdE in Höhe v. 80 v. H.
	Höhe der Entschädigung 80 000,00 EUR für Soldat 60 000,00 EUR für Witwe/versorgungsberechtigte Kinder	Höhe der Entschädigung 76 700,00 EUR für Soldat 38 350,00 EUR für Witwe/versorgungsberechtigte Kinder
	Höhe der Entschädigung 20 000,00 EUR für Eltern/nicht versorgungsberechtigte Kinder 10 000,00 EUR für Großeltern/Enkel	Höhe der Entschädigung 19 175,00 EUR für Eltern/nicht versorgungsberechtigte Kinder 9 587,00 EUR für Großeltern/Enkel
– einmalige Unfall-Entschädigung (§ 63 SVG n. F.) – einmalige Entschädigung (§ 63a SVG n. F.) im In- und Ausland	Anpassung der Entschädigungsbeträge aus § 63e SVG n. F. auch bei einmaliger Unfallentschädigung für besonders gefährdete Soldaten (zum Beispiel Strahlflugzeugführer, KSK, Kampfschwimmer) und für die (sonstige) einmalige Entschädigung (konkrete Lebensgefahr)	niedrigere Beträge wie oben

3. Ausgleichszahlung für bestimmte Statusgruppen

Da nur bei Berufssoldaten versorgungsrechtlich ein qualifizierter Dienstunfall in Betracht kommt, wird für die übrigen Statusgruppen (SaZ, FWDL, Reservisten) ganz neu im Gesetz eine Ausgleichszahlung geschaffen, um die Versorgungsleistungen im Verhältnis zu den Berufssoldaten anzugleichen. Daher muss wie beim qualifizierten Dienstunfall das Dienstverhältnis auf Grund der erlittenen Schädigung vorzeitig enden.

Bei einem Einsatzunfall – wiederum mit einer dadurch ausgelösten MdE von 50 v. H. bei der (vorzeitigen) Beendigung des Dienstverhältnisses – wird eine Ausgleichszahlung in Höhe von 15 000,00 EUR (Grundbetrag) gezahlt. Dieser erhöht sich für jedes vollendete Dienstjahr vor dem Einsatzunfall bei SaZ um weitere 3 000,00 EUR, um jeden bereits vollendeten Monat eines Restjahres um weitere 250,00 EUR.

Längerdienende SaZ können also in der Kombination aus einmaliger Entschädigung und Ausgleichszahlung durchaus auf Beträge von über 100 000,00 EUR kommen.

Für Soldaten, die Wehrdienst nach dem Wehrpflichtgesetz leisten (zum Beispiel FWDL oder Reservisten), wird der Grundbetrag von 15 000,00 EUR um jeweils 250,00 EUR für jeden vollendeten Dienstmonat vor dem Einsatzunfall erhöht.

Ist der Soldat an den Folgen des Einsatzunfalls gestorben, steht die Ausgleichszahlung dem hinterbliebenen Ehegatten und den versorgungsberechtigten Kindern zu.

Die Ausgleichszahlung ist wie die einmalige (Unfall-)Entschädigung steuerfrei.

Ausgleichszahlung (SaZ, FWDL, Reservisten)		
Leistungsart	neues Recht	altes Recht
Ausgleichszahlung (§ 63f SVG n. F.)	Dienstunfähigkeit infolge Einsatzunfall	nicht vorhanden
	MdE i. H. v. 50 v. H. infolge Einsatzunfall bei Beendigung des Dienstverhältnisses	nicht vorhanden
	Grundbetrag: 15 000,00 EUR Erhöhung für SaZ + 3 000,00 EUR je vollendetes Dienstjahr, + 250,00 EUR je vollendetem Dienstmonat vor Einsatzunfall Erhöhung für Wehrdienstleistende nach WPflG + 250,00 EUR je vollendetem Dienstmonat vor Einsatzunfall	nicht vorhanden
	Im Todesfall steht Ausgleichszahlung Hinterbliebenen (Ehegatte und versorgungsberechtigte Kinder) zu	nicht vorhanden

4. Schadensausgleich (statusunabhängig)

Zukünftig kann jede natürliche Person (also zum Beispiel keine Bank), die in einem Versicherungsvertrag als Begünstige benannt ist, vom Bund den so genannten Schadensausgleich (Ausfallbürgschaft) erhalten, wenn die Versicherung (Lebens-, Dienstunfähigkeits- oder Unfallversicherung) unter Berufung auf eine so genannte Kriegsklausel die Leistung verweigert. Regelmäßig ist bei einer Lebens- und Dienstunfähigkeitsversicherung das passive Kriegsrisiko miterfasst, bei der Unfallversicherung jedoch weder das aktive noch das passive Kriegsrisiko.

Wichtig: Der Schadensausgleich kann nur greifen, wenn überhaupt eine Versicherung besteht und die Versicherung aufgrund der Kriegsklausel nicht zahlen muss. Wer also zum Beispiel als Angehöriger des fliegenden Personals das Flugrisiko nicht absichert bzw. seiner Versicherung den Einsatz im Rahmen seiner Obliegenheitspflicht nicht anzeigt, hat von vornherein keinen Anspruch auf Schadensausgleich! Ob eine Anzeigepflicht besteht, ist den jeweiligen dem Vertrag zugrunde liegenden „Allgemeinen Versicherungsbedingungen" zu entnehmen.

Bisher konnte zum Beispiel die nichteheliche Lebenspartnerin (Freundin) nie berücksichtigt werden, die Witwe bzw. die Eltern jedoch nur in einer bestimmten, der gesetzlichen Erbfolge entsprechenden Rangordnung.

Wurden also im Versicherungsvertrag zum Beispiel zunächst die Eltern genannt und hatte der Soldat dann geheiratet, so erfolgte keine Zahlung des Bundes an die Eltern, da die Witwe nach dem SVG vorrangig war. Die Witwe erhielt ihrerseits nichts, da sie durch Nichtberücksichtigung im Vertrag keinen Vermögensschaden hatte.

Bei Lebensversicherungsleistungen bis zu 250 000,00 EUR entfällt künftig auch ersatzlos die so genannte Angemessenheitsprüfung des Bundes, d. h. die Prüfung, ob der gewählte Versicherungsschutz anhand der persönlichen Lebensverhältnisse nachvollziehbar war.

Die Erstattung erfolgt bei höheren Versicherungsbeträgen nur in angemessenem Umfang.

„In angemessenem Umfang" bedeutet, dass sich die Leistung an einem üblichen Versicherungsschutz unter Berücksichtigung der individuellen Lebensverhältnisse und an den sonstigen Umständen des Einzelfalls orientiert. Eine ggf. weit überhöhte Versicherungssumme könnte insofern nur in beschränktem Umfang ersetzt werden.

Problemlos erfasst sind regelmäßig zum Beispiel Lebens- und Unfallversicherungsverträge, die aufgrund persönlicher Entscheidung zur Absicherung der Finanzierung von Wohneigentum oder auch zur Alterssicherung abgeschlossen werden. Eine betragsmäßige Begrenzung besteht nicht.

Schadensausgleich (statusunabhängig)		
Leistungsart	neues Recht	altes Recht
Schadensausgleich/ Ausfallbürgschaft (§ 63b SVG n. F.)	Zahlung an jede im Versicherungsvertrag als Begünstigte genannte natürliche Person (also keine juristische Person, zum Beispiel die Bank)	Zahlung nur an in § 63b Abs. 3 SVG genannte Berechtigte (Witwe/versorgungsberechtigte Kinder und Eltern) unter Beachtung einer Rangfolge gemäß gesetzlichem Erbrecht; kein Anspruch für nichteheliche Lebenspartner
	Verzicht auf sog. Angemessenheitsprüfung bei Lebensversicherungsleistungen bis zu 250 000,00 EUR	Angemessenheitsprüfung in jedem Fall

Versorgungsansprüche neben der Einsatzversorgung

Neben der Einsatzversorgung kommen in vollem Umfange die Ansprüche aus der so genannten Beschädigtenversorgung wegen der Folgen einer → Wehrdienstbeschädigung (WDB) zum Tragen. Diese werden nach Beendigung des Dienstverhältnisses steuerfrei vom für den Wohnort zuständigen Versorgungsamt gewährt.

Im Einzelnen zum Beispiel:

- einkommensunabhängige Grundrente (ab einer MdE von 25 v. H.) zwischen 118,00 EUR und 621,00 EUR
- einkommensabhängige Ausgleichsrente (ab einer MdE von 50 v. H.) zwischen 381,00 EUR und 621,00 EUR
- Berufsschadensausgleich (Ausgleich des schädigungsbedingten Einkommensverlustes in Höhe von 42,5 v. H.)
- kostenlose Heilbehandlung der WDB-Folgen
- berufliche Rehabilitationsmaßnahmen

Bei Berufssoldaten werden die vorgenannten Leistungen jedoch mit Ausnahme der Grundrente mit dem Teil der laufenden monatlichen Pension verrechnet, der auf dem (qualifizierten) Dienstunfall beruht.

Regelmäßig kommen daher für Berufssoldaten die übrigen Leistungen der Beschädigtenversorgung nicht zum Tragen.

Soldaten auf Zeit können daneben auf Antrag noch Renten wegen vollständiger oder teilweiser Erwerbsminderung aus der gesetzlichen Rentenversicherung bzw. Übergangsgebührnisse/Übergangsbeihilfe erhalten.

FWDL können neben Renten aus der gesetzlichen Rentenversicherung ein Entlassungsgeld erhalten.

Informationen zu Versorgungsansprüchen für Hinterbliebene → Hinterbliebenenversorgung

Zusatzleistungen zur Einsatzversorgung

Ansprüche der Einsatzversorgung und der Beschädigtenversorgung für Gesundheitsstörungen als Folge einer WDB werden nebeneinander gewährt

Ansprüche bei WDB:

- Grundrente
- Ausgleichsrente
- Berufsschadensausgleich
- Heilbehandlung
- berufliche Rehabilitation

Achtung: Bei BS wird der Teil des Ruhegehaltes, der aus dem Dienstunfall entsteht, mit den Geldleistungen aus der WDB verrechnet!

(Ausnahme: Grundrente (§ 84 (6) SVG))

Ausschluss der Einsatzversorgung

Das Gesetz sieht einen Ausschluss der Einsatzversorgung vor, wenn der Soldat sich vorsätzlich/grob fahrlässig der Gefahr ausgesetzt bzw. die Gründe für die Verschleppung/Gefangennahme herbeigeführt hat.

Die Begründung zum Gesetz besagt jedoch ausdrücklich, dass nicht bereits ein wagemutiges/unüberlegtes Verhalten bei der militärischen Auftragserfüllung die Einsatzversorgung ausschließt, sondern lediglich grob pflichtwidriges oder befehlswidriges Verhalten.

Ausschluss der Einsatzversorgung		
… wenn Soldat		
■ sich vorsätzlich/grob fahrlässig der Gefahr ausgesetzt hat		
grob fahrlässig	=	grob pflichtwidriges oder befehlswidriges Verhalten
	≠	wagemutiges/unüberlegtes Verhalten bei militärischer Auftragserfüllung
■ Gründe für Verschleppung/Gefangennahme herbeigeführt hat		

Wo bleibt Nachbesserungsbedarf?

Das Einsatzversorgungsgesetz gewährt den Soldaten bzw. ihren Hinterbliebenen für einsatzbedingt erlittene Schäden eine angemessene Versorgung in der Form von Geldzuwendungen. Aufgrund schwieriger zu lösender Rechtsfragen konnte die Schaffung einer beruflichen Perspektive im derzeitigen Einsatzversorgungsgesetz noch nicht verwirklicht werden.

Die Bemühungen, Betroffenen einen gesetzlichen Rechtsanspruch auf Weiterverwendung in den Streitkräften bzw. auf Weiterbeschäftigung im öffentlichen Dienst des Bundes, vorzugsweise im Ressort des BMVg, zu garantieren, werden jedoch weiter verfolgt und haben gute Realisierungschancen.

Fortentwicklung des Einsatzversorgungsgesetzes	
Einsatzversorgungsgesetz =	angemessene Versorgung für Soldaten bzw. Hinterbliebene durch Geldzuwendungen
noch nicht:	Eröffnung beruflicher Perspektiven
daher erforderlich	→ Weiterverwendungs-/bzw. Weiterbeschäftigungsanspruch in der öffentlichen Verwaltung für einsatzbedingt geschädigte Soldaten

Gesamtübersicht

Nachstehendes Schaubild gewährt abschließend noch einmal einen Gesamtüberblick über die Versorgung bei Schädigungen im Einsatz.

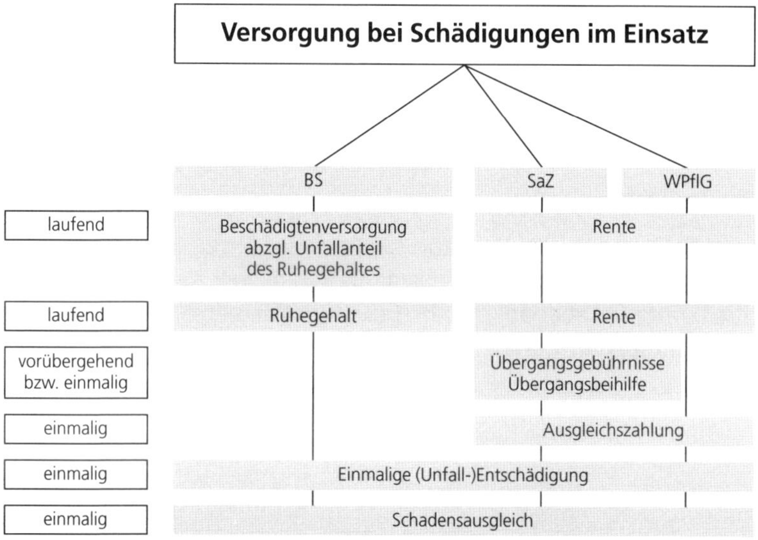

Ausweise für Versorgungsempfänger

Betreten von Kasernenanlagen

Bei vielen Soldaten haben die gesellschaftlichen und sonstigen Veranstaltungen der örtlichen Offizier- bzw. Unteroffizierheimgesellschaft einen festen Platz im Terminkalender. Wenn Sie dieses Angebot im Ruhestand nicht missen möchten, können Sie diesen Gesellschaften weiter als außerordentliches Mitglied angehören (ZDv 60/2 Nr. 204).

Haben Sie die Möglichkeit und liegt Ihnen viel daran, häufiger an Veranstaltungen in Ihrer bisherigen Dienststelle/Kaserne teilzunehmen, wird Ihnen auch nach Beendigung des Dienstverhältnisses der Zugang dorthin durch einen Kasernenausweis, den Sie über eine Dienststelle oder direkt beim Kasernenkommandanten beantragen, ermöglicht.

Ausweis für Versorgungsempfänger

Der Versorgungsausweis wird jedem ausscheidenden Berufssoldaten von der WBV ausgehändigt. Daraus sind keine unmittelbaren Rechte herzuleiten. Er erleichtert nur den Nachweis, dass man Versorgungsempfänger ist. Er dient zur Vorlage bei der Gemeinde (verbilligte Benutzung von Schwimmbädern, Theatern, Museen), zur Vorlage bei stationärem Krankenhausaufenthalt als Beihilfeberechtigter und ähnliche Zwecke.

Reservistenausweis

Er ist bei dem für Ihren Wohnort zuständigen VBK zu beantragen, hilft gegebenenfalls im Ausland beim Betreten von Kasernen anderer Streitkräfte, ist aber auf das 65. Lebensjahr begrenzt (spätestes Ende der Wehrüberwachung).

Beihilfe

Mit Beendigung der Dienstzeit erhält der Berufssoldat für die Dauer des Bezugs von Ruhegehalt neben seinen Familienangehörigen, die bereits bisher Beihilfe in Anspruch nehmen konnten, selbst auch Beihilfe. Dafür endet der Anspruch auf „freie Heilfürsorge".

Die Beihilfeansprüche unterscheiden sich danach, ob der Versorgungsempfänger einer Privatkrankenversicherung oder einer gesetzlichen Kasse angehört. Bei gesetzlich Versicherten ist ferner für den Umfang der Beihilfe noch zu unterscheiden zwischen Pflichtversicherten und freiwillig Versicherten.

Wichtiger Hinweis

- Die Beihilfevorschriften des Bundes (BhV) bilden keine absolute „Rundum-Gesundheitsfürsorge". Sie enthalten unter Umständen Bedingungen wie zum Beispiel nur bestimmte Indikationen, finanzielle Grenzen für einzelne Heilbehandlungen oder auch Behandlungsausschlüsse.
- Niemand ist verpflichtet, Ihnen die BhV zu erläutern oder Änderungen mitzuteilen. So wie in anderen Lebensbereichen auch müssen Sie sich selbst informieren, um sich bereits im Vorfeld vor finanziellem Schaden zu bewahren. „Informationen für Beihilfeberechtigte" durch die Wehrbereichsverwaltungen (WBV) sind nicht deren Pflicht, sondern fürsorglicher Service; sie beinhalten auch nur Auszüge.
- Für die Bestimmung der Beihilfefähigkeit ist es wichtig, nicht nur die Paragrafen der BhV, sondern im Sinne von Durchführungsbestimmungen auch die „Hinweise zum jeweiligen Paragraphen" zu lesen.
- Es ist dringend zu empfehlen, sich zum Beispiel über das Internet (www.bmi.bund.de) oder in Gemeindebibliotheken über die wichtigsten Bestimmungen auf dem Laufenden zu halten (zurzeit ist die 28. Änderung der BhV mit Wirkung vom 01.01.2004 in Kraft getreten).

Zusätzlich ist das „Taschenlexikon Beihilferecht" aus dem Walhalla Fachverlag (ISBN 3-8029-1442-2) zu empfehlen.

Wesentlicher Inhalt der Beihilfevorschriften (Stand 01.01.2004)
■ Personenkreis ■ Bemessung der Beihilfe ■ Beihilfefähige Aufwendungen ■ Voranerkennung, amtsärztliche Gutachten ■ Einschränkungen bei Vorliegen bestimmter Versicherungsverhältnisse ■ Begrenzung der Beihilfe (100 v. H.-Regelung) ■ Verfahrensvorschriften ■ Zuständige Behörde ■ Pflegeversicherung

Personenkreis

Beihilfeberechtigte Personen sind

- Beamte, Richter, Berufssoldaten und Soldaten auf Zeit,
- die vorstehend genannten Personen im Ruhestand (ehemalige Soldaten auf Zeit für die Dauer des Bezuges von Übergangsgebührnissen oder Versorgungskrankengeld unter Wegfall der Übergangsgebührnisse – § 11 Abs. 6 SVG) und solche, die wegen Dienstunfähigkeit oder Erreichens der Altersgrenze entlassen worden oder wegen Ablaufs der Dienstzeit ausgeschieden sind,
- Witwen, Witwer oder Waisen der oben genannten Personen, wenn und solange sie Bezüge im Sinne des § 2 Abs. 2 BhV erhalten.

Hinweis: Gemäß § 79a Abs. 4 BBG besteht während der Zeit der Beurlaubung ohne Dienstbezüge ein Anspruch auf Leistungen der Krankheitsfürsorge in entsprechender Anwendung der Beihilferegelungen für Beamte mit Dienstbezügen. Dies gilt nicht, wenn der Beamte berücksichtigungsfähiger Angehöriger eines Beihilfeberechtigten wird oder Anspruch auf Familienhilfe nach § 10 SGB V hat.

Berücksichtigungsfähige Personen sind

- der Ehegatte des Beihilfeberechtigten,
- die im Familienzuschlag berücksichtigungsfähigen Kinder des Beihilfeberechtigten,
- die Mutter eines nichtehelichen Kindes des Beihilfeberechtigten hinsichtlich der Geburt.

Nicht beihilfeberechtigt bzw. als Angehörige nicht berücksichtigungsfähig sind

- aktive Soldaten hinsichtlich eigener krankheitsbedingter Aufwendungen (nur in Ausnahmefällen greifen die Bestimmungen der unentgeltlichen truppenärztlichen Heilfürsorge auf die Beihilferegelungen zurück),
- Ehegatten, deren Einkünfte (§ 2 Abs. 3 i. V. m. § 22 EStG) im Jahr 18 000,00 EUR übersteigen. Diese erhalten keine Beihilfe, ausgenommen bei Geburtsfällen (§ 11 BhV), Leistungsausschluss, Leistungseinstellung und, mit Zustimmung des BMVg, in besonderen Ausnahmefällen (§ 5 Abs. 4 Nr. 3 BhV).

Einkunftsgrenze für berücksichtungsfähige Ehegatten ab 01.01.2005

Gemäß § 5 Abs. 4 Nr. 3 Beihilfevorschriften des Bundes (BhV) sind bestimmte Aufwendungen eines in der Beihilfe berücksichtigungsfähigen Ehegatten beihilfefähig,

- wenn der Gesamtbetrag seiner Einkünfte (abzüglich Werbungskosten) im Vorvor-Kalender vor der Stellung des Beihilfeantrages nicht 18 000,00 EUR übersteigt,
- wenn er erklärt, dass er im laufenden Kalenderjahr diese Einkunftsgrenze nicht mehr (zum Beispiel nach Wechsel aus dem aktiven Arbeitsverhältnis in die Rente) überschreiten wird, kann eine Beihilfegewährung mit Widerrufsvorbehalt erfolgen.

Dargestellt wird die Einkunftsgrenze für den „berücksichtigungsfähigen Ehegatten", nicht für die aus eigenem Recht beihilfeberechtigte Witwe. So wie für den Beihilfeberechtigten selbst auch keine Einkunftsgrenze definiert ist, unterliegt auch die Witwe keiner Grenze.

Einkunftsarten sind:

- Einkünfte aus Land- und Forstwirtschaft
- Einkünfte aus Gewerbebetrieb
- Einkünfte aus selbstständiger Arbeit
- Einkünfte aus Kapitalvermögen
- Einkünfte aus Vermietung und Verpachtung
- sonstige Einkünfte im Sinne des § 22 EStG

Gemäß Alterseinkünftegesetz wurde § 22 EStG dahingehend geändert, dass zum Beispiel Renten mit einem höheren Besteuerungsanteil und Lebensversicherungen, die nach dem 31.12.2004 abgeschlossen werden, mit ihrem Ertragsanteil zu versteuern sind. Rentenzahlungen aus „Riester"- und „Rürup"-Verträgen sind voll zu versteuern.

Bezogen auf eine nach Vollendung des 63. Lebensjahres in Rente gehende Ehefrau ergibt sich die Konsequenz, dass bisher die nach den BhV genannte Einkunftsgrenze – nur auf die Einkunftsart Rente bezogen – von 18 000,00 EUR dem steuerlichen Prozentsatz von 29 v. H. gleichzusetzen war. Die tatsächlichen Einkünfte konnten also sehr viel höher sein. (Bei einem Ehegatten, der mit 65 Jahren in die Rente eintrat, betrug der zu versteuernde Anteil 27 v. H.)

Durch die Erhöhung des Besteuerungsanteils für Renten auf 50 v. H. (in 2005) halbieren sich – grob kalkuliert – die Gesamteinkünfte. Die 18 000,00 EUR sind also – nur bezogen auf Rente – „nur" noch 50 v. H. der Gesamteinkünfte.

Wenn das Gesagte auch aus Erklärungsgründen bildhaft zu verstehen ist, weil es im gesetzlichen Rentensystem keine Rente von monatlich 3 000,00 EUR geben kann (3 000,00 EUR x 12= 36 000,00 EUR, geteilt durch 2 (= 50 v. H.) = 18 000,00 EUR), so macht es deutlich, dass sich der verfügbare Spielraum für weitere Einkunftsarten wie zum Beispiel Betriebsrenten, VBL, Kapitalerträge, Mieteinnahmen etc. maßgeblich reduziert.

Zusätzlich ist zu berücksichtigen, dass sich der Rentenbesteuerungsanteil bis 2040 auf 100 v. H. erhöht, so dass zu diesem Zeitpunkt für Neurentner mit einer monatlichen Rente von 1 600,00 EUR die Einkunftsgrenze bereits überschritten ist.

Es gilt für die Gewährung der Beihilfe die Einkunftsgrenze aus dem Vorvor-Kalenderjahr. (Warum? Damit Sie der Festsetzungsstelle ggf. den Steuerbescheid für den entsprechenden Veranlagungszeitraum vorlegen können.) D.h. die Überschreitung der Einkunftsgrenze in 2005 wirkt sich als Nicht-Gewährung der Beihilfe erst im Jahr 2007 aus.

Nehmen Sie bitte wahr, dass es bei der Art der Grenze um die im Einkommensteuerbescheid auch so bezeichnete Zeile „Summe der Einkünfte gemäß § 2 Abs. 3 EStG" gemindert um den Altersentlastungsbetrag (§ 24 a EStG) geht, nicht um das zu versteuernde Einkommen.

Die einzelnen Einkunftsarten berechnen sich wie folgt:

- bei Land- und Forstwirtschaft, Gewerbebetrieb und selbstständiger Arbeit = Gewinn gem. §§ 4 bis 7k EStG
- bei anderen Einkunftsarten (nichtselbstständige Arbeit, Kapitalvermögen, Vermietung/Verpachtung, Renten, ...) = Überschuss nach §§ 8 bis 9a EStG).

Bei Überschreitung der Einkunftsgrenze von 18000,00 EUR ergeben sich folgende Konsequenzen:

- Für Pflichtversicherte in der gesetzlichen Krankenkasse ändert sich nicht viel, weil die Möglichkeiten zur Inanspruchnahme der Beihilfe gering sind/waren:
  - stationärer Krankenhausaufenthalt

    (Wer eine Zusatzversicherung für Wahlleistungen auf 70 v. H. Beihilfe abgestimmt hat, muss diese erhöhen.)
- Für freiwillig in der gesetzlichen Krankenkasse Versicherte ändert sich viel, da die „Gleichstellung" zum Privatversicherten durch Rechnungsstellung und Beihilfe (nach Krankenkasse) auf 100 v. H. der Kosten entfällt.

  Der Ehegatte würde also bei Überschreiten der Einkunftsgrenze auf das „normale" Niveau der gesetzlichen Krankenversicherung „zurückfallen". Generell – von persönlichen Wünschen abgesehen – entstehen aber keine weiteren Kosten.

- Für den privatversicherten Ehegatten, der die Einkunftsgrenze übersteigt, wird es jedoch teuer. Er muss seine private Krankenversicherung von 30 v. H. auf 100 v. H. erhöhen. Da dieses jedoch in der Regel keine Aufstockung des „Alt"-Vertrages, sondern ein Neuvertrag ist, greifen sowohl das neue Einstiegsalter als auch ggf. eine erneute Gesundheitsprüfung. Letztere könnte zu einem Risikozuschlag führen, aber auch zu einem Versicherungsausschluss. In diesem Falle ist der Festsetzungsstelle für die Beihilfe der Nachweis zu erbringen, dass die Versicherbarkeit für einen bestimmten Gesundheitsschaden ausgeschlossen wurde; dann erhöht sich der Beihilfebemessungssatz (§ 14 BhV) um 20 v. H., also von 70 auf 90 v. H. Ein wenig tröstlich mag sein, dass bei Wegfall des Beihilfeanspruches ein Anspruch gemäß § 178e des Versicherungsvertragsgesetzes (VVG) auf Versicherungsschutz für die veränderte Situation besteht. Bei Stellung des Versicherungsantrages innerhalb von zwei Monaten nach Eintritt der Änderung entfällt sogar eine erneute Risikoprüfung, und Wartezeiten entstehen nicht. (Überschreitung Einkunftsgrenze 2005, Wegfall Beihilfe 2007, Neuvertrag bis 28.02.2007).

Was ist zu tun?

- Prüfen Sie, wie hoch Ihre Einkünfte unter Anwendung der neuen Besteuerungsanteile sind!
- Prüfen Sie, zu welchem Zeitpunkt durch anderweitige Fälligkeiten sich Ihre Einkünfte erhöhen (zum Beispiel durch steigende Zinseinnahmen)!
- Befinden Sie sich nach Ihrer groben Einschätzung im Grenzbereich, ziehen Sie einen Steuerberater hinzu!
- Prüfen Sie, wenn Ihre Frau sich in der zweiten Lebensarbeitszeit-Hälfte befindet oder gar nicht arbeitet, wie eine zukünftige Gesundheitsvorsorge aussehen kann/muss!

Bemessung der Beihilfe (§ 14 BhV)

Die Höhe der Beihilfe bemisst sich nach einem Vomhundertsatz der beihilfefähigen Aufwendungen (= Bemessungssatz):

- Der Beihilfebemessungssatz (Regelbemessungssatz) beträgt für Aufwendungen, die entstanden sind für

den Beihilfeberechtigten	50 v. H.,
den Beihilfeberechtigten mit 2 oder mehr Kindern	70 v. H.,
den Empfänger von Versorgungsbezügen und Übergangsgebührnissen:	70 v. H.,
den berücksichtigungsfähigen Ehegatten	70 v. H.,
1 berücksichtigungsfähiges Kind sowie 1 Waise	80 v. H.

- Bei *Privatversicherten*, die einen Beitragszuschuss von mindestens 41,00 EUR aufgrund von Rechtsvorschriften oder eines Beschäftigungsverhältnisses erhalten, ermäßigt sich der Bemessungssatz für den Zuschussempfänger um 20 v. H. Die Absenkung des Bemessungssatzes kann vermieden werden, wenn auf den Teil des Zuschusses auf Dauer verzichtet wird, der 40,99 EUR übersteigt.

  Hierbei bleiben anteilige Beträge für Krankentage- und Krankenhaustagegeldversicherungen außer Betracht. Gleiches gilt für Zuschüsse zur Pflegeversicherung.

- Bei *freiwilligen Mitgliedern* einer gesetzlichen Krankenversicherung (GKV) erhöht sich der Bemessungssatz auf 100 v. H. der beihilfefähigen Aufwendungen, die nach Abzug der Kassenleistung verbleiben.

  Gewährt die Krankenkasse keine Leistung, gelten die Regelbemessungssätze.

- Erhalten freiwillige Mitglieder einer GKV einen Zuschuss, Arbeitgeberanteil oder dergleichen von mindestens 21,00 EUR monatlich zum Krankenkassenbeitrag, wird nach Anrechnung der Kassenleistung die Beihilfe nach den Regelbemessungssätzen gewährt. Dies gilt auch für Aufwendungen der berücksichtigungsfähigen Angehörigen im Rahmen der Familienversicherung. Die Absenkung des Bemessungssatzes kann vermieden werden, wenn auf den Teil des Zuschusses auf Dauer verzichtet wird, der 20,99 EUR übersteigt.

- *Pflichtversicherte* erhalten zu beihilfefähigen Aufwendungen nach Abzug der Kassenleistung eine Beihilfe nach den Regelbemessungssätzen.

Wichtig: Zu den Auswirkungen eines Beitragszuschusses auf die *beihilfefähigen Aufwendungen* sind weitere Einschränkungen (siehe Seite 88) zu beachten.

Die Erhöhung der Bemessungssätze ist gemäß § 14 Abs. 3 und 6 BhV möglich bei

- individuellem Leistungsausschluss,
- dauernder Leistungseinstellung,
- bei Dienstbeschädigung und in Härtefällen bei Schadensersatzansprüchen und
- in besonderen Ausnahmefällen mit Zustimmung des BMVg bzw. im Einvernehmen mit dem BMI.

Für *privatversicherte* beihilfeberechtigte Versorgungsempfänger kann der Bemessungssatz um 10 v. H. erhöht werden, wenn der Beitragsaufwand für eine beihilfekonforme Krankenversicherung 15 v. H. des Gesamteinkommens übersteigt (siehe auch „Belastungsgrenze aus Versicherungsbeitrag“, Seite 97).

Beihilfefähige Aufwendungen

Ärztliche Leistungen nach der Gebührenordnung für Ärzte (GOÄ):

Nach der GOÄ müssen Ärzte die erbrachten Leistungen in der Rechnung genau bezeichnen und die einzelnen Gebühren- und Steigerungssätze angeben. Innerhalb des Gebührenrahmens ist der so genannte „Schwellenwert“ zu beachten. Bei persönlichen ärztlichen Leistungen entspricht dieser dem 2,3-fachen Gebührensatz, bei medizinisch-technischen Leistungen dem 1,5- bis 1,8-fachen Gebührensatz. Die Schwellenwerte dürfen nur in besonders begründeten Fällen überschritten werden. Die Überschreitungen sind vom Arzt in der Rechnung schriftlich zu begründen. Mit entsprechender Begründung ist ein Überschreiten der Schwellenwerte bei persönlichen ärztlichen Leistungen bis zum 3,5-fachen Gebührensatz, bei medizinisch-technischen Leistungen bis zum 2,5-fachen Gebührensatz möglich.

Die vorstehend genannten Regelungen sind bei der Ermittlung des jeweils beihilfefähigen Betrages zu berücksichtigen. Sie gelten auch dann, wenn im Rahmen privatrechtlicher Honorarvereinbarungen höhere Gebührensätze vereinbart wurden.

Aufwendungen für zahnärztliche Leistungen

Im Rahmen des § 6 Abs. 1 Nr. 1 und Abs. 3 BhV sind Aufwendungen für zahnärztliche Leistungen nach den folgenden Maßgaben beihilfefähig.

- Zahntechnische Leistungen

  Die bei einer zahnärztlichen Behandlung nach den Abschnitten C Nummern 213 und 232, F und K des Gebührenverzeichnisses der Gebührenordnung für Zahnärzte entstandenen Aufwendungen für zahntechnische Leistungen und Aufwendungen für Edelmetalle und Keramik* – außer Glaskeramik, vgl. Nr. 8 – sind ab 01.01.2005 zu 40 v. H beihilfefähig.

- Kieferorthopädische Leistungen

  Aufwendungen für kieferorthopädische Leistungen sind beihilfefähig, wenn

  – die behandelte Person bei Behandlungsbeginn das 18. Lebensjahr noch nicht vollendet hat; die Altersbegrenzung gilt nicht bei schweren Kieferanomalien, die eine kombinierte kieferchirurgische und kieferorthopädische Behandlung erfordern,

  – ein Heil- und Kostenplan vorgelegt wird.

- Funktionsanalytische und funktionstherapeutische Leistungen

  Aufwendungen für funktionsanalytische und funktionstherapeutische Leistungen sind nur beihilfefähig bei Vorliegen folgender Indikationen:

  – Kiefergelenk- und Muskelerkrankungen (Myoarthropathien),

  – Zahnbetterkrankungen – Paradontopathien –,

  – umfangreiche Gebisssanierung, d. h. wenn in jedem Kiefer mindestens die Hälfte der Zähne eines natürlichen Gebisses sanierungsbedürftig ist und die richtige Schlussbissstellung nicht mehr auf andere Weise feststellbar ist,

---

* Empress-Technik: Material ist Vollkeramik und nicht Glaskeramik (Erlass des BMVg vom 13.09.1994 – S II 4 – Az. 21-20-00). Die Aufwendungen für Empress-Material sind Keramik zuzuordnen und demnach nur zur Hälfte beihilfefähig (Erlass des BMVg vom 15.04.1996 – S II 4 (3) – Az. 21-20-00).

– umfangreiche kieferorthopädische Maßnahmen.

Außerdem ist der erhobene Befund mit dem nach Nummer 800 des Gebührenverzeichnisses der Gebührenordnung für Zahnärzte vorgeschriebenen Formblatt zu belegen.

- Implantologische Leistungen

  Aufwendungen für implantologische Leistungen einschließlich aller damit verbundenen weiteren zahnärztlichen Leistungen sind nur bei Vorliegen einer der folgenden Indikationen beihilfefähig:

  a) Einzelzahnlücke, wenn beide benachbarten Zähne intakt und nicht überkronungsbedürftig sind,

  b) Freiendlücke, wenn mindestens die Zähne 8 und 7 fehlen,

  c) Fixierung einer Totalprothese.

  Aufwendungen für mehr als 2 Implantate pro Kiefer, einschließlich vorhandener Implantate, sind nur bei Einzelzahnlücken oder mit besonderer Begründung zur Fixierung von Totalprothesen beihilfefähig; Aufwendungen für mehr als 4 Implantate pro Kiefer, einschließlich vorhandener Implantate, sind von der Beihilfefähigkeit ausgeschlossen.

- Aufwendungen für große Brücken und Verbindungselemente

  Für große Brücken sind die Aufwendungen für bis zu 4 fehlenden Zähnen je Kiefer oder bis zu 3 fehlenden Zähnen je Seitenzahngebiet beihilfefähig. Für Verbindungselemente sind die Aufwendungen für bis zu 2 Verbindungselementen, bei einem Restzahnbestand von höchstens 3 Zähnen bis zu 3 Verbindungselementen, je Kiefer bei Kombinationsversorgungen beihilfefähig.

Austausch von Amalgamfüllungen: Aufgrund der Erklärungen des Bundesgesundheitsamtes vom Februar 1992 besteht nach dem wissenschaftlichen Erkenntnisstand in der Regel kein Anlass, bereits vorhandene Amalgamfüllungen durch andere Werkstoffe zu ersetzen.

Die entsprechenden Aufwendungen können nur dann als notwendig und damit als beihilfefähig anerkannt werden, wenn im Einzelfall konkrete medizinische Gründe für einen Austausch (zum Beispiel Allergien) geltend gemacht und dokumentiert werden. Hierfür reicht jedoch nicht die Bestätigung des behandelnden Zahnarztes, sondern es muss die Bestätigung eines entsprechenden Gebietsarztes oder einer Klinik über das durch die Quecksilberbelastung verursachte Krankheitsbild vorgelegt werden (Rundschreiben BMI vom 05.06.1992 – D III 5 – Az. 213 100 – 1/1h, veröffentlicht im Bereich BMVg mit Erlass vom 17.06.1992 – S III 4 – Az. 21-20-00 (3)).

- Nicht beihilfefähig sind Aufwendungen für
  a) Leistungen, die auf der Grundlage einer Vereinbarung nach § 2 Abs. 3 der Gebührenordnung für Zahnärzte erbracht werden,
  b) Glaskeramik einschließlich der anfallenden Nebenkosten, wie Charakterisierung.

Leistungen eines Heilpraktikers: bis zur Höhe des Mindestsatzes des Gebührenverzeichnisses für Heilpraktiker (GebüH), jedoch höchstens bis zum Schwellenwert der GOÄ bei vergleichbaren Leistungen (§ 5 Abs. 1, § 6 Abs. 1 Nr. 1 BhV).

Psychotherapeutische Behandlungen: Die vorherige Anerkennung ist ausnahmslos erforderlich (Anlage 1 zu § 6 Abs. 1 Nr. 1 BhV). Nähere Auskünfte erteilt die Beihilfestelle.

Vom Arzt, Zahnarzt oder Heilpraktiker verbrauchte oder *schriftlich verordnete Arznei-, Verbandmittel und dergleichen* (§ 6 Abs. 1 Nr. 2 BhV), abzüglich eines Betrages für jedes verordnete Arznei- und Verbandmittel gemäß § 12 BhV (siehe auch „Eigenbehalte“, Seite 77):

Beachten Sie bitte, dass erst im Laufe des Jahres 2004 die Neuzuordnung der Arzneimittel zu

- verschreibungspflichtig und beihilfefähig,
- verschreibungspflichtig und nicht beihilfefähig,
- nicht verschreibungspflichtig

durch den „Gemeinsamen Bundesausschuss“ (§ 91 SGB V) erarbeitet und für die BhV dann umgesetzt wurde. Diese Zuordnung von Arzneimitteln ist kein starrer sondern ein laufender Prozess.

§

Gemäß Bekanntmachung im Bundesanzeiger Nr. 61 vom 29.03.2004 wurden folgende *Richtlinien*, bezogen auf §§ 31, 34, 92 SGB V *durch den „Gemeinsamen Bundesausschuss"* erlassen.

Verschreibungspflichtige Arzneimittel, die von der Versorgung ausgeschlossen sind; ausgenommen für Versicherte, die das 18. Lebensjahr noch nicht vollendet haben:

- Arzneimittel gegen Erkältungskrankheiten;
- Mund- und Rachentherapeutika, ausgenommen bei Pilzinfektionen und nach chirurgischen Eingriffen;
- Abführmittel, außer zur Behandlung von Erkrankungen, zum Beispiel Tumorleiden;
- Arzneimittel gegen Reisekrankheit, ausgenommen bei Anwendung krankhaften Erbrechens, zum Beispiel bei Tumortherapie.

Arzneimittel zur Erhöhung der Lebensqualität und individuellen Bedürfnisbefriedigung, zur Aufwertung des Selbstwertgefühls und Beseitigung/Reduzierung natürlicher Alterungsprozesse, zur Anwendung bei kosmetischen Befunden sind ohne Ausnahmen ausgeschlossen, zum Beispiel Arzneimittel gegen erektile Dysfunktion, Nikotinabhängigkeit, Haarwuchsprobleme und Übergewicht.

Arzneimittel, die als „unwirtschaftliche Arzneimittel" in der so genannten Negativliste erfasst sind, dürfen nicht verordnet werden.

Apothekenpflichtige, aber nicht verschreibungspflichtige Arzneimittel sind grundsätzlich von der Versorgung ausgeschlossen. Ausnahme bildet die Behandlung schwerwiegender Erkrankungen, wenn die Arzneimittel als Therapiestandard gelten. Beispiele nach Abschnitt F Nr. 16 der Arzneimittel-Richtlinie:

- Abführmittel für neurogene Darmlähmung;
- Calciumverbindungen bei manifester Osteoporose oder Skelettmetastasen;
- Mistel-Präparate zur palliativen Therapie von malignen Tumoren.

Die Vorschriften regeln abschließend die Voraussetzungen/Indikationen, unter denen i. V. m. ausführlicher Dokumentation und Begründung durch den Arzt die Versorgung möglich ist. Sie gelten nicht für Kinder bis zum vollendeten 12. Lebensjahr und für Jugendliche mit Entwicklungsstörungen bis zum vollendeten 18. Lebensjahr.

Vom Arzt (nicht Heilpraktiker) schriftlich verordnete *Heilbehandlungen* (zum Beispiel Massagen, Bäder, Logopädie, Ergotherapie): Hierbei ist zu beachten, dass beihilferechtlich die Behandler bestimmte berufliche Voraussetzungen erfüllen müssen. Des Weiteren sind Höchstbeträge festgesetzt worden.

Hilfsmittel, Körperersatzstücke, Kontrollgeräte und Geräte zur Selbstbehandlung, sofern auf schriftliche ärztliche Verordnung beschafft (Anlage 3 zu § 6 Abs. 1 Nr. 4 BhV):

Voranerkennung der Beihilfefähigkeit ist ratsam. Bedenken Sie bitte, dass auch Ihr privater Krankenversicherer vorher gefragt wird, da er gegebenenfalls Ausschlüsse oder Grenzbeträge „Erstattungsfähigkeit“ festgelegt hat.

Sehhilfen sind nur noch unter bestimmten (engen) Voraussetzungen beihilfefähig. Für andere Hilfsmittel können Höchstbeträge gelten.

Erste Hilfe (§ 6 Abs. 1 Nr. 5 BhV)

Krankenhausleistungen nach BPflV und KHEntgG und vergleichbare Leistungen (zum Beispiel bei Behandlung in Privatkliniken): abzüglich 10,00 EUR pro Tag für höchstens 28 Tage.

Die Kosten für besonders berechnete Unterkunft sind bis zur Höhe der niedrigsten Kosten eines Zweibettzimmers, abzüglich zusätzlicher 14,50 EUR Eigenanteil täglich, beihilfefähig (§ 6 Abs. 1 Nr. 6 BhV). Umfassen die allgemeinen Krankenhausleistungen nur Zimmer mit 3 und mehr Betten und werden als gesondert berechnete Unterkunft nur Einbettzimmer angeboten, sind 50 v. H. des Zuschlages als Zweibettzimmerzuschlag abzüglich 14,50 EUR täglich beihilfefähig.

Mehrkosten für die Unterbringung in einem Einbettzimmer sowie für besondere Einrichtungen (zum Beispiel Sanitärzelle) sind auch dann nicht beihilfefähig, wenn die Inanspruchnahme dieser Leistungen medizinisch geboten war.

Bevor Sie für Wahlleistungen unterschreiben, informieren Sie sich ausführlich bei der Verwaltung des Hauses nach deren Abrechnungsgrundlagen; bitten Sie um Rechtsauskunft bei Ihrer Beihilfestelle zur Beihilfefähigkeit. Im Notfall verzichten Sie gegebenenfalls auf Wahlleistungen, um nicht kalkulierbare Eigenanteile zu vermeiden.

Eine nach ärztlicher Bescheinigung notwendige *vorübergehende häusliche Krankenpflege* (Grundpflege und hauswirtschaftliche Versorgung: Die Grundpflege muss überwiegen. Daneben sind Aufwendungen für Behandlungspflege beihilfefähig. Bei einer Pflege durch Ehegatten, Kinder, Eltern, Großeltern, Enkelkinder, Schwiegersöhne, Schwiegertöchter, Schwäger, Schwägerinnen, Schwiegereltern und Geschwister des Beihilfeberechtigten oder der berücksichtigungsfähigen Angehörigen sind die folgenden Aufwendungen beihilfefähig:

a) Fahrtkosten (§ 6 Abs. 1 Nr. 9 BhV),

b) eine für die Pflege gewährte Vergütung bis zur Höhe des Ausfalles an Arbeitseinkommen, wenn wegen der Ausübung der Pflege eine mindestens halbtägige Erwerbstätigkeit aufgegeben wird; eine an Ehegatten und Eltern des Pflegebedürftigen gewährte Vergütung ist nicht beihilfefähig.

Aufwendungen sind insgesamt beihilfefähig bis zur Höhe der durchschnittlichen Kosten einer Krankenpflegekraft (Vergütungsgruppe Kr. V der Anlage 1b zum Bundes-Angestelltentarifvertrag).

Kosten einer Familien- und Haushaltshilfe: Zur notwendigen Weiterführung des Haushalts des Beihilfeberechtigten bis zu 6,00 EUR stündlich, höchstens 36,00 EUR täglich, wenn die den Haushalt führende beihilfeberechtigte oder berücksichtigungsfähige Person wegen einer notwendigen stationären Unterbringung den Haushalt nicht weiterführen kann. Voraussetzung ist, dass diese Person – ausgenommen Alleinerziehende – nicht oder nur geringfügig erwerbstätig ist, im Haushalt mindestens eine beihilfeberechtigte oder berücksichtigungsfähige Person verbleibt, die pflegebedürftig ist oder das 12. Lebensjahr noch nicht vollendet hat und keine andere im Haushalt lebende Person den Haushalt weiterführen kann. Das vorstehend Gesagte gilt in besonders begründeten Fällen auch für die ersten 7 Tage nach Ende der stationären Unterbringung sowie bei Alleinstehenden, wenn eine Hilfe zur Führung des Haushalts erforderlich ist. Die Unterbringung in einem Heim oder in einem fremden Haushalt steht insoweit einer Familien- und Hauspflegekraft gleich. Die Kosten für die Unterbringung im Haushalt eines nahen Angehörigen sind mit Ausnahme der notwendigen Fahrtkosten bis zu 36,00 EUR täglich nicht beihilfefähig (§ 6 Abs. 1 Nr. 8 BhV).

Fahrt-/Beförderungskosten: § 6 Abs. 1 Nr. 9 BhV

- im Zusammenhang mit stationären Leistungen, wenn medizinisch erforderlich oder bei vorheriger Einwilligung der Beihilfestelle;
- bei Rettungsfahrten;
- als Begleitfahrten, wenn fachliche Betreuung und/oder die Einrichtungen des Krankenwagens auf Grund des Zustandes des Beihilfeberechtigten/berücksichtigungsfähigen Angehörigen erforderlich oder zu erwarten sind;

- zu einer ambulanten Krankenbehandlung im Krankenhaus bis zu einer Höhe von 200,00 EUR je einfache Fahrt, wenn dadurch eine stationäre Unterbringung vermieden oder verkürzt wird oder nicht durchführbar ist;
- zu einer ambulanten Behandlung in besonderen Ausnahmefällen nach vorheriger Genehmigung der Beihilfestelle.

In Anlehnung an die Krankentransport-Richtlinien des „Gemeinsamen Bundesausschusses" vom 22.01.2004 (Bundesanzeiger Nr. 18, S. 1342 vom 28.01.2004) wird die Genehmigung in den nachfolgenden Fällen erteilt:

- Dialysebehandlung;
- onkologische Strahlen- oder Chemotherapie;
- Schwerbehinderung mit den Merkzeichen „aG", „BL" oder „H";
- Pflegebedürftigkeit nach Pflegestufe II oder III gemäß SGB IX.

In jedem Falle hat der Arzt eine umfassende Verordnung gemäß Anlage 1 der oben genannten Richtlinie zu erstellen, die es der Beihilfestelle gegebenenfalls ermöglicht, eine den definierten Voraussetzungen entsprechend vergleichbare Schwere der Erkrankung zu prüfen.

- § 6 Abs. 1 Nr. 7 BhV: Fahrtkosten bei vorübergehender häuslicher Krankenpflege
- § 6 Abs. 1 Nr. 8 BhV: Fahrtkosten, wenn nahe Verwandte die Aufgaben einer Familien- und Haushaltshilfe übernehmen, bis zu 36,00 EUR täglich
- § 7 Abs. 1 Nr. 6 (§ 8 Abs. 1 Nr. 6) BhV: bei An- und Abreise zu einer Sanatoriumsbehandlung (Kur) in Höhe von 0,20 Cent je Entfernungskilometer, höchstens 200,00 EUR, unabhängig vom benutzten Beförderungsmittel

Entfernungskilometer berechnen sich aus der üblicherweise kürzesten Wegstrecke mit einem Kfz.

Bei nicht selbst mitgeführtem Gepäck sind die Kosten für den Transport mit öffentlichen Verkehrsmitteln beihilfefähig.

Bei Fahrten gemäß § 6 Abs. 1 Nr. 9 BhV reduziert ein Eigenanteil von 5,00–10,00 EUR, jedoch nicht mehr als die tatsächlichen Kosten, die Beihilfefähigkeit.

Unterkunftskosten bei notwendiger ambulanter ärztlicher Behandlung an einem auswärtigen Ort: bis zu 26,00 EUR täglich, auch für eine erforderliche Begleitperson. Dies gilt nicht bei einer Heilkur oder kurähnlichen Maßnahme (§ 6 Abs. 1 Nr. 10 BhV).

Sanatoriumsbehandlung (§ 7 BhV): Die vorherige Anerkennung ist erforderlich.

Sanatoriumsbehandlungen kommen für den Beihilfeberechtigten selbst (Aktive Bedienstete/Versorgungsempfänger) und für die berücksichtigungsfähigen Angehörigen in Betracht. Eine Sanatoriumsbehandlung stellt eine besondere Art der stationären Heilbehandlung dar. Diese Heilbehandlung wird üblicherweise nicht in einer Krankenanstalt im Sinne von § 6 Abs. 1 Nr. 6 BhV (Akuterkrankungen) durchgeführt und umfasst in der Regel eine Behandlung mit den Mitteln der physikalischen und diätetischen Therapie (zum Beispiel Massagen, Bäder, Bestrahlungen, besondere Form der Ernährung usw.).

Bei einer anerkannten Sanatoriumsbehandlung bis zu 3 Wochen sind neben den Kosten für ärztliche Leistungen, Arznei- und Verbandmittel, Heilbehandlungen, Kurtaxe, den ärztlichen Schlussbericht und Beförderung, die Kosten für die Unterkunft (einschließlich Verpflegung) nur in Höhe des objektiv niedrigsten Satzes des Sanatoriums beihilfefähig (gegebenenfalls halber Doppelzimmerpreis). Die individuellen Gegebenheiten des Einzelfalles müssen insoweit stets unberücksichtigt bleiben.

Für Begleitpersonen von Schwerbehinderten sind Aufwendungen für Unterkunft und Verpflegung bis zu 70 v. H. des niedrigsten Satzes des Sanatoriums beihilfefähig, sofern die Begleitperson nach amtsärztlichem Gutachten und einer Bestätigung des Sanatoriums für eine erfolgversprechende Behandlung notwendig ist.

Anschlussheilbehandlungen können sowohl Sanatoriums- als auch Krankenhausbehandlungen sein. Die Zuordnung wird im Einzelfall geprüft.

Heilkur (§ 8 BhV): Die vorherige Anerkennung ist erforderlich:

Heilkuren (zum Beispiel Badekuren) kommen nur für aktive Bedienstete in Betracht (§ 8 BhV).

Die dauernde Pflegebedürftigkeit (§ 9 BhV) bei

- häuslicher Pflege
- teilstationärer Pflege
- stationärer Pflege

ist beihilfefähig ab Beginn des Monats der erstmaligen schriftlichen Antragstellung (siehe auch Seite 98).

Die Beihilfestelle entscheidet über die Beihilfefähigkeit des Pflegeaufwandes aufgrund der Einstufung und Leistungszusage der jeweils zuständigen Pflegeversicherung. Aufwendungen für die Pflege werden im Rahmen der vorgegebenen Höchstbeträge von der Pflegekasse und der Beihilfestelle anteilig erstattet.

Für Unterkunft und Verpflegung einschließlich der Investitionskosten kann Beihilfe gewährt werden, wenn der als zumutbar angesetzte Eigenanteil des Einkommens überschritten wird.

Maßnahmen zur *Früherkennung von Krankheiten* und bei *Schutzimpfungen* (§ 10 BhV): Ausgenommen sind jedoch solche aus Anlass privater Reisen ins Ausland.

Geburtsfälle (§ 11 BhV):

Zusätzlich zu entsprechenden krankheitsbedingten Aufwendungen (Untersuchungen, Arznei- und Verbandmittel, Beförderungskosten usw.) sind die Aufwendungen für die Schwangerschaftsüberwachung, für die Hebamme bzw. den Entbindungspfleger, für eine Haus- und Wochenpflegekraft bei einer Haus- oder ambulanten Entbindung beihilfefähig.

Todesfälle (§ 16 BhV):

Eine pauschalierte Beihilfe für den Todesfall ist mit Wirkung vom 01.01.2004 entfallen.

Eine Beihilfe zu krankheitsbedingten Aufwendungen des Verstorbenen wird demjenigen (Ehegatte, Kind) gewährt, der die Originalbelege zuerst vorlegt. Auch anderen natürlichen oder juristischen Personen kann unter diesen Voraussetzungen eine Beihilfe gewährt werden, wenn die Aufwendungen nachweislich durch diese Person bezahlt worden sind.

Stirbt ein Beihilfeberechtigter oder ein berücksichtigungsfähiger Angehöriger, und hat der Verstorbene bisher den Haushalt allein geführt, so können, wenn der Haushalt nicht durch eine andere im Haushalt lebende Person weitergeführt werden kann, die Aufwendungen für eine *Familien- und Haushaltshilfe* für die Dauer von 6 Monaten, in Ausnahmefällen bis zu 1 Jahr als beihilfefähig anerkannt werden. Voraussetzung ist, dass nach dem Tode der Person, die den Haushalt bisher alleine geführt hat, mindestens ein pflegebedürftiger berücksichtigungsfähiger oder selbst beihilfeberechtigter Familienangehöriger oder ein berücksichtigungsfähiges Kind unter 12 Jahren im Haushalt verbleibt (§ 6 Abs. 1 Nr. 8 BhV).

Krankenbehandlung im Ausland (§ 13 BhV):

Im Ausland entstandene Aufwendungen sind nur insoweit und nur bis zu der Höhe beihilfefähig, wie sie in der Bundesrepublik Deutschland am Wohnort entstanden und berücksichtigungsfähig gewesen wären.

Die sich hieraus ergebenden Einschränkungen finden in besonderen Ausnahmefällen dann keine Anwendung, wenn die uneingeschränkte Beihilfefähigkeit einer beabsichtigten Auslandsbehandlung aufgrund eines amts- oder vertrauensärztlichen Gutachtens vor Antritt der Reise anerkannt worden ist. Dies gilt sinngemäß auch für einen Sanatoriumsaufenthalt.

Die Vergleichsrechnung findet ferner keine Anwendung, wenn der Betrag von 550,00 EUR pro Krankheitsfall nicht überschritten wird oder die Behandlung – einschließlich stationärer Leistungen in einem öffentlichen Krankenhaus – innerhalb der Europäischen Union durchgeführt wurde.

Aufgrund des erforderlichen Vergleichsverfahrens wird eine Beihilfe grundsätzlich nur gewährt, wenn die entstandenen Aufwendungen durch prüfungsfähige Belege nachgewiesen werden. Arzt-, Krankenhaus- und sonstige Rechnungen müssen neben dem Namen des Patienten die Behandlungstage und die Beschreibung der einzelnen Leistungen mit der jeweiligen Gebühr enthalten; Arztrechnungen müssen außerdem die Diagnose enthalten. Ebenso sind zur Prüfung der Angemessenheit der ärztlichen Leistungen vergleichbare Gebührenpositionen der im Beihilferecht geltenden deutschen Gebührenordnung für Ärzte und Zahnärzte anzugeben.

Den Belegen ist nach Aufforderung durch die Beihilfestelle eine Übersetzung beizufügen.

Belege, die eine sachgerechte Prüfung nicht zulassen, müssen unberücksichtigt bleiben und werden an den Antragsteller zurückgegeben. Auf die Nachweispflicht des Antragstellers wird insoweit ausdrücklich hingewiesen.

Rechnungsbeträge in ausländischer Währung werden von der Beihilfestelle mit dem am Tage der Beihilfefestsetzung geltenden amtlichen Devisen-Wechselkurs in EUR umgerechnet, sofern der Umrechnungskurs nicht vom Antragsteller nachgewiesen wird.

Es wird dringend empfohlen, vor Reiseantritt den Abschluss einer zusätzlichen Auslandskrankenversicherung zu prüfen.

Kosten der *ärztlichen Beratung zur Empfängnisregelung*, des nicht rechtswidrigen *Schwangerschaftsabbruches* und der nicht rechtswidrigen *Sterilisation* (Artikel 2 BhV).

Aufwendungen für *empfängnisverhütende Mittel* (so genannte Antibabypille, Spirale): Sie sind bis zur Vollendung des 20. Lebensjahres beihilfefähig, ansonsten nur als Arzneimittel zur Behandlung einer Krankheit.

Voranerkennung, amtsärztliche Gutachten

Die vorherige Anerkennung der Beihilfefähigkeit durch die Beihilfefestsetzungsstelle ist in folgenden Fällen erforderlich:

- in bestimmten Fällen von wissenschaftlich nicht allgemein anerkannten Behandlungsmethoden (§ 6 Abs. 2 BhV);
- bei Behandlung in einem Sanatorium (§ 7 BhV);
- bei Heilkuren (§ 8 BhV);
- bei einer beabsichtigten Krankenbehandlung im Ausland ohne Beschränkung der Beihilfefähigkeit der Aufwendungen auf inländische Verhältnisse (§ 13 BhV);
- bei Heilkuren und Sanatoriumsaufenthalten im Ausland (§ 13 Abs. 3 BhV);
- bei psychotherapeutischen Behandlungen (Anlage 1 zu § 6 Abs. 1 Nr. 1 BhV);
- bei Fahrtkosten zu einer ambulanten Krankenbehandlung (§ 6 Abs. 1 Nr. 9 BhV).

Die vorherige Anerkennung der Beihilfefähigkeit ist ratsam bei Hilfsmitteln, die nicht in der Anlage 3 zu § 6 Abs. 1 Nr. 4 BhV aufgeführt sind, sowie bei allen besonderen von einer Regelbehandlung abweichenden Behandlungsmethoden.

In den nachstehenden Fällen ist die Beihilfegewährung von einem amts- bzw. vertrauensärztlichen Gutachten abhängig, das von der Beihilfestelle eingeholt wird:

- in den Fällen, die auf S. 87 aufgelistet sind,
- bei dauernder Anstaltsunterbringung (§ 9 BhV),
- in Fällen, in denen Zweifel über die Notwendigkeit bzw. den angemessenen Umfang von beihilfefähigen Aufwendungen bestehen (§ 5 Abs. 1 Satz 4 BhV).

Einschränkungen bei Vorliegen bestimmter Versicherungsverhältnisse

Bei allen Versicherten in der gesetzlichen Krankenversicherung (GKV) oder Ersatzkasse sind Zuzahlungen, Kostenanteile (auch Arzneimittelrabatte) sowie von der Krankenversorgung ausgeschlossene Arznei-, Hilfs- und Heilmittel ausnahmslos nicht beihilfefähig.

Gleiches gilt für Beihilfeberechtigte, die einen Anspruch auf beitragsfreie Krankenfürsorge nach dem Bundesversorgungsgesetz (BVG) haben.

Bei freiwillig Versicherten in der GKV, die einen Zuschuss von 21,00 EUR und höher zur Krankenversicherung erhalten, sind

- Aufwendungen – mit Ausnahme der Aufwendungen für Wahlleistungen im Krankenhaus –, die darauf beruhen, dass der Versicherte die beim Behandler mögliche Sach- und Dienstleistung nicht als solche in Anspruch genommen hat (zum Beispiel privatärztliche Behandlung durch einen Kassenarzt),

nicht beihilfefähig.

Wählen freiwillige Mitglieder der GKV sowie ihre nach § 10 SGB V mitversicherten Familienangehörigen an Stelle der Sach- oder Dienstleistung (Behandlung im kassenärztlichen Vertragsrahmen) privatärztliche Behandlung durch den Kassenarzt gegen Rechnung, so erhalten sie gemäß § 13 SGB V von der Krankenkasse zunächst Kostenerstattung in Höhe der Vergütung, die die Krankenkasse bei Erbringung als Sachleistung zu tragen gehabt hätte.

Hierbei kann die Satzung der Krankenkasse vorsehen, dass der Versicherte eine als Selbstbehalt bezeichnete Kostenbeteiligung zu tragen hat, verbunden mit einer Beitragsermäßigung (vergleiche § 53 SGB V). Diese Selbstbehalte sind nicht beihilfefähig! Nach Abrechnung der Kassenleistung – zuzüglich des eventuellen Selbstbehaltes – wird zum beihilfefähigen Rest Beihilfe gewährt.

Zu beachten bei dieser Regelung ist jedoch, dass bei ambulanter privatärztlicher Behandlung für freiwillig in der GKV Versicherte auch die weiter oben genannten beihilferechtlichen Einschränkungen gelten.

Pflichtversicherte in der gesetzlichen Krankenversicherung (GKV) oder Personen mit beitragsfreier Krankenfürsorge nach § 10 Abs. 1 BVG (Schädigungsfolgen) erhalten nur Beihilfe zu

- Wahlleistungen im Krankenhaus,
- Zahnersatz,
- Aufwendungen bei einem Arzt oder sonstigen Behandler, der *keine* Kassenzulassung besitzt (Bestätigung des Behandlers vorlegen!).

  In diesem Fall ist der beihilfefähige Betrag um den tatsächlichen bzw. bei Nichtleistung der GKV um einen fiktiven Leistungsanteil in Höhe von 50 v. H. zu kürzen. Arznei- und Verbandmittel sind bei privatärztlicher Verordnung/Behandlung in keinem Fall beihilfefähig.

  Bei privatärztlicher ambulanter Behandlung durch einen zur Krankenkasse zugelassenen Arzt oder Behandler im Rahmen der Kostenerstattungsregelung des § 13 Abs. 2 SGB V ist keine Beihilfegewährung möglich.
- Behandlung durch Heilpraktiker und von diesem verordnete Medikamente (ohne die oben genannten Einschränkungen).

Begrenzung der Beihilfen

Die Beihilfe darf zusammen mit den aus demselben Anlass gewährten Leistungen aus einer Krankenversicherung die dem Grunde nach beihilfefähigen Aufwendungen nicht übersteigen (= so genannte 100 v. H.-Grenze).

Für Beihilfeberechtigte, die bereits am 01.10.1985 Versorgungsempfänger waren, gilt die 100 v. H.-Grenze nicht, wenn sie zu diesem Zeitpunkt in einem Festkostentarif einer privaten Krankenversicherung versichert waren und solange dieser Tarif beibehalten wird. Das gilt auch für berücksichtigungsfähige Personen.

Verfahrensvorschriften (§ 17 BhV)

Jahresfrist:

Beihilfen müssen innerhalb *eines* Jahres nach Entstehen der Aufwendungen, spätestens jedoch ein Jahr nach der ersten Rechnungsausstellung beantragt werden. Bei Rezeptbelegen richtet sich die Jahresfrist nach dem Zeitpunkt der Lieferung des Heilmittels. Bei zulässigen Rezeptwiederholungen beginnt die Jahresfrist bei jedem einzelnen Einkauf von Medikamenten (Apothekenstempel).

Antragstellung:

Der Antrag gilt erst mit Eingang bei der zuständigen Festsetzungsstelle/Beschäftigungsdienststelle als gestellt.

Darüber hinaus müssen die mit einem Beihilfeantrag geltend gemachten Aufwendungen mehr als 200,00 EUR betragen. Erreichen jedoch die Aufwendungen aus 10 Monaten (gerechnet vom Ausstellungsdatum der ältesten Rechnung an) diese Summe nicht, so kann eine Beihilfe nach Ablauf dieser 10-Monats-Frist gewährt werden, wenn die Aufwendungen 15,00 EUR übersteigen (neuer förmlicher Beihilfeantrag ist erforderlich).

Für die Antragstellung ist das vorgesehene Formblatt zu verwenden; dieses kann nunmehr nicht nur von der Beihilfestelle angefordert, sondern auch im Internet heruntergeladen werden unter:
www.bundeswehr.de/service/mitarbeiterinfos/beihilfe_formulare.php

Abschlagszahlungen:

Hat der Beihilfeberechtigte bei stationären Krankenhaus-, Sanatoriums-, Heilkur- oder Dialysebehandlungen oder bei dauerhafter stationärer Pflege Vorauszahlungen zu leisten, bevor er im Besitz von abrechenbaren Belegen ist, kann die Festsetzungsstelle aufgrund eines Antrages einen Abschlag in angemessener Höhe bewilligen. Dem Antrag sind

Nachweise über die voraussichtlichen Kosten, die voraussichtliche Dauer des Krankenhausaufenthaltes und die Pflegesätze beizufügen. Vordrucke können bei der Beihilfestelle angefordert werden bzw. sind bei den Krankenhäusern erhältlich.

Die später erstellten Rechnungen sind vom Beihilfeberechtigten mit einem Beihilfeantrag einzureichen. Die Beihilfestelle darf nicht direkt mit den Rechnungsausstellern abrechnen.

Beihilfegewährung an getrennt lebende Ehegatten:

Antragsberechtigt ist auch in diesen Fällen nur der Beihilfeberechtigte. Ausnahmsweise kann der berücksichtigungsfähige getrennt lebende Ehegatte die Belege für sich und gegebenenfalls Kinder mit dem Formblatt „Zusammenstellung der Aufwendungen" bei der Beihilfestelle einreichen. Der Beihilfeberechtigte kann im Beihilfeantrag hierauf hinweisen. Originalbelege werden an den getrennt lebenden Ehegatten zurückgegeben. Zahlungen erfolgen auf das Konto desjenigen, dem die Aufwendungen entstanden sind. Dieses Verfahren kann nur in Absprache mit den Beteiligten durchgeführt werden. Fehlt hierzu die Bereitschaft bei einer Partei, kann die Beihilfestelle nicht weiter tätig werden. Gegebenenfalls muss eine gerichtliche Entscheidung herbeigeführt werden.

Bearbeitungszeiten:

Die Beihilfestellen sind bemüht, die Anträge so schnell wie möglich abzuarbeiten. Aber vor allem zu den Quartalswechseln kann die Erstattung auch 3 bis 5 Wochen dauern; dieses gilt aus Erfahrung insbesondere für die Zeit nach dem Jahreswechsel und nach den Sommerferien.

Bedenken Sie bitte, dass das Beihilferecht eine Erstattung, keine Bezahlung von Rechnungen beinhaltet. Vertragspartner des Behandlers sind *Sie*; Zahlungsfristen müssen *von Ihnen* eingehalten werden.

Eigenbehalte und Belastungsgrenzen

- Eigenbehalte, die die Beihilfefähigkeit mindern (§ 12 BhV):

  10 v. H. der Kosten, mindestens 5,00 EUR, höchstens 10,00 EUR, jedoch nicht mehr als die tatsächlichen Kosten bei

  - Arznei- und Verbandmitteln (§ 6 Abs. 1 Nr. 2 BhV);
  - Hilfsmitteln (§ 6 Abs. 1 Nr. 4 BhV);

- bei zum Verbrauch bestimmten Hilfsmitteln für den Monatsbedarf je Indikation (§ 6 Abs. 1 Nr. 4 BhV);
- Fahrtkosten je einfache Fahrt (§ 6 Abs. 1 Nr. 9 BhV), (Achtung: auch für Kinder unter 18 Jahren!).

10,00 EUR je Tag

- bei vollstationärem Krankenhausaufenthalt (§ 6 Abs. 1 Nr. 6 BhV) für höchstens 28 Tage einschließlich im Anschluss oder unmittelbaren zeitlichen Zusammenhang damit beginnender Reha-Maßnahme/Anschlussheilbehandlung (§ 6 Abs. 1 Nr. 6 BhV);
- bei Sanatoriumsaufenthalt (§ 7 Abs. 1 Nr. 2 BhV) ohne zeitliche Begrenzung.

10 v. H. begrenzt auf 28 Tage + 10,00 EUR je Verordnung

- bei Inanspruchnahme häuslicher Krankenpflege (nicht bei häuslicher Behandlungspflege).

■ Eigenbehalte, die die Beihilfe mindern

10,00 EUR pro Quartal: Inanspruchnahme

- ambulanter ärztlicher

oder

- zahnärztlicher

oder

- psychotherapeutischer

Leistungen.

■ Eigenbehalte sind nicht abzuziehen bei

- Kindern bis zur Vollendung des 18. Lebensjahres, ausgenommen sind für diese die Eigenbehalte bei Fahrtkosten gemäß § 6 Abs. 1 Nr. 9 BhV;
- Schwangeren im Zusammenhang mit Schwangerschaftsbeschwerden oder Entbindung;
- ambulanten ärztlichen/zahnärztlichen Leistungen zur Vorsorge und Früherkennung von Krankheiten;
- Leistungen, für die Höchstbeträge festgesetzt sind (Hörgerät, Perücke, Massage usw.).

Andere grundlegende Befreiungen gibt es nicht (mehr).

- Belastungsgrenzen

  Belastungsgrenze allgemein (Regelfall) = 2 v. H.: Überschreitet die Summe der Eigenbehalte des Beihilfeberechtigten und der berücksichtigungsfähigen Angehörigen die Belastungsgrenze von 2 v. H., so sind für den Rest des Jahres sowohl für den Beihilfeberechtigten als auch für die berücksichtigungsfähigen Angehörigen keine Eigenbehalte mehr abzuziehen. Bereits zu viel abgezogene Eigenbehalte werden zurückgezahlt.

  Belastungsgrenze für „chronisch Kranke" = 1 v. H.: Entspricht sinngemäß dem Regelfall, also auch für die Familie gilt eine Belastungsgrenze von 1 v. H. und die Befreiung für den Rest des Jahres.

  Antragsleistung: Gemäß § 12 Abs. 2 der Beihilfevorschriften des Bundes sind die Eigenbehalte auf Antrag für den Rest des Kalenderjahres nicht mehr abzuziehen. Das bedeutet auch für die Antragstellung, dass dieser innerhalb des jeweils gültigen Kalenderjahres bei der Wehrbereichsverwaltung – Festsetzungsstelle Beihilfe – eingegangen sein muss! Wer also aus der laufenden Aufrechnung der WBV erkennt, dass er sich den Belastungsgrenzen (2 oder 1 v. H.) nähert, oder jetzt schon weiß, dass er sie auch dieses Jahr erfüllen wird, stelle bereits seinen Antrag vorsorglich. Ein Antrag, der erst am 03.01. des Folgejahres bei der WBV eingeht, muss erfolglos bleiben, das Geld ist „verschenkt"!

  Berechnung der Belastungsgrenze:

  Einkommen sind

  - Dienst- und Versorgungsbezüge (ohne kinderbezogenen Anteil im Familienzuschlag, ohne Versicherungsausgleich und ohne Sonderzahlung)
  - Renten
  - zusätzliche Alters- und Hinterbliebenenversorgung
  - Erwerbseinkommen

  des dem Antragsjahr vorangegangenen Kalenderjahres beider Ehegatten, sofern einer nicht Mitglied der gesetzlichen Krankenversicherung oder selbst beihilfeberechtigt ist. Bei Verheirateten vermindert sich das so ermittelte Einkommen um 15 v. H. Jedes berücksichtigungsfähige Kind bis zur Vollendung des

18. Lebensjahres erhält eine Minderung des Gesamteinkommens um die sich aus § 32 Abs. 6 Satz 1 und 2 EStG ergebenden Beträge (per 01.01.2004 ist dies ein Betrag von 2 904,00 EUR, für zusammen veranlagte Ehegatten 5 808,00 EUR). Beachten Sie bei dieser Berechnung:

- Die Beträge gemäß EStG können sich ändern.
- Die Schnittstelle bei der Berücksichtigung der Kinder ist nicht allein die Kindergeldberechtigung, sondern zusätzlich das Alter des Kindes.

Eigenbehalte im Beihilfesystem sind nicht den Zuzahlungen im Krankenkassensystem gleichzusetzen. Das bedeutet, dass Zuzahlungen des gesetzlich versicherten Ehepartners nicht zu den Eigenbehalten des Beihilfeberechtigten addiert werden können.

Eigenbehalte, die zur Befreiung führen können, sind nur auf die Fälle/Beträge begrenzt, die in § 12 BhV (siehe Seite 91 f.) aufgeführt sind. Von der Beihilfe nicht erstattete Rechnungen, zum Beispiel für „selbst beschaffte" Medikamente oder Kostenanteile für Heilbehandlungen oder Hilfsmittel, die Erstattungsgrenzen/Höchstbeträgen/Festbeträgen unterliegen, bilden keine Eigenanteile, die zur Befreiung eingerechnet werden dürfen.
Auch der – bei Inanspruchnahme eines Ein- oder Zweibettzimmers während eines stationären Krankenhausaufenthaltes – Abzugsbetrag von 14,50 EUR (ohne zeitliche Begrenzung) gehört nicht zu den zu berücksichtigenden Eigenbehalten.

- Berechnungsbeispiele für Belastungsgrenzen

Beispiel:

Antrag 2004, Versorgungsempfänger mit 26 000,00 EUR Einkommen in 2003, Ehefrau Rentnerin mit 18 000,00 EUR in 2003 und privat versichert:

Einkommen beider Ehepartner	44 000,00 EUR
abzüglich 15 v. H., da verheiratet	6 600,00 EUR
relevantes Einkommen	37 400,00 EUR
davon 2 v. H. (Regelfall)	748,00 EUR
oder davon 1 v. H. (bei „chronischer" Erkrankung)	374,00 EUR

Beispiel:

2004, Versorgungsempfänger mit 26 000,00 EUR Einkommen in 2003, Ehefrau gesetzlich krankenversichert:

Einkommen des Ehemannes	26 000,00 EUR
abzüglich 15 v. H., da verheiratet	3 900,00 EUR
relevantes Einkommen	22 100,00 EUR
davon 2 v. H. (Regelfall)	442,00 EUR
oder davon 1 v. H. (bei „chronischer" Erkrankung)	221,00 EUR

Beispiel:

Antrag 2005, Versorgungsempfänger mit 30 000,00 EUR Einkommen in 2004, Ehefrau gesetzlich krankenversichert, beide haben 1 Kind unter 18 Jahren:

Einkommen des Ehemannes	30 000,00 EUR
abzüglich 15 v. H., da verheiratet	4 500,00 EUR
abzüglich Berücksichtigungsbetrag für das Kind	5 808,00 EUR
relevantes Einkommen	19 692,00 EUR
davon 2 v. H. (Regelfall)	393,84 EUR
oder davon 1 v. H. (bei „chronischer" Erkrankung)	196,92 EUR

- Definition „chronisch" Kranker

  Als Ausführung zum § 62 SGB V wurde die „Richtlinie zur Definition schwerwiegender chronischer Krankheiten" in der Fassung vom 22.01.2004 durch den „Gemeinsamen Bundesausschuss" im Bundesanzeiger Nr. 18, S. 1343 vom 28.01.2004 veröffentlicht.

  Diese ist in den Hinweis zu § 12 BhV übernommen worden.

Das bedeutet:

Dauerbehandlungsfrist: Eine Krankheit ist schwerwiegend chronisch, wenn sie mindestens 1 Jahr (Zeitjahr, nicht Kalenderjahr) lang einmal pro Quartal ärztlich behandelt wurde und dabei eines der folgenden Merkmale vorhanden war:

- Es liegt eine Pflegebedürftigkeit der Pflegestufe 2 oder 3 nach SGB XI vor;
- es liegt ein Grad der Behinderung (GdB) von mindestens 60 v. H. nach § 30 BVG vor;
- es liegt eine Minderung der Erwerbsfähigkeit (MdE) von mindestens 60 v. H. nach § 56 Abs. 2 SGB VII vor.

Sowohl bei BVG/GdB als auch SGB/MdE muss die Einstufung durch die in Rede stehende „chronische" Erkrankung verursacht sein!

- Es liegt eine Erkrankung vor, die deswegen kontinuierlicher Behandlung bedarf, weil ohne diese nach ärztlicher Einschätzung eine lebensbedrohliche Verschlimmerung, eine Verminderung des Lebenserwartung oder eine dauernde Beeinträchtigung der Lebensqualität zu erwarten ist;
- Ärzte haben die Krankheit und das Erfordernis der Dauerbehandlung im oben genannten Sinne zu bescheinigen.

Beispiel:

Beispiel 1:

Ausgangslage wie Beispiel auf Seite 94, aber Beginn einer ärztlich bescheinigten schwerwiegenden chronischen Erkrankung des Versorgungsempfängers am 01.07.2003:

Ab 02.07.2004 kann er mit Wirkung für den Rest des Jahres 2004 einen Antrag auf Befreiung der 374,00 EUR übersteigenden Eigenanteile stellen.

Beispiel 2:

Ausgangslage wie Beispiel auf Seite 94, aber Beginn einer ärztlich bescheinigten schwerwiegenden chronischen Erkrankung des Versorgungsempfängers am 30.04.2004:

Ab 01.05.2005 kann er hinsichtlich der 1 v. H.-Grenze auf Grundlage des Einkommens von 2004 befreit werden; für das Jahr 2004 kann er nur nach der 2 v. H.-Grenze befreit werden.

- Belastungsgrenze aus Versicherungsbeitrag

  Gemäß § 14 Abs. 6 BhV kann im Einvernehmen mit dem BMI der Bemessungssatz um 10 v. H. erhöht werden. Die hierzu erlassenen Hinweise setzen folgende Bedingungen:

Geringfügiges Einkommen ist als folgende Einkommenshöhe definiert:

- 150 v. H. des Mindestruhegehaltes nach Besoldungsgruppe A 4 zuzüglich 255,65 EUR für die Ehefrau.

  Umsetzung:

Mindestruhegehalt per 01.08.2004	= 1 290,97 EUR
davon 150 v. H.	= 1 936,46 EUR
zuzüglich Ehegattenzuschlag	= 255,65 EUR
„geringfügige Einkommensgrenze"	= 2 192,11 EUR

- Dieser Grenzbetrag darf aus dem Einkommen von Beihilfeberechtigtem und Ehegatten nicht überschritten werden. Es setzt sich zusammen aus dem monatlichen Durchschnitt der letzten 12 Monate vor dem Monat der Antragstellung, und zwar aus Versorgungsbezügen (einschließlich Sonderzahlung), Renten, Kapitalerträgen und sonstigen laufenden Einnahmen (Betriebsrente, Erwerbseinkommen, Mieteinnahmen …)

15 v. H. des geringfügigen Einkommens als Krankenversicherungsbeitrag überschritten:

- Es gelten nur Aufwendungen für die private Krankenversicherung; Beiträge zur gesetzlichen Krankenversicherung sind nicht zu berücksichtigen.
- Es gelten nur Aufwendungen für eine so genannte „beihilfekonforme" PKV, d. h., ein auf den Beihilfe-Bemessungssatz abgestimmter Prozenttarif.
- Beiträge für ein Krankenhaustagegeld bis zu 12,00 EUR täglich dürfen hinzugerechnet werden.
- Weitere Zusatzversicherungen, zum Beispiel ein Beihilfe-Ergänzungstarif, dürfen nicht berücksichtigt werden.
- Zuschüsse zum KV-Beitrag von Arbeitgebern oder Rentenkassen sind abzuziehen.
- Es gilt die PKV-Beitragshöhe im Antragsmonat.

Zuständige Behörde

Die Beihilfeanträge werden über die zuständige Pensionsregelungsbehörde eingereicht und bei der Beihilfestelle der Wehrbereichsverwaltung bearbeitet.

WBV West
40470 Düsseldorf
Wilhelm-Raabe-Straße 46, Telefon (02 11) 95 90

oder

WBV Süd
70173 Stuttgart
Postfach 10 52 61, Telefon (07 11) 25 41

Dauernde Pflegebedürftigkeit

Durch das Pflegeversicherungsgesetz wurde die Übernahme von Pflegekosten für ambulante und stationäre Pflege zu bestimmten Höchstbeträgen gesetzlich eingeführt. Das Gesetz ist in zwei Stufen in Kraft getreten: die ambulante Pflege zum 01.01.1995, die stationäre Pflege zum 01.07.1996.

Versichertenkreis

Versicherungspflichtig sind grundsätzlich alle in Deutschland lebenden Bürger. Es gilt der Grundsatz: Die Pflegeversicherung folgt der Krankenversicherung.

Mitglieder der gesetzlichen Krankenversicherung

Mitglieder der gesetzlichen Krankenversicherung sind damit automatisch auch Mitglied in der sozialen Pflegeversicherung.

Mitglieder der privaten Krankenversicherung

Mitglieder der privaten Krankenversicherung sind automatisch Mitglied der privaten Pflegeversicherung.

Die Mitgliedschaft ist für beide Bereiche Pflichtmitgliedschaft.

- Soldaten mit freier Heilfürsorge
- Berufssoldaten und Versorgungsempfänger ohne Krankenversicherung

Berufssoldaten und Versorgungsempfänger ohne Krankenversicherung werden der privaten Pflegeversicherung zugeordnet, weil sie Beihilfeberechtigung haben. Hier ist ebenso wie für die Krankenversicherung die Anwartschaftsversicherung für die Pflege zu empfehlen.

- Pensionäre als Mitglieder der gesetzlichen Krankenversicherung mit Beihilfe

  Hier leisten die soziale Pflegeversicherung und die Beihilfe jeweils anteilig.
- Pflegeversicherung im Ausland
  Bei Auslandsaufenthalt (dauerndem) erlischt die private Pflegeversicherung in der Regel (Ausnahme: Europa, aber nur für Pflegegeld). Zur Aufrechterhaltung der Ansprüche bei möglicher späterer Rückkehr empfiehlt sich eine Anwartschaft, die sowohl bei der gesetzlichen als auch bei der privaten Pflegeversicherung möglich ist.
- WDB-Beschädigte mit Bundesbehandlungsschein
  Sie sind der sozialen Pflegeversicherung zuzuordnen.

Beitragshöhe für den Arbeitnehmer ab 01.04.2004

- Gesetzliche Pflegeversicherung
  In der sozialen Pflegeversicherung beläuft sich der Beitrag auf 1,7 v. H. des Bruttoeinkommens bis zur Bemessungsgrenze in der gesetzlichen Krankenversicherung. Ehefrauen ohne Einkommen bzw. unterhalb der Geringfügigkeitsgrenze und Kinder sind beitragsfrei mitversichert.
- Private Pflegeversicherung
  Hier orientiert sich der Beitrag nicht am Einkommen, sondern am Risiko. Die Beiträge dürfen aber die Höchstbeiträge in der sozialen Pflegeversicherung nicht übersteigen. Ab dem 45. Lebensjahr werden ältere Versicherte regelmäßig den Höchstbeitrag zahlen. Dieser liegt aber etwas unterhalb der Höchstbeiträge in der sozialen Pflegeversicherung. Kinder (ohne Einkommen) sind wie in der sozialen Pflegeversicherung beitragsfrei.
- Beitrag zum Pflegeanteil der Beihilfe („Pflegeabzug")
  Das „Gesetz zur wirkungsgleichen Übertragung von Regelungen der sozialen Pflegeversicherung in das Dienstrecht und zur

Änderung sonstiger dienstrechtlicher Vorschriften" wurde am 29.09.2004 im Deutschen Bundestag verabschiedet, nachdem im Anhörungsverfahren durch alle großen Interessenvertretungen keine Änderungen herbeizuführen waren. Durch Einfügung eines Paragraphen 4a im Bundessonderzahlungsgesetz wird die Sonderzahlung für Pensionäre um weitere 0,85 v. H. gekürzt.

Inhaltlich bedeutet dieser – zukünftig jedes Jahr vorgenommene – Abzug von der Sonderzahlung keine Teilhabe an der Sozialen Pflegeversicherung, sondern einen Haushaltsentlastungsbeitrag zur Gewährleistung der Pflegeanteile der Beihilfe für die Zukunft. Für den privat Versicherten also die Gewährleistung der 70 v. H., für den gesetzlich Versicherten der 50 v. H. Eine besondere steuerliche Geltendmachung als Sonderausgaben ist nicht erforderlich/möglich, da für den jeweiligen Abzugsbetrag auch keine Steuer erhoben wird. (Die Summe aus laufender Zahlung und Ausgleichs-Zahlung entspricht dem zu versteuernden Brutto!)

Einzelheiten

- Zahlungs-/Einzugsart = per 01.12. jeden Jahres als Abzug von der Sonderzahlung
- Grenze der Belastung:
  Beitragsbemessungsgrenze = (2006) 42 750,00 EUR (Höchstabzug = 363,38 EUR).
- Belastungsbeispiele (Besoldungstabelle per 01.08.2004 + 3. Anpassungs-Faktor):

  a) A 8 mA

Vorsorgungsbezüge	1 874,30 EUR
Jahreseinkommen ohne SZ	22 491,60 EUR
Sonderzahlung 4,17 %	937,90 EUR
Jahreseinkommen mit SZ	23 429,50 EUR
davon 0,85 v. H. PflV/Jahr	199,15 EUR
verbleibende SZ 2006	738,75 EUR

b) Witwe (A 8 mA)

Witwengeld (60 v. H.)	1 124,58 EUR
Jahreseinkommen ohne SZ	13 494,98 EUR
Sonderzahlung 4,17 v. H.	562,74 EUR
Jahreseinkommen mit SZ	14 057,70 EUR
davon 0,85 v. H. PflV/Jahr	119,49 EUR
verbleibende SZ 2006	443,25 EUR

- Zusatzversicherung
  Die Privatversicherer bieten Zusatzversicherungen an, und zwar bis zum 65. Lebensjahr. Ab dem 65. Lebensjahr besteht kein Tarifangebot der Privatversicherer mehr (zu hohes Risiko). Eine Zusatzversicherung ist nicht billig. Sie ist aber im Einzelfall zu prüfen, da im Pflegefall erhebliche Belastungen entstehen (siehe hierzu auch die Berechnungsbeispiele zur stationären Pflege). Es empfiehlt sich, ein Versicherungsangebot einzuholen.

Leistungen bei ambulanter Pflege

- *Mitglieder der sozialen Pflegeversicherung*
  Sie erhalten zur Sicherstellung der häuslichen Pflege (zum Beispiel durch Verwandte, Bekannte usw.) pauschal ein monatliches Pflegegeld, und zwar anteilig aus 50 v. H. Beihilfe und 50 v. H. Pflegeversicherung zusammen in folgender Höhe:

Pflegestufe I	=	205,00 EUR
Pflegestufe II	=	410,00 EUR
Pflegestufe III	=	665,00 EUR

  Kosten einer Berufspflegekraft werden für gesetzlich Versicherte übernommen, und zwar in folgender Höhe:

Pflegestufe I	bis zu	384,00 EUR
Pflegestufe II	bis zu	921,00 EUR
Pflegestufe III	bis zu	1 432,00 EUR.

  In Härtefällen erhöht sich dieser Betrag auf bis zu 1 918,00 EUR.

- *Mitglieder der privaten Pflegeversicherung*
  Sie erhalten anteilig 70 v. H. Beihilfe und 30 v. H. über die private Pflegeversicherung ersetzt, und zwar in Fällen der häuslichen Pflege anteilig zusammen in der

Pflegestufe I = 205,00 EUR
Pflegestufe II = 410,00 EUR
Pflegestufe III = 665,00 EUR.

Kosten von Pflegekräften werden ebenfalls anteilig von der Beihilfe und von der privaten Pflegeversicherung ersetzt.

Beihilfefähig mit 70 v. H. sind

in der Pflegestufe I = 640,31 EUR
in der Pflegestufe II = 1 280,62 EUR
in der Pflegestufe III = 1 920,92 EUR.

In Härtefällen erhöht sich die Beihilfefähigkeit auf bis zu 3 201,54 EUR.

Die private Krankenversicherung übernimmt in diesen Fällen nur bis zu den gesetzlichen Höchstgrenzen 30 v. H., also

in der Pflegestufe I 30 v. H. von 384,00 EUR
in der Pflegestufe II 30 v. H. von 921,00 EUR
in der Pflegestufe III 30 v. H. von 1 432,00 EUR.

Leistungen bei stationärer Pflege

- Soziale Pflegeversicherung

  Die soziale Pflegeversicherung übernimmt anteilig mit 50 v. H. nur die Kosten der Pflege, keine sonstigen Heimkosten (Unterkunft, Verpflegung); die Beihilfe ebenfalls 50 v. H.

  Die Kosten der Pflege werden bis zu folgenden Höchstbeträgen übernommen:

  Pflegestufe I = 1 023,00 EUR
  Pflegestufe II = 1 279,00 EUR
  Pflegestufe III = 1 432,00 EUR
  Härtefälle = 1 688,00 EUR.

- Private Pflegeversicherung

  Die private Pflegeversicherung übernimmt in der Regel mit 30 v. H. die anteiligen Kosten der Pflege bis zum Höchstbetrag wie die gesetzliche Pflegeversicherung. Die Beihilfe übernimmt 70 v. H. bis zum Höchstbetrag.

- Die Beihilfe übernimmt gegebenenfalls sonstige Heimkosten

  Die sonstigen Heimkosten (Unterbringung und Verpflegung) werden aber im Gegensatz zu der Situation der sozialen Pflegeversicherung bei Beihilfeberechtigten aus Fürsorgegründen zu 100 v. H. von der Beihilfe übernommen, sofern eine zumutbare Eigenbelastung überschritten wird.

- Eigenbelastung

  Die zumutbare Eigenbelastung (personenbezogener Eigenanteil) beträgt:

Personenkreis	monatlicher Eigenanteil vom Einkommen
Beihilfeberechtigte mit Einkommen bis zur Höhe des Endgehaltes der BesGrp A 9 BBesG (ab 01.08.2004 = 2 703,16 EUR)	
■ mit einem berücksichtigungsfähigen Angehörigen	30 v. H.
■ mit mehreren berücksichtigungsfähigen Angehörigen	25 v. H.
Beihilfeberechtigte mit höherem Einkommen (mehr als Endgehalt der BesGrp A 9 BBesG)	
■ mit einem berücksichtigungsfähigen Angehörigen	40 v. H.
■ mit mehreren berücksichtigungsfähigen Angehörigen	35 v. H.
Alleinstehende Beihilfeberechtigte	70 v. H.
Beihilfeberechtigte(r) und alle berücksichtigungsfähigen Angehörigen vollstationär untergebracht	70 v. H.
Die den Eigenanteil übersteigenden Aufwendungen werden als Beihilfe gewährt.	

Berechnungsbeispiele haben ergeben, dass in der Regel mit dem Beihilferecht die Risiken der Pflege abgedeckt werden. In Extremfällen kann es aber in Zukunft auch bei Beamten/Richtern/Soldaten und den Versorgungsempfängern, insbesondere Hinterbliebenen, dazu kommen, dass möglicherweise Sozialhilfe in Anspruch genommen werden muss. Zu berücksichtigen ist folgende Stufung:

- Zur Kostendeckung dienen zunächst die Leistungen der Beihilfe und der privaten Pflegeversicherung sowie das Einkommen des Betreffenden.
- Reicht dieses nicht aus, so besteht Anspruch auf Wohngeld im Hinblick auf die Unterbringungskosten. Dieses wird vom Heim eingefordert.
- Reicht auch das Wohngeld nicht aus, so bleibt für die Restabdeckung nur die Sozialhilfe übrig. Auf die Möglichkeit einer Zusatzversicherung bei der privaten Krankenversicherung ist hinzuweisen.

Beispiele für die Berechnung der Kosten bei stationärem Pflegeaufenthalt

Beispiel:

Hauptfeldwebel a. D., verheiratet, 1 Kind, im Pflegeheim, Pflegestufe III

Versorgungsbezüge: 1 761,00 EUR

Heimkosten Pflegestufe III	3 420,00 EUR
davon Pflege	2 246,00 EUR
sonstige Heimkosten	1 174,00 EUR
1. Pflegesatz (PPV + Beihilfe) (Höchstsatz)	1 432,00 EUR
Eigenbelastung	814,00 EUR
2. Sonstige Heimkosten	1 174,00 EUR
./. Eigenanteil (25 v. H. von 1 761,00 EUR)	440,00 EUR
3. Differenz als Beihilfe (100 v. H.)	734,00 EUR
Eigenanteil gesamt	1 254,00 EUR
Verbleiben vom Einkommen	507,00 EUR

Das bedeutet für ihn und seine Ehefrau → Sozialamt

Beispiel:

Oberstabsfeldwebel a. D., alleinstehend, keine Kinder

Versorgungsbezüge: 2 066,00 EUR

Heimkosten Pflegestufe III	2 920,00 EUR
davon Pflege	2 042,00 EUR
sonstige Heimkosten	878,00 EUR
1. Pflegesatz (PPV + Beihilfe) (Höchstsatz)	1 432,00 EUR
Eigenbelastung	610,00 EUR
2. Sonstige Heimkosten	878,00 EUR
./. Eigenanteil (70 v. H. von 2 066,00 EUR) =	1 446,00 EUR
3. Differenz als Beihilfe (100 v. H.)	0,00 EUR
Eigenanteil gesamt	1 488,00 EUR

Beispiel:

Oberstabsfeldwebel a. D., verheiratet, keine Kinder

Ehefrau hat eine Rente von 306,00 EUR, privat pflegeversichert.

Versorgungsbezüge: 2 066,00 EUR zuzüglich 306,00 EUR =	2 372,00 EUR
Heimkosten Pflegestufe III	3 318,00 EUR
davon Pflege	2 042,00 EUR
sonstige Heimkosten	1 276,00 EUR
1. Pflegesatz (PPV + Beihilfe) (Höchstsatz)	1 432,00 EUR
Eigenbelastung	610,00 EUR
2. Sonstige Heimkosten	1 276,00 EUR
./. Eigenanteil (30 v. H. von 2 372,00 EUR)	711,60 EUR
3. Differenz als Beihilfe (100 v. H.)	564,40 EUR
Eigenanteil gesamt	1 321,60 EUR

Beispiel:

Oberstleutnant a. D., verheiratet, keine Kinder

Versorgungsbezüge: 3 040,00 EUR

Heimkosten Pflegestufe III	3 063,00 EUR
davon Pflege	2 042,00 EUR
sonstige Heimkosten	1 021,00 EUR
1. Pflegesatz (PPV + Beihilfe) (Höchstsatz)	1 432,00 EUR
Eigenbelastung	610,00 EUR
2. sonstige Heimkosten	1 021,00 EUR
./. Eigenanteil (40 v. H. von 3.040,00 EUR)	1 216,00 EUR
3. Differenz als Beihilfe (100 v. H.)	0,00 EUR
Eigenanteil gesamt	1 631,00 EUR

Die berücksichtigungsfähige Ehefrau erhält als gesetzlich Krankenversicherte und damit der (sozialen) gesetzlichen Pflegeversicherung als Pflichtmitglied zugeordnet keine Beihilfe zur Pflege, erst als Witwe. Hier ein paar Beispiele:

Beispiel:

Pflegestufe II zuerkannt: = Kosten = 1 279,00 EUR = Pflegestufe

Ehefrau (Beihilfe u. PPV)	
Beihilfe	895,30 EUR
PPV	383,70 EUR
Ehefrau (gesetzlich versichert)	
gesetzliche PflV	1 279,00 EUR
(keine Beihilfe)	
Ehefrau als Witwe (gesetzlich versichert)	
gesetzliche PflV	639,50 EUR
Beihilfe	639,50 EUR

Wären die Pflegekosten bei Pflegestufe II durch die Pflegeeinrichtung höher berechnet, so wäre der überschießende Teil durch Sie zu tragen.

Beispiel:

Unterkunft und Verpflegung Kosten 1 200,00 EUR/beide 2 400,00 EUR

a) StFw oder Ehefrau als zu Pflegende (beide Beihilfe und PPV) oder Ehefrau als Witwe

Ehegatteneinkommen (1 994,48 EUR + 650,00 EUR)	2 644,48 EUR
davon 30 v. H. Eigenanteil	793,34 EUR
Differenz zu Kosten	406,66 EUR = Beihilfe

b) Ehefrau als zu Pflegende/gesetzlich versichert bei noch lebendem Ehegatten

Differenz zu Kosten	406,66 EUR = Beihilfe

c) StFw und Ehefrau als zu Pflegende (beide Beihilfe u. PPV)

Ehegatteneinkommen	2 644,48 EUR
davon 70 v. H. Eigenanteil	1 851,14 EUR
Differenz zu Kosten 2 400,00 EUR	548,86 EUR = Beihilfe

d) StFw und Ehefrau als zu Pflegende (sie aber gesetzlich versichert)

Ehegatteneinkommen	2 644,48 EUR
davon 70 v. H. Eigenanteil	1 851,14 EUR
Differenz zu Kosten 2 400,00 EUR	548,86 EUR = keine Beihilfe

e) Ehefrau als Witwe und zu Pflegende (gesetzlich versichert u. PPV)

Einkommen (1 297,48 EUR + 650,00 EUR)	1 947,48 EUR
davon 70 v. H. Eigenanteil	1 363,24 EUR
Differenz zu Kosten 1 200,00 EUR	keine = keine Beihilfe

Vorsorge kann lediglich dadurch getroffen werden, dass zum Beispiel in Form einer Pflegetagegeldversicherung das Risiko zumindest zu größten Teilen minimiert wird. Es wird dann ein gewisser Höchstbetrag durch die Versicherung täglich hinzugezahlt.

Der Abschluss einer Pflegetagegeldversicherung ist ggf. nur bis zur Vollendung des 60. Lebensjahres möglich!

Auch aktive Soldaten sollten sich über eine Zusatzvorsorge Gedanken machen, da auch die unentgeltliche truppenärztliche Versorgung lediglich 50 v. H. der pflegebedingten Kosten übernimmt und ebenfalls entsprechende Eigenanteile zu berücksichtigen sind.

Nach einer Versetzung in den Ruhestand wegen Dienstunfähigkeit bzw. Entlassung aus dem Dienstverhältnis stellt sich ohnehin die gleiche Problematik wie beim Versorgungsempfänger.

Einzelprobleme zur Beihilfe

Einzelfragen aus Rechtsschutz und Rechtsberatung des DBwV

- Abbedingung der GOÄ

  Soll ein Patient, der als Wahlleistung Unterbringung in einem Zweibettzimmer vereinbart hat, sämtliche Arztleistungen, auch soweit sie grundsätzlich mit dem Regelsatz abgegolten sind, gesondert voll bezahlen, so muss der vorformulierte Vertragstext so klar gefasst sein, dass ein durchschnittlich begabter Patient ihn verstehen kann.

  LG Duisburg vom 17.03.1988, JPD 24/88.

- Arzthonorar

  Ist das Überschreiten der Regelgebühr bis zum Dreieinhalbfachen des Gebührensatzes nach den Kriterien der ärztlichen Gebührenordnung gerechtfertigt und ist die Liquidation ordnungsgemäß erstellt, ist es mit der Fürsorgepflicht des Staates unvereinbar, der Bemessung der Beihilfe als angemessene ärztliche Vergütung lediglich die Regelgebühr zugrunde zu legen.

  OVG Bremen vom 18.02.1988, Az. 2 BA 40/85.

- Ausland, Dialyse

  Die Kosten für eine Dialyse im Ausland während eines Urlaubsaufenthaltes sind bis zur Höhe der Kosten einer ambulanten Krankenhausdialyse am Wohnort beihilfefähig, auch bei Beamten, die sonst Heimdialyse in ihrer Wohnung durchführen.

  VGH München vom 17.12.1987, ZBR 88, 294.

- Ausland

  Außerhalb der BRD entstandene Aufwendungen sind gemäß § 13 Abs. 1 BhV nur beihilfefähig, wenn es sich um Aufwendungen nach § 6 und §§ 9 bis 12 handelt und nur insoweit und zu der Höhe, wie sie in der BRD beim Verbleiben am Wohnort entstanden und beihilfefähig gewesen wären. Insoweit doppelte ärztliche Untersuchung nicht berücksichtigungsfähig.

  VG Schleswig vom 07.08.1987, Az. 5 A 101/86.

- Pflegefall

  Bei vorübergehender Unterbrechung einer dauernden Anstaltsunterbringung wegen einer notwendigen stationären Krankenhausbehandlung sind neben den – durch den so genannten Selbstbehalt geminderten – Kosten für Unterbringung und Verpflegung in der Anstalt auch die Aufwendungen für Regel- und Wahlleistungen im Krankenhaus, insbesondere also auch für Zweibettzimmer und Chefarztbehandlung, beihilfefähig.

  VGH Baden-Württemberg vom 16.10.1986, Az. 4 S 1122/84.

  OLG Hamburg vom 25.06.1987, Az. 3 U 221/86.

- Wahlleistungen

  Ein wirksamer Abschluss einer Vereinbarung über Wahlleistungen zwischen Krankenhaus und Patient bedingt, dass der Patient zuvor über die Grundzüge (zu entrichtende Entgelte, Inhalt) unterrichtet wird.

  Ausreichend nach der Rechtsprechung ist in jedem Fall:

  - eine kurze Charakterisierung des Inhalts wahlärztlicher Leistungen, wobei zum Ausdruck kommt, dass hierdurch ohne Rücksicht auf Art und Schwere der Erkrankung die persönliche Behandlung durch die liquidationsberechtigten Ärzte sichergestellt werden soll; verbunden mit dem Hinweis darauf, dass der Patient auch ohne Abschluss einer Wahlleistungsvereinbarung die medizinisch notwendige Versorgung durch hinreichend qualifizierte Ärzte erhält;
  - eine kurze Erläuterung der Preisermittlung für ärztliche Leistungen nach der Gebührenordnung für Ärzte bzw. für Zahnärzte (Leistungsbeschreibung anhand der Nummern des Gebührenverzeichnisses, Bedeutung von Punktzahl und Punktwert; Möglichkeit, den Gebührensatz je nach Schwierigkeit und Zeitaufwand zu erhöhen); Hinweis auf Gebührenminderung nach § 6a GOÄ;
  - ein Hinweis darauf, dass die Vereinbarung wahlärztlicher Leistungen eine erhebliche finanzielle Mehrbelastung zur Folge haben kann;
  - ein Hinweis darauf, dass sich bei der Inanspruchnahme wahlärztlicher Leistungen die Vereinbarung zwingend auf alle an der Behandlung des Patienten beteiligten liquidationsberechtigten Ärzte erstreckt (vgl. § 22 III 1 BPflV);
  - ein Hinweis darauf, dass die Gebührenordnung für Ärzte/Gebührenordnung für Zahnärzte auf Wunsch eingesehen werden kann; die ungefragte Vorlage dieser Gesetzestexte erscheint demgegenüber entbehrlich, da diesen für sich genommen kein besonderer Informationswert zukommt: Der durchschnittliche Wahlleistungspatient ist auch nicht annähernd in der Lage, sich selbst anhand des Studiums dieser umfänglichen und komplizierten Regelungswerke einen Überblick über die Höhe der auf ihn zukommenden Arztkosten zu verschaffen.

  BGH vom 27.11.2003, Az. III ZR 37/03 und vom 08.01.2004, Az. ZR 375/02

- Anrechnung von Leistungen der GKV

  Die Anrechnung der Leistungen der gesetzlichen Krankenversicherung auf die Beihilfe nach § 5 Abs. 3 Satz 1 BhV ist nicht fürsorgepflichtwidrig und auch keine Ungleichbehandlung gegenüber privat versicherten Beihilfeberechtigten.

  BayVerGH vom 29.03.1989 – 3 B 88.02961

- Anrechnung von „fiktiven" Leistungen der GKV

  Die Inanspruchnahme von Ärzten, die nicht zur kassenärztlichen Versorgung zugelassen sind, oder Heilpraktikern, die nicht zugelassen werden können, wird beihilfemäßig richtigerweise so behandelt, als hätte der Beihilfeberechtigte Kassenleistungen nicht in Anspruch genommen.

  BayVerwGH vom 25.06.1987 – 3 BZ 86.03527

- Behandlung durch nahe Angehörige

  Der Ausschluss der Beihilfefähigkeit von Aufwendungen für die persönliche Tätigkeit naher Angehöriger ist verfassungsrechtlich nicht zu beanstanden.

  BVerfG vom 16.09.1992 – 2 BvR 1161/89

- „Dringende" Operation und Wahl eines Einbettzimmers

  Das Gericht hat die Pflicht zur Gewährung von Beihilfe für die Mehrkosten eines Einbettzimmers verneint, da der Beihilfeberechtigte seine Operation als dringend eingestuft hat, ein Dreibettzimmer nicht beziehen wollte und ein Zweibettzimmer zurzeit nicht verfügbar war (da es an der ärztlich bestimmten Indikation für die medizinische Notwendigkeit fehlte).

  BayVGH vom 18.04.1985 – 3 B 84 A.3038; Zurückweisung der Beschwerde wegen Nichtzulassung der Revision durch BVerwG vom 17.02.1986 – 2 B 52.85

- Schwimmen in Mineral- oder Thermalbädern

  Der Ausschluss der Beihilfefähigkeit von Kosten für außerhalb einer Sanatoriumsbehandlung durchgeführtes Schwimmen in Mineral- oder Thermalbädern ist mit höherrangigem Recht vereinbar.

  VerwGH BW vom 06.07.1988 – 4 S 1280/87

- Ausschluss wissenschaftlich nicht allgemeine anerkannter Heilmethoden ist zulässig.

  BVerwG vom 18.06.1998

- Die Fürsorgepflicht des Dienstherrn gebietet nicht, einem Beamten Wahlleistungen in der Krankenhausversorgung zu gewähren.

  BVerfG vom 07.11.2002 BvR 1053/98

  Anmerkung: Das angeführte Urteil ist – obwohl es sich dem Klagegrunde nach um Länder-Beihilfe handelt – besonders lesenswert, da es sehr gut, auch aus älteren Urteilen, die Trennung zwischen Alimentations- und Fürsorgepflicht, die Zuordnung der Beihilfe zur Fürsorge, die Nicht-Freistellung von sämtlichen Aufwendungen im Behandlungsfalle beschreibt. Es hebt sogar die Auffassung des BVerwG aus dem Jahr 1991 auf, nach der dieses so etwas wie „Behandlungsstandards für Beamte" attestiert hatte.

- Die 100 v. H.-Begrenzung im Beihilferecht (Beihilfe plus Erstattung aus PKV) ist mit dem Grundgesetz vereinbar und bringt das Subsidiaritätsprinzip im Beihilferecht folgerichtig zum Ausdruck.

  BVerfG vom 13.11.1990 – 2 BvF 3/88

- Das Krankenhaus ist verpflichtet, den Patienten vor Abschluss einer Wahlleistungsvereinbarung über die Entgelte und den Inhalt der wahlärztlichen Leistungen zu unterrichten.

  BGH vom 27.11.2003 – III ZR 37/03

- Es ist zulässig, bei Regelungen der GKV für die Befreiung von Zuzahlungen das Familieneinkommen für die Berechnung heranzuziehen, aber die Eigenbehalte von Angehörigen aus anderen Gesundheitsvorsorgesystemen nicht zu berücksichtigen.

  BSG vom 19.02.2002 – B 1 KR 20/00 R

  Anmerkung: Umkehrschluss für den Beihilfeberechtigten: Zuzahlungen des Ehegatten in der GKV rechnen nicht auf die Erreichung der Belastungsgrenze aus Eigenbehalten an.

Berufsförderung für Berufssoldaten

Berufssoldaten erhalten Berufsförderung nach SVG nur ausnahmsweise:

a) BO 41, die mit 41 Jahren aus der Bundeswehr ausscheiden (Laufbahn der Strahlflugzeugführer).

b) Berufssoldaten, die vor Vollendung des 45. Lebensjahres wegen einer → Wehrdienstbeschädigung ausscheiden (§ 39, 40 SVG). Liegt keine WDB vor, so kann Berufsförderung gewährt werden.

c) Bei dem Dienstunfall und WDB ist ferner auf die Möglichkeiten der Berufsförderung nach dem → Bundesversorgungsgesetz (BVG) zu verweisen.

Das → BVG kennt keine Begrenzung der Leistungen wie das Soldatenversorgungsgesetz und stellt auf den Endzweck der Rehabilitation, d. h. also Umschulung für einen neuen Beruf, ab. In diesen Fällen arbeitet der jeweilige Berufsförderungsdienst mit den Versorgungsämtern eng zusammen, um von vornherein festzulegen, in welchem Umfang die Mittel vom Berufsförderungsdienst bzw. vom Versorgungsamt übernommen werden. Auch der Berufsförderungsdienst ist in Rehabilitationsfällen nicht an Höchstgrenzen für Fachausbildung gehalten.

Berufssoldaten

Berufssoldaten scheiden bei Erreichen ihrer durch das SG festgelegten Altersgrenzen mit Anspruch auf lebenslängliche Versorgung → Ruhegehalt aus der Bundeswehr aus. Sie sind insofern mit den Beamten auf Lebenszeit vergleichbar.

Wegen der Begründung des Dienstverhältnisses, seiner Umwandlung und seiner Beendigungsgründe sowie der versorgungsrechtlichen Konsequenzen vergleiche → Dienstverhältnis und → Ruhegehalt. Besondere versorgungsrechtliche Konsequenzen ergeben sich auch im Falle der → Entlassung (auf eigenen Antrag).

Bescheid

Über die ihm zustehenden Versorgungsansprüche (zum Beispiel bei → Wehrdienstbeschädigung, bei Festsetzung des → Ruhegehaltes usw.) erhält der Soldat von der zuständigen Dienststelle, zum Beispiel von der WBV, einen Bescheid. Dieser Bescheid ist mit einer Rechtsmittelbelehrung versehen und kann – während der Dienstzeit – mit der Beschwerde, nach Ausscheiden aus der Bundeswehr mit dem Widerspruch angefochten werden. Es handelt sich dabei um das verwaltungsrechtliche Vorverfahren, das vor Erhebung einer Klage vor dem Verwaltungsgericht zu durchlaufen ist (Klage aus dem Wehrdienstverhältnis). Zur Erhaltung eventueller Ansprüche ist es erforderlich, einen solchen Bescheid nicht rechtskräftig werden zu lassen; vielmehr ist innerhalb der im Bescheid angegebenen Frist das dort angegebene Rechtsmittel bei der zuständigen Stelle einzulegen.

Besoldung

Die Besoldung (Dienstbezüge) der Berufssoldaten, Richter und Bundesbeamten ist im Bundesbesoldungsgesetz (BBesG) vom 23.07.1957, inzwischen mehrfach geändert, geregelt. Das BBesG hat Bedeutung auch für ehemalige Berufssoldaten, weil deren → Ruhegehalt auf der Basis ihrer früheren Dienstbezüge berechnet wird.

Die Dienstbezüge setzen sich zusammen aus dem → Grundgehalt und dem → Familienzuschlag sowie gegebenenfalls aus bestimmten Zulagen (Amts-, Stellen-, Ausgleichszulagen). Für die im Ausland stationierten Soldaten sind Auslandsdienstbezüge vorgesehen.

An Soldaten werden ferner noch bestimmte Sachbezüge, nämlich Dienstbekleidung, truppenärztliche Versorgung und Unterkunft geleistet bzw. bereitgestellt.

Besoldungsdienstalter

Das Besoldungsdienstalter ist für die Bestimmung der Besoldungsstufen, nach denen das Grundgehalt bemessen wird, maßgebend. Das Besoldungsdienstalter beginnt am Ersten des Monats, in dem der Soldat das 21. Lebensjahr vollendet hat. Von da an steigt er bis zur 5. Stufe (29. Lebensjahr) im Abstand von 2 Jahren, bis zur 9. Stufe (41. Lebensjahr) im Abstand von 3 Jahren und darüber hinaus im Abstand von 4 Jahren in die nächsthöhere Dienstaltersstufe auf. Zeiten ohne Besoldungsanspruch vor Vollendung des 31. Lebensjahres (für Soldaten bis BesGrp A 12) bzw. vor dem 35. Lebensjahr (für Soldaten in Laufbahnen mit dem Eingangsamt der BesGrp A 13 und A 14) werden im vollen Umfang berücksichtigt, d. h. die Soldaten werden entsprechend ihrem Lebensalter dem Besoldungsdienstalter zugeordnet. Erfolgt die Einstellung ab dem 31. Lebensjahr, so ist für die Zeit vom 31. bis zum 35. Lebensjahr ein Abschlag von 1/4 dieser 4 Jahre, also höchstens 1 Jahr, hinzunehmen, danach erfolgt ein Hinausschieben um die Hälfte der weiteren Zeit. Bei Einstellungen in den BesGrp A 13/A 14 muss grundsätzlich ein Abschlag in Höhe der Hälfte der über das 35. Lebensjahr liegenden Zeiten hingenommen werden. Die WBV teilt dem Soldaten die Berechnung und Festsetzung seines Besoldungsdienstalters in einem Bescheid mit. Soweit der Soldat das 21. Lebensjahr noch nicht vollendet hat, erhält er über sein Besoldungsdienstalter lediglich einen Vermerk auf der Gehaltsmitteilung.

Betreuung ehemaliger Angehöriger der Bundeswehr

Nach § 31 SG hat der Dienstherr für das Wohl seiner Soldaten auch nach Beendigung des Dienstverhältnisses zu sorgen.

Um dieser Fürsorgepflicht Rechnung zu tragen, hat das BMVg in dem Erlass vom 01.02.1996 (VMBl. Seite 210) auf die Aufrechterhaltung von Kontakten zu ehemaligen Angehörigen einer Einheit/Dienststelle durch die aktive Truppe hingewirkt.

Ferner bleibt auch nach dem Ausscheiden aus dem aktiven Dienst der → Sozialdienst der Bundeswehr ein hilfreicher Ansprechpartner vor allem im Todesfall.

Darüber hinaus sind vom DBwV die örtlich zuständigen Kameradschaften ERH des DBwV zu nennen, die teilweise sehr weit gehende Hilfestellungen durch Rat und Tat organisiert haben.

Beurlaubungen

Berufssoldaten steht der gesamte Jahresurlaub für das letzte Dienstjahr zu, wenn die Zurruhesetzung im 2. Halbjahr erfolgt. Dieser Urlaub ist noch während der Dienstzeit zu nehmen, da er anderweitig verfällt, ohne dass Entschädigungsansprüche hierfür bestehen. Bei Beginn des Ruhestandes im 1. Halbjahr steht nur noch der halbe Urlaub zu.

Einzelprobleme bei Beurlaubungen

Untersagung von Nebentätigkeiten

Bei einer Beurlaubung bis zum Beginn des Ruhestandes nach § 28a SG unter Fortfall der Dienstbezüge sind Nebentätigkeiten grundsätzlich untersagt.

Ruhegehaltskürzung

Die Zeit einer Beurlaubung zu einer zwischenstaatlichen Einrichtung (hier NAMSA) ist nach § 20 Abs. 3 SVG ruhegehaltfähig. Das Ruhegehalt wird aber gemäß § 55b SVG gekürzt. Dies gilt auch, wenn von der Einrichtung eine Abfindung gewährt wurde, § 55b Abs. 4 SVG. Die

Kürzung kann aber abgewendet werden, wenn er den Abfindungsbetrag innerhalb eines Jahres an den Bund abführt.

§ Bei Ruhegehaltskürzung im Falle einer Beurlaubung ohne Dienstbezüge ist die Beklagte (BMVg) nicht verpflichtet, den Kläger auf die Folgen eines unbezahlten Urlaubs hinzuweisen.

Die Beklagte ist nämlich nicht verpflichtet, über alle sich aus dem Dienstverhältnis ergebenden Rechtsfragen zu informieren; dies gilt vor allem nicht, wenn der Kläger (Soldat) sich die erforderlichen Kenntnisse leicht verschaffen konnte, zum Beispiel durch Rückfrage.

VG Schleswig-Holstein vom 25.08.1988, Az. 5 A 193/87

(→ Ruhegehalt)

Versorgungszuschlag

Bei Sonderurlaub unter Wegfall der Dienst- und Sachbezüge kann die Urlaubszeit nach § 9 SUV nur dann als ruhegehaltfähige Dienstzeit angerechnet werden, wenn der Urlaub öffentlichen Belangen oder dienstlichem Interesse dient (§ 20 Abs. 1 Satz 2 Nr. 2 SVG). Nach den VV Ziff. 3 zu § 20 wird die Ruhegehaltfähigkeit in diesen Fällen von der Zahlung eines Versorgungszuschlags abhängig gemacht. In diesem Fall wird der Beurlaubte versorgungsmäßig wie ein im Dienst Befindlicher behandelt (vergleiche §§ 20, 27 Abs. 6, 26 Abs. 1, 18 Abs. 1 SVG). Ein Anspruch auf die Jubiläumszuwendung für eine während der Beurlaubung vollendete Jubiläumsdienstzeit besteht nur, wenn vor der Pensionierung der Dienst aufgenommen wird.

Bundesbedienstetenwohnung

Es handelt sich um eine Wohnung, die dem Besetzungsrecht des Bundes unterliegt. Dazu zählen unter anderem Bundesdarlehenswohnungen und bundeseigene Wohnungen.

Bundesdarlehenswohnungen

Dies sind mit Darlehen des Bundes (bzw. der Länder) geförderte Wohnungen, die von privaten Bauträgern errichtet werden. Als Gegenleistung für die zinsgünstigen Bundes-(Länder-)Darlehen behält sich der Bund (die Länder) die Besetzung der Wohnungen mit Angehörigen des öffentlichen Dienstes vor. Die Dauer des Besetzungsrechtes ist unterschiedlich geregelt, seit 1970 auf 30 Jahre, vorher 20 Jahre, jedoch zumindest befristet bis zur Rückzahlung der Darlehen. Während des Besetzungsrechtes ist der Vermieter verpflichtet, die geförderten Wohnungen nur an ihm vom Bund benannte Bundesbedienstete nach einem Einheitsmietvertrag zu vermieten, nach Fristenplänen Schönheitsreparaturen und bei Bedarf Instandhaltungsarbeiten durchzuführen. In Bundesdarlehenswohnungen wird die so genannte Bundesbedienstetenmiete gewährt, die unter der Kostenmiete liegt (das ist die Miete bei einer angenommenen Verzinsung der Bundesdarlehen von 4 v. H.).

Die federführende Zuständigkeit für die Errichtung von Bundesdarlehenswohnungen bzw. der Verwaltung der Darlehen liegt beim Bundesminister für Verkehr, Bau- und Wohnungswesen bzw. den Oberfinanzdirektionen. Für die Vergabe der Wohnungen im Bereich der Bundeswehr sind die Standortverwaltungen zuständig.

Bundeseigene Wohnungen

Dies sind im Eigentum des Bundes stehende Wohnungen, die im Rahmen der → Wohnungsfürsorge an Bundesbedienstete vergeben werden. Federführende Zuständigkeit beim Bundesminister der Finanzen bzw. auf örtlicher Ebene bei den diesem Ministerium nachgeordneten Bundesvermögensstellen. Für die Vergabe dieser Wohnungen im Bereich der Bundeswehr sind die Standortverwaltungen zuständig, soweit diese Wohnungen dem Bereich des BMVg zugewiesen sind. Die Mietverträge werden nach den Vorschriften des BGB abgeschlossen. Die II. Berechnungsverordnung wird für die Betriebskosten entsprechend angewandt, ferner die Verordnung über die Heizkostenabrechnung. Für Mieterhöhungen gilt das II. Wohnraumkündigungsschutzgesetz, und zwar das darin enthaltene Gesetz zur Regelung der Miethöhe (MHG).

Bundesversorgungsgesetz (BVG)

Das BVG regelt primär die Ansprüche der Kriegsbeschädigten. Ferner ist das BVG im Falle einer → WDB für die Zeit nach Ausscheiden des

Soldaten aus der Bundeswehr entsprechend anzuwenden. Diese entsprechende Anwendung beruht auf dem Gedanken, dass der wehrdienstbeschädigte Soldat mit den Kriegsbeschädigten der Weltkriege gleichgestellt werden soll. Während der Wehrdienstzeit erhält der Soldat nur den Ausgleich für die → Wehrdienstbeschädigung, der der Grundrente nach dem BVG entspricht.

Bei den Leistungen nach dem BVG sind Rehabilitationsleistungen und Rentenleistungen zu unterscheiden.

Rehabilitation

Der Rehabilitation, d. h. der Wiedereingliederung der Soldaten, gebührt der Vorrang vor den Rentenleistungen. Der ausschließliche Unterhalt des Betroffenen durch Renten soll nach dem Grundgedanken des Gesetzes nach Möglichkeit vermieden werden. Deshalb sieht das BVG in erster Linie Heilbehandlung (§ 10 BVG) mit dem Zweck der Beseitigung oder zumindest Verbesserung der Gesundheitsstörung und dadurch bedingten Minderung der Erwerbsfähigkeit vor.

Neben der kostenfreien Heilbehandlung ist die Berufsfortbildung, Umschulung und Ausbildung nach §§ 26, 27 BVG von Bedeutung.

Rentenleistungen an Beschädigte

Das BVG unterscheidet begrifflich 2 Hauptrenten: Grundrente und Ausgleichsrente.

Die Grundrente ist unabhängig von anderweitigem Einkommen und wird nach Maßgabe der festgestellten Erwerbsminderung gezahlt. Voraussetzung ist jedoch eine Erwerbsminderung von 25 v. H. und mehr. Demgegenüber kommt die Ausgleichsrente nur bei einer MdE von 50 v. H. und mehr in Betracht und ist einkommensempfindlich, das bedeutet, dass sie bei anderweitigem Einkommen je nach Höhe bis zum völligen Wegfall gekürzt wird. Beide Renten sind steuerfrei.

Übersicht über die Rentenarten nach dem BVG

Art der Rente	gesetzliche Grundlage
1. Grundrente	
a) *Grundrente* ab 25 bis 100 v. H. Erwerbsminderung	§ 31 BVG
b) *Schwerstbeschädigtenzulage* bei 90 v. H. Erwerbsminderung und mehr als Bestandteil der Grundrente	§ 31 BVG
2. Ausgleichsrente	
a) *Ausgleichsrente* bei 50- bis 100-prozentiger Erwerbsminderung (Schwerbeschädigte)	§§ 32, 33, 34 BVG
b) *Berufsschadensausgleich* bei Schwerbeschädigten	§ 30 Abs. 3 BVG
c) *Zuschläge* für Ehegatten und Kinder	§§ 33a, 33b BVG

Mit Ausnahme der Grundrente und der Schwerstbeschädigtenzulage sind die Beschädigtenrenten einkommensempfindlich. In der Regel kommt deshalb bei Berufssoldaten nur die Grundrente zur Auszahlung. Die Renten werden jährlich analog den Erhöhungen in der gesetzlichen Rentenversicherung zum 01.07. des Jahres angepasst.

Übersicht über die Rentenhöhen nach BVG

Rentenhöhen (Stand 01.06.2004)

- Grundrente

  Die vom Einkommen unabhängige Grundrente beträgt monatlich bei einer Minderung der Erwerbsfähigkeit um

30 v. H.	118,00 EUR,
40 v. H.	161,00 EUR,
50 v. H.	218,00 EUR,
60 v. H.	275,00 EUR,
70 v. H.	381,00 EUR,
80 v. H.	461,00 EUR,
90 v. H.	553,00 EUR.
bei Erwerbsunfähigkeit	621,00 EUR.

Die Grundrente erhöht sich für Schwerbeschädigte, die das 65. Lebensjahr vollendet haben, bei einer Minderung der Erwerbsfähigkeit von

50 und 60 v. H. um 24,00 EUR,

70 und 80 v. H. um 30,00 EUR,

90 v. H. und bei Erwerbsunfähigkeit um 37,00 EUR.

- Schwerstbeschädigtenzulage

  Erwerbsunfähige Beschädigte, die durch die anerkannten Schädigungsfolgen gesundheitlich außergewöhnlich betroffen sind, erhalten eine monatliche Schwerstbeschädigtenzulage, die in folgenden Stufen gewährt wird:

Stufe I	71,00 EUR,
Stufe II	147,00 EUR,
Stufe III	221,00 EUR,
Stufe IV	294,00 EUR,
Stufe V	367,00 EUR,
Stufe VI	442,00 EUR.

- Ausgleichsrente

  Schwerbeschädigte erhalten eine Ausgleichsrente, auf die Einkommen anzurechnen ist. Sie beträgt monatlich bei einer Minderung der Erwerbsfähigkeit um

50 oder 60 v. H.	381,00 EUR,
70 oder 80 v. H.	461,00 EUR,
90 v. H.	553,00 EUR,
bei Erwerbsunfähigkeit	621,00 EUR.

- Berufsschadensausgleich

  Rentenberechtigte Beschädigte, deren Einkommen aus gegenwärtiger oder früherer Tätigkeit durch die Schädigungsfolgen gemindert ist (Einkommensverlust), erhalten einen Berufsschadensausgleich in Höhe von 42,5 v. H. des Verlustes.

- Ehegattenzuschlag

  Schwerbeschädigte erhalten für den Ehegatten einen Zuschlag von 68,00 EUR monatlich.

- Kinderzuschlag

  Schwerbeschädigte erhalten für jedes Kind einen Kinderzuschlag in Höhe des gesetzlichen Kindergeldes, wenn kein Anspruch auf Kindergeld nach dem Bundeskindergeldgesetz besteht.

- Pflegezulage

  Beschädigte, die infolge der Schädigung so hilflos sind, dass sie für die gewöhnlichen und regelmäßig wiederkehrenden Verrichtungen im Ablauf des täglichen Lebens in erheblichem Umfang fremder Hilfe dauernd bedürfen, erhalten eine Pflegezulage je nach Lage des Falles nach folgenden Stufen:

Stufe I	262,00 EUR,
Stufe II	448,00 EUR,
Stufe III	635,00 EUR,
Stufe IV	816,00 EUR,
Stufe V	1 060,00 EUR,
Stufe VI	1 304,00 EUR.

Die Ansprüche der Hinterbliebenen

Sterbegeld nach § 41 Abs. 2 SVG

Die Eltern eines wehrpflichtigen Soldaten, der während des Wehrdienstverhältnisses an den Folgen einer Wehrdienstbeschädigung verstorben ist, erhalten ein Sterbegeld von 2 557,00 EUR, wenn sie mit dem Verstorbenen zur Zeit des Todes in häuslicher Gemeinschaft gelebt haben. Das Sterbegeld wird nicht gewährt, wenn eine einmalige (Unfall-)Entschädigung nach §§ 63, 63a SVG zusteht.

Sterbegeld

Für die Hinterbliebenen von Soldaten, insbesondere Frau und Kinder, kommt im Übrigen Sterbegeld und Bestattungsgeld nach §§ 36, 37 BVG in Betracht.

Witwen-, Waisen- und Elternrente nach § 80 SVG i. V. m. BVG

Ist der Wehrpflichtige, Zeit- oder Berufssoldat an den Folgen der Wehrdienstbeschädigung gestorben, so haben die Witwe, die Waisen und die Eltern Anspruch auf Hinterbliebenenversorgung.

Grundrente

Die vom Einkommen unabhängige Grundrente für die Witwe beträgt 372,00 EUR monatlich.

Schadensausgleich

Ist das Einkommen der Witwe geringer als die Hälfte des Einkommens, das der Ehemann ohne die Schädigung erzielt hätte, wird ein Schadensausgleich in Höhe von 42,5 v. H. des Unterschiedsbetrages gezahlt.

Ausgleichsrente

Die Witwe erhält eine Ausgleichsrente, auf die Einkommen anzurechnen ist. Sie beträgt monatlich 412,00 EUR. Schadensausgleich und Ausgleichsrente werden nur gewährt, wenn die Witwe für mindestens ein Kind des Verstorbenen zu sorgen oder das 45. Lebensjahr vollendet oder wenigstens die Hälfte ihrer Erwerbsfähigkeit verloren hat.

Waisenrente

Waisenrente erhalten nach dem Tode des Beschädigten seine Kinder bis zur Vollendung des 18. Lebensjahres in folgender Höhe:

- Grundrente (vom Einkommen unabhängig) monatlich
  bei Halbwaisen 105,00 EUR
  bei Vollwaisen 196,00 EUR
- Ausgleichsrente (vom Einkommen unabhängig) monatlich
  bei Halbwaisen 184,00 EUR
  bei Vollwaisen 256,00 EUR

Elternrente

Ist der Beschädigte an den Folgen einer Wehrdienstbeschädigung gestorben, so erhalten die Eltern Elternrente, wenn sie erwerbsunfähig sind oder aus anderen zwingenden Gründen keine zumutbare Erwerbstätigkeit ausüben können oder das 60. Lebensjahr vollendet haben. Auf die Elternrente ist Einkommen anzurechnen. Sie beträgt monatlich

bei einem Elternpaar 504,00 EUR,

bei einem Elternteil 351,00 EUR.

Sonstige Leistungen nach dem BVG

- → Kapitalabfindung für Rente bei Hauserwerb §§ 72–80 BVG
- Pflegezulage für Pflegekraft § 35 BVG

Rechtsprechung

Die zahlreichen WDB-Fälle haben inzwischen zu einer ausgeprägten Rechtsprechung auf dem Gebiet geführt. Zu den Einzelheiten siehe → Wehrdienstbeschädigung.

Bundeswehr-Sozialwerk

Das Bundeswehr-Sozialwerk führt zusätzlich zu den Leistungen des Dienstgebers Maßnahmen zur Förderung der öffentlichen Gesundheitspflege, der Jugendpflege und Jugendfürsorge, der körperlichen Ertüchtigung durch Leibesübungen sowie der Erziehung und Volksbildung für die Angehörigen der Bundeswehr und ihre wirtschaftlich nichtselbstständigen Familienangehörigen durch. Die öffentliche Gesundheitspflege wird vornehmlich durch den Betrieb eigener Erholungsheime und durch den Abschluss von Belegungsverträgen mit Dritten gefördert. Jugendpflege und Jugendfürsorge werden vornehmlich durch verbilligte Verschickung von Jugendlichen im Alter von 12 bis 18 Jahren in Lager und Heime betrieben.

Mitglieder des Bundeswehr-Sozialwerkes können Berufssoldaten und Soldaten auf Zeit sowie Soldaten, die den Grundwehrdienst oder eine Wehrübung leisten, werden. Die Mitgliedschaft bleibt auch nach dem Ausscheiden aus dem Dienst der Bundeswehr erhalten, wenn sie nicht vor dem Ausscheiden schriftlich gekündigt wird.

Das Bundeswehr-Sozialwerk bestreitet seine Ausgaben aus Zuwendungen, Beiträgen seiner Mitglieder und aus den Erträgen seiner Einrichtungen. Der Mitgliedsbeitrag wird durch die Bundesversammlung festgesetzt. Organe des Bundeswehr-Sozialwerks sind unter anderem die Bundesversammlung, der Bundesvorstand und die Bereichsversammlungen.

Deutscher BundeswehrVerband

Der Deutsche BundeswehrVerband mit Sitz in Berlin und Bonn ist die Spitzenorganisation aller Soldaten (Berufssoldaten, Soldaten auf Zeit, Wehrpflichtige, Reservisten). Er vertritt auch die Interessen der Soldaten im Ruhestand und der ausgeschiedenen Soldaten auf Zeit. Der Deutsche BundeswehrVerband hat sich die Aufgabe gestellt, die allgemeinen ideellen, sozialen und beruflichen Interessen seiner Mitglieder sowie ihrer Familienangehörigen und Hinterbliebenen wahrzunehmen.

Der Verband wurde am 14.07.1956 von 55 Soldaten in Munsterlager gegründet und umfasst heute rund eine Viertel Million Mitglieder – das sind mehr als 70 v. H. aller Berufssoldaten und Soldaten auf Zeit mit längerer Verpflichtungsdauer.

Gliederung

Die Verbandsmitglieder in den einzelnen Einheiten sind zusammengeschlossen in Truppenkameradschaften. Soldaten im Ruhestand organisieren sich in „Kameradschaften ehemaliger Soldaten/Reservisten/Hinterbliebener", die sich an allen größeren Standorten befinden, oder schließen sich einer in der Nähe ihres Wohnsitzes gelegenen Truppenkameradschaft an. Die Kameradschaften bilden auf Standortebene Standortkameradschaften; zu den alle 2 Jahre stattfindenden Landesversammlungen entsenden die Kameradschaften Delegierte.

Die Standortkameradschaften wirken in folgenden Landesverbänden:

LV Nord (für die Länder Niedersachsen, Bremen, Schleswig-Holstein, Hamburg)

LV West (für die Länder Nordrhein-Westfalen, Hessen, Rheinland-Pfalz, Saarland)

LV Süddeutschland (für die Länder Bayern, Baden-Württemberg)

LV Ost (für die Länder Berlin, Brandenburg, Mecklenburg-Vorpommern, Sachsen, Sachsen-Anhalt, Thüringen)

Alle 4 Jahre treten gewählte Delegierte aus den 4 Landesverbänden zu der Hauptversammlung zusammen, auf der die Beschlüsse gefasst werden, die für den Bundesvorstand die Aufträge für die nächste

Amtsperiode darstellen. Die Hauptversammlung ist das höchste Organ des Verbandes. Der Bundesvorstand wird alle 4 Jahre von der Hauptversammlung gewählt. Im Vorstand sind mit Sitz und Stimme satzungsgemäß 3 ehemalige Soldaten vertreten, nämlich ein Vorsitzender ehemaliger Soldaten und 2 Stellvertreter. In den Landesvorständen sitzen ebenfalls Vorsitzende ehemaliger Soldaten.

Zur Durchführung seiner Aufgaben unterhält der Verband 2 Bundesgeschäftsstellen. Der Verband gibt als eigenes Fachorgan die Zeitschrift „Die Bundeswehr" heraus. Als Selbsthilfe- und Betreuungsaufgaben gewährt der DBwV seinen Mitgliedern → Rechtsschutz, Rechtsberatung über seine Vertragsanwälte sowie günstige Versicherungsabschlüsse mit Vertragsgesellschaften über die → Förderungsgesellschaft des Deutschen BundeswehrVerbandes mbH.

Hinweise für ausscheidende Soldaten

Was ist beim Ausscheiden aus dem aktiven Dienst der Bundeswehr unbedingt zu beachten?

Schicken Sie Ihre Änderungsmeldung rechtzeitig (mindestens 8 Wochen) vor dem Ausscheiden an die Bundesgeschäftsstelle. Damit ist gewährleistet, dass Sie die Verbandszeitschrift „Die Bundeswehr" ohne Unterbrechung an Ihre Privatanschrift zugestellt bekommen.

Kündigen Sie die über die Förderungs-GmbH bestehende Diensthaftpflichtversicherung; Ihre Privathaftpflichtversicherung kann bestehen bleiben.

Schließen Sie sich einer in der Nähe Ihres Wohnsitzes gelegenen Truppenkameradschaft an oder treten Sie einer Kameradschaft ehemaliger Soldaten bei.

Welche Vorteile bietet eine weitere Zugehörigkeit im Deutschen BundeswehrVerband?

Sie erhalten laufend kostenlose Informationen durch die Verbandszeitschrift „Die Bundeswehr", die Ihnen an Ihre Privatadresse gesandt wird. Die Verbandszeitschrift enthält neben aktuellen Informationen auch spezielle Beiträge für die ehemaligen Berufs- und Zeitsoldaten.

Sie und Ihre Hinterbliebenen erhalten Rechtsschutz für gerichtliche Verfahren nach der Rechtsschutzordnung des Deutschen BundeswehrVerbandes. Gerade im Zusammenhang mit dem Bezug der Pension oder von Übergangsgebührnissen ergeben sich zahlreiche Rechtsstreitigkeiten und Rechtsberatungsfälle.

Sie können als ehemaliger Soldat weiterhin viele Vorteile der Selbsthilfeeinrichtungen des Deutschen BundeswehrVerbandes in Anspruch nehmen:

- Abschluss von Versicherungen verschiedener Sparten zu günstigen Bedingungen (Haftpflichtversicherung; Lebens-, Kranken-, Unfall-, Sterbegeldversicherung; Hausratversicherung; Kfz-Versicherung; Rechtsschutzversicherung);
- Teilnahme an Bildungs- und Studienreisen sowie Erholungsreisen;
- Buchclub-Service;
- Bausparen;
- berufliche Fortbildung.

Es lohnt sich deshalb auch nach Ihrem Ausscheiden, Mitglied im Deutschen BundeswehrVerband zu bleiben.

Nähere Auskünfte erteilt die Förderungs-GmbH des Deutschen BundeswehrVerbandes, Selbsthilfe-Einrichtung der Mitglieder des DBwV, Südstraße 123, Tel. (02 28) 38 23-0, 53175 Bonn.

Dienstaltersgrenzen

Sie bezeichnen den Zeitpunkt, zu dem ein Berufssoldat aus dem aktiven Dienstverhältnis ausscheidet und in den Ruhestand tritt. Dienstaltersgrenzen haben nur Bedeutung für Berufssoldaten, die Dienstzeit endet automatisch mit Ablauf der Zeit, für die eine Verpflichtung eingegangen wurde. Die Festlegung der Altersgrenzen der Soldaten ist in den letzten Jahren durch die Versorgungsreform 1992, das Personalstärkegesetz und erneut durch das Versorgungsreformgesetz 1998 mehrfach verändert worden. Zurzeit besteht folgende Rechtslage:

Dienstaltersgrenzen für Berufssoldaten					
	ab 01.01.2002	ab 01.01.2007	wer am 01.01.1999 Berufssoldat war		
			bis 31.12.2010	bis 31.12.2012	bis 31.12.2014
Unteroffizier	53	54		53	
Leutnant-Hauptmann	54	55	54		
Major/Stabs-Hauptmann	56	57			(Major) 56
OTL	58	59			(A 14) 58
Oberst	60	61			(A 16) 60

Dienstrechtsreform

→ Versorgungsreformen

Dienstunfähigkeit

Der Dienstunfähigkeit kommt versorgungsmäßig große Bedeutung zu. In diesem Fall ist der betreffende Soldat nach den Vorschriften des SG aus der Bundeswehr zu entlassen bzw. in den → Ruhestand zu versetzen. Die Zeit von der Versetzung in den Ruhestand bis zum 60. Lebensjahr wird zu zwei Dritteln als ruhegehaltfähige Dienstzeit zugerechnet → Ruhegehalt.

Die Dienstunfähigkeit im Sinne des SG ist nicht gleichzusetzen mit der Arbeits- und Erwerbsunfähigkeit im Sinne des Rentenrechtes, da die Anforderungen an die Dienstfähigkeit des Soldaten strenger sind. § 44 Abs. 3 des SG für Berufssoldaten definiert die Dienstunfähigkeit dahin, dass bei dem Betreffenden infolge eines körperlichen Gebrechens oder wegen Schwäche seiner körperlichen oder geistigen Kräfte eine dauernde Unfähigkeit zur Erfüllung der Dienstpflichten vorhanden sein muss. Als dauernd dienstunfähig ist der Soldat anzusehen, wenn die Wiederherstellung seiner Dienstfähigkeit innerhalb eines Jahres nicht zu erwarten ist. In diesen Fällen kann jedoch noch Berufs- oder Erwerbsfähigkeit im Sinne der → Rentenversicherung gegeben sein.

Wegen der versorgungsmäßigen Konsequenzen der Dienstunfähigkeit vergleiche für Berufssoldaten → Ruhestand, → Ruhegehalt (und → Ausgleich für BS)

Dienstunfall

Ein Dienstunfall im Sinne des § 27 SVG liegt vor, wenn ein Soldat aufgrund eines von außen einwirkenden, plötzlichen, örtlich und zeitlich bestimmbaren, einen Körperschaden verursachenden Ereignisses in Ausübung des Dienstes körperlichen Schaden nimmt. Als Dienstunfall gilt insbesondere auch ein Unfall auf dem täglichen Weg von und zur Dienststelle und auf einer Familienheimfahrt. Da ein Dienstunfall stets eine → WDB einschließt, erhält der Soldat bei Erwerbsminderung von mindestens 25 v. H. den → Ausgleich für die Wehrdienstbeschädigung und nach dem Ausscheiden aus der Bundeswehr Versorgung nach dem → Bundesversorgungsgesetz (BVG).

Berufssoldat

Wird er wegen Unfalls aufgrund einer darauf begründeten Dienstunfähigkeit vorzeitig in den Ruhestand versetzt, so ergeben sich hieraus für ihn erhöhtes Unfallruhegehalt (→ Ruhegehalt), sowie bei einem Lebensalter von weniger als 45 Jahren Ansprüche auf → Berufsförderung.

Hinterbliebene

Wegen der Versorgung der Hinterbliebenen bei Dienstunfall siehe die Übersicht unter → Hinterbliebenenversorgung.

Dienstverhältnis

Das Dienstverhältnis des Berufssoldaten ist ein öffentlich-rechtliches Treueverhältnis, das durch die besonderen Rechte und Pflichten des Soldaten nach dem SG bestimmt wird. Es gelten für Begründung, Umwandlung und Beendigung besondere, teils strenge Formvorschriften, die sich aus der vorbezeichneten Rechtsstellung des Soldaten erklären. Versorgungsrechtlich sind insbesondere die Fälle einer vorzeitigen Beendigung des Dienstverhältnisses – in denen regelmäßig nicht die normale Versorgung erreicht wird – von Bedeutung. So führt besonders die Entlassung auf eigenen Antrag zum Verlust des → Ruhegehaltes. Andererseits bleibt die Nachversicherung in der gesetzlichen → Rentenversicherung.

Berufssoldat

Begründung des Dienstverhältnisses

In das Dienstverhältnis eines Berufssoldaten können nach § 39 SG im Wesentlichen berufen werden:

- Unteroffiziere mit der Beförderung zum Feldwebel
- Offiziersanwärter mit der Beförderung zum Leutnant.

Die Begründung des Dienstverhältnisses erfolgt durch Aushändigung einer Ernennungsurkunde, die den in § 41 SG vorgeschriebenen Wortlaut enthalten muss. Eine rückwirkende Ernennung ist danach, anders als bei der Beförderung, nicht denkbar. Die Ernennung ist ferner nur mit Einwilligung des Betroffenen wirksam. Versorgungsrechtlich ist in diesem Zusammenhang besonders darauf hinzuweisen, dass mit der Ernennung zum Berufssoldaten noch keineswegs ein Anspruch auf → Ruhegehalt ausgelöst wird. Regelmäßig entsteht ein solcher erst nach einer Wartezeit von 5 Jahren. Wegen der Einzelheiten hierzu und der Ausnahmen siehe → Wehrdienstbeschädigung und → Dienstunfall sowie für die Hinterbliebenen → Hinterbliebenenversorgung.

Umwandlung des Dienstverhältnisses

Das Dienstverhältnis eines Berufssoldaten kann bei Vorliegen eines dienstlichen Interesses in das eines SaZ umgewandelt werden. Es liegt im freien Ermessen des Dienstherrn, ob er einem solchen Umwandlungsantrag eines Berufssoldaten stattgibt. Ansonsten wird man den Antragsteller auf die gesetzlich vorgesehene Möglichkeit der → Entlassung auf eigenen Antrag verweisen.

Beendigung des Dienstverhältnisses

Das Dienstverhältnis eines Berufssoldaten endet durch Tod oder durch Eintritt in den → Ruhestand.

Weitere Beendigungsgründe:

- → Entlassung
- Verlust der Rechtsstellung eines Berufssoldaten (§ 48 SG)
- Entfernung aus dem Dienstverhältnis durch disziplinargerichtliches Urteil.

In den beiden letztgenannten Fällen ist stets, bei der → Entlassung regelmäßig, der Verlust sämtlicher Versorgungsansprüche nach SVG mit Ausnahme eventueller Ansprüche aus → Wehrdienstbeschädigungen gegeben. Jedoch erfolgt in diesen Fällen zur Sicherung der Altersversorgung immer eine Nachversicherung in der gesetzlichen → Rentenversicherung.

Dienstzeitbescheinigung

Gemäß § 32 Soldatengesetz ist dem Soldaten (Berufssoldaten) nach Beendigung des Wehrdienstes eine Dienstzeitbescheinigung auszustellen. Auf Antrag ist ihm ein Dienstzeugnis zu erteilen, das über die Art und Dauer der wesentlichen von ihm bekleideten Dienststellungen, über seine Führung, seine Tätigkeit und seine Leistung im Dienst Auskunft gibt.

Der Soldat kann eine angemessene Zeit vor dem Ende des Wehrdienstes ein vorläufiges Dienstzeugnis beantragen.

Disziplinarrecht

Soldaten im Ruhestand unterliegen dem Disziplinarrecht nur wegen im Dienst begangener oder der in § 23 Abs. 2 SG genannten Dienstvergehen (unter anderem Verletzung der Verschwiegenheitspflicht nach Ausscheiden).

Soweit gegen einen Soldaten, der in den Ruhestand versetzt wird, ein disziplinargerichtliches Verfahren schwebt, wird dessen Fortsetzung durch die Beendigung des Dienstverhältnisses nicht berührt. Ein disziplinargerichtliches Verfahren wird durch Zustellung der Einleitungsverfügung an den Beschuldigten anhängig gemacht.

In diesem Falle darf der Ausgleich vor rechtskräftigem Abschluss des Verfahrens nicht ausgezahlt werden. Allerdings kann der Wehrdisziplinaranwalt auf Antrag des Beschuldigten es für zulässig erklären, dass die Auszahlung ganz oder zum Teil zu einem früheren Zeitpunkt erfolgt. Lehnt der Wehrdisziplinaranwalt den Antrag ab, kann der Soldat innerhalb zweier Wochen nach Zustellung die Entscheidung des Truppendienstgerichtes beantragen. Dieses entscheidet endgültig.

Folgende Disziplinarstrafen sind gegen Soldaten im Ruhestand wegen im Dienst begangener oder der in § 23 Abs. 2 SG genannten Dienstvergehen (nach Ausscheiden aus der Bundeswehr) zulässig:

- *Kürzung des Ruhegehaltes* (= bruchteilmäßige Verminderung der Ruhegehaltsbezüge um mindestens 1/20, höchstens 1/5 und auf längstens 5 Jahre. Der Ausgleich kann bis zur Hälfte gekürzt werden, §§ 55, 59 Abs. 2 WDO).
- *Dienstgradherabsetzung* (= bei Offizieren innerhalb ihrer Laufbahngruppen bis zum niedrigsten Dienstgrad ihrer Laufbahn, in der Laufbahngruppe der Unteroffiziere und Mannschaften bei Berufssoldaten bis zum Feldwebel, im Übrigen unbeschränkt, §§ 57, 59 WDO).
- *Aberkennung des Ruhegehaltes* setzt voraus, dass die Entfernung aus dem Dienstverhältnis gerechtfertigt wäre, falls der Beschuldigte sich noch im Dienst befände. Sie hat weiter zur Folge, dass ein noch nicht gezahlter Ausgleich und der Anspruch auf Hinterbliebenenversorgung verloren geht. Verbunden ist damit weiter der Verlust des Dienstgrades oder Dienstgradherabsetzung (§ 59 Abs. 3 WDO).

Ehescheidung

→ Versorgungsausgleich

Einarbeitungszuschuss

Gemäß § 7 SVG kann für Soldaten, die nach Abschluss der → Berufsförderung ihre volle berufliche Leistungsfähigkeit erst nach einer Einarbeitungszeit erlangen können, ein Einarbeitungszuschuss gewährt werden. Nach den Richtlinien zu § 7 SVG über Höhe und Dauer des Einarbeitungszuschusses wird Einarbeitungszuschuss nur gewährt für Soldaten auf Zeit, die Übergangsbeihilfe nach §§ 12 und 13 SVG erhalten bzw. erhalten haben, und Berufssoldaten, deren Dienstverhältnis wegen → Dienstunfähigkeit endet.

Der Einarbeitungszuschuss wird in der Regel nicht über 13 Wochen, in begründeten Ausnahmefällen nicht über insgesamt 26 Wochen gewährt.

Die Höhe des Einarbeitungszuschusses darf zu Beginn der Einarbeitungszeit 50 v. H., in begründeten Ausnahmefällen 70 v. H. des vollen Brutto- bzw. Nettoeinkommens nicht übersteigen.

Zuständig ist der jeweilige örtlich zuständige Berufsförderungsdienst der Bundeswehrverwaltung.

Einmalzahlungen

→ Ausgleich für Berufssoldaten, → Auslandsversorgung, → Einsatzversorgung, → NVA-Versorgung

Einsatzversorgung

→ Auslandsversorgung

Entlassung

(Sonderfall der Beendigung des → Dienstverhältnisses)

Das Dienstverhältnis eines Berufssoldaten kann vorzeitig infolge Entlassung enden. Gründe für die Entlassung sind:

- Verlust der Eigenschaft als Deutscher (§ 46 Abs. 1 SG);
- Wohnsitznahme im Ausland ohne Zustimmung des Dienstherrn (§ 46 Abs. 1 Nr. 8 SG);

- Verurteilung wegen eines Verbrechens zu einer Freiheitsstrafe von mindestens einem Jahr bzw. wegen der in § 38 SG genannten Fälle (§ 46 Abs. 2 Nr. 1 SG);
- Herbeiführung der Ernennung zum Berufssoldaten durch Zwang, arglistige Täuschung oder Bestechung (§ 46 Abs. 2 Nr. 2 SG);
- Begehung einer Straftat vor Berufung in das Dienstverhältnis (§ 46 Abs. 2 Nr. 3 SG);
- Weigerung der Leistung des Diensteides (§ 46 Abs. 2 Nr. 4 SG);
- weitere Ausübung eines Bundestags- oder Landtagsmandates (§ 46 Abs. 2 Nr. 5 SG);
- Entlassung auf Verlangen (ein Offizier erst nach Ende des 6. Dienstjahres, § 46 Abs. 5 SG).

War die militärische Ausbildung eines Berufssoldaten, der seine Entlassung betreibt, mit einem Studium oder einer Fachausbildung verbunden, so kann er erst nach einer sich daran anschließenden Dienstzeit, die der dreifachen Dauer des Studiums oder der Fachausbildung entspricht, längstens aber nach 10 Jahren, entlassen werden. Vor Ablauf dieser Zeit ist eine Entlassung auf Antrag nur möglich, wenn das Verbleiben im Dienst wegen persönlicher, insbesondere häuslicher, beruflicher oder wirtschaftlicher Gründe eine besondere Härte bedeuten würde.

Allerdings gilt auch dann, dass die Kosten eines Studiums oder einer Fachausbildung zurückgezahlt werden müssen (§ 49 Abs. 4 SG). Unter den gleichen Voraussetzungen muss ein Berufssoldat in der Laufbahn der Offiziere des Sanitätsdienstes das ihm als Sanitätsoffizier-Anwärter gewährte Ausbildungsgeld erstatten. Bei Studium oder Fachausbildung an einer bundeswehreigenen Einrichtung werden die Kosten jedoch nicht in voller Höhe, sondern nur bis zur Höhe vergleichbarer Aufwendungen an einer öffentlichen Einrichtung geltend gemacht. Die Erstattungsbeträge belaufen sich danach für ein Studium an der Universität der Bundeswehr auf rund 15 000,00 EUR, für ein Fachhochschulstudium auf rund 12 500,00 EUR, für eine Ausbildung zum Luftfahrzeugführer auf rund 50 000,00 EUR und für die Ausbildung zum Flugsicherungs-Lande-Kontrollleiter auf rund 7 500,00 EUR. Im Rahmen einer Härteregelung kann aber im Einzelfall auf eine Erstattung ganz oder teilweise verzichtet werden.

Mit der Entlassung verliert der Berufssoldat – soweit gesetzlich nichts anderes bestimmt ist – mit Ausnahme der Beschädigtenversorgung alle Versorgungsansprüche nach dem SVG, insbesondere auf → Ruhegehalt.

In allen Fällen der Entlassung sind die Berufssoldaten, wenn sie ohne Versorgung nach dem SVG ausscheiden – auch bei unehrenhafter Entlassung – in der gesetzlichen → Rentenversicherung nachzuversichern.

Die Ausnahmefälle, in denen der entlassene Berufssoldat Anspruch auf Versorgung nach SVG hat, sind:

a) Die Entlassung eines Offiziersanwärters mangels Eignung. Hier kommt ein → Übergangsgeld nach § 37 SVG zur Auszahlung.

b) Die Entlassung eines Berufssoldaten wegen Erreichens der Altersgrenze oder wegen → Dienstunfähigkeit vor Erreichen der fünfjährigen Wartezeit, die für eine Versetzung in den Ruhestand erforderlich ist. In diesen Fällen kommt nach § 46 SVG ein → Unterhaltsbeitrag auf Lebenszeit in Betracht. Bei Dienstunfähigkeit nach Erreichen der fünfjährigen Wartezeit kommt nicht mehr Entlassung, sondern vorzeitige Versetzung in den → Ruhestand in Betracht.

   Ausnahme zu b): Wehrdienstbeschädigung, Dienstunfall. Hier: Ansprüche auf Ruhegehalt = keine Entlassung.

Familienheimdarlehen

Familienheimdarlehen können unter bestimmten Voraussetzungen auch an Soldaten im Ruhestand gewährt werden.

Einzelheiten über die Gewährung von Familienheimdarlehen an Soldaten ergeben sich aus den Richtlinien des Bundesministers für Städtebau und Wohnungswesen vom 01.05.1971, zuletzt geändert am 17.09.1986 (GMBl Seite 598, heutige Bezeichnung des Ministeriums: Bundesministerium für Verkehr, Bau- und Wohnungswesen). Darlehensanträge sind über die örtlich zuständige Standortverwaltung und Wehrbereichsverwaltung bei der Oberfinanzdirektion zu stellen, in deren Bezirk das zu bebauende Grundstück liegt. Dort erhält der Bewerber auch nähere Auskünfte über die Bewilligung des Darlehens.

Familienzuschlag

Berufssoldaten

Der Familienzuschlag zählt gemäß § 17 SVG zu den ruhegehaltfähigen Dienstbezügen der Soldaten im Ruhestand (neben → Grundgehalt und anderen Dienstbezügen, die im Besoldungsrecht als ruhegehaltfähig bezeichnet sind).

Bemessungsgrundlage

Heranzuziehen sind die §§ 39 bis 41 BBesG. Danach gilt Folgendes:

Der Familienzuschlag wird nach Aufstellung in Anlage V des BBesG gewährt. Seine Höhe richtet sich nach der Besoldungsgruppe und der Stufe, die den Familienverhältnissen des Soldaten entspricht.

Der Familienzuschlag als Bestandteil der ruhegehaltfähigen Dienstbezüge wirkt sich nach dem erdienten Vomhundertsatz, höchstens also zu 75 v. H. aus. Durch die Steuerreform vom 01.01.1975 ist hierbei eine Verbesserung eingetreten; von diesem Zeitpunkt an wird der kinderbezogene Teil des Familienzuschlags – also ab Stufe 2 – mit Wirkung für die Versorgungsbezüge auf 100 v. H. angehoben (→ Ruhegehalt).

Besonderheiten

Kürzungen gelten, wenn beide Ehegatten im öffentlichen Dienst tätig sind. Einschränkungen sind auch beim Familienzuschlag von Geschiedenen eingetreten. Im Einzelnen gilt Folgendes:

a) Ist auch der Ehegatte des Besoldungs- oder Versorgungsempfängers im öffentlichen Dienst tätig, so wird der Betrag der Stufe 1 des Familienzuschlags nur zur Hälfte gewährt.

b) Geschiedene, die nicht aus der Ehe, d. h. nicht ihrer früheren Ehefrau gegenüber zum Unterhalt verpflichtet sind, werden wie Ledige behandelt. Daneben wird für jedes Kind, für das dem Bezügeempfänger Kindergeld nach dem Bundeskindergeldgesetz zusteht, der Unterschiedsbetrag zwischen der Stufe 1 und der sich aus der Kinderzahl ergebenden höheren Stufe (zum Beispiel bei 2 Kindern: Stufe 3) gewährt.

Seit dem 01.10.2005 ist der neue Tarifvertrag für den öffentlichen Dienst (TVöD) in Kraft getreten. Dieser sieht für Beschäftigte (Angestellte) des Bundes und der Kommunen keinen Verheiratetenanteil im Ortszuschlag mehr vor. Die Folge ist, dass Soldaten, deren Ehepartner unter den Anwendungsbereich des TVöD fallen, ab dem 01.10.2005 Anspruch auf den vollen Betrag des Familienzuschlages der Stufe 1 haben. Die „alte" Regelung gilt jedoch, wenn der Ehepartner bei einer Landesbehörde beschäftigt ist, da die Bundesländer bislang dem TVöD nicht beigetreten sind.

Um den vollen Familienzuschlag zu erhalten sollte daher ein entsprechender Antrag bei der zuständigen Wehrbereichsverwaltung gestellt werden, weil diese nicht immer wissen kann, ob für den Ehepartner der TVöD gilt.

Fernbleiben vom Dienst

Dies führt, soweit es schuldhaft erfolgt, zum Verlust der Dienstbezüge. Versorgungsrechtlich steht dieser Tatbestand einer Beurlaubung ohne Dienstbezüge gleich. Die Zeit, für die der Verlust der Dienstbezüge festgestellt worden ist, ist bei Berufssoldaten nicht ruhegehaltfähig.

Förderungsgesellschaft des Deutschen BundeswehrVerbandes mbH

Der Deutsche BundeswehrVerband ist seiner Satzung nach ein Verein, dessen Zweck nicht auf einen wirtschaftlichen Geschäftsbetrieb gerichtet ist (§ 2 der Verbandssatzung). Der DBwV hat deshalb eine Förderungsgesellschaft (FöG) gegründet, deren Aufgabe darin besteht, die Mitglieder des DBwV in wirtschaftlicher Hinsicht zu fördern.

Die Förderungsgesellschaft des Deutschen BundeswehrVerbandes mbH hat eine Reihe von Empfehlungsverträgen zugunsten der Mitglieder des Deutschen BundeswehrVerbandes abgeschlossen, die auch für ehemalige Soldaten von Interesse sind.

Zu den Angeboten der Förderungsgesellschaft des Deutschen BundeswehrVerbandes gehören zahlreiche Versicherungen und Dienstleistungen zu besonders günstigen Konditionen für seine Mitglieder (siehe hierzu Näheres im Internet auf der Webseite des DBwV: www.dbwv.de)

Förderungsverein des Deutschen BundeswehrVerbandes e. V.

Der Förderungsverein der gemeinnützigen und mildtätigen Einrichtungen des Deutschen BundeswehrVerbandes e. V. bietet im Rahmen der Altersvorsorge seinen Mitgliedern die Möglichkeit, zu günstigen Bedingungen eine Sterbegeldversicherung abzuschließen.

Mitglieder und deren Ehegatten können durch ihre Einzelmitgliedschaft aufgrund des mit der DBV-Winterthur Lebensversicherung AG (DWL AG) abgeschlossenen Gruppenversicherungsvertrages Sterbegeldversicherungen bis zu 12 500,00 EUR abschließen bzw. bereits bestehende Sterbegeldversicherungen bis auf diese Summe anheben. Das Höchsteintrittsalter beträgt 85 Jahre.

Der Abschluss der Unfall-Zusatzversicherung (Doppelzahlung des Sterbegeldes bei Unfalltod) ist für Versicherte bis zum Eintrittsalter 74 obligatorisch, für ein Eintrittsalter ab 75 Jahre dagegen nicht mehr zulässig. Der Zusatzbeitrag für die Unfall-Zusatzversicherung beträgt je 1 000,00 EUR Sterbegeld monatlich 0,08 EUR; er ist in den entsprechenden Beiträgen der Sterbegeldversicherung bereits enthalten.

Das Sterbegeld wird beim Tode des Versicherten fällig.

Freie Heilfürsorge

Nach § 69 Abs. 2 BBesG hat der Soldat während seiner aktiven Dienstzeit neben dem Anspruch auf die Dienstbezüge Anspruch auf unentgeltliche truppenärztliche Versorgung.

Sie wird im Wesentlichen durch die bundeswehreigenen Ärzte bzw. Einrichtungen (Truppenärzte, Bundeswehrlazarette usw.) erbracht.

Sie wird nur während des aktiven Dienstverhältnisses gewährt. Nach dem Ausscheiden als Berufssoldat besteht kein Anspruch mehr. An deren Stelle tritt jedoch die → Beihilfe.

In einigen Fällen besteht der Anspruch auch über die Beendigung des Wehrdienstverhältnisses hinaus für einen bestimmten Zeitraum fort, zum Beispiel bei stationärer Unterbringung im Krankenhaus bei Beendigung der Dienstzeit. Für Berufssoldaten gilt dies nur im Falle einer → Wehrdienstbeschädigung.

Fürsorge

Der Bund hat im Rahmen des Dienst- und Treueverhältnisses für das Wohl des Berufssoldaten sowie ihrer Familien auch für die Zeit nach Beendigung des Dienstverhältnisses zu sorgen (§ 31 SG). Aufgrund der Fürsorge muss der Bund dem Soldaten gegenüber nach Recht und Gesetz tätig werden und sich bei Ermessensentscheidungen von Wohlwollen und Gerechtigkeit leiten lassen. Die Fürsorge für die Familie des Soldaten während des Wehrdienstes und seine Eingliederung in das Berufsleben nach dem Ausscheiden aus dem Wehrdienst sind gesetzlich geregelt.

Die Fürsorgepflicht des Dienstherrn betrifft unter anderem Beihilfe, Berufsförderung, Eingliederung in den öffentlichen Dienst, unentgeltliche truppenärztliche Versorgung, Unterhaltssicherung usw.

Das bedeutet, dass sich die Fürsorge des Dienstherrn in Gesetzen, Vorschriften oder Verordnungen niederschlägt. Dies hat nichts mit dem allumfassenden Verständnis von Fürsorgepflicht von Soldaten/Vorgesetzen nach § 10 SG zu tun.

Grundgehalt

Das Grundgehalt, das dem Soldaten nach dem Besoldungsrecht zuletzt zugestanden hat, gehört gemäß § 17 SVG zu den ruhegehaltfähigen Dienstbezügen (→ Ruhegehalt). Dazu zählt ferner der → Familienzuschlag sowie sonstige Dienstbezüge, die im Besoldungsrecht als ruhegehaltfähig bezeichnet sind.

Das Grundgehalt wird nach den Grundgehaltsätzen der Besoldungsgruppen A und B gewährt. Es wird dem Dienstgrad entsprechend nach einer Besoldungsgruppe und innerhalb dieser nach Dienstaltersstufen, für die das → Besoldungsdienstalter maßgebend ist, gezahlt.

Heinz-Volland-Stiftung – Stiftung des Deutschen BundeswehrVerbandes

Die Heinz-Volland-Stiftung ist seit 1977 als Stiftung anerkannt.

Zweck ist die finanzielle Unterstützung von Soldaten, ehemaligen Soldaten, deren Familienangehörigen oder Hinterbliebenen.

Voraussetzungen für einen Antrag sind

- eine schwerwiegende Notlage
- Ausschöpfung aller Möglichkeiten, von dritter Seite Hilfeleistungen zu erhalten.

Ein Antrag ist über den Vorsitzenden der zuständigen Truppenkameradschaft an die Heinz-Volland-Stiftung, Südstr. 123, 53175 Bonn, zu stellen.

Die Entscheidung über eine Unterstützung trifft der Vorstand der Heinz-Volland-Stiftung gemäß Stiftungssatzung und Steuerrichtlinien.

Hinterbliebenenversorgung

Stirbt ein Berufssoldat oder Soldat im Ruhestand, stellt sich die Frage nach der wirtschaftlichen Absicherung seiner Hinterbliebenen (Witwe und Waisen).

Hinsichtlich der Hinterbliebenenversorgung verweist der maßgebliche § 43 des Soldatenversorgungsgesetzes (SVG) auf die entsprechenden Vorschriften des Beamtenversorgungsgesetzes (§§ 17 ff. BeamtVG).

Die Hinterbliebenenversorgung umfasst dabei im Wesentlichen folgende Einzelleistungen:

Einmalige Leistungen

- Bezüge für den Sterbemonat
- Sterbegeld
- Witwenabfindung

Laufende Leistungen

- Witwengeld
- Waisengeld
- Unterhaltsbeitrag

Bezüge für den Sterbemonat

§ 43 SVG in Verbindung mit § 17 BeamtVG stellt sicher, dass den Erben eines verstorbenen Soldaten bzw. eines verstorbenen Soldaten im Ruhestand die Bezüge des Verstorbenen für den Sterbemonat verbleiben. Diese Regelung ist erforderlich, da anderenfalls die Erben mit einer Rückzahlungsverpflichtung in einer noch zu ermittelnden Höhe belastet wären. Mit dem Verzicht darauf werden nicht zuletzt aus Pietätsgründen Auseinandersetzungen darüber vermieden. Die Hinterbliebenen gehören im Regelfall auch zu den Erben. Der verstorbene Soldat hatte die Dienstbezüge im Voraus gezahlt bekommen, mit seinem Tod endete das Wehrdienstverhältnis und damit der Anspruch auf Besoldung. Entsprechendes gilt beim Tod eines Soldaten im Ruhestand.

Die Bezüge für den Sterbemonat gehören zum Nachlass, allerdings nur insoweit, als sie der Soldat bzw. Soldat im Ruhestand nicht schon für sich verbraucht hat.

Zu erwähnen ist auch, dass gemäß § 17 Abs. 2 BeamtVG der Dienstgeber ermächtigt ist, die für den Sterbemonat nachzuzahlenden Bezüge des Verstorbenen an die Hinterbliebenen (vor allem Witwe und Waisen) zu zahlen, ohne deren Erbeneigenschaft überprüfen zu müssen. Damit wird eine Beschleunigung und Kostenersparnis für die Berechtigten erzielt, wobei die Zahlung für den Dienstherrn auch mit befreiender Wirkung geschieht.

Sterbegeld

Beim Tode eines Soldaten bzw. Soldaten im Ruhestand erhalten der überlebende Ehegatte und die Abkömmlinge Sterbegeld (vergleiche § 18 BeamtVG). Ist ein überlebender Ehegatte nicht vorhanden, erhalten die Abkömmlinge unabhängig von ihrem Einkommen bzw. ihrem Alter das Sterbegeld.

Stirbt eine Witwe, der im Zeitpunkt des Todes Witwengeld oder ein Unterhaltsbeitrag zustand, so erhalten die Abkömmlinge nur dann ein Sterbegeld, wenn sie selbst noch waisengeldberechtigt waren und mit der Verstorbenen in häuslicher Gemeinschaft lebten.

Es ist grundsätzlich einkommensteuerpflichtig und in Höhe des Zweifachen der Dienstbezüge bzw. des Ruhegehaltes zu gewähren.

Der Anspruch gehört nicht zum Nachlass des Verstorbenen und kann durch letztwillige Verfügung des Verstorbenen hinsichtlich der Sterbegeldberechtigten nicht verändert werden.

Das Sterbegeld verfolgt den Zweck, sowohl den Hinterbliebenen die Umstellung auf die durch den Tod des Soldaten bzw. Soldaten im Ruhestand geänderten Lebensverhältnisse zu erleichtern als auch zur Deckung der Kosten der letzten Krankheit und der Bestattung beizutragen, ohne dass dazu ein Nachweis über solche Aufwendungen geführt werden muss.

Das Sterbegeld ist kein Verwendungseinkommen im Sinne des § 53 SVG, sodass das Zusammentreffen eines Sterbegeldes mit einem laufenden Versorgungsbezug keinen Anlass zu einer → Ruhensregelung gibt.

Wichtig: Das versorgungsrechtliche Sterbegeld ist nicht mit dem nach den → Beihilfevorschriften zu verwechseln, das zum 01.01.2004 entfallen ist!

Witwenabfindung

Witwenabfindung erhält die Witwe, die im Zeitpunkt der Wiederverheiratung Anspruch auf Witwengeld oder auf einen Unterhaltsbeitrag hat. Die Witwenabfindung ist einkommensteuerfrei und beträgt das 24-fache des für den Monat, in dem sich die Witwe wieder verheiratet, vor Anwendung etwaiger Kürzungs- oder Ruhensvorschriften zu zahlenden Betrages des Witwengeldes oder des Unterhaltsbeitrages. Scheitert die Neuehe (zum Beispiel durch Scheidung), lebt das Witwengeld wieder auf und wird bei der Wiederaufnahme der Zahlung innerhalb von 2 Jahren mit der Witwenabfindung verrechnet.

Witwengeld

Die Witwe erlangt nach dem Tode des Soldaten oder Soldaten im Ruhestand einen eigenständigen Anspruch auf Witwengeld. Das Witwengeld beträgt grundsätzlich 55 v. H. des Ruhegehaltes, das der Verstorbene erhalten hat oder hätte erhalten können, wenn er am Todestage in den Ruhestand getreten wäre. Für Ehen, die vor dem 01.01.2002 geschlossen wurden, verbleibt es aber bei einem Witwengeld in Höhe von 60 v. H., es sei denn, keiner der Ehegatten wurde vor dem 02.01.1962 geboren (vergleiche § 97 Abs. 5 Satz 2 SVG).

Der Anspruch auf das Witwengeld entsteht ohne Rücksicht auf die erbrechtliche Regelung, die der Verstorbene getroffen hat.

Trifft das Witwengeld mit einem Verwendungseinkommen (= Einkommen aus dem öffentlichen Dienst), einem sonstigen Erwerbseinkommen, einem Erwerbsersatzeinkommen, weiteren Versorgungsbezügen oder einer Rente zusammen, so kann es zu einer → Ruhensregelung kommen. Dabei ist jedoch zu beachten, dass bei Witwen und Waisen Renten aufgrund einer eigenen Beschäftigung oder Tätigkeit nicht auf das Witwengeld angerechnet werden – anders bei abgeleiteten Renten, beispielsweise bei einer so genannten Witwenrente aufgrund einer → Vordienstzeit des verstorbenen Berufssoldaten/Pensionärs.

Ein Anspruch auf Witwengeld steht nicht zu, wenn die Ehe mit dem Verstorbenen weniger als 1 Jahr gedauert hat (so genannte Versorgungsehe). Hierbei handelt es sich jedoch um eine gesetzliche Vermutung, die widerlegt werden kann. Der Gesetzgeber hat der Versorgungsbehörde zugunsten der Witwe die Pflicht zur Prüfung auferlegt, ob im Einzelfall trotz der kurzen Dauer der Ehe der Versorgungszweck nicht maßgebend war. Die gesetzliche Vermutung kann schon durch die Umstände widerlegt werden, zum Beispiel wenn ein Soldat kurz nach der Eheschließung durch einen Unfall, ein Verbrechen oder eine Infektionskrankheit ums Leben kommt.

Ein Anspruch auf Witwengeld steht ebenfalls nicht zu, wenn die Ehe erst nach dem Eintritt des Soldaten in den Ruhestand geschlossen worden ist und der Soldat im Ruhestand zur Zeit der Eheschließung das 65. Lebensjahr bereits vollendet hatte (so genannte nachgeheiratete Witwe). In diesen Fällen besteht jedoch grundsätzlich ein Anspruch auf einen Unterhaltsbeitrag für nicht witwengeldberechtigte Witwen gemäß § 22 BeamtVG (siehe weiter unten).

Bei der Höhe des Witwengeldes gibt es Einschränkungen, falls die Witwe mehr als 20 Jahre jünger als der Verstorbene war und aus der Ehe kein Kind hervorgegangen ist. Das Witwengeld wird dann für jedes angefangene Jahr des Altersunterschiedes über 20 Jahre um 5 v. H. gekürzt, jedoch höchstens um 50 v. H.

Als Ausgleich werden jedoch nach fünfjähriger Dauer der Ehe für jedes angefangene Jahr ihrer weiteren Dauer dem gekürzten Betrag 5 v. H. des Witwengeldes wieder hinzugesetzt, bis der volle Betrag wieder erreicht ist.

Waisengeld

Der Anspruch auf Waisengeld steht der Waise selbst zu, nicht etwa der Witwe oder dem Witwer. Er entsteht wie der Anspruch auf Witwengeld mit dem dem Tode nachfolgenden Monat und besteht im Allgemeinen bis zum Ende des Monats der Vollendung des 18. Lebensjahres.

Der Anspruch kann jedoch länger gegeben sein, beispielsweise für die Dauer einer Berufsausbildung auf Antrag bis zur Vollendung des 27. Lebensjahres, gegebenenfalls verlängert um die Dauer des geleisteten Grundwehrdienstes.

Der Höhe nach beträgt das Waisengeld für die Halbwaise 12 v. H. und für die Vollwaise 20 v. H. des Ruhegehaltes.

Unterhaltsbeitrag

Ein Unterhaltsbeitrag ist für eine Witwe, die die Ehe mit einem Ruhestandsbeamten nach dessen vollendetem 65. Lebensjahr geschlossen hat, in Höhe des nach dem Gesetz zu berechnenden Witwengeldes zu gewähren, sofern die Ehe nicht kürzer als 1 Jahr bestanden hat oder kein Grund für eine volle oder teilweise Versagung vorliegt (vergleiche § 22 BeamtVG). Das Vorliegen einer so genannten Versorgungsehe kann wie beim Witwengeld widerlegt werden.

Eine volle oder teilweise Versagung ist nicht auszusprechen, wenn im Zeitpunkt der Eheschließung ein Kind aus einer früheren Ehe des Soldaten im Ruhestand vorhanden war, das noch der elterlichen Betreuung bedurfte, oder wenn aus der neuen Ehe ein Kind hervorgegangen ist. Ein Unterhaltsbeitrag ist aber voll zu versagen, wenn der Witwe im Hinblick auf ihr Lebensalter zugemutet werden kann, ihren Lebensunterhalt selbst zu bestreiten, was in der Regel zu bejahen sein wird, wenn die Witwe im Zeitpunkt des Todes des Soldaten im Ruhestand das 35. Lebensjahr noch nicht vollendet hatte.

Eine volle Versagung soll nicht ausgesprochen werden, wenn die Ehe länger als 2 Jahre gedauert hat.

Eine teilweise Versagung kommt insbesondere bei hohem Alter des Soldaten im Ruhestand im Zeitpunkt der Eheschließung in Betracht. Dabei wird der Unterhaltsbeitrag für jedes angefangene spätere Jahr der Eheschließung nach dem vollendeten 80. Lebensjahr um 5 v. H. des gesetzlichen Witwengeldes gemindert. Es müssen jedoch zumindest 50 v. H. des Witwengeldes verbleiben bzw. die Mindestwitwenversorgung (derzeit 786,85 EUR) gewährt werden.

Ein wesentlicher Unterschied zum Bezug von Witwengeld besteht beim Unterhaltsbeitrag darin, dass auch eigenes Erwerbs- und Erwerbsersatzeinkommen der Witwe in angemessenem Umfange anzurechnen ist. In Betracht kommen beispielsweise Einkünfte der Witwe aus Land- und Forstwirtschaft, aus Gewerbebetrieb, aus selbstständiger oder nichtselbstständiger Arbeit (hierzu gehören insbesondere auch Kranken- und Arbeitslosengeld), Vermögens- und Nutzungseinkünfte, aber auch die Rente aufgrund eigener Beschäftigung! Letztere wird unter Berücksichtigung eines Freibetrages in Höhe von 30 v. H. der Mindestwitwenversorgung, also 236,06 EUR, in vollem Umfang vom Unterhaltsbeitrag abgezogen. Für ein Erwerbseinkommen gilt ein Freibetrag in Höhe von 50 v. H. der Mindestwitwenversorgung, der darüber hinausgehende Betrag wird zur Hälfte angerechnet.

Vorgenannte Details ergeben sich im Wesentlichen aus der VV zu § 22 BeamtVG.

Zusammentreffen von Witwengeld, Waisengeld und Unterhaltsbeiträgen

Beim vorgenannten Zusammentreffen verschiedener Versorgungsbezüge ist zu beachten, dass Witwen- und Waisengeld weder einzeln noch zusammen den Betrag des der Berechnung zu Grunde zu legenden Ruhegehaltes übersteigen dürfen. Ergibt sich an Witwen- und Waisengeld in der Summe ein höherer Betrag, so werden die einzelnen Bezüge im gleichen Verhältnis gekürzt.

Zur Veranschaulichung soll folgendes Beispiel dienen, das auch die herkömmliche Berechnungsweise anzeigt:

Beispiel:

Hinterbliebene: Witwe und 4 Waisen

Ruhegehalt	= 1 500,00 EUR
Witwengeld (60 v. H.) =	900,00 EUR
Waisengeld für 1 Waise (12 v. H.)	= 180,00 EUR
Waisengeld für 4 Waisen (4 x 180,00 EUR)	= 720,00 EUR
Summe Witwen- und Waisengelder:	**= 1 620,00 EUR**

Anteilmäßige Kürzung:

Waisengeld für 1 Waise =

$\frac{1\,500{,}00\ \text{EUR}}{5 + 4}$ (5 + Zahl der Waisen)	= 166,67 EUR
Waisengeld für 4 Waisen = 4 x 166,67 EUR	= 666,68 EUR
Witwengeld (1 500,00 EUR – 666,68 EUR)	= 833,32 EUR

Unfall-Hinterbliebenenversorgung

Besondere Vorschriften gelten dann, falls ein Soldat, der Unfallruhegehalt erhalten hätte, oder ein Soldat im Ruhestand, der bereits Unfallruhegehalt bezog, an den Folgen des Dienstunfalls verstorben ist.

Das Witwengeld beträgt dann 60 v. H. des Unfallruhegehaltes, das Waisengeld beträgt für jedes waisengeldberechtigte Kind 30 v. H. des Unfallruhegehaltes.

Darüber hinaus wird in diesem Fall auch keine Abflachung nach dem → Versorgungsänderungsgesetz vorgenommen.

Ist ein Soldat im Ruhestand, der zwar Unfallruhegehalt bezog, jedoch nicht an den Folgen des Dienstunfalls verstorben, so steht den Hinterbliebenen nur die Versorgung nach den grundsätzlichen v. H.-Sätzen zu, jedoch bemessen unter Zugrundelegung des Unfallruhegehaltes.

Einzelfallkonstellationen

Das geltende Versorgungsrecht kennt im Rahmen der Hinterbliebenenversorgung zahlreiche zum Teil sehr komplizierte Vorschriften, die oftmals abhängig vom Einzelfall Kürzungen von Versorgungs- bzw. Rentenansprüchen beim Tode des Ehepartners vorsehen. Neben dem Umstand, welcher der Ehepartner zunächst verstirbt, ist auch von Bedeutung, ob in der Person der Ehefrau ebenfalls Erwerbs-, Versorgungs- oder aber Rentenansprüche zum Beispiel aus der gesetzlichen Rentenversicherung begründet sind.

Die nachfolgenden Beispiele sollen einen Überblick über die denkbaren Grundkonstellationen verschaffen und unternehmen den Versuch, die teilweise sehr komplizierten Anrechnungsregelungen plakativ darzustellen. Bei allen Beträgen handelt es sich um Bruttobeträge (BBesO West).

Beispiel 1:

Hptm (A 12), Dienstbezüge: 3 698,75 EUR (zugleich ruhegehaltfähige Dienstbezüge); Ehefrau Arbeitnehmerin, Einkommen: 2 100,00 EUR

a) Vorversterben des Soldaten (= Zusammentreffen eines Erwerbseinkommens der Ehefrau mit Versorgungsbezügen)

Grundsatz: Die Witwe bezieht weiterhin ihr volles Erwerbseinkommen, daneben unterliegt jedoch das Witwengeld einer Hinzuverdienstregelung.

Witwengeld (60 v. H. der Versorgung, die der Soldat erhalten hätte, (= 2 728,99 EUR) angenommen 75 v. H. → Ruhegehalt): 1 637,39 EUR

Es greift die Hinzuverdienstregelung für die Witwe eines Berufssoldaten gemäß § 53 Abs. 2 Nr. 1 des Soldatenversorgungsgesetzes (SVG). Die Höchstgrenze stellen dabei die ruhegehaltfähigen Dienstbezüge des verstorbenen Soldaten dar.

Witwengeld	1 637,39 EUR
Erwerbseinkommen	2 100,00 EUR
Gesamt	3 737,39 EUR
abzüglich Höchstgrenze	3 698,75 EUR
Ruhensbetrag	38,64 EUR

Das Witwengeld ist also um den Ruhensbetrag auf 1 598,75 EUR (1 637,39 EUR – 38,64 EUR) zu vermindern.

Gesamteinkommen der Witwe:

Erwerbseinkommen	2 100,00 EUR
Vermindertes Witwengeld	1 598,75 EUR
	3 698,75 EUR

b) Vorversterben der Ehefrau (Zusammentreffen von Dienstbezügen und einer Rente wegen Todes aus der gesetzlichen Rentenversicherung)

Grundsatz: Der Soldat erhält weiterhin seine vollen Dienstbezüge und daneben eine so genannte Witwerrente aus der gesetzlichen Rentenversicherung (§ 46 Abs. 1 SGB VI). Diese Witwerrente beträgt 60 v. H. der Rente, die die Ehefrau erhalten hätte, angenommen 1 400,00 EUR. Sie ist jedoch nach den Vorschriften des SGB VI einkommensabhängig, sodass sich der Soldat seine Dienstbezüge anrechnen lassen muss. Es greift folgende Regelung:

Witwerrente (60 v. H.)	840,00 EUR
Dienstbezüge	3 698,75 EUR
zuzüglich 1/12 Sonderzahlung (Jahresdienstbezüge x 0,05 v. H. : 12)	184,94 EUR
Gesamtdienstbezüge	3 883,69 EUR
abzüglich Pauschbetrag (§ 18b Abs. 5 Nr. 1a SGB IV): 27,5 v. H.	1 068,01 EUR
verbleibendes Einkommen	2 815,68 EUR
abzüglich Freibetrag (§ 97 Abs. 2 SGB VI, das 26,4-fache des aktuellen Rentenwertes in Höhe von 26,13 EUR)	689,83 EUR
verbleibendes Einkommen	2 125,85 EUR
davon anrechenbar (§ 97 Abs. 2 Satz 3 SGB VI): 40 v. H.	850,34 EUR

Die Witwerrente in Höhe von 840,00 EUR wird also aufgrund der Dienstbezüge um 850,34 EUR gemindert und damit nicht mehr gezahlt.

Eine Ausnahme gilt jedoch gemäß § 67 Abs. 6 SGB VI für das so genannte Sterbevierteljahr. Für die auf den Todesmonat folgenden 3 Kalendermonate erhält der Soldat neben seinen Dienstbezügen die volle Altersrente, die seiner Ehefrau gezahlt worden wäre (also 1 400,00 EUR). In diesem Zeitraum erfolgt ebenfalls keine Anrechnung des eigenen Einkommens auf die Hinterbliebenenrente.

Gesamteinkommen nach dem Sterbevierteljahr:

Dienstbezüge	3 540,87 EUR

Beispiel 2:

Hptm (A 12), (ruhegehaltfähige) Dienstbezüge: 3 698,75 EUR; Ehefrau Rentnerin, Rente der Ehefrau 1 400,00 EUR

a) Vorversterben des Soldaten (Zusammentreffen eines Witwengeldes nach SVG mit einer Altersrente)

Grundsatz: Die Ehefrau erhält das Witwengeld in Höhe von 60 v. H. (= 1 637,39 EUR) neben der vollen Altersrente.

Die Renten aufgrund einer eigenen Beschäftigung der Witwe werden beim Zusammentreffen mit einem Witwengeld nicht gekürzt (§ 55a Abs. 3 Nr. 2 SVG).

Anders liegt der Fall dann, falls die Witwe neben dem Witwengeld über den verstorbenen Ehemann noch eine so genannte Witwenrente aus der gesetzlichen Rentenversicherung bezieht, weil der Soldat zum Beispiel vor Beginn seines Wehrdienstverhältnisses noch während einer Lehre oder einer hauptberuflichen Tätigkeit sozialversicherungspflichtig beschäftigt war und dadurch neben seiner Versorgungs- auch eine Rentenanwartschaft erworben hat.

Voraussetzung ist aber, dass die Wartezeit von 5 Jahren in der gesetzlichen Rentenversicherung erfüllt ist.

Zu dieser Wartezeit zählt im Übrigen auch der Zeitraum, in dem ein pflichtmäßiger Wehrdienst (zum Beispiel als Grundwehrdienstleistender vor der Begründung des Dienstverhältnisses) geleistet wurde.

Einzelbeispiel (bei Zugrundelegung eines Ruhegehaltssatzes von 75 v. H.):

Witwengeld	1 637,39 EUR
Witwenrente	90,00 EUR
eigene Altersrente	1 400,00 EUR

Das Witwengeld wird um 90,00 EUR auf 1 547,39 EUR gekürzt, die eigene Altersrente und die Witwenrente bleiben unberührt. Für die Witwe ergibt sich somit ein Gesamteinkommen in Höhe von 3 037,39 EUR.

b) Vorversterben der Ehefrau (= Zusammentreffen von Dienstbezügen und einer Witwerrente aus der gesetzlichen Rentenversicherung)

Grundsatz: Der Soldat erhält neben seinen vollen Dienstbezügen wiederum eine Witwerrente in Höhe von 60 v. H. der Altersrente der verstorbenen Ehefrau. Die Zahlung der Witwerrente erfolgt jedoch wieder einkommensabhängig (vergleiche oben Fall 1 b).

Es ergibt sich somit wiederum kein Zahlbetrag.

Auch in dieser Fallkonstellation gilt selbstverständlich wieder die Besonderheit des Sterbevierteljahres, d. h. Zahlung der vollen Altersrente und Verzicht auf eine Einkommensanrechnung.

Beispiel 3:

StFw a. D. (A 9), ruhegehaltfähige Dienstbezüge: 2 703,16 EUR, Ruhegehalt (75 v. H.): 1 994,42 EUR; Ehefrau Arbeitnehmerin, Einkommen: 2 100,00 EUR

a) Vorversterben des Versorgungsempfängers (Zusammentreffen von Witwengeld und Erwerbseinkommen)

Grundsatz: Die Witwe erhält neben ihrem vollen Erwerbseinkommen aus eigener Beschäftigung ein gekürztes Witwengeld, da wie in obigem Fall 1 a) die Hinzuverdienstregelung des § 53 Abs. 2 Nr. 1 SVG greift.

Witwengeld (60 v. H. des Ruhegehalts A 9)	1 196,65 EUR
Erwerbseinkommen	2 100,00 EUR
Gesamteinkommen	3 296,65 EUR

abzüglich Höchstgrenze	2 703,16 EUR
Ruhensbetrag	593,49 EUR

Das Witwengeld in Höhe von 1 196,65 EUR ist also um den Ruhensbetrag in Höhe von 593,49 EUR zu kürzen, sodass ein Betrag in Höhe von 603,16 EUR verbleibt.

Das Gesamteinkommen der Witwe beträgt also:

Einkommen	2 100,00 EUR
vermindertes Witwengeld	603,16 EUR
	2 703,16 EUR

b) Vorversterben der Ehefrau (Zusammentreffen von Versorgungsbezügen und Witwerrente)

Grundsatz: Der Soldat im Ruhestand erhält neben seinen Versorgungsbezügen wiederum eine Witwerrente aus der gesetzlichen Rentenversicherung, die jedoch wie bei einem aktiven Soldaten einkommensabhängig ist. Allerdings gilt bei Anwendung der Anrechnungsvorschriften ein geringerer in Abzug zu bringender Pauschbetrag, da für einen Pensionär geringere Aufwendungen für Steuern und Versicherungen angenommen werden.

Witwerrente (60 v. H.)	840,00 EUR
Ruhegehalt A 9	1 994,42 EUR
zuzüglich 1/12 Sonderzahlung	83,17 EUR
gesamt	2 077,59 EUR
abzüglich Pauschbetrag (§ 18b Abs. 5 Nr. 4 SGB IV) 23,7 v. H.	492,39 EUR
verbleibendes Einkommen	1 585,20 EUR
abzüglich Freibetrag (§ 97 Abs. 2 SGB VI, das 26,4-fache des aktuellen Rentenwertes in Höhe von 26,13 EUR)	689,83 EUR
verbleibendes Einkommen	895,37 EUR
davon anrechenbar: 40 v. H. (§ 97 Abs. 2 Satz 3 SGB VI)	358,15 EUR

Die Witwerrente wird also um 358,15 EUR auf 481,85 EUR reduziert.

Gesamteinkommen des Pensionärs:	
Ruhegehalt	1 994,42 EUR
verminderte Witwerrente	481,85 EUR
Gesamteinkommen	2 476,27 EUR

Während des Sterbevierteljahres wird wiederum die volle Rente gezahlt. Die Versorgungsbezüge selbst bleiben unberührt, werden also nicht gekürzt (§ 55a Abs. 3 Nr. 1 SVG).

Beispiel 4:

StFw a. D. (A 9), ruhegehaltfähige Dienstbezüge 2 703,16 EUR, Ruhegehalt (75 v. H.) 1 994,42 EUR; Ehefrau Rentnerin, Rente: 1 400,00 EUR

a) Vorversterben des Pensionärs (= Zusammentreffen von Witwengeld und einer Altersrente)

Grundsatz: Die Ehefrau erhält neben ihrer vollen Altersrente in Höhe von 1 400,00 EUR das volle Witwengeld, also 60 v. H. des Ruhegehalts des verstorbenen Pensionärs in Höhe von 1 196,65 EUR (§ 55a Abs. 3 Nr. 2 SVG). Im Übrigen gilt das Gleiche wie oben in Fall 2 a).

b) Vorversterben der Ehefrau (= Zusammentreffen von Versorgungsbezügen und Witwerrente aus der gesetzlichen Rentenversicherung)

Grundsatz: Der Pensionär erhält ungekürzte Versorgungsbezüge (§ 55a Abs. 3 Nr. 1 SVG), aber die Witwerrente wird wie in Fall 3 b) auf 481,85 EUR reduziert. Auch hier ist wieder die Ausnahme des so genannten Sterbevierteljahres zu beachten.

Beispiel 5:

Oberstleutnant a. D. (A 15), ruhegehaltfähige Dienstbezüge: 5 019,65 EUR, Ruhegehalt (75 v. H.): 3 703,56 EUR; Ehefrau Lehrerin (Beamtin) a. D. (A 13), ruhegehaltfähige Dienstbezüge: 4 097,08 EUR, Ruhegehalt (75 v. H.): 3 022,88 EUR

In den nachfolgenden Unterfällen a) und b) wird jeweils das Zusammentreffen von 2 Versorgungsbezügen untersucht.

a) Vorversterben Soldat a. D. (§ 55 Abs. 4 Beamtenversorgungsgesetz (BeamtVG))

Grundsatz: Die Witwe erhält das volle Witwengeld, also 60 v. H. der Pension A 15, daneben unterliegt jedoch ihr eigenes Ruhegehalt (A 13) einer Kürzungsgrenze.

Die Höchstgrenze beträgt 75 v. H. der ruhegehaltfähigen Dienstbezüge aus der Besoldungsgruppe, aus der das Witwengeld gezahlt wird (also A 15).

Eigenes Ruhegehalt Beamtin A 13	3 022,88 EUR
Witwengeld (60 v. H. Pension A 15)	2 222,20 EUR
Gesamtbezüge	5 245,08 EUR
abzüglich Höchstgrenze (75 v. H. A 15)	3 703,56 EUR
Ruhensbetrag	1 541,52 EUR

verbleibende Versorgung:

vermindertes eigenes Ruhegehalt (3 022,88 EUR – 1 541,52 EUR)	1 481,36 EUR
Witwengeld	2 222,20 EUR
Gesamtversorgung	3 703,56 EUR

b) Vorversterben der Ehefrau (§ 55 Abs. 4 SVG)

Auch hier gelten die gleichen Grundsätze. Der Oberstleutnant a. D. erhält also als neuen Versorgungsbezug das volle Witwergeld (60 v. H. der Pension A 13) sowie ein eigenes Ruhegehalt, das jedoch dem Grunde nach wieder einer Kürzungsvorschrift unterliegt. Zu beachten ist jedoch eine so genannte „Mindestbelassungsregelung", um den Pensionär aufgrund des Todes seiner Ehefrau versorgungsrechtlich nicht schlechter zu stellen.

Ruhegehalt A 15	3 703,56 EUR
Witwergeld (60 v. H. der Pension A 13)	1 813,73 EUR
Gesamtbezüge	5 517,29 EUR
abzüglich Höchstgrenze (75 v. H. A 13)	3 022,88 EUR
Ruhensbetrag	2 494,41 EUR

Es ergibt sich somit folgende Gesamtversorgung:

vermindertes eigenes Ruhegehalt (3 703,56 EUR – 2 494,41 EUR)	1 209,15 EUR
Witwergeld	1 813,73 EUR
Gesamtversorgung	3 022,88 EUR

In diesem Falle wäre also die sich nach der Kürzungsregelung ergebende Gesamtversorgung geringer als die erdiente eigene Pension (A 15)! Daher greift hier die vorerwähnte Mindestbelassungsregelung gemäß § 55 Abs. 4 Satz 2 SVG. Dem Pensionär müssen mindestens das eigene Ruhegehalt sowie 20 v. H. des Witwergeldes verbleiben.

Die tatsächlich zustehende Gesamtversorgung beträgt demzufolge:

Eigenes Ruhegehalt	3 703,56 EUR
20 v. H. des Witwergeldes	362,75 EUR
Gesamtversorgung:	4 066,31 EUR

Beispiel 6:

Oberstleutnant a. D.; Ehefrau noch aktive Beamtin

a) Vorversterben Soldat im Ruhestand

Grundsatz: Die Ehefrau erhält neben ihren vollen Dienstbezügen ein Witwengeld, das wiederum der mehrfach erwähnten Hinzuverdienstregelung unterliegt. Die Dienstbezüge stellen ein so genanntes Verwendungseinkommen im öffentlichen Dienst dar. Zu den Grundsätzen siehe Fall 3 a).

b) Vorversterben der Ehefrau

Hier kommt es zu einem Zusammentreffen zweier Versorgungsbezüge in der Person des Oberstleutnant a. D. Es gelten die Grundsätze des Falles 5 b).

Beispiel 7:

Oberstleutnant; Ehefrau Beamtin (Lehrerin) a. D.

a) Vorversterben des Soldaten

Auch hier gilt das unter Fall 5 a) Gesagte. In der Person der Beamtin a. D. kommt es zum Zusammentreffen von 2 Versorgungsbezügen.

b) Vorversterben der Beamtin a. D.

Der aktive Soldat erhält seine vollen Dienstbezüge weiter, das Witwergeld (60 v. H. aus der Pension A 13) unterliegt ebenfalls aufgrund des so genannten Verwendungseinkommens des Soldaten im öffentlichen Dienst einer Hinzuverdienstanrechnung gemäß § 53 Abs. 2 Nr. 1 SVG.

Die Hinzuverdiensthöchstgrenze beträgt auch hier 100 v. H. der ruhegehaltfähigen Dienstbezüge aus der Endstufe der Besoldungsgruppe A 13.

2 Sonderfallkonstellationen

Zum einen handelt es sich um den Fall, dass die Pension des Soldaten im Ruhestand aufgrund einer rechtskräftigen Scheidung um den so genannten → Versorgungsausgleich gekürzt wird (Beispiel 1).

Im anderen Fall geht es darum, dass der Soldat im Ruhestand neben seinem Versorgungsbezug (Ruhegehalt) noch eine Altersrente aus der gesetzlichen Rentenversicherung bezieht (Beispiel 2).

Bei allen Beträgen handelt es sich wieder um Bruttobeträge.

Beispiel 1:

StFw a. D. (A 9), ruhegehaltfähige Dienstbezüge: 2 703,16 EUR, Ruhegehalt (75 v. H.): 1 994,42 EUR, Kürzung wegen Versorgungsausgleichs aufgrund vorangegangener rechtskräftiger Scheidung: 700,00 EUR, gekürztes Ruhegehalt: 1 294,42 EUR; Ehefrau Rentnerin, Rente (BfA): 800,00 EUR

a) Vorversterben des Soldaten im Ruhestand (Versorgungsempfänger)

Grundsatz: Die Witwe erhält ein Witwengeld in Höhe von 60 v. H. des Ruhegehalts des Versorgungsempfängers. Dieses Witwengeld wird aber ebenfalls um den Versorgungsausgleich gemindert, jedoch nicht um den vollen Versorgungsausgleichsbetrag, sondern lediglich um ebenfalls 60 v. H. des Betrages, um den das

Ruhegehalt selbst beim Pensionär gemindert wird. Dies ergibt sich aus § 55c Abs. 3 des Soldatenversorgungsgesetzes (SVG).

Die eigene Rente (BfA) erhält die Witwe dagegen gemäß § 55a Abs. 3 Nr. 2 SVG in voller Höhe weiter.

Es ergeben sich also folgende Zahlen auf der Grundlage des Beispiels:

Witwengeld (60 v. H. des ungekürzten Ruhegehalts)	1 196,65 EUR
abzüglich Versorgungsausgleich (60 v. H. von 700,00 EUR)	420,00 EUR
gekürztes Witwengeld	776,65 EUR

Hinzu tritt ungekürzt die eigene Rente der Ehefrau in Höhe von 800,00 EUR, sodass sich eine Gesamtversorgung für die Witwe in Höhe von 1 576,65 EUR ergibt.

b) Vorversterben der Ehefrau

Grundsatz: Der Versorgungsempfänger erhält gemäß § 55a Abs. 3 Nr. 1 SVG sein um den Versorgungsausgleich gekürztes Ruhegehalt weiterhin.

Die Witwerrente über die verstorbene Ehefrau wird einkommensabhängig gewährt, wobei als zu berücksichtigendes Einkommen ebenfalls nur das bereits um den Versorgungsausgleich geminderte Ruhegehalt angesetzt wird. Es gilt also das Prinzip der so genannten Nettoanrechnung.

Witwerrente (60 v. H. von 800,00 EUR)	480,00 EUR
Anzurechnendes Einkommen:	
um Versorgungsausgleich gemindertes Ruhegehalt	1 294,42 EUR
zuzüglich 1/12 Sonderzahlung	
(ungekürztes Jahresruhegehalt x 0,0417 : 12)	83,17 EUR
gesamt	1 377,59 EUR

abzüglich Pauschbetrag 23,7 v. H. (§ 18b Abs. 5 Nr. 4 SGB IV)	326,49 EUR
verbleibendes Einkommen	1 051,10 EUR
abzüglich Freibetrag (§ 97 Abs. 2 SGB VI)	689,83 EUR
verbleibendes Einkommen	361,27 EUR
davon 40 v. H. (§ 97 Abs. 2 Satz 3 SGB VI)	144,51 EUR

Die Witwerrente in Höhe von 480,00 EUR wird um 144,51 EUR auf 335,49 EUR reduziert.

Als Gesamteinkommen ergibt sich ein Betrag in Höhe von 1 629,91 EUR (um Versorgungsausgleich gemindertes Ruhegehalt zuzüglich verminderte Witwerrente).

Beispiel 2:

Stabsfeldwebel a. D. (A 9), ruhegehaltfähige Dienstbezüge: 2 703,16 EUR, Ruhegehalt (75 v. H.): 1 994,42 EUR, Altersrente (BfA): 360,00 EUR, daher Kürzung des Ruhegehaltes wegen gleichzeitigen Rentenbezuges gemäß § 55a SVG auf 1 634,42 EUR; Ehefrau Rentnerin, Rente (BfA): 680,00 EUR

a) Vorversterben Ehemann

Die Witwe behält ihre eigene Rente in Höhe von 680,00 EUR in vollem Umfang.

Daneben erhält sie ein Witwengeld (60 v. H. der ungekürzten Pension des Ehemannes) in Höhe von 1 196,65 EUR sowie eine Witwenrente (60 v. H. der Altersrente des verstorbenen Ehemannes) in Höhe von 216,00 EUR.

Zu beachten ist jedoch, dass wie beim Soldaten im Ruhestand auch bei der Hinterbliebenenversorgung im Falle des Zusammentreffens von Witwengeld und Witwenrente eine Kürzung erfolgt. Das Witwengeld ist um 60 v. H. des Betrages zu mindern, um den die Pension des Verstorbenen selbst gekürzt wurde, also um

216,00 EUR (= 60 v. H. von 360,00 EUR). Die eigene Rente der Witwe bleibt ungekürzt.

Im Falle des Erstversterbens des Ehemannes ergibt sich also für die Witwe folgende Gesamtversorgung:

eigene Altersrente	680,00 EUR
Witwenrente	216,00 EUR
gekürztes Witwengeld (1 196,65 EUR – 216,00 EUR)	980,65 EUR
	1 876,65 EUR

b) Vorversterben Ehefrau

Der Pensionär behält das wegen Rentenbezugs gekürzte eigene Ruhegehalt in Höhe von 1 634,42 EUR sowie die eigene Altersrente in Höhe von 360,00 EUR.

Daneben hat er grundsätzlich Anspruch auf eine Witwerrente (60 v. H. der Altersrente der verstorbenen Ehefrau), also in Höhe von 408,00 EUR.

Diese Witwerrente ist jedoch einkommensabhängig. Das anzurechnende Einkommen ist wie folgt zu bestimmen:

um Rente gekürzter Versorgungsbezug	1 634,42 EUR
zuzüglich 1/12 Sonderzahlung	
(ungekürzter Versorgungsbezug x 0,0417 : 12)	68,16 EUR
gesamt	1 702,58 EUR
abzüglich 23,7 v. H. Pauschbetrag	403,51 EUR
verbleibendes Einkommen	1 299,07 EUR
zuzüglich Rente	360,00 EUR
Gesamteinkommen	1 659,07 EUR
abzüglich Freibetrag	689,83 EUR
verbleibendes Einkommen	969,24 EUR
davon 40 v. H.	387,70 EUR

Da das anzurechnende Einkommen in Höhe von 387,70 EUR von der eigentlichen Witwerrente in Höhe von 408,00 EUR abzuziehen ist, erhält der Pensionär vorliegend über die Ehefrau eine zusätzliche Witwerrente in Höhe von nur noch 20,30 EUR.

Gesamteinkommen:

um Rente gekürztes Ruhegehalt	1 634,42 EUR
Altersrente	360,00 EUR
gekürzte Witwerrente	20,30 EUR
	2 014,72 EUR

Ratgeber für Hinterbliebene

Jeder Berufssoldat sollte für den Sterbefall eine Dokumentenmappe mit wichtigen Hinweisen hinterlassen. Mit den nachfolgenden Ausführungen soll dargelegt werden, welche Hinweise für die meist ratlosen Hinterbliebenen von besonderer Wichtigkeit sind. Das Wichtigste ist die genaue Anschrift und Telefonnummer des zuständigen Sozialberaters der Standortverwaltung.

Weitergehende Informationen enthält der Walhalla-Ratgeber „Das aktuelle Erbrecht" (ISBN 3-8029-3525-X).

Vorbereitungsliste für den Todesfall		
1.	**Benachrichtigungen – Mitteilungen**	
1.1	Benachrichtigung des Sozialberaters der Standortverwaltung. Berät in allen Fragen, hilft beim Schriftverkehr (Beihilfestelle, WBV usw.)	Adresse und Telefonnummer des Sozialberaters ....
1.2	Beauftragung eines Bestattungsunternehmens. Erledigt alle Formalitäten (Beschaffung einer Grabstätte, Beschaffung der Sterbeurkunde usw.)	Gegebenenfalls Adresse eines Bestattungsunternehmers ....

Fortsetzung: Vorbereitungsliste für den Todesfall

1.3	Mitteilung an Wehrbereichsverwaltung. Dem Schreiben an Unterlagen beifügen: Sterbeurkunde, Steuerkarte für die Witwe (bei Gemeinde erhältlich) und Angabe der Bankverbindung	Adresse der zuständigen Wehrbereichsverwaltung . . . .
1.4	Mitteilung an Rentenversicherung. Erforderlich, wenn Rentenansprüche bestehen; Antrag auf Witwenrente stellen	Adresse BfA/LVA Vers.-Nr. (Hinweise auf Unterlagen) . . . .
1.5	Benachrichtigung des Vorsitzenden der Kameradschaft des DBwV	Adresse und Telefonnummer des Vorsitzenden . . . .
1.6	Kündigung bzw. Änderung bestehender Versicherungen, Kranken-, Unfall-, Lebensversicherungen usw.	Hinweise auf Unterlagen . . . .
1.7	Beantragung eines Erbscheines. richt, Erforderlich, wenn Nachlass vorhanden	Zuständiges Amtsge- Hinweis auf Unterlagen (Erbverträge, Testament) . . . .
1.8	Militärisches Begräbnis (falls erwünscht)	
1.8.1	Einschaltung eines Militärpfarrers	Adresse des zuständigen Militärpfarrers . . . .
1.8.2	Bestattung mit militärischen Ehren nach ZDv 10/8 Nr. 26, Gestellung einer Abordnung von Soldaten. Antrag ist zu stellen an die zuständige StOV.	Adresse der zuständigen Standortverwaltung . . . .
1.8.3	Kranzspende der letzten Einheit	Adresse der letzten Einheit . . . .

Fortsetzung: Vorbereitungsliste für den Todesfall

2.	**Vermögensaufstellung**			
	Vermögensart und Ort, Vertragspartner	Konto-Nr. Vertrags-Nr. Sonstige Bezeichnung	Betrag Wert	Anmerkungen Ort der Unterlagen usw.
2.1	Bankguthaben, Postscheckguthaben Sparguthaben			
	a) bei	....	....	....
	b) bei	....	....	....
2.2	Bausparverträge, Sparverträge			
	a) bei	....	....	....
	b) bei	....	....	....
2.3	Wertpapiere, Wertgegenstände			
	a) bei	....	....	....
	b) bei	....	....	....
2.4	Grundbesitz			
	a) in	....	....	....
	b) in	....	....	....
2.5	Forderungen, Darlehen und sonstiges Vermögen			
	a) bei	....	....	....
	b) bei	....	....	....
2.6	Verbindlichkeiten, Girokonto, Darlehen			
	a) bei	....	....	....
	b) bei	....	....	....

Sonstige Hinweise

- Abmeldung des Kraftfahrzeugs beim Straßenverkehrsamt, Abmeldung der Haftpflichtversicherung, Kündigung von Mitgliedschaft bei Verbänden, bei Vereinen usw.

- Bei den Wohnungsangelegenheiten ist mit dem Vermieter der Fortbestand des Mietverhältnisses zu regeln. Ferner ist zu prüfen, ob nach dem Wohngeldgesetz ein Zuschuss gewährt werden kann, da durch den Tod möglicherweise infolge des geminderten Familieneinkommens Anspruch auf Wohngeld begründet wird. Falls bereits Wohngeld gezahlt wird, ist Antrag auf Neufestsetzung zu stellen, da sich das Familieneinkommen um mehr als 15 v. H. verringert hat. Beim Finanzamt können gegebenenfalls bei der Veranlagung zur Einkommensteuer die durch den Todesfall entstehenden Kosten als außergewöhnliche Belastung geltend gemacht machen.

Bestattung mit militärischen Ehren auf Antrag

Genaue Auskunft für Trauerfeierlichkeiten gibt die ZDv 10/8 (Militärische Formen und Feiern). In Kapitel 3 heißt es unter „Allgemeines": „Den im Dienst oder außerhalb des Dienstes verstorbenen Soldaten der Streikräfte, ehemaligen Soldaten und anderen Persönlichkeiten sind nach dieser Vorschrift die letzten militärischen Ehren zu erweisen."

Unter den Ziffern III und IV werden die Trauerfeier und Bestattung im Standort bzw. außerhalb des Standortes geregelt. Besondere Fälle sind unter V aufgeführt. Hier heißt es, dass „bei Todesfällen ehemaliger Berufssoldaten der Bundeswehr, der Wehrmacht, der Reichswehr und der alten Armeen und der Marine auf Wunsch der nächsten Angehörigen durch den Befehlshaber in den Wehrbereichen nach Prüfung die Entsendung einer Abordnung veranlasst werden kann". Abweichend von der unter III und IV vorgesehenen Abordnung besteht Letztere aus 3 Soldaten. Alle entsprechenden Anträge sind durch die Truppenteile/Dienststellen unter nachrichtlicher Beteiligung des zuständigen Wehrbereichskommandos fernschriftlich – in Ausnahmefällen auch fernmündlich – dem BMVg – zur Genehmigung zuzuleiten.

Hinzuverdienstregelung

→ Ruhensregelung

→ Anschlussarbeitsverhältnis Pensionär

Kapitalabfindung (Kapitalisierung der Versorgungsbezüge)

Wer kann eine Kapitalabfindung erhalten?

Ein Soldat (Berufssoldat) im Ruhestand (gilt auch bei vorzeitiger Entlassung wegen Dienstunfähigkeit oder nach dem → Personalanpassungsgesetz) kann auf Antrag einen Teil des Ruhegehalts als Kapitalabfindung erhalten (§§ 28–35 SVG).

Ein Antrag auf Übersendung der erforderlichen Unterlagen kann bereits vor Eintreten in den Ruhestand, aber frühestens 3 Monate vor Pensionierung, bei der zukünftig für den Ruhestandssoldaten zuständigen WBV gestellt werden.

Eine Kapitalabfindung erhalten nicht:

- Soldaten im Ruhestand, die wieder in die Bundeswehr eingestellt sind oder als Beamte oder Arbeitnehmer im öffentlichen Dienst verwendet werden;
- Hinterbliebene von Berufssoldaten;
- Soldaten im Ruhestand, die im Zeitpunkt des Eingangs des Antrages das 55. Lebensjahr überschritten haben, es sei denn, die Nichtgewährung würde für sie eine besondere Härte bedeuten und sie hätten im Zeitpunkt des Antrages das 60. Lebensjahr noch nicht vollendet. Eine besondere Härte liegt insbesondere dann vor, wenn

  1. ein Berufssoldat, dessen besondere Altersgrenze vor dem vollendeten 55. Lebensjahr liegt, nicht zum frühestmöglichen Zeitpunkt (53. Lebensjahr) in den Ruhestand versetzt, sondern über die Vollendung des 55. Lebensjahres hinaus ohne weitere Beförderung in der Bundeswehr behalten wird,
  2. ein Berufssoldat, dessen Altersgrenze nach dem vollendeten 55. Lebensjahr liegt, nach vollendetem 55. Lebensjahr, jedoch vor Erreichen seiner Altersgrenze wegen Dienstunfähigkeit in den Ruhestand versetzt wird und sich zuvor auf ein förderungswürdiges Vorhaben eingelassen hat, das er bei normalem Ablauf seiner Laufbahn hätte bewältigen können,

3. ein Soldat im Ruhestand auf Grund eines unvorhersehbaren Ereignisses, das ihm erhebliche finanzielle Schwierigkeiten bringt, den Antrag noch vor Vollendung des 56. Lebensjahres stellt.

Eine besondere Härte wird nicht anerkannt, wenn nur wirtschaftliche Gründe geltend gemacht werden:

- Soldaten im Ruhestand, die die Kapitalabfindung zu anderen als den unten genannten Grundsatzvorhaben (Nummer 1 bis 4) verwenden möchten.

Voraussetzungen zur Bewilligung einer Kapitalabfindung

- Vorlage eines amtsärztlichen Gesundheitszeugnisses, aus dem ersichtlich ist, dass im Zeitpunkt der Überprüfung des Gesundheitszustandes keine Anhaltspunkte erkennbar sind, die den Wegfall der Versorgungsbezüge während des zehnjährigen Abfindungszeitraumes wahrscheinlich machen. Die Kosten hierfür sind von dem zu Untersuchenden selbst zu tragen.
- Ein den gesetzlichen Bestimmungen entsprechender Verwendungszweck (so genannte Grundsatzvorhaben), nämlich:
  1. zur Schaffung oder Verbesserung einer Existenzgrundlage,
  2. zum Erwerb oder zur wirtschaftlichen Stärkung eigenen Grundbesitzes,
  3. zum Erwerb grundstücksgleicher Rechte,
  4. zur Beschaffung einer Wohnstätte.

  Dem gesetzlich anerkannten Verwendungszweck dient eine Kapitalabfindung insbesondere:
  1. zum Erwerb oder zur Pachtung eines Unternehmens,
  2. zur Beteiligung an einem Unternehmen,
  3. zur Begründung einer eigengewerblichen Tätigkeit durch die Ehefrau oder die Kinder, wenn dadurch die Existenz des Antragstellers hinreichend mitgesichert oder verbessert wird,
  4. zum Erwerb von Grundstücken oder grundstücksgleichen Rechten (zum Beispiel Erbbaurecht, Erbpacht),
  5. zum Erwerb oder Bau eines Eigenheims,

6. zum Erwerb der Mitgliedschaft in einem als gemeinnützig anerkannten Wohnungs- und Siedlungsunternehmen, wenn hierdurch die Anwartschaft auf baldige Übereignung eines Familienheims, einer Eigentumswohnung oder einer Siedlerstelle sichergestellt wird,
7. zur Finanzierung eines eigenen Bausparvertrages mit einer Bausparkasse oder dem Beamtenheimstättenwerk für die Zwecke nach den Nummern 5, 8, 9, 12 und 13 sowie zum Erwerb von Bauland, in der Regel jedoch nur dann, wenn der Bausparvertrag innerhalb von 1 1/2 Jahren zuteilungsreif wird,
8. zur Verbesserung der Belastungsverhältnisse an Grundstücken,
9. zum Aufbau, zur Instandsetzung und Erweiterung von Wohn- und Wirtschaftsgebäuden,
10. zum Erwerb von land- oder forstwirtschaftlichen Landflächen zur Vergrößerung des Grundbesitzes,
11. zur Durchführung von Bodenverbesserungen zur Steigerung der Ertragsfähigkeit,
12. zum Erwerb oder zur wirtschaftlichen Stärkung eines Wohnungseigentums nach dem Wohnungseigentumsgesetz,
13. zum Erwerb eines Dauerwohnrechts nach dem Wohnungseigentumsgesetz, wenn der Dauernwohnberechtigte wirtschaftlich einem Wohnungseigentümer gleichgestellt ist und das Fortbestehen des Dauerwohnrechts im Falle der Zwangsversteigeurng nach § 39 des Wohnungseigentumsgesetzes vereinbart wird,
14. zur Leistung eines Baukostenzuschusses oder einer Mietvorauszahlung für eine Mietwohnung (Ausbauwohnung).

Eine Kapitalabfindung kann auch gewährt werden, wenn ein Grundstück Bestandteil eines gemeinschaftlichen Vermögens zur gesamten Hand auf Grund eines bestimmten Rechtsverhältnisses (zum Beispiel Miterbengemeinschaft, allgemeine Gütergemeinschaft, Errungenschaftsgemeinschaft, Gesellschaft) ist. Die Kapitalabfindung darf in diesen Fällen den Teil des Verkehrswertes des Grundstücks nicht übersteigen, der dem Anteil des Antragstellers an dem gemeinschaftlichen Vermögen entspricht; bei Feststellung des Verkehrswertes des Grundstücks sind die Belastungen abzuziehen.

Der Umstand, dass ein Dritter Miteigentümer an einem mit der Kapitalabfindung zu erwerbenden Recht werden soll, steht der Bewilligung der Kapitalabfindung nicht entgegen. Für die Wertverbesserung eines im Eigentum eines Dritten stehenden Grundstücks kann eine Kapitalabfindung nur bewilligt werden, wenn der Antragsteller als Miteigentümer in das Grundbuch eingetragen wird und die Höhe der Kapitalabfindung seinem Anteil am Verkehrswert des Grundstücks entspricht; bei Feststellung des Verkehrswertes des Grundstücks sind die Belastungen abzuziehen.

Eine Kapitalabfindung darf unter anderem nicht gewährt werden,

1. wenn das Eigentum an einem Grundstück erst nach einer längeren Bewährungsfrist auf den Antragsteller übertragen werden soll, es sei denn, dass der Grundstückseigentümer sich vertraglich verpflichtet, bei späterer Nichtübertragung des Eigentums den zu diesem Zeitpunkt rückzahlbaren Abfindungsbetrag zurückzuzahlen,
2. wenn mit ihr ein Recht aus einer Sache oder an einem Grundstück zu Bedingungen erworben werden soll, die für den Antragsteller eine unzumutbare Belastung bedeuten,
3. zur Beschaffung einer Wohnungseinrichtung oder von sonstigem Hausrat,
4. zur ausschließlichen Behebung wirtschaftlicher Not,
5. zum Erwerb kurzlebiger, nicht der wirtschaftlichen Existenz dienender Wirtschaftsgüter,
6. wenn sie zu einer unzumutbaren Belastung oder Gefährdung des Lebensunterhalts des Antragstellers und seiner Familie führen würde,
7. wenn mit ihr offensichtlich Spekulationszwecke verfolgt werden sollen.

Höhe der Kapitalabfindung

Der zu kapitalisierende Teil des Ruhegehalts, an dessen Stelle die Abfindungssumme tritt, darf die Hälfte des zur Zeit der Kapitalisierung zahlbaren jährlichen Ruhegehalts ohne Berücksichtigung der kinderbezogenen Anteile des Familienzuschlages sowie des Kindergeldes und 2 455,00 EUR jährlich nicht übersteigen.

Der Anspruch auf den Teil des Ruhegehalts, an dessen Stelle die Abfindungssumme tritt, erlischt mit Ablauf des Monats der Auszahlung für die Dauer von 10 Jahren.

Die Höchstsumme der Kapitalabfindung beträgt das Zehnfache des festgesetzten Jahresbetrages, also 24 550,00 EUR (2 455,00 EUR x 10 Jahre). Von der bewilligten Summe werden nur 9/10 ausgezahlt, im Höchstfall demnach 22 095,00 EUR (24 550,00 EUR ./. 2 455,00 EUR).

Der kapitalisierte Teil des Ruhegehalts errechnet sich nach folgender Formel:

$$\text{Kapitalisierter Teil des Ruhegehalts: } \frac{\text{Beantragte Summe}}{\text{10 (Jahre) x 12 (Monate)}}$$

Beispiel:

1.	Beantragte Summe	24 550,00 EUR
	Auszahlbarer Betrag (9/10)	22 095,00 EUR
	Kapitalisierter Teil des Ruhegehalts = 24 550 EUR : 120	204,58 EUR
2.	Beantragte Summe	18 800,00 EUR
	Auszahlbarer Betrag (9/10)	16 920,00 EUR
	= 18 800,00 EUR : 120	156,67 EUR

Mit dem Erlöschen des Anspruchs auf den kapitalisierten Teil des Ruhegehalts steht insoweit Ruhegehalt nicht mehr zu, sodass der Grundbetrag der jährlichen Sonderzahlung (Weihnachtsgeld!) nur nach dem verbleibenden Teilruhegehalt zu gewähren ist.

Zahlungsweise der Kapitalabfindung

Die Kapitalabfindung wird nach den im Bewilligungsbescheid bezeichneten Bedingungen und Auflagen an den/die im Bescheid bezeichneten Empfangsberechtigten gezahlt. Bei Zahlungen an ein Geldinstitut wird die Kapitalabfindung zugunsten des Abgefundenen verzinslich angelegt.

Soll mit der Kapitalabfindung unter anderem ein Grundstück oder Kaufeigenheim erworben werden, so wird in der Regel die Auszahlung von der vorherigen Eintragung des Eigentumsüberganges (Auflassung) auf den Käufer (Antragsteller) abhängig gemacht. Zumindest ist der Nachweis darüber zu führen, dass eine entsprechende Auflassungsvormerkung im Grundbuch eingetragen ist.

Sicherungsmaßnahmen

Die Bewilligung einer Kapitalabfindung setzt in der Regel Maßnahmen zur dinglichen Sicherung voraus (Sicherungshypothek, Veräußerungs- und Belastungsverbot, Schuldmitübernahme der Ehefrau des Berechtigten usw.).

Kosten

Alle gerichtlichen und außergerichtlichen Beurkundungen, Urkunden, Vollmachten, amtlichen Bescheinigungen, Eintragungen und Löschungen im Grundbuch, die zur Durchführung des Kapitalabfindungsverfahrens notwendig sind, sind kostenfrei (§ 35 SVG).

Gebühren und Auslagen für Notare sind in dieser Vorschrift nicht einbezogen.

Desgleichen können zur Beibringung des amtsärztlichen Gesundheitszeugnisses eventuell entstandene Kosten nicht erstattet werden; sie sind auch nicht beihilfefähig.

Rückzahlung der Kapitalabfindung

Nach vorzeitiger Rückzahlung der Kapitalabfindung ist eine erneute Bewilligung während des Abfindungszeitraumes nicht zulässig.

Stirbt der Antragsteller nach Auszahlung der Kapitalabfindung, entfällt für die Hinterbliebenen die Pflicht zur Rückzahlung.

Verwaltungsverfahren

Auf die Bewilligung einer Kapitalabfindung besteht kein Rechtsanspruch.

Es empfiehlt sich daher nicht, Verpflichtungen, die mit Mittel der Kapitalabfindung zu erfüllen sind, vor Erhalt eines Bewilligungsbescheides einzugehen. Der Antragsteller läuft sonst Gefahr, auf Erfüllung in Anspruch genommen zu werden, obwohl ihm eine Kapitalabfindung schließlich versagt wird. Geht der Antragsteller dennoch vorzeitig Bindungen ein, so gehen diese ausschließlich zu seinen Lasten und bilden keinen Grund für die Bewilligung der beantragten Kapitalabfindung.

Über den Antrag auf Gewährung einer Kapitalabfindung entscheidet der Bundesminister der Verteidigung, vertreten durch die Wehrbereichsverwaltung.

Der Antragsteller kann zur Beschleunigung des Verfahrens wesentlich beitragen, wenn er das beiliegende Antragsformular sorgfältig ausfüllt, Anfragen und Auflagen umgehend erledigt und erforderliche Unterlagen sofort vorlegt.

Kapitalabfindung nach dem Bundesversorgungsgesetz

Soweit eine Grundrente gemäß BVG aufgrund Kriegsbeschädigung oder nach Ausscheiden aus der Bundeswehr wegen einer WDB gewährt wird, kommt eine Kapitalisierung unter folgenden Voraussetzungen in Betracht:

- zum Erwerb oder zur wirtschaftlichen Stärkung eigenen Grundbesitzes;
- zum Erwerb oder zur wirtschaftlichen Stärkung eines Wohnungseigentums;
- zur Finanzierung eines Kaufeigenheimes oder einer Kaufeigentumswohnung;
- zum Erwerb eines Dauerwohnrechtes nach dem Wohnungseigentumsgesetz;
- zur Finanzierung eines eigenen Bausparvertrages mit einer Bausparkasse oder dem Beamtenheimstättenwerk für die vorerwähnten Zwecke.

Eine Kapitalabfindung kann grundsätzlich nur gewährt werden, wenn der Beschädigte nicht jünger als 21 und nicht älter als 55 Jahre ist, der Versorgungsanspruch anerkannt ist und für eine nützliche Verwendung des Geldes Gewähr besteht. Die Kapitalabfindung kann einen Betrag bis zur Höhe der Grundrente umfassen. Sie ist auf die für einen Zeitraum vom 10 Jahren zustehende Grundrente beschränkt.

Eine Kapitalisierung der Rente aus der gesetzlichen Rentenversicherung und des Ausgleichs bei einer WDB für den noch im Dienst befindlichen Soldaten ist im Gegensatz zu den Versorgungsbezügen nach BVG nicht möglich. Etwas anderes gilt für die Unfallrenten der Berufsgenossenschaft.

Einzelfragen aus Rechtsschutz und Rechtsberatung

Amtsärztliches Gutachten

Nach den Richtlinien zu §§ 28 ff. SVG ist die Kapitalabfindung von der Vorlage eines amtsärztlichen Gesundheitszeugnisses abhängig. Die Ausstellung eines Attestes durch die Bundeswehr, insbesondere die truppenärztliche Entlassungsuntersuchung, kann nicht als Ersatz für die erforderliche amtsärztliche Untersuchung dienen.

Eigentümer

Die Kapitalabfindung nach §§ 28 ff. SVG zum Erwerb oder zur wirtschaftlichen Stärkung eigenen Grundbesitzes darf nur in den im Gesetz erwähnten Fällen gewährt werden. Insbesondere muss der Darlehensnehmer Eigentümer sein (hier: Übertragung des Eigentums an Tochter unter Belassung der Darlehensverbindlichkeiten beim Kläger führt zur Versagung).

VG Minden vom 11.11.1987, Az. 10 K 2477/86

Gesundheitszeugnis

Gemäß §§ 28 ff. SVG ist die Vorlage eines amtsärztlichen Gesundheitszeugnisses erforderlich. Der Amtsarzt sah sich nicht in der Lage, die entsprechende positive Entscheidung zu erstellen. Die im Ermessen liegende Entscheidung des Gebührnisamtes auf Ablehnung der Kapitalabfindung ist daher gerechtfertigt.

VG Oldenburg vom 15.02.1992, Az. 6 A 1990/91

Vermietete Objekte

Nach dem Versorgungsreformgesetz ist die Kapitalabfindung für vermietete Objekte ab 01.01.1999 ausdrücklich ausgeschlossen worden.

Karl-Theodor-Molinari-Stiftung e. V. – Bildungswerk des Deutschen BundeswehrVerbandes

Am 19.12.1988 wurde die Karl-Theodor-Molinari-Stiftung e. V., das Bildungswerk des Deutschen BundeswehrVerbandes (DBwV), in Bonn gegründet.

Offiziell begann die Stiftung ihre Bildungstätigkeit am 08.06.1989. Sie führt die seit rund 25 Jahren geleistete politische Bildungsarbeit des DBwV in anderem organisatorischen Rahmen fort und entwickelt sie weiter.

Nach ihrer Satzung verfolgt die Stiftung – sie hat die Rechtsform eines „eingetragenen Vereins" – ausschließlich und unmittelbar gemeinnützige Zwecke auf dem Gebiet der Erziehung und Bildung sowie der Förderung der internationalen Zusammenarbeit auf demokratischer Grundlage.

Dieser Aufgabe dienen vornehmlich Bildungsangebote für Erwachsene, unter anderem in Form von Seminaren, Symposien, Kolloquien und Tagungen. Daneben werden auch wissenschaftliche Arbeiten sowie Grundlagenforschung im Sinne der Satzung unterstützt. Die Seminarangebote, die jeweils in einem Jahresprogramm veröffentlicht werden, stehen den Mitgliedern des Deutschen BundeswehrVerbandes, aber auch allen anderen interessierten Bürgern offen.

Wesentliche Ergebnisse ihrer eigenen und thematisch passender fremder Arbeiten werden in den stiftungseigenen Reihen „Dokumentationen" oder „Forschung aktuell" sowie der Reihe „Forum Innere Führung" herausgegeben.

Die Karl-Theodor-Molinari-Stiftung führt jährlich rund 40 Seminare in den folgenden Themenbereichen durch:

- Gesellschaftspolitik
- Europapolitik
- Internationale Politik
- Sozialpolitik
- Beteiligungsgesetze

- Rhetorik
- berufliche Aus- und Weiterbildung

Daneben führt die Stiftung Europäische Partnerschaftsseminare sowie Fachtagungen und Konferenzen durch.

Ihre wissenschaftliche Arbeit entwickelt die Stiftung unter anderem mit Fördermaßnahmen, Kooperationsveranstaltungen mit Universitäten und dem Dialog mit Forschungseinrichtungen.

Organe: Nach der Satzung sind der Vorstand, das Kuratorium, die Mitgliederversammlung und die Mitgliedervertreterversammlung Organe des Vereins.

Karl-Theodor-Molinari-Stiftung
Alemannenstr. 16
14129 Berlin
www.ktms.org

Kindergeld

Durch das Jahressteuergesetz 1996 ist das Kindergeldrecht in wesentlichen Teilen neu geregelt worden. Es hat einen Systemwechsel gegeben: Die bislang während des jeweiligen Jahres mögliche laufende (kumulative) Inanspruchnahme von Kinderfreibetrag und Kindergeld (Berücksichtigung des Kinderfreibetrages in den Lohnsteuertabellen, zusätzlich laufendes Kindergeld) ist ab dem Jahre 1996 durch eine Regelung abgelöst worden, wonach das Finanzamt erst bei der Steuerveranlagung von Amts wegen prüft, ob das Kindergeld die steuerliche Wirkung des Kinderfreibetrages erreicht. Die Eintragung von Kindern auf der Lohnsteuerkarte hat danach für den Steuerabzug lediglich noch Bedeutung für den Solidaritätszuschlag und die Kirchensteuer.

Das heißt praktisch: Während des laufenden Jahres wird nur monatliches Kindergeld gezahlt. Soweit es den für die gebotene steuerliche Freistellung erforderlichen Betrag übersteigt, dient es der Förderung der Familie. Reicht es für die gebotene Steuerfreistellung nicht aus oder wird es nicht beantragt, wird bei der Veranlagung zur Einkommensteuer vom Finanzamt (zusätzlich) ein Kinderfreibetrag berücksichtigt, der gegebenenfalls mit dem ausgezahlten Kindergeld verrechnet wird.

Soldaten und Versorgungsempfänger erhalten das Kindergeld (Bewilligung und Auszahlung) nach wie vor von ihrer WBV. Außerhalb des öffentlichen Dienstes wird das Kindergeld von den Familienkassen der Arbeitsverwaltung ausgezahlt.

Wegen der jeweils gültigen Einzelheiten wird auf das Bundeskindergeldgesetz, die von der Arbeitsverwaltung und die vom BMVg herausgegebenen Hinweise verwiesen. Im Übrigen wird empfohlen, sich wegen weiterer Unterrichtung an die zuständige Wehrbereichsverwaltung zu wenden.

Kurzmerkblatt zum Kindergeld

Mit Bundessteuerblatt 2005, Nr. 9, Teil I, S. 635 ff., sind die gültigen Richtlinien für Erhalt und Beantragung des Kindergeldes veröffentlicht worden; wir drucken Sie nachstehend ab:

„Dieses Merkblatt soll Ihnen einen Überblick über das Kindergeldrecht nach dem Einkommensteuergesetz (EStG) geben. Fragen – auch zu kindbezogenen Leistungen (z. B. Orts–/Sozial–/Familienzuschlag) – beantwortet Ihnen Ihre Familienkasse/Bezügestelle.

Bitte lesen Sie die folgenden Hinweise in Ihrem eigenen Interesse genau durch. Überzahlungen bei Wegfall des Kindergeldes und der kindbezogenen Leistungen müssen Sie zurückzahlen. Bitte beachten Sie, dass Sie verpflichtet sind, Änderungen in den Verhältnissen, die für das Kindergeld erheblich sind oder über die Sie im Zusammenhang mit dem Kindergeld Erklärungen abgegeben haben, unverzüglich der zuständigen Familienkasse mitzuteilen. Die Mitteilungspflicht bezieht sich auch auf Änderungen in den Verhältnissen solcher Kinder, für die Sie zwar kein Kindergeld beziehen, deren Berücksichtigung als Zählkind aber zu einem höheren Anspruch führt. Sie besteht in vollem Umfang auch dann, wenn Sie und Ihr Kind entscheidungserhebliche Daten (z. B. dessen Einkünfte und Bezüge, vgl. Punkt 2.2) voneinander getrennt der Familienkasse übermittelt haben. Ein Verstoß gegen diese Pflicht kann den Tatbestand einer Straftat oder Ordnungswidrigkeit erfüllen.

1. Für alle Kindergeld–Empfänger

1.1 Im Rahmen des Familienleistungsausgleichs (seit 1996) wird die Steuerfreistellung eines Einkommensbetrags in Höhe des Existenzminimums Ihres Kindes durch die steuerlichen Freibeträge nach § 32 Abs. 6 EStG (Kinderfreibetrag und Freibetrag für den Betreuungs- und Erziehungs- oder Ausbildungsbedarf) oder das Kindergeld bewirkt. Hierfür wird Ihnen zunächst immer – soweit die Anspruchsvoraussetzungen vorliegen – das Kindergeld laufend monatlich als Steuervergütung gezahlt. Das Finanzamt prüft von Amts wegen bei Ihrer Veranlagung zur Einkommensteuer, ob das Kindergeld die gebotene steuerliche Freistellung bewirkt oder die Freibeträge abzuziehen sind. Die Freibeträge auf Ihrer Lohnsteuerkarte haben nur Bedeutung für die Festsetzung der Kirchensteuer und des Solidaritätszuschlages.

1.2 Die Familienkassen des öffentlichen Dienstes sind nur zuständig für die Festsetzung und Zahlung des Kindergeldes an Berechtigte, die der unbeschränkten Einkommensteuerpflicht unterliegen. Diese Voraussetzung erfüllen Sie, wenn Sie in Deutschland einen Wohnsitz oder Ihren gewöhnlichen Aufenthalt haben. Wenn Sie im Ausland wohnen, können Sie u. U. auf Antrag als unbeschränkt einkommensteuerpflichtig behandelt werden. Beschränkt steuerpflichtige Personen können Kindergeld unter bestimmten Voraussetzungen von der Agentur für Arbeit (Familienkasse) erhalten.

1.3 Kindergeld wird für alle Kinder bis zum vollendeten 18. Lebensjahr gezahlt; darüber hinaus nur unter besonderen Voraussetzungen (vgl. Punkt 2). Die Höhe des Kindergeldes beträgt seit dem Jahr 2002 für Kinder, die im Inland oder in Staaten wohnen, die der EU oder dem EWR angehören, für das erste, zweite und dritte Kind monatlich je154 EUR, für jedes weitere Kind monatlich je 179 EUR.
Leben Ihre Kinder im übrigen Ausland, besteht nur ausnahmsweise und u. U. in geringerer Höhe ein Anspruch auf Kindergeld. Kindergeld für alle im Ausland – auch in der EU/im EWR – lebenden Kinder wird von der Agentur für Arbeit Familienkasse festgesetzt.

1.4 Bei nicht verheirateten, getrennt lebenden oder geschiedenen Eltern wird das Kindergeld demjenigen Elternteil gewährt, der das Kind in seinen Haushalt aufgenommen hat. Ist das Kind nicht in den Haushalt eines Elternteils aufgenommen, erhält das Kindergeld derjenige Elternteil, der ihm die höhere Unterhaltsrente (Geldleistung) zahlt. Für Enkelkinder, die, ohne im Haushalt des Berechtigten aufgenommen zu sein, nur von diesem überwiegend unterhalten werden, besteht kein Anspruch auf Kindergeld.
Neben verheirateten können auch unverheiratete, in Lebensgemeinschaft wohnende Eltern bestimmen, wer von ihnen das Kindergeld erhalten soll, wenn das Kind im gemeinsamen Haushalt lebt. Hierdurch kann sich der Anspruch auf Kindergeld und die Höhe des Gesamtanspruches ändern. Im öffentlichen Dienst kann damit eine Änderung der kindbezogenen Leistungen verbunden sein.

2. Für Kindergeld–Berechtigte mit Kindern über 18 Jahren

2.1 Ihr Kind wird über das 18. Lebensjahr hinaus bis zur Vollendung des 27. Lebensjahres berücksichtigt, wenn es für einen Beruf ausgebildet wird, sich in einer Übergangszeit von höchstens vier Monaten befindet (z. B. zwischen zwei Ausbildungsabschnitten, vor und nach dem Wehr- bzw. Zivildienst, einem entsprechenden Ersatzdienst oder einem Freiwilligendienst), wenn es mangels Ausbildungsplatzes eine Berufsausbildung nicht beginnen oder fortsetzen kann, ein freiwilliges soziales oder ökologisches Jahr oder einen Europäischen Freiwilligendienst (Aktionsprogramm „Jugend“) oder einen Dienst nach § 14b des Zivildienstgesetzes im Ausland ableistet. Ist Ihr Kind arbeitsuchend, kann es bis zum vollendeten 21. Lebensjahr berücksichtigt werden. Heiratet Ihr Kind, sind Sie spätestens ab dem auf die Eheschließung folgenden Monat nicht mehr kindergeldberechtigt, es sei denn, der Ehepartner ist aufgrund niedrigen Einkommens zum Unterhalt Ihres Kindes nicht in der Lage. Entsprechendes gilt, wenn Ihr Kind eine eingetragene Lebenspartnerschaft eingeht.

2.2 Einkünfte und Bezüge Ihres Kindes, die zur Bestreitung des Lebensunterhaltes oder der Berufsausbildung bestimmt oder geeignet sind, führen zum Wegfall des Kindergeldanspruchs, wenn sie 7 680 EUR im Kalenderjahr überschreiten. Es handelt sich um einen Jahresbetrag, d. h. eine zeitliche Zusammenballung von Einkünften, z. B. von Studenten während der Semesterferien, führt nicht zum vorübergehenden Wegfall des Kindergeldanspruchs, wenn in der Jahresbetrachtung die Grenze nicht überschritten wird; bei Überschreiten der Grenze fällt der Anspruch allerdings (auch rückwirkend) für das ganze Kalenderjahr weg. Für jeden Kalendermonat, in dem die Anspruchsvoraussetzungen an keinem Tag vorgelegen haben (z. B. keine Ausbildung, Ableistung von Grundwehr– oder Zivildienst), ermäßigt sich der Jahresbetrag um ein Zwölftel.

Einkünfte und Bezüge Ihres Kindes in diesem Sinne sind insbesondere:

- Einkünfte aus selbstständiger und nichtselbstständiger Tätigkeit (einschließlich vermögenswirksamer Leistungen, Urlaubs– und Weihnachtsgeld), aus Vermietung und Verpachtung, aus Gewerbebetrieb, aus Land– und Forstwirtschaft sowie Einnahmen aus Kapitalvermögen
- Lohnersatzleistungen (z. B. Kranken–, Mutterschafts–, Arbeitslosengeld I/II, Arbeitslosenhilfe, Erwerbsunfähigkeitsrente)
- Unterhalts–, Übergangs–, Ausbildungsgeld, Berufsausbildungsbeihilfe sowie Leistungen nach dem Bundesausbildungsförderungsgesetz (BAföG), soweit diese nicht als Darlehen gewährt werden
- Wohngeld, Leistungen der Sozialhilfe, insbesondere Eingliederungshilfe, soweit das Sozialamt von einer Rückforderung bei gesetzlich unterhaltspflichtigen Personen absieht
- ggf. Unterhaltsleistungen des Ehe–/Lebenspartners Ihres Kindes; ist dieser aufgrund niedrigen Einkommens zum (vollständigen) Unterhalt Ihres Kindes nicht in der Lage, ist die hälftige Differenz seines Netto–Einkommens zu den Einkünften/sonstigen Bezügen Ihres Kindes anzusetzen, wobei dem Ehe-/Lebenspartner das Existenzminimum verbleiben muss; ist Ihr Kind geschieden oder lebt es von seinem Ehepartner dauernd getrennt, sind die tatsächlichen Unterhaltszahlungen anzusetzen

Bei der Ermittlung der Einkünfte aus nichtselbstständiger Arbeit (z. B. Ausbildungsvergütungen) wird der Arbeitnehmer-Pauschbetrag von jährlich 920 EUR oder ggf. höhere (steuerlich berücksichtigungsfähige) Werbungskosten von den Bruttobezügen abgesetzt. Bei den anderen Einkunftsarten werden Werbungskosten oder Betriebsausgaben in Abzug gebracht. Von der Summe der Einkünfte und Bezüge wird darüber hinaus der nicht durch Ersatzleistungen (z. B. Büchergeld bei der Begabtenförderung, Ausbildungshilfen) gedeckte Aufwand abgezogen, der durch eine Ausbildung bedingt ist (so genannte besondere Ausbildungskosten). Ein Verzicht Ihres Kindes auf ihm zustehende Einkünfte und Bezüge ist unbeachtlich; sie werden ihm trotzdem zugerechnet. Keine Einkünfte in diesem Sinne sind Unterhaltsleistungen der Eltern an das Kind.

2.3 Ohne Altersbegrenzung wird Ihr Kind berücksichtigt, wenn es wegen körperlicher, geistiger oder seelischer Behinderung außer Stande ist, sich selbst zu unterhalten.

Hinweise zu den Werbungskosten eines über 18 Jahre alten Kindes

Die Hinweise sollen Ihnen das Ausfüllen des Vordrucks erleichtern und Sie auch über Ihre Pflichten informieren. Sie können allerdings nicht alle Fragen beantworten.

Allgemeine Hinweise

Werbungskosten im steuerlichen Sinne sind alle Aufwendungen, die durch Ihr Arbeitsverhältnis veranlasst sind. Sie können jedoch nur berücksichtigt werden, soweit sie steuerfreie oder pauschal besteuerte Ersatzleistungen Ihres Arbeitgebers übersteigen. Hat Ihr Arbeitgeber derartige Ersatzleistungen steuerfrei oder pauschal besteuert erstattet, müssen Sie diese von den Aufwendungen abziehen. Nur den Restbetrag können sie als Werbungskosten geltend machen. Die Kosten Ihrer Lebensführung gehören nicht zu den Werbungskosten, selbst wenn Sie Ihrer beruflichen Tätigkeit zugute kommen. Die Familienkasse berücksichtigt von sich aus für Werbungskosten einen Arbeitnehmer-Pauschbetrag von 920 EUR jährlich.

Der Vordruck gibt Ihnen die Möglichkeit, Ihre Aufwendungen zu erläutern. Bei Bedarf verwenden Sie bitte ein gesondertes Blatt.

zu 1

Für die Wege zwischen Wohnung und Arbeitsstätte erhalten Sie – unabhängig von der Art, wie Sie zur Arbeitsstätte gelangen – eine Entfernungspauschale. Diese beträgt 30 Cent für jeden vollen Entfernungskilometer.

Die Entfernungspauschale ist grundsätzlich auf einen Höchstbetrag von 4 500 EUR begrenzt. Bei Benutzung öffentlicher Verkehrsmittel können die tatsächlichen Aufwendungen die Entfernungspauschale oder den Höchstbetrag von 4 500 EUR übersteigen. Eine höherer Betrag als 4 500 EUR kann nur bei Nutzung eines eigenen/zur Nutzung überlassenen Kfz angesetzt werden, jedoch müssen Sie die Kosten durch entsprechende Quittungen nachweisen.

Die Entfernungspauschale kann für die Wege zu derselben Arbeitsstelle für jeden Arbeitstag nur einmal angesetzt werden, selbst dann, wenn Sie den Weg zwischen Wohnung und Arbeitsstätte mehrmals arbeitstäglich zurücklegen.

Waren Sie Teilnehmer einer Fahrgemeinschaft, ist hier die Entfernungspauschale grundsätzlich auf den Höchstbetrag von 4 500 EUR begrenzt. Die Begrenzung greift jedoch nicht für die Tage, an denen Sie Ihr eigenes Kfz eingesetzt haben. Für die Entfernungsermittlung gilt Folgendes: Jeder Teilnehmer der Fahrgemeinschaft trägt als Entfernung zwischen Wohnung und Arbeitsstätte seine kürzeste benutzbare Straßenverbindung ein; Umwegstrecken zum Abholen der Mitfahrer werden nicht berücksichtigt. Mit der Entfernungspauschale sind sämtliche Fahrzeugkosten abgegolten. Unfallkosten, die Sie selbst tragen mussten, können jedoch daneben berücksichtigt werden, wenn sich der Unfall auf der Fahrt zwischen Wohnung und Arbeitsstätte ereignet hat.

Wenn Sie von Ihrem Arbeitgeber unentgeltlich oder verbilligt zur Arbeitsstätte befördert wurden (Sammelbeförderung), können Sie für die Strecke der Sammelbeförderung keine Entfernungspauschale geltend machen. Haben Sie jedoch für die Sammelbeförderung ein Entgelt an den Arbeitgeber entrichtet, tragen Sie bitte den Betrag unter 5. (sonstige Werbungskosten) ein.

zu 2

Zu den Beiträgen zu Berufsverbänden gehören Mitgliedsbeiträge z. B. für Gewerkschaften.

zu 3

Zu den Arbeitsmitteln gehören Werkzeuge, typische Berufskleidung, Fachliteratur usw. Dabei können sie nicht nur die Anschaffungskosten, sondern auch die Kosten für Reparaturen und Reinigungen ansetzen. Arbeitsmittel, die nicht mehr als 410 EUR (ohne Umsatzsteuer) kosten, können Sie im Jahr der Bezahlung voll absetzen. Betragen die Anschaffungskosten mehr als 410 EUR, müssen Sie diese auf die Jahre der üblichen Nutzungsdauer verteilen.

zu 4a

Wenn Sie eine Arbeits- oder Ausbildungsstelle gesucht haben, können Sie die Ihnen dadurch entstandenen und nicht erstatteten Kosten hier geltend machen: z. B. Inseratkosten, Telefonkosten, Porto, Kosten für Fotokopien von Zeugnissen sowie Reisekosten anlässlich einer Vorstellung. Es kommt nicht darauf an, ob Ihre Bewerbung Erfolg hatte.

zu 4b

Werbungskosten können vorliegen, wenn die erstmalige Berufsausbildung oder das Erststudium Gegenstand eines Dienstverhältnisses (Ausbildungsdienstverhältnisses) ist. Unabhängig davon, ob ein Dienstverhältnis besteht, können Aufwendungen für die Fortbildung in einem bereits erlernten Beruf und für Umschulungsmaßnahmen, die einen Berufswechsel vorbereiten, als Werbungskosten abziehbar sein. Das gilt auch für Aufwendungen für ein weiteres Studium, wenn dieses mit späteren steuerpflichtigen Einnahmen aus der angestrebten beruflichen Tätigkeit in Zusammenhang steht.

Als Aufwendungen können Sie z. B. Prüfungsgebühren, Fachliteratur, Schreibmaterial, Fahrtkosten usw. geltend machen.

zu 4c

Aufwendungen anlässlich einer Dienstreise sind Werbungskosten. Eine Dienstreise liegt vor, wenn Sie aus beruflichen Gründen vorübergehend außerhalb Ihrer Wohnung und Ihrer regelmäßigen Arbeitsstätte tätig werden (z. B. Fahrten zur Berufsschule).

Zu den Reisekosten gehören Fahrtkosten, Verpflegungsmehraufwendungen, Unterbringungskosten bei mehrtägigen Reisen sowie Nebenkosten z. B. Aufwendungen für die Beförderung und Aufbewahrung von Gepäck, für Telefon, Telefax, Porto, Garage und Parkplatz. Sie müssen die Aufwendungen im Einzelnen nachweisen, bis auf zwei Ausnahmen:

1. Bei Benutzung eines eigenen Fahrzeugs können Sie anstelle der nachgewiesenen Kosten einen Pauschsatz für den gefahrenen Kilometer geltend machen:

a) PKW	0,30 EUR
b) Motorrad oder Motorroller	0,13 EUR
c) Moped oder Mofa	0,08 EUR
d) Fahrrad	0,05 EUR

Bei Mitnahme eines Arbeitskollegen erhöht sich der Betrag von 0,30 EUR um 0,02 EUR und der Betrag von 0,13 EUR um 0,01 EUR.

2. Die Verpflegungsmehraufwendungen können nur pauschal geltend gemacht werden, und zwar mit folgenden Beträgen je Kalendertag:

   bei einer Abwesenheit von mindestens

8 Stunden	6 EUR
14 Stunden	12 EUR
24 Stunden	24 EUR

Für Auslandsdienstreisen gelten andere Pauschbeträge.

zu 4d

Umzugskosten können Sie als Werbungskosten geltend machen, wenn Sie Ihre Wohnung aus beruflichen Gründen gewechselt haben. Berufliche Gründe liegen vor, wenn sie erstmals eine Stelle antreten oder Ihren Arbeitgeber wechseln.

Ihre Umzugskosten werden grundsätzlich bis zu der im Bundesumzugskostengesetz vorgesehenen Höhe anerkannt.

zu 5

Hier können Sie sonstige – bisher nicht berücksichtigte – Werbungskosten eintragen, z. B. Mehraufwendungen bei doppelter Haushaltsführung (§ 9 Abs. 1 Satz 3 Nr. 5 Einkommensteuergesetz), Aufwendungen für ein häusliches Arbeitszimmer. Der Ansatz eines Pauschbetrags ist nicht möglich.

Einkunftsgrenze bei der Berechnung des Kindergeldes

Mit Beschluss vom 11.01.2005 (2 BvR 167/02), bekannt gegeben am 13.05.2005, hat das Bundesverfassungsgericht entschieden, dass die gesetzlichen Sozialversicherungsbeiträge die Einkünfte eines Kindes mindern, weil sie nicht in den Verfügungsbereich des Kindes gelangen und somit zu keiner Entlastung der Eltern beim zu gewährenden Unterhalt führen können.

Das bedeutet nicht, dass nunmehr alle Vorsorgeaufwendungen im Sinne von Sonderausgaben gemäß EStG abgezogen werden können. Es geht ausschließlich um die gesetzlichen Sozialversicherungsbeiträge (Arbeitnehmeranteil in der Kranken-, Pflege-, Renten-, Arbeitslosenversicherung), die bei einem nicht selbstständigen Ausbildungsverhältnis von der Ausbildungsvergütung des Arbeitgebers durch diesen abgezogen/einbehalten werden.

Beispiel bisherige Regelung:

Ausbildungsvergütung	9 200 EUR
abzüglich Werbungskostenpauschale, wenn nicht höhere Kosten nachgewiesen werden	920 EUR

Ergebnis = mit 8 280 EUR war der Grenzbetrag von 7 680 EUR überschritten; es konnte kein Kindergeld gezahlt werden.

Beispiel neue Regelung:

Ausbildungsvergütung	9 200 EUR
abzüglich Sozialversicherungsbeiträge (gerundet)	1 918 EUR
abzüglich Werbungskostenpauschale	920 EUR

Ergebnis = 6 362 EUR; der Grenzbetrag ist wesentlich unterschritten; Kindergeld steht zu!

Das Bundesverfassungsgericht hat das Verfahren an den Bundesfinanzhof zurückverwiesen. In der Regel werden durch das Bundesamt für Finanzen gesonderte Einzelweisungen für die Durchführungsbehörden erlassen, die ggf. auch im Bundessteuerblatt veröffentlicht werden. Dieses ist nach unserer Kenntnis noch nicht geschehen.

Was können Sie tun?

1. Sie haben gerade einen ablehnenden Bescheid auf Ihren Antrag auf Kindergeld oder Fortsetzung der Kindergeldzahlung erhalten: Legen Sie innerhalb der Rechtsmittelfrist von einem Monat Widerspruch ein. Beziehen Sie sich auf das o. a. Urteil und fügen Sie Belege über die Höhe der Sozialversicherungsbeiträge bei.
2. Sie haben bereits Widerspruch eingelegt, der aber noch nicht abschließend bearbeitet ist: In Ergänzung zu Ihrem Widerspruch weisen Sie auf das Urteil hin und legen den Nachweis für die erhobenen Sozialversicherungsbeiträge vor.
3. Sie haben bereits einen bestandskräftigen Widerspruchsbescheid über die Ablehnung der Kindergeldzahlung ggf. mit einer Rückforderung wegen Überzahlung erhalten: Dann beantragen Sie eine Neufestsetzung ab dem 01. des so genannten „ungeregelten" Monats.

Beispiel:

Im März 2005 wurde Ihnen die Kindergeldberechtigung für die Monate Juli bis Dezember 2004 wegen Überschreitung der Einkunftsgrenze durch das Kind aberkannt. Ab Januar 2005 haben Sie auch kein Kindergeld mehr erhalten. Dann ist der erste ungeregelte Monat der Januar 2005; Sie beantragen die Neufestsetzung also ab 01.01.2005.

4. Sie haben bisher keinen Antrag auf Kindergeld gestellt, weil nach Ihrer Eigenberechnung der Grenzbetrag von 7 680 EUR überschritten war. Stellen Sie einen Antrag auf Festsetzung auch für den zurückliegenden Zeitraum bis einschließlich 2001, soweit für diese Zeiträume die Voraussetzungen nunmehr gegeben waren. Weisen

Sie dabei auf die neue Tatsachenlage durch die BVerfG-Entscheidung hin, die zu einer Änderung eines bisherigen Fehlers gemäß § 70 EStG führen kann.

5. Denken Sie daran, dass bei Aufnahme in die Kindergeldzahlung sich die Anzahl der insgesamt berechtigten Kinder so erhöhen kann, dass dadurch höhere Kindergeldansprüche entstehen können (Kind 3 = 154 EUR „rückt" auf Kind 4 = 179 EUR monatlich).

Klage aus dem Wehrdienstverhältnis

Für alle Klagen der Soldaten, ehemaligen Soldaten und der Hinterbliebenen aus dem Wehrdienstverhältnis ist nach § 59 SG der Verwaltungsrechtsweg gegeben; das Gleiche gilt für Klagen des Dienstherrn aus dem Wehrdienstverhältnis gegen einen Soldaten, ehemaligen Soldaten usw. (Ausnahme: Schadensersatzansprüche eines Soldaten usw. gegen den Dienstherrn aus Amtspflichtverletzung, die nach Artikel 34 GG im ordentlichen Rechtsweg vor dem Landgericht zu verfolgen sind).

Die Klage aus dem Wehrdienstverhältnis richtet sich prozessual nach den Vorschriften der Verwaltungsgerichtsordnung. Danach ist vor Klageerhebung zunächst die Durchführung eines verwaltungsrechtlichen Vorverfahrens erforderlich (Prozessvoraussetzung). Dieses Vorverfahren, das mit der Erhebung des Widerspruchs bzw. der → Beschwerde beginnt, ist durchzuführen, wenn die Aufhebung eines Verwaltungsaktes oder die Verurteilung zum Erlass eines abgelehnten Verwaltungsaktes begehrt wird. Der Widerspruch ist innerhalb 1 Monats, nachdem der Verwaltungsakt dem Beschwerdeführer bekannt gegeben worden ist, zu erheben. Der Widerspruch ist bei der Behörde, die den Verwaltungsakt erlassen hat, schriftlich oder zur Niederschrift einzulegen. Hält die Behörde den Widerspruch für begründet, so hilft sie ab und entscheidet über die Kosten. Hilft die Behörde nicht ab, so ergeht ein Widerspruchsbescheid. Dieser ist zu begründen, mit einer Rechtsmittelbelehrung zu versehen und zuzustellen.

Die Frist für die Klage beträgt 1 Monat von der Zustellung des Widerspruchsbescheides an. Sie ist bei dem zuständigen Gericht des ersten Rechtszuges schriftlich zu erheben. Für die Klage aus dem Wehrdienstverhältnis ist das Verwaltungsgericht örtlich zuständig, in dessen

Bezirk der Kläger seinen dienstlichen Wohnsitz oder in Ermangelung dessen seinen Wohnsitz hat. Hat der Kläger keinen dienstlichen Wohnsitz oder keinen Wohnsitz innerhalb des Zuständigkeitsbereiches der Behörde, die den ursprünglichen Bescheid erlassen hat, so ist das Verwaltungsgericht örtlich zuständig, in dessen Bezirk diese Behörde ihren Sitz hat.

Kleidergeld

Im März 2003 hat die LH Dienstbekleidungsgesellschaft mbH (LHD) im Rahmen der Privatisierung die Geschäfte der Kleiderkasse der Bundeswehr (KKBw) übernommen. Statt auf das Konto der KKBw wird nunmehr der Bekleidungszuschuss und die Abnutzungsentschädigung für die Selbsteinkleider (Offiziere) und der – wenn beantragt – gewährte Bekleidungszuschuss für Teilselbsteinkleider (Unteroffiziere) auf das Konto der LHD überwiesen. Da nach dem Ausscheiden aus dem aktiven Dienstverhältnis für Selbsteinkleider oder Teilselbsteinkleider auch im Status Reservist keine Verpflichtung mehr besteht, die beschaffte Dienstbekleidung zu erhalten oder ergänzen, wird nach Beendigung des Dienstverhältnisses das bei der LHD bestehende Guthaben dem Offizier oder Unteroffizier auf schriftlichen Antrag bei der LHD ausgezahlt. Es kann aber auch weiterhin Ware von der LHD bezogen werden. Falls dort kein Konto mehr geführt wird, erfolgt der Einkauf in bar. Weitere Informationen und ein aktuelles Produktangebot finden sich unter anderem im Internet unter www.lhd-online.de.

Krankenversicherung

→ Freie Heilfürsorge wird nur so lange gewährt, wie Dienstbezüge gezahlt werden. Deshalb stehen Soldaten nach Ausscheiden aus dem Dienst vor dem Problem der Krankenversicherung.

Zu unterscheiden ist zwischen der gesetzlichen und der privaten Krankenversicherung.

Zwischen gesetzlicher und privater Krankenversicherung bestehen grundlegende Unterschiede. Während die gesetzliche Krankenversicherung auf Gesetz beruht und die Aufnahme einer krankenversicherungspflichtigen Beschäftigung automatisch zur Krankenversicherung führt, kommt die private Krankenversicherung durch Vertrag zustande.

Während der Beitrag in der gesetzlichen Krankenversicherung ausschließlich vom Einkommen abhängig ist und es gleichgültig ist, ob es sich um einen jungen ledigen Angestellten oder um einen Familienvater mit vielen Kindern handelt, ist der Beitrag in der privaten Krankenversicherung versicherungsmathematisch berechnet und entspricht dem Risiko, das der Versicherte mit seinen mitversicherten Angehörigen bei Beginn des Versicherungsverhältnisses darstellt. Das Einkommen hat in der privaten Krankenversicherung keinen Einfluss auf die Beitragshöhe. Der Beitrag ist vielmehr abhängig von den Leistungen, die vertraglich vereinbart werden. Die Höhe lässt sich innerhalb bestimmter Grenzen beeinflussen. Je früher man sich privat versichert, desto niedriger liegen die Beiträge. Das niedrige Eintrittsalter wirkt sich während der ganzen Vertragsdauer auf die Beitragshöhe aus. Während die gesetzliche Versicherung nur Einheitsleistungen bietet, kann der Privatversicherte zwischen sehr unterschiedlichen Leistungen wählen. Sie bietet daher insbesondere im Hinblick auf die zusätzlichen → Beihilfen eine weitaus individuellere Gestaltung der Vertragsmöglichkeiten. Für Soldaten ist insbesondere auf die so genannte „Restkostenversicherung" und die → Anwartschaftsversicherung zu verweisen, wodurch die durch Beihilfen nicht ersetzten Kosten aufgefangen werden. Wegen der Unterschiede bei den → Beihilfen siehe auch dort.

Aktive Berufssoldaten

Seit Inkrafttreten der Gesundheitsreform 1989 haben Berufs- und Zeitsoldaten keinen Zugang zur gesetzlichen Krankenversicherung. Darüber hinaus wurde die Fortführung einer freiwilligen Mitgliedschaft während der Wehrdienstzeit erschwert, weil die Beiträge erheblich angehoben wurden. Im Einzelnen gilt folgendes:

Versicherungsfreiheit

Berufssoldaten sind wie Beamte, Richter und andere beamtenähnlich beschäftigte Personen während ihres Dienstverhältnisses versicherungsfrei in der Krankenversicherung, weil sie bei Krankheit nach beamtenrechtlichen Vorschriften oder Grundsätzen Anspruch auf Fortzahlung der Dienstbezüge und Anspruch auf freie Heilfürsorge haben (§ 6 Abs. 1 Nr. 2 SGB V).

Nach § 6 Abs. 3 Satz 1 SGB V sind Soldaten auch dann krankenversicherungsfrei, wenn sie anderweitig die Voraussetzungen für eine

Krankenversicherungspflicht erfüllen. Die Versicherungsfreiheit in der Krankenversicherung wirkt sich damit auch auf solche Sachverhalte aus, die für sich allein betrachtet zur Krankenversicherungspflicht führen würden. Dies hat zur Folge, dass Berufssoldaten in Beschäftigungen, die sie neben ihrem Dienstverhältnis ausüben, ebenfalls krankenversicherungsfrei sind. Die Versicherungsfreiheit erstreckt sich darüber hinaus aber auch auf die Fälle, in denen Soldaten zum Beispiel ein Studium aufnehmen, oder, was in Ausnahmefällen sein kann, eine Rente aus der gesetzlichen Rentenversicherung (zum Beispiel Hinterbliebenenrente) beantragen. Da eine vergleichbare Vorschrift für den Bereich der Renten- und Arbeitslosenversicherung nicht besteht, unterliegen die außerhalb des Soldatenverhältnisses ausgeübten Beschäftigungen grundsätzlich weiterhin der Renten- und Arbeitslosenversicherungspflicht (siehe hierzu → Anschlussarbeitsverhältnis Pensionär).

Freiwillige Versicherung während des Dienstverhältnisses

Berufssoldaten können während ihrer Bundeswehrzeit der gesetzlichen Krankenversicherung nicht mehr freiwillig beitreten.

Ruhegehaltsempfänger (Pensionäre)

Für Pensionäre wurde der Zugang zur gesetzlichen Krankenversicherung, der früher nach Beendigung der Dienstzeit über die Aufnahme eines Arbeitsverhältnisses oder über einen Rentenantrag möglich war, ausgeschlossen. Ein ausscheidender Berufssoldat kann somit der gesetzlichen Krankenversicherung nicht mehr beitreten. Im Einzelnen gilt Folgendes:

Versicherungsfreiheit

Die Versicherungsfreiheit der Berufssoldaten besteht fort, wenn dem Soldaten ein Anspruch auf Ruhegehalt oder auf ähnliche Bezüge zuerkannt wird und er daneben Anspruch auf Beihilfe im Krankheitsfalle nach beamtenrechtlichen Vorschriften oder Grundsätzen hat (§ 6 Abs. 1 Nr. 6 SGB V).

Vom 01.01.1989 an sind Pensionäre, die eine dem Grunde nach krankenversicherungspflichtige Beschäftigung aufnehmen, nach § 6

Abs. 3 Satz 1 SGB V in dieser Beschäftigung krankenversicherungsfrei. Eines Antrages auf Befreiung von der Krankenversicherung bedarf es deshalb nicht mehr.

(→ Anschlussarbeitsverhältnis Pensionär)

Beihilfen

Aufgrund der unterschiedlichen Krankenversicherungsarten gibt es im Beihilferecht ein „Dreiklassensystem". Die Beihilfe erstattet nämlich grundsätzlich unterschiedlich, je nachdem, wie man versichert ist. Bei Pflichtversicherten in der gesetzlichen Krankenversicherung (bei Versorgungsempfängern sind dies meist Mitglieder der Krankenversicherung der Rentner) oder bei Pflichtversicherten aufgrund eines Arbeitsverhältnisses (Ehefrauen) schließt das Beihilferecht Leistungen fast ausnahmslos aus. Besser ist die Situation für freiwillig Versicherte in der gesetzlichen Krankenversicherung und für die privat Versicherten einer privaten Krankenversicherung (→ Beihilfe).

Beitritt zu einer privaten Krankenversicherung

Auch schon vor oder während der aktiven Dienstzeit durch Abschluss einer → Anwartschaftversicherung.

Beiträge werden von der Krankenversicherung festgesetzt. Die Höhe richtet sich nicht nach dem Einkommen, sondern nach dem Risiko Lebensalter usw.

Da dem Berufssoldaten der Beitritt zur gesetzlichen Krankenversicherung seit 01.01.1989 nicht mehr möglich ist, ist der frühzeitige Abschluss einer Anwartschaftsversicherung, die das Eintrittsalter und den Gesundheitszustand für die Zukunft festschreibt, dringend erforderlich.

Prüfen Sie bei Abschluss der Anwartschaftsversicherung bereits, ob Sie Zusatzversicherungen benötigen, die in die Anwartschaft bereits einbezogen werden.

Leistungen

Ein Anspruch auf Erstattung der Kosten gegenüber der privaten Krankenversicherung besteht nach Maßgabe des Vertrages. Üblich ist eine so genannte 30-prozentige Restkostenversicherung, da die Beihilfe regelmäßig 70 v. H. der Krankheitskosten beim Versorgungsempfänger bzw. seiner Frau übernimmt (→ Beihilfen).

Einzelprobleme Krankenversicherung aus Rechtsschutz und Rechtsberatung

Arbeitgeberzuschuss zur PKV (§ 257 SGB V)

Nach Inkrafttreten des Gesundheitsreformgesetzes haben Pensionäre im Anschlussarbeitsverhältnis keinerlei Anspruch mehr auf einen Arbeitgeberzuschuss nach § 257 SGB V. Nach der Neuregelung ist klargestellt, dass pensionierte Soldaten nach § 6 Abs. 1 Ziff. 6 SGB V und nicht wegen Überschreitens der Jahresarbeitsverdienstgrenze versicherungsfrei sind. Entgegen der alten Fassung des § 405 RVO steht ihnen deshalb nach § 257 SGB V kein Anspruch auf Arbeitgeberzuschuss zu. Der Gesetzgeber ging dabei von der Erwägung aus, dass Beihilfe und Arbeitgeberzuschuss zu einer ungerechtfertigten Doppelleistung führen würden.

Beitragsbemessung/WDB-Kriegsopferrenten (§ 180 Abs. 4 Satz 1 RVO)

Zur Beitragsbemessung in der GKV sind bei Kriegs- und Wehrdienstopfern auch die einkommensabhängigen Renten nach BVG (Ausgleichsrente und Berufsschadensausgleich), nicht dagegen die einkommensunabhängige Grundrente als Einkommen heranzuziehen. Anderes gilt für die Grundrente der Witwe nach § 40 BVG (BSG vom 09.12.1981, Az. 12 RK 29/79, USK 81.300).

BSG vom 21.10.1980, USK 80.210

Beitragspflicht – Kapitalabfindung (§§ 227, 229 Abs. 1 Ziff. 5 SGB V)

Bei der Bemessung der Beiträge zur GKV ist die Kapitalabfindung gemäß § 28 SVG zu berücksichtigen.

Beispiel:

Die Pension ist auf 10 Jahre nach § 28 ff. SGV um monatlich 200,00 EUR geringer, also statt 1 400,00 EUR nur 1 200,00 EUR. Die Beiträge zur GKV werden gleichwohl von 1 400,00 EUR berechnet, weil die Pension für diesen Zeitraum als Abfindung zugeflossen ist.

Leistungsausschluss für Wehrdienstbeschädigungen bei PKV

Leistungsausschluss für WDB ist Bestandteil der allgemeinen Versicherungsbedingungen für die Krankheitskosten- und Krankenhaustagegeldversicherung bei privaten Krankenversicherern. Erst seit 1999 schließt die Empfehlungsgesellschaft der Förderungsgesellschaft des DBwV, die Continentale Krankenversicherung, WBD in Anwartschaftsverträge ein.

Leistungsausschlüsse bei der PKV

Zur Frage bei Eintrittspflicht einer privaten Krankenversicherung bei Suchtkrankheiten (BGH – IV A ZR 214/86):

Grundsätzlich sind nach den neuen Bedingungen der PKV Suchtkrankheiten in den Versicherungsschutz eingeschlossen. Ausgenommen bleiben nur noch Entziehungsmaßnahmen einschließlich Entziehungskuren. Der BGH bestätigt diese Bedingungen. Entziehungsmaßnahmen, Drogen, Alkohol, Nikotin als Behandlung auf eine Entwöhnung fallen unter den Leistungsausschluss. Nicht hierunter fallen Krankheiten, die aus der Abhängigkeit solcher Suchtmittel resultieren.

(siehe VersR 88, 573)

Leistungsausschluss wegen Vorsatzes

Der Kläger wollte die Kosten einer stationären Behandlung in Höhe von seinerzeit 10 000,00 DM erstattet haben. Hilfsweise beanspruchte er Krankenhaustagegeld. Die Klage wurde abgewiesen. Eine Leistungspflicht besteht deshalb nicht, weil der Kläger die stationär behandelte Krankheit und deren Folgen (Alkoholsucht) vorsätzlich herbeigeführt hat.

OLG Hamm vom 20.07.1988, Az. 20 W 28/88 (siehe VersR 89, 242)

Verjährung, Verwirkung (§ 255 SGB IV)

Beitragsforderungen der Sozialversicherungsträger verjähren in 4 Jahren, § 25 SGB IV. Ein Erlass nicht verjährter Forderungen nach § 76 SGB IV ist nur möglich, wenn eine unverschuldete Notlage des Versicherten seine Existenz gefährdet. Die Verwirkung (§ 242 BGB) einer noch nicht verjährten Forderung tritt nur ein, wenn der Versicherungsträger durch sein Verhalten Vertrauen beim Versicherten geschaffen hat und die Nachforderung zu unzumutbaren Nachteilen führen würde (siehe BSG vom 30.11.1978, 12 RK 6/76). Somit kann man in aller Regel gegen Nachforderungen nichts machen. Allenfalls kann man Stundung bzw. Ratenzahlung nach § 76 SGB IV erreichen.

Kranzspende

Beim Tode eines Soldaten, aber auch des ehemaligen Soldaten, der Versorgungsbezüge erhält, steht nach den Richtlinien des BMVg (VMBl. 1979 Seite 150) eine Kranzspende aus öffentlichen Mitteln zu (→ Hinterbliebenenversorgung/Bestattung mit militärischen Ehren).

Nachrufe gibt es nur für im aktiven Dienst befindliche Bundesbeamte, Richter und Soldaten. Für ehemalige Soldaten kommt ein Nachruf, ebenso wie bei Ruhestandsbeamten, nicht in Betracht. Der Leiter der zuständigen Obersten Bundesbehörde kann Ausnahmen bewilligen.

Mietangelegenheiten

Haben Sie zu desem Themenkomplex Fragen, so können Sie als Mitglied des DBwV hierzu Rechtsberatung (schriftlich oder mündlich) erhalten, allerdings keinen → Rechtsschutz.

Mildtätige Stiftung des Deutschen BundeswehrVerbandes

Anlässlich der 16. Hauptversammlung des DBwV wurde die Stiftung im Jahre 2001 nach dem ehemaligen Bundesvorsitzenden in → Heinz-Volland-Stiftung – Stiftung des Deutschen BundeswehrVerbandes umbenannt.

Militärseelsorge

Mit der Versetzung in den Ruhestand gehören ehemalige Berufssoldaten nicht mehr zu den Personen, die von der Militärseelsorge betreut werden; sie sind vielmehr wieder Mitglied der Ortskirchengemeinde, in deren Gebiet sie wohnen.

Jedoch können auch in den Ruhestand versetzte Soldaten die Militärseelsorge im Einvernehmen mit dem Militärpfarrer und dem Pfarrer der Ortskirchengemeinde in Anspruch nehmen. Das gilt beispielsweise auch für den Wunsch der Hinterbliebenen, ehemalige Berufssoldaten durch den Militärpfarrer zu beerdigen.

Nachwirkende Pflichten

Auch nach Ausscheiden aus dem Wehrdienst hat der ehemalige Soldat noch Pflichten nach dem Soldatengesetz zu beachten. Es sind dies im Einzelnen die Pflicht zur Verschwiegenheit (§ 14 SG), achtungswürdiges Verhalten von Offizieren und Unteroffizieren (§ 17 Abs. 3 SG), das Verbot der Annahme von Belohnungen und Geschenken in Bezug auf eine frühere dienstliche Tätigkeit (§ 19 SG). Erhebliche Bedeutung hat § 20a SG: Der Berufssoldat im Ruhestand, der innerhalb von 5 Jahren nach seiner Pensionierung außerhalb des öffentlichen Dienstes eine Beschäftigung aufnimmt, die mit seiner dienstlichen Tätigkeit in den letzten 5 Jahren vor seinem Ausscheiden aus dem Wehrdienst im Zusammenhang steht und durch die dienstliche Interessen beeinträchtigt werden können, hat die Beschäftigung dem BMVg anzuzeigen. Das BMVg kann die Tätigkeit bis zum Ablauf von 5 Jahren nach Dienstzeitende untersagen.

Achtung: Der Verstoß gegen die Pflicht aus § 20a SG stellt ein Dienstvergehen dar (vergleiche § 23 Abs. 2 Nr. 1 SG). Bei schuldhafter Pflichtverletzung erfolgt eine Verfolgung nach der Wehrdisziplinarordnung.

„NVA-Versorgung"

Die Versorgung der in die Bundeswehr übernommenen Berufssoldaten mit Vordienstzeiten in der ehemaligen NVA bleibt regelmäßig beträchtlich hinter dem Versorgungsniveau eines vergleichbaren Kameraden mit ausschließlicher Dienstzeit in der Bundeswehr zurück.

Grundsätzlich wird gemäß § 20 Soldatenversorgungsgesetz (SVG) i. V. m. § 2 Nr. 5 Soldatenversorgungs-Übergangsverordnung (SVÜV) nämlich nur der Wehrdienst in der Bundeswehr als ruhegehaltfähige Dienstzeit und damit versorgungsrelevant anerkannt, die Vordienstzeiten in der NVA wurden als Zeiten der Zugehörigkeit zu einem Sonderversorgungssystem durch das so genannte Anspruchs- und Anwartschaftsüberführungsgesetz (AAÜG) stattdessen in die gesetzliche Rentenversicherung überführt.

Eine Altersrente aus diesen Zeiten steht jedoch erst nach Vollendung des 65. Lebensjahres zu, sodass zwischen der Versetzung in den Ruhestand als Berufssoldat nach Überschreiten einer besonderen Altersgrenze und dem Einsetzen der Altersrente eine teilweise erhebliche Versorgungslücke klafft.

Diese wurde – nicht zuletzt auf Intervention des Deutschen BundeswehrVerbandes – durch die Regelung des § 26a SVG teilweise geschlossen. Das bisher Erreichte genügt jedoch keineswegs, um für die betroffenen Kameraden von einer endgültig zufriedenstellenden Lösung zu sprechen.

Dies soll nachfolgende Darstellung verdeutlichen.

Ausgangssituation

Der Musterfall geht von folgenden Grunddaten aus:

Stabsfeldwebel, geb. 13.12.1952, verheiratet, keine Kinder, Eintritt in die NVA: 01.11.1971, Eintritt in die Bundeswehr: 03.10.1990, Versetzung in den Ruhestand mit Ablauf des 31.12.2005, Dienstbezüge Ost (Bemessungsgrundlage: 92,5 v. H. der West-Bezüge).

Es ergeben sich folgende Versorgungsansprüche:

Anspruch auf Ruhegehalt (§§ 15 ff. SVG)

Ein Berufssoldat, der in den Ruhestand getreten ist, erwirbt kraft Gesetzes einen Anspruch auf eine laufende monatliche Versorgungsleistung, das so genannte Ruhegehalt („Pension"). Nach § 16 SVG wird das Ruhegehalt auf der Grundlage der ruhegehaltfähigen Dienstbezüge und der ruhegehaltfähigen Dienstzeit berechnet.

a) Die Bestandteile der ruhegehaltfähigen Dienstbezüge ergeben sich aus § 17 Abs. 1 SVG. Die ruhegehaltfähigen Dienstbezüge stellen den Teil der Besoldungsbezüge dar, der für die Versorgung überhaupt relevant ist.

▪ Grundgehalt A 9, Dienstaltersstufe 11	2 343,77 EUR
▪ Familienzuschlag, Stufe 1	97,38 EUR
▪ Allgemeine Stellenzulage	59,27 EUR
ruhegehaltfähige Dienstbezüge	2 500,42 EUR

b) Die zweite Säule des Ruhegehaltes stellt die so genannte ruhegehaltfähige Dienstzeit dar. Sie findet ihre Regelung in den

§§ 20ff. SVG. Dabei wird jedes berücksichtigungsfähige Jahr mit einem Bemessungssatz von 1,875 v. H. gewertet. Resttage werden anteilig berücksichtigt. Soldaten, die mit besonderer Altersgrenze in den Ruhestand treten, erhalten für das vorzeitige Ausscheiden aus dem Dienst einen so genannten besonderen Altersgrenzenzuschlag. Dieser beträgt beim Ausscheiden nach Vollendung des 53. Lebensjahres 13,125 v. H. und reduziert sich dementsprechend um 1,875 v. H. für jedes Jahr einer späteren besonderen Altersgrenze.

- Wehrdienst in der Bundeswehr: 03.10.1990 – 31.12.2005
  15 Jahre, 90 Tage = 15,25 Jahre x 1,875 v. H. = 28,59375 v. H.
- besonderer Altersgrenzenzuschlag 13,125 v. H.
  Ruhegehaltssatz 41,71875 v. H. = 41,72 v. H.

(Anmerkung: Zum Wehrdienst in der Bundeswehr zählt also auch die Zeit als so genannter „Weiterverwender“ nach dem 03.10.1990).

Ein versorgungserhöhender Verbleib im Dienst über die Altersgrenze hinaus ist nur bei dienstlichem Interesse bis zu höchstens zwei Jahren möglich (vgl. § 26 Abs. 3 Satz 3 SVG). Regelmäßig kommt dies nicht in Betracht.

c) Anwendung des Ruhegehaltssatzes auf die ruhegehaltfähigen Dienstbezüge

ruhegehaltfähige Dienstbezüge	2 500,42 EUR
x 0,98375 (3. Anpassungsfaktor der so genannten Pensionsabflachungen)	
verminderte ruhegehaltfähige Dienstbezüge	2 459,79 EUR
davon 41,72 v. H.	1 026,22 EUR (= Ruhegehalt)

d) Mindestversorgung gemäß § 26 Abs. 7 SVG

Das SVG sieht jedoch aufgrund des Alimentations- und Fürsorgeprinzips eine Mindestversorgung vor. Sie ist in § 26 Abs. 7 SVG geregelt. Sie beträgt als amtsabhängige Mindestversorgung entweder 35 v. H. der (unverminderten) ruhegehaltfähigen Dienstbezüge (hier 875,15 EUR) oder aber als amtsunabhängige Mindestversorgung 65 v. H. der jeweils (unverminderten) ruhegehaltfähigen Dienstbezüge aus der Endstufe der Besoldungsgruppe A 4, erhöht um 30,68 EUR. Maßgebend ist der im Einzelfall höhere Betrag.

Die amtsunabhängige Mindestversorgung beträgt derzeit 1 196,44 EUR. Sie übersteigt die an sich zustehende Versorgung („erdiente Versorgung") in Höhe von 1 026,22 EUR und ist somit grundsätzlich zu gewähren.

Vorübergehende Erhöhung des Ruhegehaltssatzes gemäß § 26a SVG

Der Soldat im Ruhestand hat jedoch die Möglichkeit, für die Zeit zwischen Pensionierung und Beginn der Altersrente seinen erdienten Ruhegehaltssatz (41,72 v. H.) für diesen Zwischenzeitraum auf Antrag erhöhen zu lassen. Dabei sind folgende Voraussetzungen gefordert:

- Erfüllung der Wartezeit von 60 Kalendermonaten für eine Rente der gesetzlichen Rentenversicherung bis zum Beginn des Ruhestandes
- Versetzung in den Ruhestand wegen Erreichens einer Altersgrenze
- ein Ruhegehaltssatz von 70 v. H. darf noch nicht erreicht sein
- kein durchschnittlicher monatlicher Hinzuverdienst von mehr als 325,00 EUR (brutto)

Die mögliche Erhöhung erfolgt dabei um 1 v. H. für je zwölf Kalendermonate der für die Erfüllung der Wartezeit in der gesetzlichen Rentenversicherung anrechenbaren Pflichtbeitragszeiten. Vereinfacht gesagt bedeutet dies, dass für jedes volle bei der Rente zu berücksichtigende Jahr mit Pflichtbeitragszeiten in der ehemaligen DDR vorübergehend 1 v. H. für die Pension anerkannt wird. Bei den Rentenjahren werden also neben den NVA-Zeiten auch Zeiten einer Berufsausbildung oder einer hauptberuflichen Tätigkeit mitgerechnet.

Zwei Einschränkungen: Die berücksichtigungsfähige Zeit beginnt erst nach Vollendung des 17. Lebensjahres und es zählen keine Monate mit, die zugleich auch bei der Pension mitberücksichtigt werden (z. B. Zeiten als so genannter Weiterverwender nach dem 03.10.1990 bis zur Ernennung zum SaZ).

Durch die NVA-Zeit ergeben sich vorliegend 228 berücksichtigungsfähige Monate, die durch zwölf dividiert 19 vollendete Jahre ergeben, also vorübergehende Erhöhung = 19 v. H.

Anmerkung: Restliche Kalendermonate werden nach dem Wortlaut der Übergangsvorschrift des § 97 Abs. 2 SVG zwar erst nach dem Vollzug aller acht Stufen der Pensionsabflachungen berücksichtigt. Durch Erlass des BMVg ist aber geregelt worden, dass die monatsweise Erhöhung im Gleichklang mit der für Ruhestandsbeamte geltenden Regelung bereits ab 01.01.2002 gilt (Beispiel: bei 230 Monaten ergäbe sich ein Erhöhungssatz von 19,17 v. H.).

Ruhegehaltssatz ab Beginn des Ruhestandes:	60,72 v. H.
	(41,72 v. H. + 19 v. H.)
neues Ruhegehalt:	1 493,58 EUR

Es muss darauf hingewiesen werden, dass die Erhöhung spätestens mit Ablauf des Monats entfällt, in dem der Soldat im Ruhestand das 65. Lebensjahr vollendet hat. Sie endet früher, falls er bereits zuvor eine Rente bezieht. Das kann z. B. eine Rente wegen verminderter Erwerbsfähigkeit sein.

Wichtig: Die Inanspruchnahme des § 26a SVG ist in zwei Fällen ausgeschlossen: Bei einer Versetzung in den Ruhestand nach dem Personalanpassungsgesetz (bestätigt durch Urteil des VG Leipzig vom 04.12.2003, Az: 3 K 1488/99) sowie für BO 41, die mit verwendungsbezogener Altersgrenze ausscheiden bis zum Erreichen der dienstgradbezogenen Altersgrenze.

Einmalzahlungen

Aus unterschiedlichen Gründen werden bereits bei der Versetzung in den Ruhestand bestimmte steuerfreie Einmalzahlungen für Berufssoldaten gewährt.

a) Einmalzahlung gemäß § 38 Abs. 1 SVG

   4 091,00 EUR (unabhängig vom Dienstgrad in gleicher Höhe)

   Ausgeglichen wird das durch die (frühere) Versetzung in den Ruhestand nach Erreichen einer vorgezogenen Altersgrenze geringere Lebenseinkommen im Vergleich zu einem entsprechenden Beamten bzw. Arbeitnehmer. Diese Einmalzahlung bleibt unabhängig von einem späteren Hinzuverdienst erhalten!

b) Einmalzahlung gemäß § 38 Abs. 4 SVG

Als Ausgleich für die Pensionsabflachungen durch das Versorgungsänderungsgesetz 2001 wird eine weitere Einmalzahlung gewährt. Sie ist abhängig von der besonderen Altersgrenze und dem Zeitpunkt der Zurruhesetzung. Bemessungszeitraum ist der Tag ab Beginn des Ruhestandes bis zum Ende des Monats der Vollendung des 60. Lebensjahres. Im vorliegenden Beispiel ergäben sich 3 036,00 EUR.

Wichtig: Diese Einmalzahlung wird für die Monate (teilweise) zurückgefordert, in denen mehr als 325,00 EUR (brutto) hinzuverdient werden.

c) Einmalzahlung gemäß § 2 Nr. 7 SVÜV (nicht für BO 41); Regelung insgesamt befristet bis 31.12.2010

Speziell für Kameraden mit Vordienstzeiten in der NVA ergibt sich eine dritte Einmalzahlung, die bereits vor der Neufassung des § 26a SVG bestand und einen Ausgleich zur Überbrückung des Zeitraums bis zur Altersrente darstellen soll. Pro Jahr ab der Vollendung des Lebensjahres, das der Zurruhesetzung vorausgeht, bis zur Vollendung des 60. Lebensjahres wird ein Betrag von 512,00 EUR gewährt.

Es ergibt sich daher vorliegend eine weitere Einmalzahlung von 3 584,00 EUR (7 x 512,00 EUR).

Zu beachten ist jedoch, dass dieser auch bereits bei der Versetzung in den Ruhestand steuerfrei gewährte Ausgleichsbetrag mit der (steuerpflichtigen) vorübergehenden Erhöhung gemäß § 26a SVG – soweit diese die Mindestversorgung übersteigt – zu verrechnen ist (vgl. dazu § 26a Abs. 5 SVG).

Das bedeutet, dass die vorübergehende Erhöhung sich erst später auswirkt, nämlich wenn die Einmalzahlung gemäß § 2 Nr. 7 SVÜV abgeschmolzen ist.

Beispiel:

monatliches Ruhegehalt ohne Erhöhung (= Mindestversorgung)		1 196,44 EUR
monatliches Ruhegehalt mit Erhöhung gemäß § 26a SVG		1 493,58 EUR
Differenz		297,14 EUR
Betrag gemäß § 2 Nr. 7 SVÜV		3 584,00 EUR
01.01. – 31.12.2006	12 x 297,14 EUR	3 565,68 EUR
Sonderzuwendung	3 565,68 EUR x 0,0417 v. H. (= 148,69 EUR)	117,12 EUR
	./. 0,85 v. H. Pflegeabzug* gemäß § 4a Bundessonderzahlungsgesetz (BSZG)	3 682,80 EUR
minus Einmalzahlung gemäß § 2 Nr. 7 SVÜV		3 584,00 EUR
		98,80 EUR

Die vorübergehende Erhöhung übersteigt bei laufender Verrechnung erstmals im Dezember 2006 den Betrag des einmaligen Ausgleichs.

Daraus ergibt sich folgende Konsequenz:

- Beginn der Zahlung gemäß § 26a SVG im Dezember 2006 — 98,80 EUR
- ab Januar 2007 — 297,14 EUR

Anmerkung: Der Beginn der Zahlung gemäß § 26a SVG würde sich um die Zahl der Monate (weiter) nach hinten verschieben, in denen im Zeitraum der Verrechnung mit der Einmalzahlung gemäß § 2 Nr. 10 SVÜV die Hinzuverdienstgrenze von 325,00 EUR überschritten würde.

---

* Bemessungsgrundlage: 3 565,68 EUR + 148,69 EUR = 3 714,37 EUR; davon 0,85 v. H. = 31,57 EUR

Abflachungen der Pensionen durch das Versorgungsänderungsgesetz 2001

Pensionäre, die durch die Inanspruchnahme der vorübergehenden Erhöhung nach § 26a SVG einen erhöhten Ruhegehaltssatz erhalten, unterliegen ebenfalls der Abflachung der Pension; Empfänger der Mindestversorgung sind hiervon nicht betroffen.

Zusammentreffen von Pension und Rente nach Vollendung des 65. Lebensjahres

Nach Vollendung des 65. Lebensjahres fällt die vorübergehende Pensionserhöhung gemäß § 26a Abs. 3 SVG spätestens weg. Gleichzeitig setzt die Altersrente, z. B. von der Deutschen Rentenversicherung Bund (ehemals BfA), ein.

a) § 55a SVG

Es greift zunächst die Ruhensregelung des § 55a SVG. Ruhegehalt – hier wieder die Mindestversorgung in Höhe von 1 196,44 EUR – und Rente dürfen in der Summe eine im Gesetz festgelegte Höchstgrenze nicht überschreiten.

Zur Berechnung dieser Höchstgrenze wird eine ruhegehaltfähige Dienstzeit für den Gesamtzeitraum nach Vollendung des 17. Lebensjahres bis zum Eintritt in den Ruhestand als Berufssoldat unterstellt (so genannte fiktive Höchstgrenze).

Hier also:	13.12.1969 – 31.12.2005 =	
	36 Jahre 19 Tage =	
	36,05 Jahre x 1,875 v. H. =	67,59375 v. H.
	zuzüglich besonderer Altersgrenzenzuschlag	13,125 v. H.
	80,71875 v. H.	
	höchstens aber	75 v. H.

Pension und Rente zusammen dürfen also 75 v. H. der verminderten ruhegehaltfähigen Dienstbezüge nicht überschreiten. Ansonsten wird der Überschuss bei der Pension wieder in Abzug gebracht.

Beispiel:

Mindestversorgung	1 196,44 EUR
Rente	750,00 EUR
Gesamt	1 946,44 EUR
./. Höchstgrenze (75 v. H. von 2 459,79 EUR)	1 844,84 EUR
Ruhensbetrag	101,60 EUR

Die Ruhensregelung gemäß § 55a SVG führt also zu einer Reduzierung der Mindestversorgung auf eine „Restversorgung" in Höhe von 1 094,84 EUR. Das Gesamteinkommen betrüge also zunächst 1 844,84 EUR (Restversorgung zuzüglich Rente).

b) § 2 Nr. 10 SVÜV (beim Zusammentreffen von Mindestversorgung und Altersrente nach Wegfall des § 26a SVG)

Zu beachten ist aber die weitere Ruhensvorschrift des § 2 Nr. 10 SVÜV. Sie wirkt sich aus, wenn nach Anwendung des § 55a SVG die verbleibende Restversorgung (1 094,84 EUR) größer ist als die an sich erdiente Versorgung (1 026,22 EUR; 41,72 v. H. der verminderten ruhegehaltfähigen Dienstbezüge, siehe oben).

Die zusätzliche Minderung erfolgt in Höhe der Differenz zwischen Mindestversorgung ohne Erhöhungsbetrag (1 196,44 EUR – 30,68 EUR = 1 165,76 EUR) und erdienter Versorgung (1 026,22 EUR), also hier in Höhe von 139,54 EUR.

1 094,84 EUR (Restversorgung) – 139,54 EUR = 955,30 EUR

Da aber die nochmals verminderte Restversorgung nicht hinter dem erdienten Versorgungsbezug zurückbleiben darf (§ 2 Nr. 10 Satz 4 SVÜV) – dieser beträgt 1 026,22 EUR – ist letztlich als Versorgung ein Betrag in Höhe von 1 026,22 EUR zu gewähren. Das Gesamteinkommen beträgt somit 1 776,22 EUR (erdiente Versorgung zuzüglich Rente) und ist damit höher als vor Rentenbeginn (1 493,58 EUR).

Anmerkung: In vorliegendem Beispiel wurde bewusst ein Fall gewählt, in dem es aufgrund der Ruhensvorschriften auch zu entsprechenden Reduzierungen kommt. Selbstverständlich gibt es auch zahlreiche Fallkonstellationen, in denen die Summe aus Pension und Rente die 75 v. H.-Grenze nicht überschreitet, sodass es zu keiner Kürzung gemäß § 55a SVG kommt!

Die zweite Ruhensvorschrift des § 2 Nr. 10 SVÜV greift ohnehin nur dann, wenn nach Wegfall der vorübergehenden Erhöhung gemäß § 26a SVG an sich die Mindestversorgung zum Tragen käme. Andererseits findet sie jedoch – unabhängig davon, ob es gemäß § 55a SVG zu einer Kürzung kommt oder nicht – in diesem Falle stets Anwendung und wird regelmäßig dazu führen, dass neben der Altersrente (nur) die erdiente Versorgung zur Auszahlung kommt.

Anders verhält es sich nur, wenn die erdiente Versorgung höher als die Mindestversorgung ist.

Personalakten

Der Soldat hat auch nach seinem Ausscheiden aus dem Wehrdienst ein Recht auf Einsicht in seine vollständigen Personalakten. Dazu gehören alle ihn betreffenden Vorgänge, unter anderem auch die Beurteilungen.

Personalanpassungsgesetz

Gesetz zur Anpassung der Personalstärke der Streitkräfte (PersAnpassG)

Dienstrecht

§ 1

(1) In den Jahren 2002 bis 2006 können bis zu 3.000 Berufssoldaten mit ihrer Zustimmung vor Überschreiten der für sie maßgeblichen Altersgrenze in den Ruhestand versetzt werden, wenn

1. sie das 50. Lebensjahr vollendet haben und
2. hiermit die Jahrgangsstrukturen an die Vorgaben des jeweils gültigen Personalstrukturmodells angepasst werden.

(2) Die Versetzung in den Ruhestand hat zum Ablauf eines Monats zu erfolgen. Für die Versetzung in den Ruhestand gilt § 44 Abs. 5, 6 Satz 1 bis 3, Satz 4 Halbsatz 2, und Abs. 7 des Soldatengesetzes entsprechend.

Versorgung

§ 2

Die Versorgung der von § 1 erfassten Berufssoldaten und der Berufssoldaten, deren Dienstverhältnis nach § 45 a des Soldatengesetzes in das eines Soldaten auf Zeit umgewandelt worden ist, sowie ihrer Hinterbliebenen bestimmt sich nach dem Soldatenversorgungsgesetz nach Maßgabe der folgenden Vorschriften.

§ 3

(1) § 15 Abs. 1 des Soldatenversorgungsgesetzes findet auch Anwendung auf Berufssoldaten, die nach § 1 in den Ruhestand versetzt worden sind.

(2) Im Falle des § 1 erhöht sich die ruhegehaltfähige Dienstzeit um die Zeit von der Versetzung in den Ruhestand an bis zum Ablauf des Monats; von dem an der Berufssoldat ohne diese Regelung frühestens in den Ruhestand hätte versetzt werden können. Unterliegt der Berufssoldat im Falle des § 1 nur der allgemeinen Altersgrenze des § 44 Abs. 1 des Soldatengesetzes, erhöht sich die ruhegehaltfähige Dienstzeit um die Zeit von der Versetzung in den Ruhestand an bis zum Ablauf des Monats, in dem er wegen Erreichens der allgemeinen Altersgrenze ohne die Regelung des § 1 in den Ruhestand getreten wäre. Die Sätze 1 und 2 gelten nicht, soweit diese Zeiten bereits nach anderen Vorschriften als ruhegehaltfähig berücksichtigt werden. Sie gelten auch nicht, soweit diese Zeiten bei Verbleiben im Dienst wegen Beurlaubung, des Ruhens der

Rechte und Pflichten oder aus sonstigen Gründen nicht als ruhegehaltfähig berücksichtigt worden wären.

(3) Darüber hinaus gelten § 26 Abs. 2 und 3 sowie § 94b des Soldatenversorgungsgesetzes entsprechend, soweit sich nichts Abweichendes aus dem Einigungsvertrag ergibt.

(4) § 17 Abs. 2 Satz 1 des Soldatenversorgungsgesetzes gilt entsprechend.

(5) Die Erhöhungszeit nach Absatz 2 ist in die Frist des § 18 Abs. 1 des Soldatenversorgungsgesetzes einzurechnen.

(6) Wird das Ruhegehalt mindestens aus der Besoldungsgruppe A 16 berechnet, vermindert es sich um eins v. H. für jedes Jahr, um das der Berufssoldat vor Erreichen der für ihn geltenden besonderen oder allgemeinen Altersgrenze in den Ruhestand tritt; § 26 Abs. 1 Satz 2 und 4 des Soldatenversorgungsgesetzes gilt entsprechend. Die Kürzung nach Satz 1 darf fünf v. H. der ruhegehaltfähigen Dienstbezüge, aus denen sich das Ruhegehalt berechnet, nicht übersteigen.

(7) § 38 des Soldatenversorgungsgesetzes und § 2 Nr. 7 der Soldatenversorgungs-Übergangsverordnung gelten entsprechend; hierbei ist § 2 Nr. 7 der Soldatenversorgungs-Übergangsverordnung mit der Maßgabe anzuwenden, dass der einmalige Ausgleich in der Höhe gezahlt wird, wie er bei frühestmöglicher Zurruhesetzung wegen Überschreitens der jeweils maßgebenden besonderen Altersgrenze zu zahlen gewesen wäre.

(8) § 53 des Soldatenversorgungsgesetzes ist mit der Maßgabe anzuwenden, dass die Versetzung in den Ruhestand nach § 1 als Versetzung in den Ruhestand wegen Überschreitens einer festgesetzten besonderen Altersgrenze gilt.

§ 4

Im Falle der Umwandlung eines Dienstverhältnisses im Sinne des § 45a des Soldatengesetzes bis zum 31. Dezember 2008 ist § 12 des Soldatenversorgungsgesetzes mit der Maßgabe anzuwenden, dass die Übergangsbeihilfe für jedes weitere vollendete Jahr der Wehrdienstzeit von mehr als zwölf Jahren um ein Zwölftel, höchstens jedoch um acht Zwölftel der nach § 12 Abs. 2 Nr. 5 und Abs. 3 des Soldatenversorgungsgesetzes zustehenden Übergangsbeihilfe zu erhöhen ist.

Merkblatt zur Versorgung nach dem PersAnpassG

Merkblatt zur Versorgung bei Zurruhesetzungen nach § 1 des Gesetzes zur Anpassung der Personalstärke der Streitkräfte (Personalanpassungsgesetz – PersAnpassG, entnommen Erlass BMVg – PSZ III 1 – Az. 16-37-00/4 – R 01/01 vom 04.12.2001).

Nach diesem Gesetz erhalten Soldaten, soweit sie als Berufssoldat in den Ruhestand versetzt werden, laufende Versorgungsbezüge (Ruhegehalt) und einmalige Versorgungsleistungen. Hierzu werden folgende Erläuterungen zu den wichtigsten Bestimmungen gegeben:

*Zum Ruhegehalt**

Die Höhe des Ruhegehalts der nach § 1 PersAnpassG in den Ruhestand tretenden Berufssoldaten bestimmt sich nach § 3 PersAnpassG in Verbindung mit den Vorschriften des Soldatenversorgungsgesetzes (SVG). Maßgebend hierfür sind

- die ruhegehaltfähige Dienstzeit und
- die ruhegehaltfähigen Dienstbezüge.

Das Ruhegehalt wird in Höhe eines Hundertsatzes der ruhegehaltfähigen Dienstbezüge – je nach Dauer der ruhegehaltfähigen Dienstzeit – gewährt.

1. Ruhegehaltfähige Dienstzeit

Die ruhegehaltfähige Dienstzeit (das ist regelmäßig die Wehrdienstzeit in der Bundeswehr, unabhängig vom Status) erhöht sich um die Zeit von der tatsächlichen Zurruhesetzung nach § 1 PersAnpassG an bis zu dem Zeitpunkt, zu dem der Berufssoldat aufgrund der für ihn geltenden besonderen oder allgemeinen Altersgrenzenregelung nach § 44 Abs. 1 oder 2 des Soldatengesetzes (SG) frühestmöglich hätte in den Ruhestand versetzt werden können oder in den Ruhestand getreten wäre (§ 3 Abs. 2 PersAnpassG).

Beispiel:

Oberst in der Besoldungsgruppe A 16, geboren 15.04.1952, Eintritt in die Bundeswehr am 01.04.1972, Zurruhesetzung nach § 1 PersAnpassG mit Ablauf des 30.04.2002.

ruhegehaltfähige Dienstzeit

Wehrdienstzeit	01.04.1972–30.04.2002

* Wichtiger Hinweis: Änderungen im Versorgungsrecht, die gegebenenfalls ab dem Jahr 2003 eintreten und zu einem Absinken des Versorgungsniveaus führen können, betreffen auch Versorgungsempfänger, die nach § 1 PersAnpassG in den Ruhestand versetzt werden. Vor Inkrafttreten der gesetzlichen Regelung konnten solche Änderungen in diesem Merkblatt nicht berücksichtigt werden.

Erhöhungszeit nach § 3 Abs. 2 PersAnpassG (besondere Altersgrenze 60. Lebensjahr)	01.05.2002–30.04.2012
ruhegehaltfähige Dienstzeit	40 Jahre 30 Tage

Die Erhöhungszeit kann aber nicht berücksichtigt werden, soweit diese Zeit auch bei Verbleiben im Dienst nicht als ruhegehaltfähige Dienstzeit angerechnet worden wäre (beispielsweise bei Beurlaubung ohne Geld- und Sachbezüge bis zum Beginn des Ruhestandes nach § 28a SG).

Falls ruhegehaltfähige Vordienstzeiten in Betracht kommen, deren Berücksichtigung nur auf Antrag erfolgen kann, zum Beispiel

- die Zeit einer über die allgemeine Schulbildung hinaus vorgeschriebenen Ausbildung und/oder praktischen Tätigkeit (§ 23 Abs. 1 SVG),
- Zeiten einer praktischen Ausbildung und praktischen hauptberuflichen Tätigkeit bis zu insgesamt 5 Jahren, wenn sie für die Erfüllung der dem Soldaten zuerst übertragenen Aufgaben förderlich gewesen sind (§ 23 Abs. 2 SVG), sowie
- eine Zeit, in der besondere Fachkenntnisse erworben worden sind, die die notwendige Voraussetzung für die Verwendung in der Bundeswehr bildeten (§ 24 SVG),

muss der Antrag beim für die Entscheidung darüber zuständigen Personalamt der Bundeswehr über die personalbearbeitende Dienststelle gestellt werden. Mit der Versetzung in den Ruhestand geht die Zuständigkeit auf die für die Festsetzung der Versorgungsbezüge jeweils zuständige Wehrbereichsverwaltung III oder V* über.

Wird ein Antrag auf Berücksichtigung von Vordienstzeiten nach den §§ 23 und 24 SVG später als 3 Monate nach Beginn des Ruhestandes gestellt, können solche Zeiten erst ab Beginn des Monats berücksichtigt werden, in dem der Antrag gestellt wurde.

---

* Am 01.01.2002 hat sich die Bezeichnung in Wehrbereichsverwaltung West und Süd geändert. Soweit im folgenden Text auf diese Wehrbereichsverwaltungen Bezug genommen wird, werden bereits die neuen Bezeichnungen verwendet.

Auskünfte darüber, ob im Einzelfall weitere Zeiten nach Kann- oder Soll-Vorschriften als ruhegehaltfähige Dienstzeit in Betracht kommen, erteilt die Wehrbereichsverwaltung West oder Süd auf Anfrage.

2. Ruhegehaltssatz

Der für die Berechnung des Ruhegehalts maßgebende Vomhundertsatz bestimmt sich nach der Dauer der ruhegehaltfähigen Dienstzeit einschließlich der Erhöhungszeit nach § 3 Abs. 2 PersAnpassG. Er beträgt 1,875 v. H. der ruhegehaltfähigen Dienstbezüge für jedes Jahr der ruhegehaltfähigen Dienstzeit, insgesamt höchstens 75 v. H. der ruhegehaltfähigen Dienstbezüge. Restliche Tage sind unter Verwendung des Nenners 365 in Dezimalstellen umzurechnen.

a) Durch den Verweis in § 3 Abs. 3 PersAnpassG ist sichergestellt, dass für Berufssoldaten, die ihr Dienstverhältnis am 31.12.1991 bereits begründet hatten, § 94b SVG entsprechende Anwendung findet. Nach Absatz 1 dieser Regelung bleibt der zu diesem Zeitpunkt erdiente Ruhegehaltssatz erhalten und erhöht sich danach um 1 v. H. für jedes Jahr ruhegehaltfähiger Dienstzeit, wenn dies für den Soldaten günstiger ist.

Beispiel:

Oberst in der Besoldungsgruppe A 16, geboren 15.04.1952, Eintritt in die Bundeswehr am 01.07.1972, Zurruhesetzung nach § 1 PersAnpassG mit Ablauf des 30.04.2002.

ruhegehaltfähige Dienstzeit

Wehrdienstzeit	01.07.1972–30.04.2002
Erhöhungszeit nach § 3 Abs. 2 PersAnpassG	
(besondere Altersgrenze 60. Lebensjahr)	01.05.2002–30.04.2012
ruhegehaltfähige Dienstzeit	39 Jahre 305 Tage
oder (restliche Tage geteilt durch Nenner 365)	39,84 Jahre
Ruhegehaltssatz (39,84 Jahre x 1,875 v. H. pro Jahr)	74,70 v. H.

Vergleichsberechnung nach § 94b Abs. 1 SVG:	
Wehrdienstzeit	01.07.1972–31.12.1991
ruhegehaltfähige Dienstzeit bis 31.12.1991	19 Jahre 184 Tage
oder (mehr als 182 Tage aufrunden)	20 Jahre
Ruhegehaltssatz am 31.12.1991 nach der zu diesem Zeitpunkt geltenden Ruhegehaltssatzskala[1]	55 v. H.
Wehrdienstzeit nach dem 31.12.1991	01.01.1992–30.04.2002
Erhöhungszeit nach § 3 Abs. 2 PersAnpassG	
(besondere Altersgrenze 60. Lebensjahr)	01.05.2002–30.04.2012
ruhegehaltfähige Dienstzeit nach dem 31.12.1991	20 Jahre 121 Tage
oder (restliche Tage geteilt durch den Nenner 365)	20,33 Jahre
Ruhegehaltssatz für die Zeit nach dem 31.12.1991	
(20,33 Jahre x 1 v. H. pro Jahr)	20,33 v. H.
maßgeblicher Ruhegehaltssatz insgesamt (55 v. H. + 20,33 v. H.)	75 v. H.
Höchstsatz, da günstiger als 74,70 v. H.[2]	

b) Eine vorübergehende Erhöhung des Ruhegehaltssatzes bis zum Beginn einer Rente aus der gesetzlichen Rentenversicherung für nicht als ruhegehaltfähige Dienstzeit berücksichtigte rentenrechtliche Pflichtversicherungszeiten, wenn die rentenrechtliche Wartezeit von 60 Kalen-

[1] 35 v. H. für die ersten 10 Jahre, je 2 v. H. für die folgenden 15 Jahre und danach je 1 v. H. pro Jahr bis zum Höchstsatz von 75 v. H.

[2] Der Ruhegehaltssatz darf den Ruhegehaltssatz, der sich nach dem bis zum 31.12.1991 geltenden Recht ergäbe, nicht übersteigen (§ 94b Abs. 3 Satz 2 SVG). Auf die Darstellung wurde hier aus Gründen der Übersichtlichkeit verzichtet.

dermonaten erfüllt ist, ist im Falle der Zurruhesetzung nach § 1 PersAnpassG wegen der gesetzlichen Regelung in § 26a SVG nicht möglich (siehe zu § 26a SVG auch → NVA-Versorgung).

3. Ruhegehaltfähige Dienstbezüge

Nach § 17 SVG werden der Berechnung des Ruhegehalts das Grundgehalt, der Familienzuschlag bis zur Stufe 1 sowie Zulagen, die nach dem Besoldungsrecht ruhegehaltfähig sind, zugrunde gelegt.

a) In § 3 Abs. 4 PersAnpassG ist bestimmt, dass die Vorschrift des § 17 Abs. 2 Satz 1 SVG entsprechend anzuwenden ist. Dies führt dazu, dass bei der Berechnung des Ruhegehalts die Dienstaltersstufe der maßgeblichen Besoldungsgruppe berücksichtigt wird, die der vorzeitig in den Ruhestand versetzte Berufssoldat erreicht hätte, wenn er aufgrund der jeweils für ihn geltenden Altersgrenzenregelung in den Ruhestand getreten wäre.

Beispiel:

Oberst in der Besoldungsgruppe A 16, geboren 15.04.1952, Diensteintritt am 01.04.1972, Zurruhesetzung nach § 1 PersAnpassG mit Ablauf des 30.04.2002. Zu diesem Zeitpunkt erreichte Dienstaltersstufe: 11.

Bei Zurruhesetzung wegen Überschreitens der besonderen Altersgrenze (60. Lebensjahr) mit Ablauf des 30.04.2012 wäre die Dienstaltersstufe 12 (zugleich Endstufe) erreicht worden. Ruhegehaltfähig ist das Grundgehalt aus der 12. Dienstaltersstufe.

b) Nach der seit 01.01.1999 geltenden Regelung (§ 18 Abs. 1 SVG) muss ein Berufssoldat die Dienstbezüge seines letzten Dienstgrades vor dem Eintritt in den Ruhestand mindestens 3 Jahre erhalten haben, damit sie der Ruhegehaltsberechnung zugrunde gelegt werden. Ansonsten sind nur die Dienstbezüge des vorletzten Dienstgrades ruhegehaltfähig.

Nach § 3 Abs. 5 PersAnpassG ist in diese Frist die Erhöhungszeit nach § 3 Abs. 2 PersAnpassG einzurechnen. Im Fall der Beförderung bzw. Planstelleneinweisung bis einschließlich 31.12.2000 gilt noch die alte

Zweijahresfrist unter Berücksichtigung der Zeit der Wahrnehmung der Aufgaben des höher dotierten Dienstpostens vor der Beförderung/-Planstelleneinweisung. Auch in diese Frist rechnet die Erhöhungszeit ein.

Beispiel:

Oberst, geboren 15.04.1952.

Einweisung in eine nach Besoldungsgruppe A 16 bewertete Planstelle mit Wirkung vom 01.04.2001.

Zurruhesetzung nach § 1 PersAnpassG mit Ablauf des 30.04.2002.

Die Dienstbezüge der Besoldungsgruppe A 16 wurden tatsächlich 1 Jahr und 30 Tage bezogen (01.04.2001 bis 30.04.2002).

Erhöhungszeit nach § 3 Abs. 2 PersAnpassG (besondere Altersgrenze 60. Lebensjahr): 01.05.2002–30.04.2012.

Die Dreijahresfrist nach § 18 Abs. 1 SVG (01.04.2001–31.03.2004) ist unter Einrechnung der Erhöhungszeit vom 01.05.2002–31.03.2004 erfüllt.

Ruhegehaltfähig sind die Dienstbezüge der Besoldungsgruppe A 16.

4. Versorgungsabschlag

Ein genereller Abschlag vom Ruhegehalt wegen vorzeitiger Zurruhesetzung (zum Beispiel im Fall von Dienstunfähigkeit, die nicht Folge einer Wehrdienstbeschädigung bzw. eines Dienstunfalls ist, von bis zu 10,8 v. H.) wurde im PersAnpassG nicht vorgesehen. Lediglich in den Fällen, in denen sich das Ruhegehalt mindestens aus Besoldungsgruppe A 16 errechnet, wird auch bei Zurruhesetzungen nach § 1 PersAnpassG ein moderater Versorgungsabschlag erhoben (§ 3 Abs. 6 PersAnpassG).

Dieser beträgt 1 v. H. des Ruhegehalts für jedes Jahr, um das der Berufssoldat vor Erreichen der für ihn sonst geltenden besonderen oder allgemeinen Altersgrenze in den Ruhestand tritt; restliche Tage werden unter Benutzung des Nenners 365 in 2 Dezimalstellen umgerechnet. Höchstens werden 5 v. H. der ruhegehaltfähigen Dienstbezüge abgezogen.

Beispiel:

Oberst in der Besoldungsgruppe A 16, Endstufe, geboren am 15.03.1949, Diensteintritt am 01.04.1969, Ruhestandseintritt nach § 1 PersAnpassG mit Ablauf des 31.03.2002.

ruhegehaltfähige Dienstbezüge	5 246,49 EUR
ruhegehaltfähige Dienstzeit (einschließlich Erhöhungszeit nach § 3 Abs. 2 PersAnpassG bis 31.03.2009)	40 Jahre
Ruhegehaltssatz: 40 x 1,875 v. H.	75 v. H. (Höchstsatz)
daraus ergibt sich ein Ruhegehalt von	3 934,87 EUR
Zeit ab Ruhestandseintritt bis zum Tag vor Erreichen der besonderen Altersgrenze (60. Lebensjahr)	01.04.2002–13.03.2009
das sind 6 Jahre 347 Tage oder	6,95 Jahre
Kürzung des Ruhegehalts um 6,95 x 1 v. H. =	6,95 v. H.
das entspricht	273,47 EUR
verbleibendes Ruhegehalt	3 661,40 EUR

mindestens verbleibt jedoch ein Ruhegehalt von 75 v. H. abzüglich 5 v. H. = 70 v. H. der ruhegehaltfähigen Dienstbezüge

das entspricht **3 672,54 EUR**

5. Ruhensregelung bei Erwerbseinkommen

Hinsichtlich der Auswirkung eines Hinzuverdienstes auf das Ruhegehalt ist § 53 SVG wie bei einer Versetzung in den Ruhestand wegen Überschreitens einer festgesetzten besonderen Altersgrenze anzuwenden (§ 3 Abs. 8 PersAnpassG). Es gilt folgende Regelung:

Übersteigt das Ruhegehalt zusammen mit dem Hinzuverdienst eine bestimmte Höchstgrenze, wird der übersteigende Betrag vom Ruhegehalt abgezogen.

Bis zur Vollendung des 61. Lebensjahres beträgt die Höchstgrenze bei einem Einkommen aus einer Tätigkeit oder Beschäftigung außerhalb des öffentlichen Dienstes 120 v. H. der letzten ruhegehaltfähigen Dienstbezüge, danach sinkt sie – wie bei einem Einkommen aus einer Verwendung im öffentlichen Dienst – auf 100 v. H. Erst nach Vollendung des 65. Lebensjahres kann aus einer Beschäftigung außerhalb des öffentlichen Dienstes unbegrenzt hinzuverdient werden, ohne dass eine Anrechnung vorgenommen wird.

6. Kürzung des Ruhegehalts bei Ehescheidung

Ist über den Versorgungsausgleich (§§ 1587 ff. BGB) vor Beginn des Ruhestandes aufgrund des PersAnpassG wirksam entschieden worden, wird auch in diesem Fall das Ruhegehalt ab Eintritt in den Ruhestand gekürzt (§ 55c Abs. 1 Satz 1 SVG). Außerdem kann eine Zurruhesetzung nach dem PersAnpassG in einem rechtshängigen Ehescheidungsverfahren Auswirkungen auf die Höhe des vom Familiengericht festzusetzenden Versorgungsausgleichs haben.

Auskunft über die im Einzelfall in den Versorgungsausgleich einbezogene Versorgung und die Kürzung der Versorgung nach der Ehescheidung sowie die Ausnahmen hierzu erteilt die für die Festsetzung der Versorgungsbezüge jeweils zuständige Wehrbereichsverwaltung West oder Süd.

Einmalbetrag

Nach § 3 Abs. 7 PersAnpassG wird neben den oben genannten laufenden Versorgungsleistungen bei Erfüllung der sonstigen Voraussetzungen der steuerfreie Ausgleich bei Altersgrenzen nach § 38 SVG in Höhe von 4 091,00 EUR gezahlt.

Versorgungsauskunft

Auf Anfrage erteilt die zuständige Wehrbereichsverwaltung Auskunft über die im Einzelfall zu erwartende Versorgung. Ein entsprechender schriftlicher Antrag des Soldaten muss bei der zuständigen personalbearbeitenden Stelle eingereicht werden, die sie zusammen mit den für eine Versorgungsauskunft notwendigen Personalunterlagen an die Wehrbereichsverwaltung weiterleitet.

Auskünfte können allerdings nur erteilt werden, soweit die Zurruhesetzung nach dem PersAnpassG mit Einverständnis des Soldaten konkret in Betracht gezogen wird.

Wegen weiterer Ruhens- und Anrechnungsvorschriften für Ruhegehaltsempfänger wird auf das beim Ruhestandseintritt von der für die Versorgungsfestsetzung zuständigen Wehrbereichsverwaltung West oder Süd zu versendende Merkblatt verwiesen, das auch alle weiteren für die Ruhegehaltszahlung zu beachtenden Vorschriften anspricht.

Pfändung von Versorgungsbezügen

Ansprüche auf Versorgungsbezüge können, wenn gesetzlich nichts anderes bestimmt ist, insoweit abgetreten und verpfändet werden, als sie der Pfändung unterliegen.

Der Anspruch auf Sterbegeld kann weder gepfändet noch abgetreten noch verpfändet werden (§ 48 SVG).

Rechtsschutz des Deutschen BundeswehrVerbandes

Der Rechtsschutz des → DBwV für seine Mitglieder richtet sich nach der Rechtsschutzordnung in Form der Beschlussfassung der Hauptversammlung.

Formelle Voraussetzung der Rechtsschutzgewährung ist die laufende Zahlung der Mitgliedsbeiträge sowie zumindest dreimonatige Mitgliedschaft im Verband. Die Wartezeit entfällt bei Begründung der Mitgliedschaft innerhalb des 1. Dienstjahres. Gegenstand des Rechtsschutzes können nur Angelegenheiten sein, die mit der Zugehörigkeit zur Bundeswehr in Zusammenhang stehen. Reine Privatsachen, die keine Beziehung zur Diensttätigkeit aufweisen (Ehesachen, Erbschaftsauseinandersetzungen, Kaufvertrag, Versicherungsangelegenheiten usw.), unterliegen nicht dem Rechtsschutz.

Bei Vorliegen dieser Voraussetzungen kann Rechtsschutz gewährt werden, wenn die Durchführung der Angelegenheit Aussicht auf Erfolg bietet und Abhilfe auf dem Dienstweg nicht zu erreichen ist. Übernommen werden die gesetzlichen Gebühren eines Rechtsanwaltes, im Unterliegensfall auch die Gebühren des gegnerischen Anwalts, die Gerichtskosten und gegebenenfalls Gutachterkosten sowie die Reisekosten des Anwalts. Über die Gewährung des Rechtsschutzes entscheidet der Rechtsausschuss; er tritt in wöchentlichen Sitzungen zusammen. Gegen die Entscheidung des Rechtsausschusses ist das Rechtsmittel der Berufung an den Bundesvorstand zulässig. Der Antrag auf Rechtsschutz ist bei den örtlichen Kameradschaften zu stellen, die Antragsformulare bereithalten, oder bei den Vertragsanwälten des DBwV.

Daneben gewährt der DBwV Mitgliedern kostenlose Rechtsberatung über seine Vertragsanwälte (siehe hierzu nachfolgende Tabelle).

Vertragsanwälte des DBwV

Name	Anschrift	Telefon/Telefax/E-Mail
Jürgen **Breckwoldt**	Auguste-Viktoria-Str. 14 24103 Kiel	Tel.: 04 31/67 10-01 oder -02 Fax: 04 31/67 10-03
Hans-Joachim **Heine**	Marktstr. 58 26382 Wilhelmshaven	Tel.: 0 44 21/2 78 98 oder 2 62 91 Fax: 0 44 21/2 62 92 rae-heine@t-online.de

Fortsetzung: Vertragsanwälte des DBwV

Dr. Jochen **Rothardt** Peter **Wilke** Volker **Thürasch**	Wilhelmstr. 7 29614 Soltau	Tel.: 0 51 91/98 31-0 Fax: 0 51 91/98 31-34 rechtsanwaelte@rothardt.de
Klaus-Dieter **Lingemann**	Schubertstr. 8 40235 Düsseldorf	Tel.: 02 11/6 21 88 80 Fax: 02 11/6 87 76 88 kd.lingemann@t-online.de
Dr. Dieter **Hess** Matthias **Karst** Mathias **Schaefer**	Rheinstr. 23 56068 Koblenz	Tel.: 02 61/91 54 80 Fax: 02 61/91 54 850 buero@klinge-hess.de
Andreas-Christian **Seydel**	Schubertstr. 8 76185 Karlsruhe	Tel.: 07 21/84 40-21 oder -22 Fax: 07 21/84 91 71 RAeSeydel@t-online.de
Willi A. **Weber**	Amalienstr. 62 80799 München	Tel.: 0 89/33 46 76 oder 33 47 44 Fax: 0 89/33 46 78 Willi-a.Weber@ weberundkollegen.de
Gerd **Zirovnik**	Wittelsbacher Str. 4 93049 Regensburg	Tel.: 09 41/2 96 83-0 Fax: 09 41/2 96 83 20 RAe-Zirovnik@t-online.de
Dr. jur. Hannes **Kaschkat**	Sterngasse 2 97070 Würzburg	Tel.: 09 31/1 64 55 Fax: 09 31/1 52 55 rakaschkat@weblawyer.de
Gerhard **Kurschus**	Kranichstr. 9 17034 Neubrandenburg	Tel.: 03 95/43 01 00 Fax: 03 95/4 30 10 22 koekula@t-online.de
Klaus **Lübke**	Calvinstr. 5 A 10557 Berlin	Tel.: 0 30/3 97 44-570 oder 3 97 44-5 75 Fax: 0 30/39744-580 raklausluebke@t-online.de
Dr. Siegmar **Mössner** Gerd **Weller** Winfried **Schwarz** & Partner	Bahnhofstr. 1 89073 Ulm	Tel.: 07 31/14 15-0 Fax: 07 31/14 15-16 rae@moessner.de
Max **Riederer von Paar**	Sixth Floor 1155 Connecticut Avenue, N. W. Washington DC 20036	Tel.: 001 202 861-0870 Fax: 001 202 429-0657 mriederer@rwdhc.com

Fragen zur neuen Rechtsschutzordnung

Am 01.01.2004 trat die vom Bundesvorstand beschlossene neue Rechtsschutzordnung in Kraft. Diese weist gegenüber der bisher gültigen Rechtsschutzordnung einige Änderungen auf. Auf die wichtigsten Fragen hierzu soll kurz eingegangen werden.

Wer kann Rechtsschutz beantragen?

Jedes Mitglied des DBwV, das seine Beiträge vollständig bezahlt hat und dessen Mitgliedschaft schon mindestens 3 Monate vor dem Ereignis, das Anlass des Verfahrens ist, besteht. Wird die Mitgliedschaft innerhalb des 1. Dienstjahres begründet, wird von der dreimonatigen Wartefrist abgesehen.

Wie kann man Rechtsschutz beantragen?

Der Rechtsschutzantrag ist regelmäßig über die zuständige Kameradschaft mit dem dortigen Formblatt oder über einen Vertragsanwalt des DBwV zu stellen. Nur in Ausnahmefällen, zum Beispiel bei Auslandseinsätzen, kann Rechtsschutz direkt bei der Bundesgeschäftsstelle oder über externe Anwälte beantragt werden.

Wofür kann man Rechtsschutz beantragen?

Rechtsschutz wird gewährt in Angelegenheiten, die mit dem Dienstverhältnis des Soldaten in Zusammenhang stehen und dienstrechtliche oder soziale Angelegenheiten der Soldaten, einschließlich ehemaliger Soldaten sowie ihrer Angehörigen und Hinterbliebenen, betreffen. Hierunter fallen nicht so genannte Wegeunfälle und Mietstreitigkeiten im Inland.

In welcher Form wird Rechtsschutz gewährt?

Rechtsschutz wird gewährt in Form von:

- Beratungsrechtsschutz; dieser wird insbesondere von den Vertragsanwälten vorgenommen, ist kostenlos und kann vom ersten Tag der Mitgliedschaft an in Anspruch genommen werden;
- Einzelrechtsschutz in allgemeinen Verfahren; hierzu zählt Rechtsschutz sowohl für ein Vorverfahren als auch für ein gerichtliches Verfahren;
- Rechtsschutz in Musterverfahren von verbandspolitischer Bedeutung; über die Einstufung eines Verfahrens als Musterverfahren entscheidet der Geschäftsführende Vorstand.

Ich habe eine Kostendeckungszusage erhalten. Was muss ich jetzt tun?

Sobald der DBwV die Kostendeckungszusage erteilt hat, kann sich das Mitglied an einen Rechtsanwalt seiner Wahl wenden.

Ich habe eine Kostendeckungszusage erhalten.
Welche Leistungen übernimmt der DBwV?

Ist Einzelrechtsschutz gewährt worden, übernimmt der DBwV alle gerichtlichen und außergerichtlichen Kosten, soweit diese durch die jeweils einschlägige Gebührentabelle gedeckt sind. Das bedeutet im Umkehrschluss, dass Honorarvereinbarungen zwischen Mitgliedern und Rechtsanwälten für den DBwV nicht bindend sind. Im Unterliegensfalle übernimmt der DBwV auch die Kosten der Gegenseite.

Bei der Gewährung von Rechtsschutz für Musterverfahren übernimmt der DBwV zusätzlich die Kosten vorbereitender Gutachten.

Was ist der Unterschied zwischen Vertrags- und Empfehlungsanwälten?

Sowohl Vertrags- als auch Empfehlungsanwälte des DBwV zeichnen sich durch hohe Sachkenntnis in soldatenspezifischen Rechtsfragen aus. Der Unterschied besteht darin, dass nur die Vertragsanwälte den Mitgliedern eine kostenlose Erstberatung anbieten. Ein weiterer Unterschied liegt darin, dass mit Inkrafttreten der neuen Rechtsschutzordnung Rechtsschutzanträge nur noch über die Vertragsanwälte (oder die Kameradschaften) gestellt werden können.

Ich habe eine private Rechtsschutzversicherung.
Muss ich die Rechtsschutzversicherung angeben?

Auf jeden Fall. Nach der Rechtsschutzordnung ist bei Bestehen einer Rechtsschutzversicherung diese vorrangig in Anspruch zu nehmen. Dem Mitglied entsteht hierdurch aber kein Nachteil, da ein eventuell bestehender Selbstbehalt in diesem Fall durch den DBwV ersetzt wird.

Lohnt sich der Abschluss einer privaten Rechtsschutzversicherung?

Durch die Mitgliedschaft im DBwV erhält das Mitglied nur Rechtsschutz in dienstlichen Angelegenheiten. Das bedeutet, dass weite Bereiche, beispielsweise der Verkehrs- und Mietrechtsschutz, hiervon nicht abgedeckt werden. Der Abschluss einer privaten Rechtsschutzversicherung ist daher empfehlenswert. Die Förderungsgesellschaft des DBwV bietet mit ihren Vertragspartnern unseren Mitgliedern attraktive Angebote.

Der DBwV hat meine Anwaltsrechnung bezahlt. Kann ich sofort austreten?

Die Rechtsschutzordnung sieht vor, dass geleistete Rechtsschutzkosten zurückgefordert werden, wenn das Mitglied innerhalb von 5 Jahren nach Zahlung aus dem Verband austritt. Diese Regelung dient den Interessen der zahlenden Mitglieder, aus deren Beiträgen der Rechtsschutz finanziert wird. Das Mitglied kann daher jederzeit austreten, muss innerhalb der Fünfjahresfrist aber mit einer Rückforderung durch den DBwV rechnen.

Merkblatt zum Rechtsschutz

Fristen

Es wird darauf verwiesen, dass im Rahmen des Rechtsschutzes die Mitglieder zur Vermeidung von Rechtsnachteilen fristwahrende Maßnahmen (Widerspruch, Klageerhebung usw.) selbst ergreifen müssen.

Umfang des Rechtsschutzes

Der Umfang des Rechtsschutzes gilt nur für die jeweils bewilligte Instanz. Für weitere Verfahren (Berufung, Revision usw.) ist ein neuer Rechtsschutzantrag erforderlich.

Die Rechtsschutzzusage gilt nur unter dem Vorbehalt, dass keine eintrittspflichtige Rechtsschutzversicherung besteht.

Pflichten des Mitgliedes

Veranlassen Sie bitte, dass der beauftragte Anwalt das Mandat bestätigt und uns über den Ausgang des Verfahren unterrichtet (Übersendung einer Urteilsabschrift). Bei einem Musterprozess sollten Sie auch die Kameradschaft über den endgültigen Ausgang des Verfahrens in Kenntnis setzen. Soweit Sie einen Kostenerstattungsanspruch gegen Dritte haben (Obsiegen in zivil- oder verwaltungsgerichtlichen Verfahren, Freispruch im Strafverfahren), sind Sie nach der Rechtsschutzordnung verpflichtet, die vom Verband erbrachten Leistungen an diesen zurückzuzahlen. Ist bei einem Musterprozess der Abschluss eines Vergleichs beabsichtigt, so ist hierzu die Zustimmung des Verbandes erforderlich. Die Nichterhebung oder Rücknahme einer Klage sowie der Verzicht auf ein Rechtsmittel kann in Fällen von Musterprozessen, die aus verbandspolitischen Gründen geführt werden, ebenfalls nur mit Einverständnis des DBwV erfolgen.

Haftungsausschluss

Eine Haftung des Verbandes aus der Gewährung des Rechtsschutzes gegenüber den Antragstellern oder Dritten ist ausgeschlossen.

Widerruf

Die Gewährung des Rechtsschutzes kann widerrufen werden, wenn die Mitgliedschaft innerhalb von 5 Jahren nach Zahlung der Kosten durch den DBwV gekündigt wird.

Wird weitergehender Rechtsschutz gewünscht, so stellt der DBwV über die Förderungsgesellschaft den Mitgliedern umfassende Rechtsschutzkombinationen bei der ARAG bzw. DAS zur Verfügung.

Rechtsschutzordnung des Deutschen BundeswehrVerbandes e. V. in der Fassung des Beschlusses des Bundesvorstandes vom 23./24.09.2003

§

Präambel

Der Deutsche BundeswehrVerband kann als Berufsverband seinen Mitgliedern Rechtsschutz in Angelegenheiten gewähren, die im Zusammenhang mit deren Dienstverhältnis als Soldat stehen. Diese Hilfe soll die Durchsetzung berechtigter Anliegen des Einzelnen bezwecken, aber zugleich auch immer den Interessen des Verbandes dienen. Der BundeswehrVerband ist keine Rechtsschutzversicherung, sondern seine Hilfe durch Rechtsschutz ist eine solidarische Unterstützung durch alle Mitglieder für Einzelne oder eine Gruppe von Mitgliedern. Der Rechtsschutz in beruflichen (und dienstlichen) Angelegenheiten der Soldaten ersetzt keine private Rechtsschutzversicherung.

1. Gegenstand des Rechtsschutzes

§ 1 Allgemeines

Der Rechtsschutz des Deutschen BundeswehrVerbandes wird nur an Mitglieder gewährt als:

- Beratungsrechtsschutz für die Mitglieder im Einzelfall (§ 4),
- Einzelrechtsschutz in allgemeinen Verfahren (§§ 5 und 6),
- Rechtsschutz in Musterverfahren von verbandspolitischer Bedeutung (§§ 5 und 7).

§ 2 Berufliche Angelegenheiten

Der Rechtsschutz gemäß § 1 wird ausschließlich gewährt in Angelegenheiten, die mit dem Dienstverhältnis des Soldaten in Zusammenhang stehen und dienstrechtliche oder soziale Angelegenheiten der Soldaten, einschließlich ehemaliger Soldaten sowie ihrer Angehörigen und Hinterbliebenen, betreffen (berufsunmittelbare und berufsnahe Angelegenheiten).

2. Formen des Rechtsschutzes

§ 3 Umfang des Rechtsschutzes

(1) Zu den berufsunmittelbaren Angelegenheiten nach § 2 gehören insbesondere die Angelegenheiten aus dem Rechtsverhältnis des Mitgliedes als aktiver oder ehemaliger Soldat bzw. Angehöriger oder Hinterbliebener einschließlich der Rechte und Pflichten, die an diese Rechtsstellung unmittelbar anknüpfen.

(2) Rechtsschutz kann im Einzelfall auch gewährt werden in berufsnahen Angelegenheiten nach § 2, die mit dem Rechtsverhältnis des Mitgliedes als aktiver oder ehemaliger Soldat bzw. Angehöriger oder Hinterbliebener in einem engen Zusammenhang stehen.

§ 4 Beratungsrechtsschutz

(1) Der Beratungsrechtsschutz umfasst eine mündliche oder schriftliche Rechtsauskunft. Der Beratungsrechtsschutz wird insbesondere durch die Vertragsanwälte des Deutschen BundeswehrVerbandes vorgenommen.

(2) Der Beratungsrechtsschutz umfasst kein aktives Tätigwerden gegenüber Dritten (zum Beispiel die Fertigung von Beschwerdebegründungen oder Antragsschriften).

§ 5 Vorverfahren

Für ein Vorverfahren (zum Beispiel Beschwerde nach der WBO, Widerspruch nach der VwGO) kann Rechtsschutz gewährt werden. Rechtsschutz für ein Vorverfahren soll gewährt werden, wenn die Aussicht besteht, dadurch ein gerichtliches Verfahren abzuwenden, oder wenn dies zur sachgerechten Wahrung der Interessen des Mitgliedes in einem nachfolgenden gerichtlichen Verfahren geboten ist.

§ 6 Einzelrechtsschutz in allgemeinen gerichtlichen Verfahren

(1) In Verfahren aller Gerichtszweige ohne grundsätzliche Bedeutung kann Rechtsschutz nach Maßgabe der nachfolgenden Bestimmungen gewährt werden, wenn die berechtigten Interessen des Mitgliedes auf andere Weise nicht durchsetzbar erscheinen. Von dem Mitglied kann der Nachweis über seine Versuche einer gütlichen Einigung verlangt werden.

(2) Rechtsschutz soll regelmäßig nur gewährt werden, wenn vor Beginn des Verfahrens eine Rechtsberatung im Sinne von § 4 in Anspruch genommen wurde.

(3) Die Rechtsschutzzusage gilt für die Instanz, für die sie erteilt wurde.

§ 7 Rechtsschutz in Musterverfahren

(1) In Verfahren aller Gerichtszweige kann in Angelegenheiten, die eine über den Einzelfall hinausgehende grundsätzliche Bedeutung haben, Rechtsschutz gewährt werden (Musterverfahren). Über die Einstufung eines Verfahrens als Musterverfahren entscheidet der Geschäftsführende Vorstand auf Vorschlag des für den Rechtsschutz zuständigen Mitgliedes.

(2) Musterverfahren können auch in Angelegenheiten geführt werden, in denen die Herbeiführung einer höchstrichterlichen Entscheidung notwendig erscheint.

(3) Bei verschiedenen Verfahren, denen gleich gelagerte Sachverhalte zugrunde liegen, entscheidet der Rechtsausschuss entsprechend § 13 Abs. 2, welche Sache streitig durchgeführt werden soll. In allen anderen Fällen sollen die Mitglieder in der eigenen Sache das Ruhen des Verfahrens bis zur Entscheidung in der als Musterverfahren ausgewählten Angelegenheit beantragen.

3. Gewährung des Rechtsschutzes

§ 8 Kostenübernahme

(1) Beratungsrechtsschutz wird den Mitgliedern kostenfrei gewährt.

(2) Bei der Gewährung von Rechtsschutz für das Vorverfahren kann der Rechtsausschuss oder, für den Fall, dass der Geschäftsführende Vorstand den Rechtsschutz gewährt hat, dieser einen Höchstbetrag der erstattungsfähigen Kosten festsetzen.

(3) Ist Einzelrechtsschutz nach § 6 gewährt worden, umfasst die Kostenübernahme regelmäßig alle gerichtlichen und außergerichtlichen Kosten, soweit diese durch die jeweils einschlägige Gebührentabelle gedeckt sind, unter Einschluss der Kosten der Gegenseite im Unterliegensfalle.

(4) Im Rahmen des Absatz 3 kann die Kostenübernahme nach § 11 Abs. 3 begrenzt oder ein Selbstbehalt von bis zu 100,00 EUR festgelegt werden, wenn dies unter Berücksichtigung aller Umstände gerechtfertigt erscheint. Der

Selbstbehalt entfällt, wenn das Mitglied das Bestehen einer im Einzelfall eintrittspflichtigen Rechtsschutzversicherung nachweist.

(5) Ist Rechtsschutz für ein Musterverfahren nach § 7 gewährt worden, gilt er für die Instanzen, die bei der Gewährung festgelegt wurden. Er umfasst alle notwendigen gerichtlichen und außergerichtlichen Kosten sowie die Kosten vorbereitender Gutachten, im Unterliegensfall auch die Kosten der Gegenseite.

§ 9 Voraussetzungen

(1) Beratungsrechtsschutz nach § 4 wird ab Beginn der Mitgliedschaft im Deutschen BundeswehrVerband gewährt.

(2) Rechtsschutz nach § 5 und 6 wird nur gewährt, wenn der Antragsteller mindestens 3 Monate vor dem Ereignis, das Anlass des Verfahrens ist, Mitglied des Deutschen BundeswehrVerbandes war und seine Beiträge vollständig bezahlt hat. Bei Begründung der Mitgliedschaft innerhalb des ersten Dienstjahres wird regelmäßig von der Wartezeit abgesehen. Bei Hinterbliebenen genügt innerhalb von 6 Monaten nach Ableben des Mitgliedes der Nachweis der ordnungsgemäßen Mitgliedschaft des Verstorbenen und die Erklärung, die Mitgliedschaft im Deutschen BundeswehrVerband als eigene zu begründen.

(3) Rechtsschutz darf nur gewährt werden, wenn die Kostenübernahme für das Verfahren nicht auf anderem Wege erlangt werden kann. Sofern eine Rechtsschutzversicherung besteht, ist diese in Anspruch zu nehmen.

(4) Der Rechtsschutzantrag ist regelmäßig vor Beginn des Rechtsstreites über die zuständige Kameradschaft oder einen Vertragsanwalt des Deutschen BundeswehrVerbandes zu stellen. Dem Antrag sind alle zur Beurteilung der Sach- und Rechtslage erforderlichen Unterlagen und Vorgänge sowie eine eigene aufklärende Stellungnahme des Mitgliedes beizufügen. Für fristwahrende Maßnahmen – zum Beispiel Einlegung der Klage, eines Widerspruches usw. – ist das Mitglied selbst verantwortlich.

(5) Die Gewährung von Rechtsschutz nach Beendigung des jeweiligen Verfahrens bzw. der jeweiligen Instanz ist nur in begründeten Einzelfällen möglich. Sie ist nur zulässig, wenn der Antragsteller aus triftigen Gründen an einer zeitgerechten Antragstellung gehindert war.

§ 10 Bewilligung

(1) Über die Gewährung von Rechtsschutz entscheidet ein durch den Bundesvorstand eingesetzter Ausschuss, der aus 4 Mitgliedern sowie einem weiteren Ersatzmitglied besteht (Rechtsausschuss). Die Mitglieder und das Ersatzmitglied müssen Mitglieder des Deutschen BundeswehrVerbandes sein. Sie sollen nicht Mitglied des Bundes- oder eines Landesvorstandes sein.

(2) In Angelegenheiten von erheblicher verbandspolitischer Bedeutung entscheidet der Geschäftsführende Vorstand. Eine Übertragung dieser Befugnis auf ein oder mehrere Mitglieder des Geschäftsführenden Vorstandes ist möglich.

§ 11 Ablehnungsgründe

(1) Rechtsschutz nach §§ 5 und 6 wird nicht gewährt,

- wenn die Voraussetzungen gemäß § 9 nicht gegeben sind,
- bei berufsfremden oder privaten Rechtsstreitigkeiten,
- wenn bei Straf- oder Disziplinarverfahren Verfehlungen vorliegen, für die keine ausreichenden Entschuldigungs- oder Milderungsgründe angeführt werden; diese hat das Mitglied im Zweifel glaubhaft zu machen,
- wenn die vorgelegten Unterlagen unvollständig sind und trotz Mahnung bleiben,
- bei Straf- und Ordnungswidrigkeitsverfahren wegen Verkehrsverstößen, es sei denn, dem Mitglied droht deswegen disziplinar-gerichtliche Verfolgung,
- bei Streitigkeiten im Zusammenhang mit Mietverhältnissen im Inland, soweit nicht ein enger Zusammenhang mit dem Rechtsverhältnis als Soldat besteht.

(2) Rechtsschutz nach §§ 5 bis 7 soll regelmäßig nicht gewährt werden

- bei fehlender Aussicht auf Erfolg,
- bei Streitigkeiten von Mitgliedern des Verbandes untereinander,
- bei Rechtsstreitigkeiten, für die kein Verbandsinteresse besteht oder die den Grundsätzen und Zielen des Deutschen BundeswehrVerbandes oder den Grundsätzen der „Inneren Führung" zuwiderlaufen; hierüber entscheidet im Zweifel der Geschäftsführende Vorstand auf Vorschlag des für den Rechtsschutz zuständigen Mitgliedes;
- in Bagatellfällen (Verfahren der untersten Streitwertstufe nach BRAGO und GKG, zurzeit 300,00 EUR), wenn die Bedeutung der Sache in keinem Verhältnis zu den aufzuwendenden Kosten steht,
- für die Verfolgung von zivilrechtlichen Ansprüchen aus Straßenverkehrsunfällen, auch wenn diese sich auf der Fahrt zum oder vom Dienst ereignet haben,

(3) Der Bundesvorstand kann für den Fall des Einzelrechtsschutzes Richtlinien erlassen, um

- bei hohen Streitwerten die Kosten im Einzelfall auf einen angemessenen Zuschuss zu begrenzen;
- die Entscheidung über die Beteiligung an den Sachverständigen- und Gutachterkosten zu regeln;
- die Gewährung von Reisekosten der Rechtsanwälte zu regeln, außer, wenn das Mitglied einer Rechtsanwaltsempfehlung des Deutschen BundeswehrVerbandes gefolgt ist.

§ 12 Entzug

(1) Die Gewährung des Rechtsschutzes kann durch den Rechtsausschuss widerrufen werden, wenn sich im Laufe des Verfahrens oder nachträglich herausstellt, dass das Mitglied vorsätzlich oder grob fahrlässig unrichtige Angaben gemacht bzw. Tatsachen, die für die Beurteilung des Sachverhaltes von Bedeutung sind, verschwiegen hat, die zur Ablehnung des Rechtsschutzantrages geführt hätten. Aufgewendete Kosten hat das Mitglied zu erstatten.

(2) Die für ein Verfahren aufgewendeten Kosten sind ferner zu erstatten, wenn ein Mitglied, dem Rechtsschutz gewährt wurde, innerhalb von fünf Jahren nach Zahlung der Kosten aus dem Deutschen BundeswehrVerband austritt oder ausgeschlossen wird.

§ 13 Berufung

(1) Der Antragsteller kann gegen Entscheidungen in Fragen des Rechtsschutzes binnen einer Frist von 4 Wochen nach Zugang der Entscheidung Berufung bei dem Bundesvorstand einlegen.

(2) Über die Berufung entscheidet der Rechtsausschuss unter Hinzutreten des für den Rechtsschutz zuständigen Mitgliedes des Geschäftsführenden Vorstandes. Hat dieses nach Beratung im Rechtsausschuss in der Berufungssache eine abweichende Auffassung, ist es berechtigt, die Sache dem Geschäftsführenden Vorstand mit der Bitte um Entscheidung vorzulegen. Dieser entscheidet abschließend.

4. Durchführung der gerichtlichen Verfahren

§ 14 Prozessführung

(1) Für die Durchführung der Verfahren ist ausschließlich das Mitglied verantwortlich, zum Beispiel Wahrung von Fristen, Wahrnehmung von Terminen, Erhebung der Klage oder des Widerspruches, Zahlung von Vorschüssen und Beauftragung des Prozessbevollmächtigten.

(2) Honorarvereinbarungen des Mitgliedes binden den Deutschen BundeswehrVerband nicht.

(3) Bei die Kosten erhöhenden Maßnahmen im Verfahren (wie Anwaltswechsel in der Instanz, Vergleich, Gutachten) besteht regelmäßig eine Kostendeckung nur insoweit, als hierfür die vorherige Zustimmung des Deutschen BundeswehrVerbandes eingeholt wurde.

(4) Vergleiche, die ohne Zustimmung des Deutschen BundeswehrVerbandes geschlossen werden, berechtigen zum Entzug des Rechtsschutzes und zur Rückforderung der verauslagten Kosten. Dies gilt nicht bei Vergleichsabschluss durch einen Vertragsanwalt.

(5) Darüber hinaus ist Folgendes zu beachten:

- Der Prozessbevollmächtigte soll im Einvernehmen mit dem Deutschen BundeswehrVerband ausgewählt werden. Für Vertrags- und Empfehlungsanwälte des Deutschen BundeswehrVerbandes gilt das Einvernehmen als hergestellt.
- Der Deutsche BundeswehrVerband ist während des gesamten Verfahrens laufend zu unterrichten,
- nach Abschluss des Verfahrens ist die abschließende Entscheidung jeder Instanz in vollständiger Ausfertigung dem Deutschen BundeswehrVerband vorzulegen,
- übersandte Unterlagen und Urteilsausfertigungen werden Eigentum des Deutschen BundeswehrVerbandes.

5. Schlussbestimmungen

§ 15 Kostenerstattungsanspruch

(1) Hat der Antragsteller aufgrund eines erfolgreich durchgeführten Verfahrens einen vollstreckbaren Kostenerstattungsanspruch gegen die Staatskasse oder an die Gegenseite, so ist er verpflichtet, die durch den Deutschen BundeswehrVerband gezahlten Rechtsschutzkosten an diesen zurückzuerstatten.

(2) Ein Kostenerstattungsanspruch des Deutschen BundeswehrVerbandes entsteht auch in dem Fall, dass durch schuldhaftes Verhalten des Mitgliedes oder seines Prozessvertreters (zum Beispiel Frist- oder Terminversäumnis) der Prozess verloren geht.

§ 16 Haftungsausschluss

Eine Haftung des Deutschen BundeswehrVerbandes aus der Gewährung von Rechtsschutz gegenüber den Antragstellern oder Dritten ist ausgeschlossen.

§ 17 Freie Anwaltswahl der Mitglieder

Die Bestimmungen dieser Rechtsschutzordnung, insbesondere über die Kostenübernahme, lassen das Recht des Mitgliedes, sich eines Rechtsanwaltes seines Vertrauens zu bedienen, in jeder Hinsicht unberührt.

Rechtsschutz durch den Dienstherrn

Neben dem über den Deutschen BundeswehrVerband bestehenden Rechtsschutzangebot (→ Rechtsschutz) ist unter bestimmten Voraussetzungen auch ein Rechtsschutz in Strafsachen durch den Dienstherrn in Form eines zinslosen Darlehens möglich.

Rentenversicherung

Die Auswirkungen der Rentenreformen ab 1992

Mit der Verabschiedung des Rentenreformgesetzes 1992 (RRG '92), mit dem ab dem 01.01.1992 das Rentenrecht als sechstes Buch in das Sozialgesetzbuch (SGB VI) eingegliedert wird, hat der Gesetzgeber den mittel- und langfristigen Finanzierungsproblemen Rechnung getragen, die sich insbesondere aus der Änderung des Altersaufbaus der Bevölkerung ergeben. Weitere Reformen sind gefolgt.

Dabei sind aus dem Bündel der Maßnahmen insbesondere folgende Schwerpunkte der Rentenreform im Bereich des Rentenrechts hervorzuheben:

Schwerpunkte

(1) Die Rentenanpassung erfolgt künftig nicht mehr bruttolohn-, sondern nettolohnbezogen (§ 68 SGB VI). Damit wird dem bereits in § 1272 Abs. 2 RVO (§ 49 Abs. 2 AVG) genannten Grundsatz einer gleichwertigen Entwicklung der Renten und der verfügbaren Arbeitsentgelte umfassend Rechnung getragen.

(2) Die Regelaltersgrenze wird für Männer wie für Frauen ab dem Jahre 2001 schrittweise auf 65 Jahre angehoben (§§ 35 und 41 SGB IV). Dieser Prozess wird spätestens im Jahre 2017 beendet sein. Schwerbehinderte sowie Erwerbsgeminderte können jedoch weiterhin bei Vollendung des 60. Lebensjahres Altersruhegeld beanspruchen.

(3) Die für die Berechnung einer Rente relevanten Zeiten gliedert das RRG '92 gemäß § 54 SGB VI in

- Beitragszeiten
- beitragsfreie Zeiten
- Berücksichtigungszeiten

Beitragszeiten (§ 54 Abs. 1 Nr. 1 und § 55 SGB VI):

Diese Zeiten umfassen sowohl Zeiten, die mit Beiträgen aus einer versicherungspflichtigen Beschäftigung oder mit freiwilligen Beiträgen belegt sind, als auch beitragsgeminderte Zeiten. Nach der Regelung des RRG '92 sind dies Kalendermonate, die mit Beiträgen und gleichzeitig mit rentenrechtlich relevanten beitragsfreien Zeiten belegt sind.

Beitragsfreie Zeiten (§ 54 Abs. 4, §§ 58 und § 59 SGB VI):

Die im Gesetz aufgeführten beitragsfreien Zeiten gewährleisten den Versicherten, dass auch die Zeiten, in denen zum Beispiel wegen Krankheit keine Beiträge gezahlt werden konnten, dennoch bei einer späteren Rente Berücksichtigung finden. Zu diesen Zeiten zählen insbesondere die Anrechnungszeiten, die nach geltendem Recht Ausfallzeiten, wie zum Beispiel Zeiten der Krankheit und der Arbeitslosigkeit ohne Leistungsbezug, genannt werden. Darüber hinaus zählen zu diesen beitragsfreien Zeiten wie auch schon nach geltendem Recht die Zurechnungszeit und Ersatzzeiten (zum Beispiel Zeiten des Kriegsdienstes oder der Gefangenschaft).

Berücksichtigungszeiten (§ 57 SGB VI):

Es werden Zeiten der Kindererziehung und der Pflege einer pflegebedürftigen Person in der Rentenversicherung in bestimmtem Umfang für die Berechnung einer späteren Rente anerkannt.

(4) Die Bewertung beitragsfreier und beitragsgeminderter Zeiten ist wie folgt geregelt: Maßgebend ist der Durchschnitt der Gesamtleistung an Beiträgen im belegungsfähigen Zeitraum – Gesamtleistungsbewertung – (§§ 71–74 SGB VI). Der belegungsfähige Zeitraum ist dabei der Zeitraum zwischen dem Eintritt in die Rentenversicherung (in der Regel das 16. Lebensjahr) und dem Zeitpunkt, ab dem Rente bezogen werden kann. Er umfasst damit sowohl Beitragszeiten als auch Lücken im Versicherungsverlauf.

(5) Die 1986 eingeführten Kindererziehungszeiten werden für Geburten ab 1992 auf 3 Jahre verlängert; d. h., für die ersten 3 Lebensjahre eines Kindes gelten Pflichtbeiträge auf der Grundlage von 75 v. H. des Durchschnittentgelts aller Versicherten als gezahlt (§ 56 SGB VI). Jedoch können Pflichtbeiträge aufgrund einer zeitgleich ausgeübten Erwerbstätigkeit, aber auch freiwillige Beiträge, die rentensteigernde

Wirkung der Kindererziehungszeiten einschränken oder sogar aufheben, sofern sie auf einer höheren Beitragsbemessungsgrundlage beruhen (§ 71 Abs. 2 SGB VI).

(6) Ausbildungszeiten werden nur bis maximal 3 Jahre angerechnet.

(7) Ab 1992 wurde eine neue Rentenformel eingeführt. Während die alte Rentenformel bestimmt wurde durch

- die Anzahl der Versicherungsjahre (Vj),
- den persönlichen Vomhundertsatz (pV), der die durchschnittliche Zahl von Werteinheiten angibt, die der/die Versicherte pro Jahr des individuellen Versicherungslebens erzielt hat,
- die allgemeine Bemessungsgrundlage (aB), die sich an das durchschnittliche Bruttoarbeitsentgelt aller Versicherten anlehnt sowie
- den Steigerungssatz (St),

enthält die heutige Rentenformel (§ 64 SGB VI) als wertbestimmende Größen

- die persönlichen Entgeltpunkte (PEP),
- den aktuellen Rentenwert (aR) und
- den Rentenartfaktor (Rf).

Persönliche Entgeltpunkte (§§ 66 und 70 SGB VI):

Sie werden in der Regel dadurch ermittelt, dass das jeweilige Arbeitsentgelt (maximal bis zur Beitragsbemessungsgrenze) zunächst für jedes Kalenderjahr durch das Durchschnittsentgelt aller Versicherten geteilt wird. Die so ermittelten Entgeltpunkte werden anschließend mit einem so genannten Zugangsfaktor multipliziert. Durch den Zugangsfaktor werden Vorteile bzw. Nachteile beim Bezug einer Rente wegen Alters ausgeglichen, die sich, je nach Rentenbeginn, aufgrund längerer oder kürzerer Rentenlaufzeiten ergeben. Der Zugangsfaktor beträgt gemäß § 77 SGB VI grundsätzlich 1,0 (vergleiche aber auch die Ausführungen zu Punkt 3).

Aktueller Rentenwert (§ 68 SGB VI):

Der aktuelle Rentenwert ist die monatliche Altersrente, die sich daraus errechnet, dass für 1 Kalenderjahr Beiträge nach dem Durchschnittsentgelt aller Versicherten entrichtet wurden.

Rentenartfaktor (§ 67 SGB VI):

Dieser Faktor entspricht dem heutigen Steigerungssatz bei den verschiedenen Rentenarten (Altersrente, Rente wegen Erwerbsminderung usw.) und beträgt grundsätzlich 1,0.

Beispiel:

40 Vj x 1,3 PEP x 26,13 aR* x 1,0 Rf = 1 358,76 EUR Monatsrente

Wichtig: Der Rentenanstieg wird dabei mit Wirkung zum 01.07.2003 durch den mit dem so genannten Altersvermögensergänzungsgesetz (AVErgG) eingeführten Riester-Faktor gedämpft. Zusätzlich ist die Einführung eines Nachhaltigkeitsfaktors erfolgt, der bei den Rentenanpassungen das Verhältnis von Beitragszahlern und Leistungsempfängern berücksichtigt und damit einen weiteren Einschnitt in die Rente vorgenommen hat.

Sonstiges

- Die freiwillige Versicherung (§ 7 SGB VI)

  Auch hat jede(r) deutsche Staatsangehörige grundsätzlich das Recht, sich freiwillig in der gesetzlichen Rentenversicherung zu versichern. Personen, die versicherungsfrei oder von der Versicherungspflicht befreit sind, steht dieses Recht jedoch nach wie vor nur dann zu, wenn sie bereits die allgemeine Wartezeit von 5 Jahren erfüllt haben.

- Die Beitragserstattung (§ 210 SGB VI)

  Grundsätzlich sind einmal gezahlte Beiträge der Verfügungsbefugnis eines(r) Versicherten entzogen. Scheidet jedoch jemand

*) aR = Stand 01.07.2003

aus einer versicherungspflichtigen Beschäftigung aus, ohne erneut versicherungspflichtig zu werden und ohne das Recht auf freiwillige Versicherung zu besitzen, können die bis dahin eingezahlten eigenen Beiträge auf Antrag von dem zuständigen Rentenversicherungsträger erstattet werden.

- Die Rentenarten (§ 33 SGB VI)

  Es werden bei Erfüllung der entsprechenden Voraussetzungen aus der gesetzlichen Rentenversicherung gezahlt:

  a) Renten wegen Alters

  b) Renten wegen verminderter Erwerbsfähigkeit

  c) Renten wegen Todes

  Bei allen Rentenarten wird grundsätzlich eine Rente von dem Kalendermonat an gezahlt, in dem die Anspruchsvoraussetzungen für eine Rente vorliegen und die Rente bis zum Ende des dritten Kalendermonats nach Eintritt dieses Versicherungsfalles beantragt wird; ansonsten wird sie erst ab Antragsmonat gewährt.

  a) Rente wegen Alters

  Wie sich schon aus dem Namen herleiten lässt, werden diese Renten bei Erreichen einer bestimmten Altersgrenze gewährt. Die wichtigsten Renten wegen Alters sind die Regelaltersrente (§ 35 SGB VI) sowie die Altersrente wegen Arbeitslosigkeit (§ 38 SGB VI).

  Ein Anspruch auf eine Regelaltersrente ist gegeben, wenn

  – das 65. Lebensjahr vollendet und
  – die allgemeine Wartezeit von 5 Jahren mit Beitragszeiten, Ersatzzeiten (insbesondere Zeiten des Kriegsdienstes, der Kriegsgefangenenschaft, Vertreibung oder Verfolgung) oder Zeiten aus einem durchgeführten Versorgungsausgleich erfüllt ist.

  Ein Anspruch auf Altersrente wegen Arbeitslosigkeit ist gegeben, wenn

  – das 60. Lebensjahr vollendet und
  – der/die Versicherte arbeitslos ist,

- vor Rentenbeginn innerhalb der letzten 1 1/2 Jahren 52 Wochen Arbeitslosigkeit bestanden hat und gleichzeitig innerhalb der letzten 10 Jahre 8 Jahre mit Pflichtbeitragszeiten vorhanden sind und
- eine Wartezeit von 15 Jahren erfüllt ist.

Bei den Anspruchvoraussetzungen für einen vorgezogenen Renteneintritt (zum Beispiel Altersteilzeit oder Arbeitslosigkeit) wird es ab 01.01.2005 gravierende Änderungen geben (Entwurf Rentenversicherung-Nachhaltigkeitsgesetz).

b) Rente wegen verminderter Erwerbsfähigkeit

Die Voraussetzungen für eine Erwerbsunfähigkeitsrente bestehen darin, dass

- die allgemeine Wartezeit von 5 Jahren erfüllt sein muss, wobei in den letzten 5 Jahren vor Eintritt der Erwerbsminderung mindestens 3 Jahre mit Pflichtbeiträgen belegt wurden. Der Fünfjahreszeitraum verlängert sich um Ersatzzeiten, Anrechnungszeiten sowie Berücksichtigungszeiten;
- zuletzt vor Eintritt der Berufs- bzw. Erwerbsunfähigkeit eine versicherungspflichtige Beschäftigung ausgeübt wurde; wurde jedoch von Versicherten bereits vor dem 01.01.1984 die allgemeine Wartezeit von 5 Jahren erfüllt, genügt es, wenn ab dem genannten Zeitpunkt bis zum Eintritt des Versicherungsfalles für jeden Monat zumindest freiwillige Beiträge gezahlt wurden.

Eine halbe Rente erhalten Sie bei teilweiser Erwerbsminderung, d. h., Sie können noch 3 bis unter 6 Stunden arbeiten; eine volle Rente wegen Erwerbsminderung greift dann, wenn Sie wegen Krankheit oder Behinderung nur noch weniger als 3 Stunden arbeiten können. Abgestellt wird dabei nicht mehr auf den erlernten Beruf, sondern auf irgendeine Tätigkeit des allgemeinen Erwerbslebens!

Tritt die Erwerbsminderung aufgrund eines Arbeitsunfalles ein, gilt die allgemeine Wartezeit als erfüllt.

c) Rente wegen Todes

Hierunter fällt zum einen die Witwen-/Witwerrente (§ 46 SGB VI). Sie wird grundsätzlich in Höhe von 55 v. H. der Rente des verstorbenen Ehepartners gezahlt. Dabei wird jedoch unter Berücksichtigung eines Freibetrages eigenes Einkommen angerechnet. Zum anderen zählt zu dieser Rentenart auch die Waisenrente (§ 48 SGB VI). Auch hierbei wird eigenes Einkommen, das einen Freibetrag übersteigt, angerechnet (zu den Ruhens-/Kürzungsregelungen siehe auch → Hinterbliebenenversorgung).

Besonderheiten für Soldaten

- Berufssoldaten und Pensionäre

  Berufssoldaten gehören grundsätzlich zu dem versicherungsfreien Personenkreis. Die Versicherungsfreiheit erstreckt sich jedoch nur auf die Beschäftigung als Soldat (§ 5 Abs. 1 SGB VI). Übt ein Soldat neben seiner Soldatentätigkeit noch eine versicherungspflichtige Beschäftigung aus, so sind für ihn aus dieser Zweitbeschäftigung Rentenversicherungsbeiträge, an denen er zur Hälfte beteiligt ist, zu zahlen.

  Pensionäre sind ab 1992 immer – unabhängig von der Höhe ihrer Versorgungsbezüge – versicherungsfrei (§ 5 Abs. 4 SGB VI). Bei ihnen wird damit auf die Unterscheidung zwischen Versicherungsfreiheit und der Befreiungsmöglichkeit von der Versicherungspflicht bei einer Versorgung unter 65 v. H. der Dienstbezüge verzichtet. Geht ein Pensionär einer Beschäftigung nach, so hat sein Arbeitgeber trotz seiner Versicherungsfreiheit zumindest den Arbeitgeberbeitragsanteil an die Rentenversicherung zu zahlen (§ 172 Nr. 2 SGB VI).

  Eine Ausnahme hiervon gilt bei Pensionierung wegen Dienstunfähigkeit. Hierzu sieht die Neuregelung vor, dass derjenige, der wegen Dienstunfähigkeit vorzeitig ausscheidet, im Anschlussarbeitsverhältnis rentenversicherungspflichtig wird. Diese Rentenversicherungspflicht gilt aber nur bis zum Erreichen seiner jeweiligen Altersgrenze. Danach wird der Betreffende im Anschlussarbeitsverhältnis versicherungsfrei. In allen anderen Fällen einer Versetzung in den Ruhestand (also auch, wenn weniger als 65 v. H. Ruhegehalt erreicht sind) entfällt dagegen ab 01.01.1992 die Versicherungspflicht zur Rentenversicherung für den Arbeitnehmer. Der Arbeitgeber bleibt – wie bisher – zur Zahlung des Arbeitgeberanteils verpflichtet.

- Pension und Rente

  siehe hierzu → Ruhensregelungen

Einzelprobleme aus Rechtsschutz und Rechtsberatung

Beitragsrückerstattung bei Berufssoldaten

Die Beitragsrückerstattung für Berufssoldaten entfällt, wenn die Berechtigung zu freiwilliger Weiterversicherung (Beiträge für 5 Jahre und mehr) besteht. Die Regelung ist verfassungsgemäß.

LSG Niedersachsen vom 07.08.1987, Az. L 1 AN 176/86

Doppelanrechnung von Zeiten

§ 37c Abs. 1 AVG, wonach seit 1980 Zeiten, die beim Ruhegehalt angerechnet werden (zum Beispiel Kriegsdienst, Gefangenschaft) als Ersatz- und Ausfallzeit nicht mehr rentenerhöhend sind, ist mit GG vereinbar und verstößt nicht gegen Eigentumsgarantie des Art. 14 GG, weil die Schranken des Eigentumschutzes dort greifen, wo es um Abbau von Doppelversorgung geht. Insoweit besteht auch kein besonderer Vertrauensschutz.

BVerfG vom 04.06.1985, Az. 1 BVL 12/83

EU-, BU-Rente für BS erst ab 65

Mit dem Haushaltsbegleitgesetz 1984 wurden die Anspruchsvoraussetzungen für EU- und BU-Renten verschärft. Anspruch darauf hat, wenn keine freiwillige Weiterversicherung erfolgt, nur, wer als Pflichtversicherter in den letzten 60 Monaten vor Eintritt des Versicherungsfalles mindestens 36 Beiträge entrichtet hat. Für Pensionäre ist damit der Rentenbezug in der Regel erst ab 65. Lebensjahr möglich. Die Verfassungsmäßigkeit dieser Regelung wurde in der Entscheidung bestätigt.

BVerfG, Az. 1 BvR 564/84

Kindererziehungszeiten im Ausland

Kindererziehungszeiten werden grundsätzlich nur für in Deutschland geborene Kinder berücksichtigt. Dies gilt aber nicht für Soldatenkinder, wenn diese wegen Auslandsversetzung des Vaters im Ausland geboren wurden.

Sterbevierteljahr (§55a Abs. 3 SVG)

Im „Sterbevierteljahr" wird dem Witwer (der Witwe) die Hinterbliebenenrente in Höhe der Versichertenrente gezahlt. Eine Einkommensanrechnung nach § 1281 RVO entfällt. Diese wird beim Pensionär auch nicht auf das Ruhegehalt angerechnet (§ 55a Abs. 3 Ziff. 1 SVG). Für die Folgezeit entfällt die Witwerrente für höhere Dienstgrade regelmäßig wegen der Einkommensanrechnung nach § 1281 RVO (40 v. H. des übersteigenden Betrages werden danach auf die Witwerrente verrechnet). Ein Sterbegeld ist für Rentner nicht vorgesehen.

Rückforderung von Versorgungsbezügen

Die Rückforderung von Versorgungsbezügen stellt im Tätigkeitsspektrum des Versorgungsreferates einen Schwerpunkt dar. Vielfach erleben Betroffene „eine böse Überraschung", wenn sie von der WBV die Mitteilung erhalten, es läge eine Überzahlung mit Versorgungsbezügen vor. Der Betroffene wird dann zunächst im Rahmen einer Anhörung gemäß § 28 des Verwaltungsverfahrensgesetzes (VwVfG) gebeten, dazu Stellung zu nehmen.

Eine Überzahlung mit Versorgungsbezügen kann sich in der Regel in zwei unterschiedlichen Fallkonstellationen ergeben.

Zum einen gibt es Fälle, in denen die WBV in einem Versorgungsfestsetzungsbescheid zunächst zu hohe Versorgungsbezüge regelt (zum Beispiel Festsetzung einer an sich nicht zustehenden Zulage bzw. Festsetzung einer in der Höhe nicht zustehenden Zulage).

In diesen Fällen muss dann der Versorgungsfestsetzungsbescheid, der Grundlage für die Zahlung der Versorgungsbezüge ist, zurückgenommen werden.

Die zweite Fallkonstellation ist dadurch gekennzeichnet, dass zwar die eigentliche Höhe der Versorgungsbezüge durch die WBV korrekt festgesetzt wurde, im Nachhinein jedoch aufgrund eines → Hinzuverdienstes eine → Ruhensregelung durchzuführen ist, die sodann zu einer Kürzung der Versorgung und damit konsequenterweise auch zu einer anschließenden Rückforderung von überzahlten Versorgungsbezügen führt.

Fehlerhafte Festsetzung von Versorgungsbezügen durch die Wehrbereichsverwaltung

Setzt die Pensionsfestsetzungsbehörde in einem Bescheid rechtswidrig die Versorgung in einer nicht zustehenden Höhe fest, so bildet dieser Festsetzungsbescheid zunächst die Grundlage für die Zahlung der entsprechenden Versorgungsbezüge. Will die WBV von ihrer mit bestandskräftigem Bescheid getroffenen Entscheidung abweichen, so muss sie diesen Versorgungsfestsetzungsbescheid, der die so genannte causa (Rechtsgrund) darstellt, wieder aufheben.

Rechtsgrundlage dafür ist § 48 Abs. 1 und Abs. 2 (VwVfG), der die Rücknahme von rechtswidrigen begünstigenden Bescheiden (Verwaltungsakten) regelt.

Es ist also zunächst zu prüfen, ob die Voraussetzungen des § 48 Abs. 2 VwVfG vorliegen. Im Prinzip handelt es sich um eine Abwägung des Interesses der Behörde an der Herstellung eines rechtmäßigen Zustandes mit dem Vertrauensschutzinteresse des Betroffenen.

Hinsichtlich der Rücknahme ist zwischen der Vergangenheit und der Zukunft zu entscheiden.

Die Behörde kann den Bescheid für die Vergangenheit dann nicht aufheben, wenn der Begünstigte auf den Bestand des Verwaltungsaktes vertraut hat und sein Vertrauen unter Abwägung mit dem öffentlichen Interesse an einer Rücknahme schutzwürdig ist. Der Begünstigte kann sich dann auf Vertrauen nicht berufen, wenn er die Rechtswidrigkeit des Verwaltungsaktes kannte oder in Folge grober Fahrlässigkeit nicht kannte (§ 48 Abs. 2 Satz 3 Nr. 3 VwVfG).

Diese Konstellation erlangt in der Praxis erhebliche Bedeutung. Es kommt also immer auf den konkreten Einzelfall an, in dem zu fragen ist, ob der Pensionär erkennen musste, dass die WBV die Versorgungsbezüge falsch festgesetzt hat.

Dabei mutet die Rechtsprechung dem Versorgungsempfänger zu, einen Versorgungsbescheid bzw. die ausgehändigten Versorgungsunterlagen auf ihre Richtigkeit zu überprüfen und auf Überzahlungen zu achten.

Entscheidend sind dabei die individuellen Kenntnisse und Fähigkeiten des Betroffenen. Der Pensionär ist bei Unklarheiten gehalten, sich durch eine Rückfrage bei der Behörde Gewissheit über die Rechtmäßigkeit des Verwaltungsaktes zu verschaffen.

Beispiel:

Erhält der Pensionär plötzlich eine (ruhegehaltfähige) Außendienstzulage und hat er eine solche zur aktiven Dienstzeit nie bezogen, musste er die Rechtswidrigkeit erkennen.

Kann er sich auf Vertrauen berufen, so muss dieses Vertrauen auch schutzwürdig sein. Für die Vergangenheit bedeutet dies, dass der Versorgungsempfänger gewährte Leistungen verbraucht haben muss, d. h. sich auf das Abwehrrecht des so genannten Wegfalls der Bereicherung berufen kann. Vereinfacht gesagt, macht er dann geltend, die überzahlte Versorgung ausgegeben zu haben.

§ Dazu hat das Bundesverwaltungsgericht in einer Grundsatzentscheidung vom 28.01.1993 (Az. 2 C 15/91) Grundlegendes gesagt:

„Eine zu Unrecht gewährte Geldleistung ist im Sinne des § 48 Abs. 2 Satz 2 VwVfG nicht verbraucht, wenn sie zur Schuldentilgung oder für Anschaffungen verwendet wird, die wertmäßig im Vermögen des Begünstigten noch vorhanden sind. Eine derartige Verwendung steht deshalb einer Rücknahmeentscheidung nicht entgegen."

Das bedeutet konkret: Der zur Herausgabe verpflichtete Pensionär kann sich dann nicht auf den Wegfall der Bereicherung berufen, wenn er mit dem Erlangten Anschaffungen getätigt oder den Betrag ganz oder teilweise zur Schuldentilgung verwendet hat. Anders liegt der Fall nur dann, wenn der zu Unrecht gezahlte Betrag für eine verhältnismäßig geringfügige Verbesserung der Lebensführung ausgegeben wird, nicht aber, wenn er für Anschaffungen verwendet wird, die wertmäßig noch im Vermögen des Begünstigten vorhanden sind.

Eine aus Vereinfachungsgründen getroffene Faustregel ist zu beachten: Der Wegfall der Bereicherung ist auf die Einrede des Versorgungsempfängers, also nicht von Amts wegen, dann zu berücksichtigen, sofern wegen eines geringfügigen Betrages (Überzahlung in Höhe von 10 v. H. der im jeweiligen Monat zustehenden Bezüge, höchstens jedoch 153,39 EUR) der Wegfall der Bereicherung unterstellt wird (vergleiche BBesG VV Tz 12.2.12).

Für die Zukunft kann der Versorgungsempfänger einer Rücknahme des Festsetzungsbescheides nur entgehen, falls er bereits im Vertrauen auf die – rechtswidrig zu hoch festgesetzte Versorgung – Vermögensdispositionen getroffen hat, die er nicht mehr oder nur unter unzumutbaren Nachteilen rückgängig machen kann. Dies wird nur in äußerst seltenen Fallkonstellationen angenommen werden können.

Liegen die Voraussetzungen für eine Rücknahme vor, so kann die Behörde dies innerhalb einer Ausschlussfrist von 1 Jahr nach Kenntniserlangung von der Rechtswidrigkeit des Bescheides tun (§ 48 Abs. 4 VwVfG).

Rückforderungen nach Durchführung einer Ruhensregelung

Sehr häufig ergibt sich eine Rückforderungskonstellation auch dann, wenn die Behörde mit den zunächst richtig (rechtmäßig) festgesetzten Versorgungsbezügen eine → Ruhensregelung durchführt, weil der Pensionär im Anschluss in der Privatwirtschaft oder im öffentlichen Dienst einen → Hinzuverdienst erlangt hat. In diesen Fällen ist es für den Pensionär äußerst schwierig, der Rückforderung zu entgehen.

Die höchstrichterliche Rechtsprechung hat bereits seit einer Grundsatzentscheidung des Bundesverwaltungsgerichts vom 24.11.1966 (Az. 2 C 119.64) angenommen, dass jede Festsetzung von Versorgungsbezügen und ebenso jede Auszahlung unter einem so genannten gesetzesimmanenten Vorbehalt steht, dass sich der auszuzahlende Betrag der Versorgungsbezüge dann, wenn der Versorgungsberechtigte neben dem Anspruch auf Versorgung ein Erwerbseinkommen aus einer Beschäftigung oder Tätigkeit außerhalb oder innerhalb des öffentlichen Dienstes bezieht, später mindert. Dies gilt nach der Rechtsprechung selbst dann, wenn der Versorgungsempfänger seiner

Anzeigepflicht nachgekommen ist und der Behörde die für die Ruhensberechnung maßgebenden Faktoren bekannt waren, wobei es im Übrigen nicht darauf ankommt, ob sich der Versorgungsempfänger dieses gesetzlichen Vorbehalts im Zeitpunkt der Überzahlung bewusst gewesen ist.

Im Klartext: Führt die Durchführung einer Ruhensregel dazu, dass die Versorgungsbezüge zu kürzen sind, mit der Folge einer entsprechenden Rückforderung, so haftet der Versorgungsempfänger gemäß den §§ 820 Abs. 1 Satz 2, 818 Abs. 4 BGB verschärft und kann sich nicht auf die Einrede des Wegfalls der Bereicherung berufen. Der Verteidigungseinwand (Geld verbraucht!) ist von Anfang an ausgeschlossen, weil die Rechtsprechung die Zahlung der Pension so behandelt, als ob sie mit einem ausdrücklichen Widerrufsvorbehalt erfolgt und damit jeder Vertrauensschutz entfällt.

Die Rechtsprechung hat von diesem Grundsatz jedoch Ausnahmen formuliert:

Die Berufung auf den Entreicherungseinwand ist dem Versorgungsempfänger in dem Fall nicht verschlossen, wenn die Versorgungsbehörde bei einer Ruhensberechnung die geltenden Ruhensvorschriften unrichtig angewendet hat.

Hat also zum Beispiel die WBV eine falsche Hinzuverdiensthöchstgrenze angesetzt und will diesen Rechengang im Nachhinein korrigieren, so kann sich in diesem Ausnahmefall der Versorgungsempfänger grundsätzlich auf den Wegfall der Bereicherung berufen.

Allerdings ist zu beachten, dass in dem Fall, in dem er selbst den Fehler der Behörde hätte entdecken können und müssen, wieder die „Ausnahme der Ausnahme" gilt, da er gemäß § 819 BGB verschärft haftet und ihm der Entreicherungseinwand wieder verwehrt ist.

Ansonsten soll die Berufung auf den Wegfall der Bereicherung nach der höchstrichterlichen Rechtsprechung möglich sein, wenn ein so genannter „negativer Bescheid" vorliegt, d. h., wenn die Verwaltung dem Betroffenen erklärt hat, eine Ruhensregelung komme nicht in Betracht.

In einem derartigen Negativbescheid wird heute regelmäßig eine so genannte Zusicherung gemäß § 38 VwVfG zu sehen sein, für die die rechtlichen Regelungen eines Bescheides gelten. Insofern wird in diesen Fällen regelmäßig nur die Rücknahme für die Zukunft möglich sein, da der Pensionär wegen der behördlichen Aussage, eine Hinzuverdienstregelung sei nicht vorzunehmen, Vertrauensschutz für die Vergangenheit genießt.

Fazit: In Zweifelsfällen ist es sinnvoll, sich von der WBV bestätigten zu lassen, dass entweder eine Ruhensregelung generell nicht in Betracht kommt oder aber zum Beispiel ein bestimmtes Einkommen nicht dem anzurechnenden Hinzuverdienst unterfällt. So gibt es auch kein Problem mit der → Anzeigepflicht der Versorgungsempfänger.

Eine dritte Ausnahme stellt die so genannte Verwirkung dar, die sich auf den Grundsatz von Treu und Glauben zurückführen lässt. Verwirkung bedeutet, dass es der WBV in bestimmten Fällen nicht möglich ist, einen überzahlten Betrag zurückzufordern, obwohl die eigentliche Verjährung des Rückforderungsanspruchs noch nicht eingetreten ist.

Für das Vorliegen einer Verwirkung genügt es nicht allein, dass seit der Möglichkeit der Geltendmachung des Rückforderungsanspruchs bereits längere Zeit verflossen ist. Es müssen zusätzliche besondere Umstände hinzutreten, die die Geltendmachung als treuwidrig erscheinen lassen. Konkret ist ein Verhalten der Behörde gefordert, das beim Betroffenen das Vertrauen darauf begründet haben muss, eine Rückforderung werde nicht mehr geltend gemacht.

Denkbar ist zum Beispiel der Fall, dass nach einer bereits erfolgten Teilrückforderung der Rest über eine längere Zeit nicht mehr zurückgefordert wird, obwohl die Behörde dazu zum Beispiel durch eine Änderung der Rechtsverhältnisse und entsprechende Neubescheidung die Gelegenheit gehabt hätte.

Billigkeitsentscheidung

Endlich ist zu beachten, dass die WBV bei der Geltendmachung von Rückforderungsansprüchen eine so genannte Billigkeitsentscheidung zu treffen hat, d. h., sie ist verpflichtet zu prüfen, ob aus Billigkeitserwägungen ganz oder teilweise von einer Rückforderung abgesehen werden kann.

Die Billigkeitsentscheidung hat die Aufgabe, eine allen Umständen des Einzelfalls gerecht werdende, für die Behörde zumutbare, für den Bereicherten tragbare Lösung zu ermöglichen, bei der auch Alter, Leistungsfähigkeit und sonstige Lebensverhältnisse des Herausgabepflichtigen eine maßgebende Rolle spielen.

Regelmäßig wird jedoch nach Darlegung der individuellen wirtschaftlichen Verhältnisse einer Billigkeitsentscheidung dadurch Rechnung getragen, indem dem Betroffenen die Möglichkeit einer gegebenenfalls moderaten Ratenzahlung eingeräumt wird.

Ermessensentscheidung

Schließlich ist die Frage, ob ein überzahlter Versorgungsbezug zurückgefordert wird, ausdrücklich in das Ermessen der Behörde gestellt.

Vielfach lassen es entsprechende Rückforderungsbescheide daran missen. Die Behörde wägt also nicht nochmals alle Umstände des Einzelfalles ab. Die Ermessensabwägung kann jedoch auch noch im gerichtlichen Verfahren bis zur letzten mündlichen Verhandlung nachgeholt werden, sodass auch dadurch vielfach keine Möglichkeit gegeben ist, einer Rückforderung zu entgehen.

Rückforderung von Bruttobezügen

Eindeutig geklärt ist nach der höchstrichterlichen Rechtsprechung ebenfalls, dass die WBV die Bruttoversorgungsbezüge zurückfordern darf.

Argument: Die Abführung der Steuern an das Finanzamt geschieht als Erfüllung der Steuerschuld des Pensionärs!

Allerdings können die „überzahlten Steuern" im Rahmen der Einkommensteuererklärung steuermindernd in Abzug gebracht werden.

Verjährung

Die Verjährung stellt neben der Berufung auf den Wegfall der Bereicherung ein weiteres mögliches Abwehrrecht (so genannte Einrede) gegen die Rückforderung dar. Soll die Verjährung geprüft werden, muss sich der Pensionär ausdrücklich darauf berufen.

Der Rückforderungsanspruch verjährt grundsätzlich nach neuem Recht gemäß § 195 BGB nach 3 Jahren. Diese Verjährungsfrist beginnt mit dem Schluss des Jahres, in dem der Anspruch entstanden ist und die Behörde von den den Anspruch begründenden Umständen und der Person des Pensionärs Kenntnis erlangt oder ohne grobe Fahrlässigkeit hätte erlangen müssen. Unabhängig von der Kenntniserlangung durch die Behörde tritt Verjährung aber spätestens nach 10 Jahren ein (absolute Verjährungsfrist gemäß § 199 Abs. 4 BGB).

Nach altem Recht galt sogar eine Verjährungsfrist von 30 Jahren.

Gemäß Art. 229 § 6 Abs. 1 Satz 1 EGBGB findet das neue Verjährungsrecht grundsätzlich auf alle versorgungsrechtlichen Ansprüche Anwendung, die am 01.01.2002 bestanden und nach altem Recht noch nicht verjährt waren.

Das bedeutet: In dem Fall, in dem die Neuregelung eine kürzere Verjährung (3 Jahre) als die bisherige Regelung (30 Jahre) vorsieht, ist die Verjährung vom 01.01.2002 an auf der Basis der dreijährigen Regelverjährung des § 195 BGB neu zu berechnen.

Rückforderungsansprüche, die das Jahr 2001 betreffen, sind also mit Ablauf des 31.12.2004 verjährt, wenn die Behörde am 01.01.2002 von dem Anspruch Kenntnis hatte oder grob fahrlässig nicht hatte. Unabhängig von der Kenntnis oder grob fahrlässigen Unkenntnis tritt Verjährung spätestens am 31.12.2011 ein.

Die alte Verjährungsfrist bleibt aber maßgebend, wenn sie vor der neuen Frist endet.

Fazit

Einem Rückforderungsanspruch kann man nicht zuletzt aufgrund der dazu ergangenen höchstrichterlichen Rechtsprechung nur in Ausnahmefällen entgehen. Erreichbar ist regelmäßig aber das Einräumen einer tragbaren Rückzahlung in Raten unter Berücksichtigung der individuellen wirtschaftlichen Verhältnisse anhand der so genannten Billigkeitsentscheidung.

Ruhegehalt

Ein Berufssoldat, der in den Ruhestand versetzt wird, erwirbt dadurch einen (lebenslangen) Anspruch auf Ruhegehalt (= Pension). Hauptanwendungsfälle der Versetzung in den Ruhestand sind das Erreichen der allgemeinen bzw. die Überschreitung der für den jeweiligen Dienstgrad festgesetzten besonderen Altersgrenze oder der Eintritt der → Dienstunfähigkeit. Die einschlägigen Altersgrenzen sowie die Voraussetzungen für das Vorliegen einer Dienstunfähigkeit ergeben sich aus den Soldatengesetz (vergleiche dazu §§ 44 und 45 SG).

Von der Versetzung in den Ruhestand strikt zu unterscheiden ist ein anderer Beendigungsgrund für das Dienstverhältnis, nämlich die Entlassung. Wird der Berufssoldat zum Beispiel auf sein Verlangen hin entlassen, erwirbt er keineswegs einen Ruhegehaltsanspruch, sondern wird nach Beendigung des Dienstverhältnisses durch den Dienstherrn in der gesetzlichen Rentenversicherung rückwirkend nachversichert.

Das Ruhegehalt bestimmt sich nach § 16 SVG auf der Grundlage der ruhegehaltfähigen Dienstbezüge und der ruhegehaltfähigen Dienstzeit.

Ruhegehaltfähige Dienstbezüge

Unter dem Begriff „ruhegehaltfähige Dienstbezüge" ist der Teil der Besoldung (Dienstbezüge) zu verstehen, der für die Versorgung berücksichtigt wird. Im Umkehrschluss ergibt sich daraus, dass es auch Besoldungsbestandteile gibt, die versorgungsrechtlich irrelevant sind (zum Beispiel Ministerialzulage).

Die ruhegehaltfähigen Dienstbezüge sind in § 17 Abs. 1 SVG aufgezählt:

Grundgehalt

Das Grundgehalt bestimmt sich regelmäßig nach der Besoldungsgruppe des verliehenen Amtes (Dienstgrades) – zum Beispiel Oberstleutnant in der Besoldungsgruppe A 14 – sowie nach der erreichten → Dienstaltersstufe.

Wichtig: Gemäß § 18 Abs. 1 Satz 1 SVG ist die so genannte Wartezeit aus dem letzten Amt zu erfüllen. Hat ein Berufssoldat demnach die Dienstbezüge seines letzten Dienstgrades vor dem Eintritt in den

Ruhestand nicht mindestens 3 Jahre erhalten, so sind nur die Bezüge seines vorletzten Dienstgrades ruhegehaltfähig, wenn die Dienstbezüge des letzten Dienstgrades nicht der Eingangsbesoldungsgruppe seiner Laufbahn (zum Beispiel A 9 in der Laufbahn der Offiziere des Truppendienstes) entsprechen.

Das bedeutet also, dass die Versorgung in diesem Falle aus der nächstniedrigeren Besoldungsgruppe erfolgt. Diese Dreijahresfrist gilt für nach dem 01.01.2001 erfolgte Beförderungen. Davor galt nach altem Recht eine Zweijahresfrist, in die zudem auch Verwendungen auf dem höherbewerteten Dienstposten noch vor Planstelleneinweisung (Beförderung) einbezogen wurden.

Bei einer Versetzung in den Ruhestand wegen Dienstunfähigkeit infolge einer → Wehrdienstbeschädigung gilt es, Besonderheiten zu beachten. Die Wartezeit aus dem letzten Amt gilt nicht (vergleiche § 18 Abs. 2 SVG); darüber hinaus ist beim Grundgehalt die Dienstaltersstufe zugrunde zu legen, die der Berufssoldat bis zum Zeitpunkt des Eintritts in den Ruhestand wegen Erreichens der jeweils für ihn nach den Vorschriften des Soldatengesetzes geltenden besonderen oder allgemeinen Altersgrenze hätte erreichen können. Dies wird oftmals die letzte Dienstaltersstufe sein.

Beruht die Dienstunfähigkeit nicht auf einer (anerkannten) Wehrdienstbeschädigung, so verbleibt es bei den vorgenannten Regelungen.

Familienzuschlag bis zur Stufe 1

Für den → Familienzuschlag bis zur Stufe 1 finden die für Soldaten geltenden Vorschriften des Besoldungsrechts Anwendung. Es handelt sich also um den so genannten Ehegattenbestandteil des Familienzuschlages.

Er steht neben verheirateten und verwitweten Versorgungsempfängern auch dem geschiedenen Pensionär zu, wenn ihn aus der letzten geschiedenen Ehe eine monatliche Unterhaltsverpflichtung in Höhe von mindestens der Stufe 1 des Familienzuschlags trifft.

Entfällt die Unterhaltsverpflichtung später, gehört auch der Familienzuschlag Stufe 1 nicht mehr zu den ruhegehaltfähigen Dienstbezügen. Heiratet anderenfalls ein Geschiedener erneut, lebt auch der Familienzuschlag wieder auf.

Es gelten für die Unterhaltspflicht die Bestimmungen der §§ 1569 ff. BGB.

Außerdem ist zu beachten, dass gemäß § 40 Abs. 4 BBesG der Familienzuschlag der Stufe 1 nur in hälftiger Höhe gewährt wird, falls der Ehegatte des Versorgungsempfängers im öffentlichen Dienst beschäftigt oder aufgrund einer Tätigkeit im öffentlichen Dienst versorgungsberechtigt ist. Eine Ausnahme gilt aber dann, wenn das Arbeitsverhältnis des Ehegatten dem TVöD unterfällt.

Die so genannten kinderbezogenen Anteile des Familienzuschlages (ab Stufe 2), die sich dem Grunde nach am Kindergeldanspruch orientieren, werden gemäß § 47 Abs. 2 SVG neben dem Ruhegehalt gewährt, d. h. stets in voller Höhe. Kinderbezogene Anteile werden, anders als der Ehegattenbestandteil, nicht anteilig gewährt, sondern dem Kindergeldberechtigten in Gänze zugeteilt.

Amtszulage

Die Amtszulage ist stets ruhegehaltfähig und unwiderruflich. Sie gilt als Bestandteil des Grundgehaltes.

Allgemeine Stellenzulage

Die allgemeine Stellenzulage gemäß Nr. 27 der Vorbemerkungen zu den Bundesbesoldungsordnungen A und B (Anlage I zum BBesG) gilt als eine das Grundgehalt ergänzende ruhegehaltfähige Stellenzulage.

Die jeweilige Höhe ergibt sich aus der Anlage IX zum BBesG.

Sonstige Stellenzulagen

Die sonstigen Stellenzulagen, die im Gegensatz zur Amtszulage widerruflich und nicht an das Amt, sondern an eine konkrete Funktion gekoppelt sind, können nach Inkrafttreten des so gennanten Versorgungsreformgesetzes mit Wirkung zum 01.01.1999 grundsätzlich nicht mehr als ruhegehaltfähig berücksichtigt werden.

Eine Ausnahmestellung nimmt die Zulage für Soldaten und Beamte als fliegendes Personal ein (Nr. 6 der Vorbemerkungen). Werden Strahlflugzeugführer oder Waffensystemoffiziere als solche (also mit verwendungsbezogener besonderer Altersgrenze des BO 41) in den Ruhestand versetzt, ist die Zulage weiterhin in voller Höhe ruhegehaltfähig, falls zum Beispiel eine mindestens fünfjährige Verwendung in diesem Sinne vorliegt. Ansonsten, zum Beispiel bei Führern sonstiger Luftfahrzeuge, ist die Zulage künftig nur noch maximal in hälftiger Höhe ruhegehaltfähig (vergleiche dazu Nr. 6 Abs. 4 der Vorbemerkung).

Allerdings ist bei den sonstigen Stellenzulagen die Übergangsregelung des § 81 Abs. 2 BBesG zu beachten: Dort ist geregelt, dass in den Fällen, in denen eine Stellenzulage bereits erstmals vor dem 01.01.1999 bezogen worden ist, das alte Recht für Empfänger der Besoldungsgruppen A 1 bis A 9 bei einer Zurruhesetzung bis zum 31.12.2010, bei den Besoldungsgruppen ab A 10 bei Zurruhesetzungen bis zum 31.12.2007, weiter gilt.

Liegen also die übrigen Voraussetzungen für die Ruhegehaltfähigkeit nach altem Recht vor (regelmäßig eine mindestens zehnjährige, nicht notwendigerweise ununterbrochene zulageberechtigende Verwendung nach Nr. 3a der Vorbemerkungen alter Fassung), so kann die Stellenzulage dann noch als ruhegehaltfähig berücksichtigt werden, falls eine Versetzung in den Ruhestand bis zu dem genannten Stichtag erfolgt.

Das gilt übrigens auch in den Fällen, in denen nach dem so genannten → Personalanpassungsgesetz eine vorzeitige Versetzung in den Ruhestand erfolgt, die eigentliche Zurruhesetzung aber nach dem Stichtag gelegen hätte.

Nicht erforderlich ist zudem, dass die Zulage noch bei DZE zustand.

Wichtig: Nach einer Entscheidung des BVerwG vom 15.01.1999 (Az. 2 C 9/98) können zur Erfüllung der geforderten Dauer der zulagenberechtigenden Verwendung verschiedene Zulagen nicht mehr zusammengerechnet werden (so gennantes Kumulationsverbot).

Nach einer anderen Entscheidung vom 27.02.2001 (Az. 2 C 6/00) genügt aber die zulageberechtigende Verwendung. Nicht erforderlich ist also, dass die Zulage tatsächlich bezogen wurde. Unschädlich ist, wenn sie zu Unrecht nicht gewährt wurde.

Zwei sonstige Stellenzulagen (zum Beispiel Feldjäger- und Kompaniefeldwebelzulage) sind nur dann beide bei der Pension zu berücksichtigen, wenn sie 10 Jahre parallel zustanden. Liegt diese Überlappung nicht vor, wird nur die höhere Zulage bei den ruhegehaltfähigen Dienstbezügen berücksichtigt. Etwaige Konkurrenzen bei den Zulagen setzen sich auch in der Versorgung fort.

Ruhegehaltfähige Dienstzeit

Die ruhegehaltfähige Dienstzeit ist in den §§ 20 ff. SVG geregelt. Sie entscheidet über den so genannten Ruhegehaltssatz, also den Prozentsatz, der, bezogen auf die ruhegehaltfähigen Dienstbezüge, als Ruhegehalt zu zahlen ist.

Der Höchstruhegehaltssatz beträgt derzeit noch 75 v. H., soll aber nach vollständiger Umsetzung der mit dem Versorgungsänderungsgesetz beabsichtigten bzw. bereits eingeleiteten „Pensionsabflachungen" auf 71,75 v. H. absinken (siehe → Abflachung der Versorgungsbezüge).

Zur Erinnerung: Der kinderbezogene Anteil im Familienzuschlag wird neben dem Ruhegehalt, also immer zu 100 v. H., gezahlt.

Wehrdienstzeit (§§ 2, 20 SVG)

Die Wehrdienstzeit ist durch die WBV als Pensionsfestsetzungsbehörde von Amts wegen (also ohne Antrag) als ruhegehaltfähige Dienstzeit zu berücksichtigen. Anrechnungsfähig ist die gesamte Wehrdienstzeit nach Vollendung des 17. Lebensjahres, unabhängig von Status des Soldaten. Es zählt also in gleichem Maße die Zeit als GWDL, FWDL, Wehrübender und BS.

Die Zeit einer Beurlaubung ohne Dienstbezüge ist grundsätzlich nicht anerkennungsfähig. Eine Ausnahme gilt dann, wenn spätestens bei Beendigung des Urlaubs schriftlich zugestanden worden ist, dass dieser öffentlichen Belangen oder dienstlichen Interesse diente.

In manchen Fällen wird bereits bei Beginn der Beurlaubung die Berücksichtigungsfähigkeit zugestanden, wenn sich der Soldat unwiderruflich zur Zahlung eines so genannten Versorgungszuschlages (in der Regel 30 v. H. der jeweils ruhegehaltfähigen Dienstbezüge monatlich) während der Zeit seiner Beurlaubung bereit erklärt (zum Beispiel Beurlaubung zur Deutschen Flugsicherung – DFS).

Außerdem ist zu beachten, dass für die Berechnung der Wehrdienstzeit als ruhegehaltfähige Dienstzeit nicht das Einberufungsdatum, sondern der tatsächliche Dienstantritt maßgebend ist. Wenn zum Beispiel aus Krankheitsgründen oder wegen Feiertagen der tatsächliche Dienstantritt nicht am 01.04.1966, sondern am 04.04.1966 war, werden die ersten drei Tage des Monats nicht berücksichtigt, obwohl für die Berechnung zum Beispiel der Jubiläumsdienstzeit die Zeit ab dem 01.04.1966 gezählt wird.

Ruhegehaltfähig ist außerdem die während der Wehrdienstzeit zurückgelegte Zeit im öffentlichen Dienst einer zwischenstaatlichen oder überstaatlichen Einrichtung (zum Beispiel NATO, UNO usw., vergleiche § 20 Abs. 3 SG).

In bestimmten Fällen kann die Wehrdienstzeit sogar doppelt angerechnet werden (Doppelanrechnung): Zu nennen ist einerseits die Zeit der Verwendung eines Soldaten in Ländern, in denen er gesundheitsschädigenden klimatischen Einflüssen ausgesetzt ist, soweit sie nach Vollendung des 17. Lebensjahres liegt und sie ununterbrochen mindestens ein Jahr gedauert hat (vergleiche § 25 Abs. 2 SVG). Die entsprechenden Länder bzw. Regionen sind in den Richtlinien zum SVG abschließend aufgeführt. Dazu zählen in keinem Falle die Regionen, in denen derzeit so genannten besondere Auslandsverwendungen (Kontingenteinsätze) erfolgen. Zeiten nach § 25 Abs. 2 SVG können nur auf Antrag doppelt berücksichtigt werden.

Der zweite Fall einer Doppelanrechnung sind die Zeiten einer Aufbauhilfe im Beitrittsgebiet (= neue Bundesländer) nach § 3 SVÜV. Berücksichtigungsfähig sind Zeiten der Verwendung im Beitrittsgebiet zum Zwecke der Aufbauhilfe, wenn sie ununterbrochen mindestens 1 Jahr gedauert haben. Diese Regelung ist für Zeiten bis zum 31.12.1995 befristet. Eine Anerkennung ist auch hier nur auf Antrag möglich. Der Antrag ist an den – damaligen – Divisionskommandeur oder an einen Vorgesetzten in vergleichbarer Dienststellung zu richten.

Zurechnungszeit

Wird der Berufssoldat wegen Dienstunfähigkeit in den Ruhestand versetzt, so würde die Wehrdienstzeit allein regelmäßig zu vergleichsweise geringen Versorgungsansprüchen führen. Deshalb wird in diesen Fällen eine so genannte Zurechnungszeit gemäß § 25 Abs. 1 SVG gewährt, die die Zeit vom Eintritt in den Ruhestand bis zum Ablauf des Monats der Vollendung des 60. Lebensjahres zu 2/3 berücksichtigt.

Erhöhungszeit

Erfolgt die Zurruhesetzung nach dem → PersAnpassG, also vor Erreichen der eigentlichen Altersgrenze, wird gemäß § 3 Abs. 2 PersAnpassG dennoch die Zeit vom Beginn des tatsächlichen Ruhestandes bis zum Ablauf des Monats, von dem an der Berufssoldat ohne diese Regelung frühestens in den Ruhestand hätte versetzt werden können, berücksichtigt.

Vordienstzeiten

→ Vordienstzeiten

Ruhegehaltssatz bei Versetzung in den Ruhestand nach Überschreitung der besonderen Altersgrenze (siehe dazu Beispiel auf Seite 249)

§ 44 Abs. 2 SG sieht vor, dass ein Berufssoldat mit Ablauf eines Monats in den Ruhestand versetzt werden kann, wenn er die nach § 45 Abs. 2 festgesetzte besondere Altersgrenze überschritten hat. Grundvorschrift für die Berechnung des Ruhegehaltssatzes, also die Höhe des Ruhegehalts, ist § 26 Abs. 1 SVG.

Neues Recht

Seit dem 01.01.1992 gilt als „neues Recht" eine so genannte lineare Ruhegehaltsskala, die für jedes Jahr ruhegehaltfähiger Dienstzeit einen so genannten Steigerungssatz in Höhe von 1,875 v. H., insgesamt jedoch höchstens 75 v. H. der ruhegehaltfähigen Dienstbezüge vorsieht. Der Ruhegehaltssatz ist dabei auf 2 Dezimalstellen auszurechnen, wobei die 2. Stelle um 1 zu erhöhen ist, wenn in der 3. Stelle eine der Ziffern 5 bis 9 verbleiben würde. Resttage sind unter Benutzung des Nenners 365 umzurechnen, hinsichtlich der Rundung ist entsprechend wie oben zu verfahren.

Zu beachten ist, dass Berufssoldaten wegen der gesetzlich vorgesehenen, im Vergleich zu Beamten vorzeitigen, Beendigung des Dienstverhältnisses ein besonderer Altersgrenzenzuschlag gemäß § 26 Abs. 3 SVG gewährt wird.

Dieser beträgt bei der besonderen Altersgrenze des 53. Lebensjahres (also Berufsunteroffizieren) 13,125 v. H. Diese Erhöhung vermindert sich für Berufssoldaten, für die als besondere Altersgrenze ein höheres Lebensalter festgesetzt ist, um jeweils 1,875 v. H. für jedes Jahr, um das diese Altersgrenze über dem 53. Lebensjahr liegt.

Beispiel:

Hauptmann, besondere Altersgrenze: 54. Lebensjahr, Altersgrenzenzuschlag: 11,25 v. H.

Oberstleutnant, besondere Altersgrenze: 58. Lebensjahr, Altersgrenzenzuschlag: 3,75 v. H.

Bei der Erhöhung des eigentlich erdienten Ruhegehaltssatzes um den besonderen Altersgrenzenzuschlag ist hinsichtlich der Rundung zu beachten, dass die Berechnung auf 2 Dezimalstellen erst erfolgt, nachdem die Erhöhung vorgenommen wurde. Vor der Erhöhung ist der Ruhegehaltssatz auf 5 Dezimalstellen auszurechnen.

Übergangsrecht

Zeigt sich anhand der Berechnung nach dem neuen Recht, dass der Höchstruhegehaltssatz von 75 v. H. nicht erreicht wird, ist danach zu fragen, ob durch ein Übergangsrecht ein für den Betroffenen günstigeres Ergebnis erzielt werden kann.

Gemäß § 94b Abs. 1 SVG ist für Berufssoldaten, die bereits am 31.12.1991 SaZ oder BS waren, eine Vergleichsberechnung vorzunehmen und nach dem Günstigkeitsprinzip (von Amts wegen) der jeweils höhere Ruhegehaltssatz festzusetzen.

Das Übergangsrecht ist dreistufig aufgebaut: Es bewertet den Zeitraum bis zum 31.12.1991 nach dem bis dahin geltenden alten Recht, der so genannten degressiven Ruhegehaltsskala. Danach wurden die ersten 10 Jahre der ruhegehaltfähigen Dienstzeit pauschal mit 35 v. H. bewertet, ab dem 11. bis zum 25. Jahr jeweils 2 v. H., ab dem 26. Jahr jeweils 1 v. H. gewährt. Resttage wurden bei mehr als 182 Tagen zu einem vollen Jahr aufgerundet, blieben darunter aber unberücksichtigt.

Ab dem 01.01.1992 bis zum Dienstzeitende wird ein Steigerungssatz von lediglich 1 v. H. statt 1,875 v. H. zugrunde gelegt, wobei die Resttage wie nach neuem Recht behandelt werden (Division durch 365).

Hinsichtlich des Altersgrenzenzuschlages findet wiederum das alte Recht Anwendung, d. h., bei der besonderen Altersgrenze des 53. Lebensjahres werden 5 v. H. gewährt, sodann 1 v. H. weniger für jedes Jahr einer höheren besonderen Altersgrenze.

Der Hauptmann erhält somit in diesem Rechengang einen besonderen Altersgrenzenzuschlag von 4 v. H., der Oberstleutnant gar keinen.

Kontrollrechnung nach altem Recht

Lassen Sie sich nicht verwirren, wenn die WBV auch noch in einem 3. Schritt den Ruhegehaltssatz nach dem bis zum 31.12.1991 geltenden Recht bestimmt.

Die degressive Ruhegehaltsskala (altes Recht bis 31.12.1991) findet bei Zurruhesetzungen nach dem 01.01.2002 bezogen auf den gesamten Werdegang des Berufssoldaten, an sich keine Anwendung mehr. Sie dient lediglich noch als reine Kontrollgröße, ist also nicht mehr anspruchsbegründend, sondern gegebenenfalls anspruchsbeschränkend.

Es wird in einer Gegenrechnung lediglich geprüft, ob der nach dem Günstigkeitsprinzip berechnete Ruhegehaltssatz nach dem dreistufigen Übergangsrecht höher ist als der Ruhegehaltssatz, der sich nach dem alten Recht in Reinform ergeben hätte.

Falls ja, erfolgt gemäß § 94b Abs. 3 S. 2 SVG eine „Deckelung". Diese Vorschrift hat im SVG jedoch nahezu keine Praxisrelevanz.

Beispiel:

Versetzung in den Ruhestand nach Überschreitung der besonderen Altersgrenze (53. Lebensjahr)

StFw, geboren 07.12.1951, verheiratet, DE: 01.04.1972, DZE: 31.12.2004

neues Recht

ruhegehaltfähige Dienstzeit:	01.04.1972–31.12.2004	
	= 32 Jahre 275 Tage	
	= 32,75 Jahre x 1,875 v. H. =	61,40625 v. H.
besonderer Altersgrenzenzuschlag:		13,125 v. H.
		74,53125 v. H.
		= 74,53 v. H.

Übergangsrecht

Stufe 1:

ruhegehaltfähige Dienstzeit:	01.04.1972–31.12.1991	
	= 19 Jahre 275 Tage	
	= 20 Jahre (erste 10 Jahre = 35 v. H., 11.–20. Jahr à 2 v. H.) =	55 v. H.

Stufe 2:

ruhegehaltfähige Dienstzeit:	01.01.1992–31.12.2004 (je Jahr 1 v. H.)	
	= 13 Jahre	= 13 v. H.

Stufe 3:

besonderer Altersgrenzenzuschlag:		5 v. H.
		= 73 v. H.

Kontrollrechnung nach altem Recht
(keine Anspruchsbegründung)

ruhegehaltfähige Dienstzeit:	01.04.1972–31.12.2004	
	= 32 Jahre 275 Tage	
	= 33 Jahre =	73 v. H.
besonderer Altersgrenzenzuschlag:		5 v. H.
		= 78 v. H.

aber: Höchstsatz 75 v. H.

Ergebnis: Festgesetzt werden 74,53 v. H., da das Rechenergebnis nach neuem Recht das Ergebnis nach Übergangsrecht übersteigt und das alte Recht nicht anspruchsbegründend ist.

Ruhegehalt:

ruhegehaltfähige Dienstbezüge (Stand August 2004)

Grundgehalt A 9, Endstufe	2 533,80 EUR
Familienzuschlag, Stufe 1	105,28 EUR
allgemeine Stellenzulage	64,08 EUR
	2 703,16 EUR
x 0,98375 (3. Anpassungsfaktor gemäß VersÄndG)	= 2 659,23 EUR
davon 74,53 v. H.	= 1 981,92 EUR

Versetzung in den Ruhestand bei (einfacher) Dienstunfähigkeit

Bei der so genannten einfachen Dienstunfähigkeit ist zu beachten, dass es sich um eine Versetzung in den Ruhestand handelt, die nicht auf einer → Wehrdienstbeschädigung beruht, also insbesondere auch nicht auf einem (qualifizierten) Dienstunfall.

Bei der Bestimmung des Ruhegehaltssatzes im Falle der einfachen Dienstunfähigkeit gilt es zunächst zu berücksichtigen, dass der besondere Altersgrenzenzuschlag nicht in Betracht kommt. Stattdessen wird eine Zurechnungszeit gewährt, die den Zeitraum vom Beginn des Ruhestandes bis zum Ende des Monats der Vollendung des 60. Lebensjahres zu 2/3 berücksichtigt.

Auch in diesen Fällen ist an sich eine Vergleichsberechnung mit dem auf Seite 248 beschriebenen Übergangsrecht vorzunehmen, die jedoch nahezu keine Praxisrelevanz besitzt, da die Zurechnungszeit nach altem Recht lediglich den Zeitraum bis zum Ende des Monats der Vollendung des 55. Lebensjahres (auch nur zu 1/3) berücksichtigt. Insofern wird hier auf eine Darstellung verzichtet.

Besondere Bedeutung erlangen im Falle der Versetzung in den Ruhestand wegen einfacher Dienstunfähigkeit die so genannten Versorgungsabschläge gemäß § 26 Abs. 10 SVG. In diesem Falle werden von dem Ruhegehalt, d. h., dem Geldbetrag, also nicht dem Ruhegehaltssatz, bis zu 10,8 v. H. abgezogen. Der Abzug erfolgt lebenslang und endet nicht mit dem Erreichen der eigentlichen Altersgrenze.

Das Ruhegehalt vermindert sich dabei um 3,6 v. H. für jedes Jahr, das der Berufssoldat vor Erreichen der für ihn geltenden besonderen oder allgemeinen Altersgrenze wegen Dienstunfähigkeit in den Ruhestand versetzt wird. Resttage wurden anteilig berücksichtigt.

Beispiel:

Versetzung in den Ruhestand wegen einfacher Dienstunfähigkeit (also nicht aufgrund einer anerkannten WDB)

StFw, geboren 07.12.1961, verheiratet, DE: 01.04.1982, DZE: 31.12.2004

ruhegehaltfähige Dienstzeit:	01.04.1982–31.12.2004	
	= 22 Jahre 275 Tage	
	= 22,75 Jahre x 1,875 v. H. =	42,66 v. H.
	+ Zurechnungszeit 01.01.2005–31.12.2021 (zu 2/3)	
	= 17 Jahre	
	davon 2/3 = 11 Jahre 122 Tage	
	= 11,33 Jahre x 1,875 v. H. =	21,24 v. H.
		63,90 v. H.
ruhegehaltfähige Dienstbezüge:		2 487,84 EUR
		x 0,98375
	(3. Anpassungsfaktor gemäß VersÄndG)	
		= 2 456,74 EUR
davon 63,90 v. H.		= 1 569,86 EUR
abzüglich 10,8 v. H. Versorgungsabschlag		= 169,54 EUR
Ruhegehalt		= 1 400,32 EUR

Versetzung in den Ruhestand wegen Dienstunfähigkeit infolge einer Wehrdienstbeschädigung

Im Grunde gilt der gleiche Rechengang wie bei der einfachen Dienstunfähigkeit. Zu beachten ist jedoch, dass der Abzug der Versorgungsabschläge nicht erfolgt und das Grundgehalt aus der Dienstaltersstufe bemessen wird, die der Berufssoldat bei regulärer Versetzung in den Ruhestand hätte erreichen können. Außerdem spielt die Wartezeit aus dem letzten Amt keine Rolle (siehe Seite 241).

Versetzung in den Ruhestand wegen Dienstunfalls

Der → Dienstunfall ist in § 27 SVG geregelt. Er ist definiert als ein auf äußerer Einwirkung beruhendes, plötzliches, örtlich und zeitlich bestimmbares, einen Körperschaden verursachendes Ereignis, das in Ausübung oder infolge des Dienstes eingetreten ist. Zum Dienst gehören unter anderem auch Dienstreisen, die Teilnahme an dienstlichen Veranstaltungen sowie das Zurücklegen des mit dem Dienst zusammenhängenden Weges nach und von der Dienststelle (bekannt als Wegeunfall).

Der Dienstunfall ist also ein einzelnes konkretes Ereignis und erfasst somit grundsätzlich nicht den Fall einer Dienstunfähigkeit aufgrund einer Erkrankung. Diese entwickelt sich regelmäßig über einen längeren Zeitraum und führt somit zu einer „schleichenden" Dienstunfähigkeit.

Das Gesetz stellt jedoch in § 27 Abs. 4 SVG den Fall der Erkrankung an bestimmten Krankheiten einem Dienstunfall gleich. Berücksichtigt werden können jedoch nur Erkrankungen, bei denen durch die dienstliche Verrichtung die Gefahr der Erkrankung in besonderem Maße besteht. Die in Betracht kommenden Krankheiten sind in einer Rechtsverordnung, der so genannten Berufskrankheitenverordnung, abschließend geregelt.

Sonderbestimmungen gelten für die Teilnahme an einer besonderen Auslandsverwendung (→ Auslandsversorgung). Die Besonderheit beim Ruhegehalt infolge eines Dienstunfalls liegt darin, dass ein Mindestruhegehaltssatz in Höhe von 66,67 v. H. gewährt wird. Der Ruhegehaltssatz kann im Einzelfall natürlich höher sein. Im konkreten Rechengang wird ein Pauschalaufschlag in Höhe von 20 v. H. gewährt. Demgegenüber beträgt die Zurechnungszeit jedoch nur ein Drittel des Zeitraums vom Beginn des Ruhestandes bis zum Ende des Monats der Vollendung des 60. Lebensjahres.

Beispiel:

Versetzung in den Ruhestand wegen Dienstunfalls

StFw, geboren 07.12.1961, verheiratet, DE: 01.04.1982, DZE: 31.12.2004

ruhegehaltfähige Dienstzeit:	01.04.1982–31.12.2004	
	= 22 Jahre 275 Tage	
	= 22,75 Jahre x 1,875 v. H. =	42,66 v. H.
	+ Zurechnungszeit 01.01.2005–31.12.2021 (zu 1/3)	
	= 17 Jahre	
	davon 1/3 = 5 Jahre 243 Tage	
	= 5,67 Jahre x 1,875 v. H. =	10,63 v. H.
	zuzüglich Dienstunfallzuschlag	20 v. H.
		73,29 v. H.

Bei einem Dienstunfall wird mindestens immer ein Ruhegehalt von 66,67 v. H. der ruhegehaltfähigen Dienstbezüge nach der Endstufe des Grundgehalts gewährt; eine Abflachung gemäß dem Versorgungsänderungsgesetz findet nicht statt (97 Abs. 6 SVG)

ruhegehaltfähige Dienstbezüge:	2 703,16 EUR
davon 73,29 v. H.	= 1 981,15 EUR

Versetzung in den Ruhestand wegen qualifizierten Dienstunfalls

Der qualifizierte Dienstunfall erfasst Fälle, in denen der Soldat im Dienst rechtswidrig angegriffen wird oder sich bewusst einer mit einer Diensthandlung verbundenen besonderen Lebensgefahr aussetzt, obwohl sich dieser entziehen könnte.

Besonderheiten gelten wiederum für die → Auslandsversorgung.

Das Ruhegehalt beim qualifizierten Dienstunfall beträgt 80 v. H. aus der Endstufe der übernächsten Besoldungsgruppe, wobei jedoch bestimmte Mindestbesoldungsgruppen zu beachten sind:

- mindestens A 9 für Unteroffiziere, Fähnriche, Oberfähnriche
- mindestens A 12 für Berufsoffiziere
- mindestens A 16 für Stabsoffiziere.

Die Gewährung einer qualifizierten Dienstunfallversorgung setzt immer voraus, dass zum Zeitpunkt der Beendigung des Dienstverhältnisses eine → Minderung der Erwerbsfähigkeit (MdE) in Höhe von mindestens 50 v. H. vorliegt.

Beispiel:

Versetzung in den Ruhestand wegen qualifizierten Dienstunfalls

StFw, geboren 07.12.1961, verheiratet, DE: 01.04.1982, DZE: 31.12.2004

Ruhegehalt: 80 v. H. der ruhegehaltfähigen Dienstbezüge aus der Endstufe der übernächsten Besoldungsgruppe

Grundgehalt, A 11 Endstufe	3 187,45 EUR
Familienzuschlag, Stufe 1	105,28 EUR
allgemeine Stellenzulage	71,22 EUR
ruhegehaltfähige Dienstbezüge	3 363,95 EUR
davon 80 v. H.	= 2 691,16 EUR

Auch hier erfolgt keine Abflachung nach dem Versorgungsänderungsgesetz.

Mindestversorgung

Zu beachten ist auch, dass das SVG eine so genannte Mindestversorgung gemäß § 26 Abs. 7 kennt. Zu unterscheiden ist zwischen der amtsabhängigen Mindestversorgung (mindestens 35 v. H. der ruhegehaltfähigen Dienstbezüge der eigenen Besoldungsgruppe) und der so genannten amtsunabhängigen Mindestversorgung (mindestens 65 v. H. der jeweils ruhegehaltfähigen Dienstbezüge aus der Endstufe der Besoldungsgruppe A 4, erhöht um 30,68 EUR).

Letztere beträgt derzeit für einen verheirateten Pensionär 1 290,97 EUR. Nach dem Günstigkeitsprinzip wird auch hier der höhere Betrag gewährt.

Zuschläge zum Ruhegehalt

Zu beachten ist ferner, dass durch das Versorgungsänderungsgesetz umfassende Neuregelungen zum Recht der Gewährung des Kindererziehungs-, Kindererziehungsergänzungs- und Kinderpflegeergänzungszuschlages erfolgt sind. Es handelt sich hierbei um im Detail sehr komplizierte Regelungen, die im Wesentlichen rentenrechtliche Vorschriften auf das Soldatenversorgungsrecht übertragen.

Die Gewährung aller kinderbezogenen Zuschläge setzt voraus, dass die für den jeweiligen Zuschlag zu berücksichtigende Zeit dem Soldaten als Kindererziehungszeit zuzurechnen ist, d. h., er muss das Kind erzogen haben. Selbst wenn diese Zuordnung möglich ist, dürfen durch den Zuschlag die erreichbare Höchstversorgung (75 v. H. der ruhegehaltfähigen Dienstbezüge) sowie die in der Zeit der Kindererziehung höchstens erreichbare Rentensteigerung nicht überschritten werden.

Detailerläuterungen enthält das Rundschreiben des BMI vom 03.09.2002 (GMBl. 2002, S. 689 ff.).

Versorgungsänderungsgesetz

Während der Umsetzungsphase der Pensionsabflachungen wird weiterhin mit dem Steigerungssatz 1,875 v. H. und dem Höchstruhegehaltssatz 75 v. H. operiert. „Abgeflacht" werden die jeweils ruhegehaltfähigen Dienstbezüge, sodass es formal bei dem erdienten Pensionssatz verbleibt.

Ruhensregelungen

Das SVG enthält zahlreiche Vorschriften, die beim Zusammentreffen der Pension (→ Ruhegehalt) mit einem sonstigen Einkommen bzw. einer sonstigen Alterssicherungsleistung (Versorgung, Rente) eine Kürzung vorsehen.

Vielfach bezeichnet das Gesetz diesen Vorgang als Ruhensregelung. Das bedeutet nicht, dass die einbehaltenen Beträge später nachgezahlt werden, sondern Ruhensregelung bedeutet im Endeffekt endgültige Kürzung so lange, wie der Sachverhalt, der sie bewirkt, besteht.

Im Folgenden wird ein Überblick über die wichtigsten Anwendungsfälle gegeben.

Zusammentreffen von Ruhegehalt und Erwerbs- und Erwerbsersatzeinkommen

(→ Hinzuverdienst, → Anschlussarbeitsverhältnis Pensionär)

§ 53 SVG regelt den Fall des Zusammentreffens der Pension mit einem so genannten Hinzuverdienst (Erwerbseinkommen). Bei der Berechnung sind immer nur Bruttobezüge maßgebend. Das Grundprinzip ist immer das gleiche: Das Bruttoruhegehalt sowie der Bruttohinzuverdienst dürfen monatlich die heranzuziehende Höchstgrenze nicht überschreiten. Ist dies jedoch der Fall, wird die Pension um den überschießenden Betrag wieder gekürzt.

Einkünfte aus nichtselbstständiger Arbeit in der Privatwirtschaft bzw. Einkünfte aus selbstständiger Arbeit, Gewerbebetrieb sowie Land- und Forstwirtschaft (§ 53 Abs. 1, Abs. 2, Abs. 7 SVG)

Bis zum Ende des Monats, in dem der Soldat im Ruhestand das 61. Lebensjahr vollendet, gilt eine Hinzuverdiensthöchstgrenze von 120 v. H. der jeweiligen ruhegehaltfähigen Dienstbezüge aus der Endstufe des Grundgehaltes. Sodann gilt bis zum Ende des Monats, in dem das 65. Lebensjahr vollendet wird, eine geringere Höchstgrenze von nur noch 100 v. H. Ab der Vollendung des 65. Lebensjahres besteht keine Hinzuverdienstgrenze mehr.

Zu beachten ist, dass selbst bei sehr hohem Hinzuverdienst mindestens 20 v. H. der Pension verbleiben müssen (so genannte Mindestbelassungsregel).

Beispiel:

Berechnung des möglichen Hinzuverdienstes

StFw, A 9, Dienstaltersstufe 11, verheiratet, Ruhegehaltssatz: 75 v. H., Erwerbseinkommen: 2 000,00 EUR

ruhegehaltfähige Dienstbezüge (= 100 v. H.)	2 703,16 EUR
x Anpassungsfaktor 0,98375	2 659,23 EUR
Ruhegehalt (75 v. H.)	1 994,42 EUR
Höchstgrenze: 120 v. H. der ruhegehaltfähigen Dienstbezüge	3 243,79 EUR

Beachte: Die Höchstgrenze (120 v. H.) wird nicht mit dem Anpassungsfaktor abgeflacht!

Durchführung der Ruhensregelung:

Ruhegehalt	1 994,42 EUR
Hinzuverdienst	2 000,00 EUR
gesamt	3 994,42 EUR
abzüglich Höchstgrenze (120 v. H.)	3 243,79 EUR
Kürzungsbetrag	750,63 EUR

Die Ermittlung des monatlichen Freibetrags ist demzufolge einfach durchzuführen:

Höchstgrenze (3 243,79 EUR) – Ruhegehalt (1 994,42 EUR) = 1 249,37 EUR

Bei einem Bruttohinzuverdienst monatlich von 1 249,37 EUR würde die Pension also nicht gekürzt.

Abzug von Werbungskosten bei nichtselbstständiger Arbeit

Das Bundesverwaltungsgericht (BVerwG) hat in höchstrichterlicher Rechtsprechung in mehreren Urteilen darauf hingewiesen, dass bei der Anwendung der Hinzuverdienstvorschriften die Gleichbehandlung aller anzurechnenden Einkünftearten geboten sei. Das bedeutet, dass bei den Einkünften aus nichtselbstständiger Arbeit nunmehr der Hinzuverdienst um die Werbungskosten gemindert werden darf.

Ab sofort dürfen zur Bestimmung der Einkünfte aus nichtselbstständiger Arbeit die Aufwendungen abgesetzt werden, die zur Erwerbung, Sicherung und Erhaltung dieser Einnahmen (= Werbungskosten) erforderlich sind. Das bedeutet, dass im Rahmen der Einkünfte aus nichtselbstständiger Arbeit bei der Ruhensberechnung nach § 53 Soldatenversorgungsgesetz (SVG) der entsprechende monatliche Brutto-Hinzuverdienst, der sich in der Regel aus dem jeweiligen Arbeitsvertrag ergibt, vorab um den Arbeitnehmerpauschbetrag nach § 9a EStG von zurzeit 76,67 EUR monatlich (entspricht 920,00 EUR jährlich) verringert werden darf.

Im Endeffekt darf also ab sofort ein abhängig Beschäftigter, der bisher genau den Verdienst bis zur Höchstgrenze ausschöpft, monatlich brutto 76,67 EUR mehr hinzuverdienen, ohne dass seine Pension gekürzt wird.

Beispiel für die Abzugsfähigkeit von Werbungskosten:

■ ruhegehaltfähige Dienstbezüge	2 703,16 EUR
■ Höchstgrenze (= 120 v. H. der ruhegehaltfähigen Dienstbezüge)	3 243,79 EUR
■ Ruhegehalt (75 v. H., brutto)	1 994,42 EUR
Hinzuverdienstfreigrenze (brutto): Höchstgrenze – Ruhegehalt, also 3 243,79 – 1 994,42 EUR =	1 249,37 EUR

An sich dürften hier monatlich maximal brutto 1 249,37 EUR aus abhängiger Beschäftigung bezogen werden, ohne dass die Pension gekürzt würde. Da jedoch monatlich ab sofort 76,67 EUR an Werbungskosten abgesetzt werden, kann mit dem Arbeitgeber für die Höhe der Pension unschädlich ein monatlicher Bruttolohn von 1 326,04 EUR (1 249,37 EUR + 76,67 EUR) vereinbart werden.

Diese Vergünstigung ist sogar rückwirkend zum 01.03.2004 in Kraft gesetzt worden. Für die zurückliegende Zeit profitieren davon jedoch nur diejenigen Betroffenen, die auch seit dem 01.03.2004 eine Kürzung ihrer Pension hinzunehmen hatten. Für diesen Personenkreis wird bei der nächsten Änderung der Pension oder des Hinzuverdienstes automatisch von Amts wegen rückwirkend eine Neuberechnung der Ruhensregelung (Pensionskürzung) ab dem 01.03.2004 vorgenommen.

Hierzu ist also kein gesondertes Tätigwerden Ihrerseits erforderlich.

Wichtig: Sollten Sie durch Ihren Einkommensteuerbescheid 2004 belegen können, dass Sie in dem betreffenden Kalenderjahr mehr anerkannte Werbungskosten als 920,00 EUR jährlich haben, so können Sie auf Antrag eine nochmalige Neuberechnung der Ruhensregelung herbeiführen.

In den Folgejahren (also ab 2005) besteht dann für alle „Hinzuverdiener" in abhängiger Beschäftigung die Möglichkeit, über den Nachweis im Einkommensteuerbescheid nachträglich jeweils über die Pauschale hinausgehende Werbungskosten geltend zu machen.

Klarstellend sei erwähnt, dass der in diesem Beitrag beschriebene Abzug von Werbungskosten bei der Ausübung eines Mini-Jobs (bis 400,00 EUR monatlich) nicht gilt. In diesen Fällen wird die Lohnsteuer nur pauschal vom Arbeitgeber getragen, sodass eine pauschale Verminderung durch steuerlich absetzbare Werbungskosten für den Beschäftigten nicht möglich ist.

Insofern wird bei der Prüfung der Überschreitung der Hinzuverdienstgrenzen im Rahmen des § 26a SVG (vorübergehende Erhöhung des Ruhegehaltssatzes z. B. aufgrund von Vordienstzeiten in der NVA) und der Ausgleichszahlung gemäß § 38 Abs. 4 SVG (Einmalausgleich für die Pensionsabflachungen) der Vorabazug um den Werbungskostenpauschbetrag nicht vorgenommen.

Bei beiden letztgenannten Vorschriften gilt bekanntlich eine Hinzuverdiensthöchstgrenze von lediglich 325,00 EUR brutto monatlich. Hier führt also die Ausübung eines Mini-Jobs von mehr als 325,00 EUR monatlich auch weiterhin zu einer Überschreitung der Höchstgrenze mit der entsprechenden Konsequenz des Wegfalls der vorübergehenden Erhöhung bzw. des jeweiligen Teilbetrags der Einmalzahlung für diesen betreffenden Monat.

Einkünfte aus nichtselbstständiger Arbeit im öffentlichen Dienst (§ 53 Abs. 6 SVG)

Das Gesetz spricht hier von einem so genannten Verwendungseinkommen (§ 53 Abs. 6 SVG).

Es gilt ohne jede Altersbegrenzung eine Hinzuverdiensthöchstgrenze von 100 v. H. der jeweils ruhegehaltfähigen Dienstbezüge aus der Endstufe des Grundgehaltes. Wird der Hinzuverdienst erstmals nach dem 01.01.2002 aufgenommen oder die Beschäftigung nach diesem Stichtag gewechselt, gilt sogar die Mindestbelassung von 20 v. H. nicht mehr, wenn sich das Verwendungseinkommen aus der dem aktiven Dienst vergleichbaren Besoldung ergibt.

Wichtig: Oftmals ist die Abgrenzung zwischen einem Anschlussarbeitsverhältnis im öffentlichen Dienst und einer selbstständigen Beschäftigung schwierig. Abzustellen ist immer auf die Gesamtumstände des Einzelfalls. Gegen eine selbstständige Tätigkeit spricht zum Beispiel die Verpflichtung zur höchstpersönlichen Leistungserbringung und das Fehlen eines unternehmerischen Auftretens am Markt.

Die Beschäftigung bei einer nach Privatrecht organisierten Gesellschaft (GmbH, AG etc.) kann nie öffentlicher Dienst sein, selbst wenn zum Beispiel der Bund Alleineigner wäre!

Übergangsregelung gemäß § 96 Abs. 4 SVG

Pensionäre, die bis zum 31.12.1998 in den Ruhestand versetzt wurden und eine bereits zu diesem Zeitpunkt ausgeübte Tätigkeit weiterhin ununterbrochen fortführen, hatten eine wesentlich günstigere Hinzuverdienstregelung. Sie gilt also nicht bei vorheriger Ausübung der (gleichen) Nebenbeschäftigung als aktiver Soldat vor diesem Stichtag.

Einerseits bestand eine Hinzuverdiensthöchstgrenze von 120 v. H. bis zum Ende des Monats, in dem das 65. Lebensjahr vollendet wurde. Darüber hinaus durfte die Kürzung der Pension allenfalls in Höhe der so genannten Sozialbestandteile (nicht erdiente Anteile) erfolgen. Bei dem Sozialbestandteil handelt es sich insbesondere um den besonderen Altersgrenzenzuschlag (nach altem Recht, zum Beispiel für den Berufsunteroffizier, 5 v. H. der ruhegehaltfähigen Dienstbezüge).

Zu beachten war jedoch, dass diese Vertrauensschutzregelung immer dann endete, falls die Art der Tätigkeit gewechselt wurde bzw. sogar bei Neubegründung eines Arbeitsverhältnisses beim gleichen Arbeitgeber mit unveränderter Tätigkeit.

Die Vertrauensschutzregelung endete definitiv am 31.12.2005. Danach gilt für alle das an sich geltende neue Recht.

Hinzuverdienst der Witwe

Es gilt immer eine Hinzuverdienstgrenze von 100 v. H. der jeweils ruhegehaltfähigen Dienstbezüge aus der Endstufe des Grundgehalts, aus dem das dem Witwengeld zugrunde liegende Ruhegehalt berechnet wird. Bei Hinzuverdienst im öffentlichen Dienst gilt diese Grenze auch nach Vollendung des 65. Lebensjahres.

(siehe auch → Hinterbliebenenversorgung)

Hinzuverdienst bei Versetzung in den Ruhestand wegen Dienstunfähigkeit

Beruht die Versetzung in den Ruhestand auf einer einfachen Dienstunfähigkeit, steht sie also nicht im Zusammenhang mit einer Wehrdienstbeschädigung, so gilt lediglich eine Hinzuverdienstmöglichkeit von 75 v. H. der jeweils ruhegehaltfähigen Dienstbezüge, erhöht um 325,00 EUR.

Bemerkenswert ist, dass hier nicht die Endstufe des Grundgehalts zugrunde gelegt wird und diese beschränkte Hinzuverdienstmöglichkeit bis zum Ende des Monats der Vollendung des 65. Lebensjahres gilt.

Bei WDB gilt für den Bereich der Privatwirtschaft eine Hinzuverdiensthöchstgrenze von 100 v. H. bis zum Ende des Monats, in dem das 65. Lebensjahr vollendet wird. Die Hinzuverdienstmöglichkeit ist also wesentlich besser als bei der einfachen Dienstunfähigkeit, nicht jedoch so gut wie bei der Versetzung in den Ruhestand wegen Überschreitung der besonderen Altersgrenze, da keine Anhebung auf 120 v. H. erfolgt. Eine Hinzuverdienstbeschränkung über das 65. Lebensjahr hinaus besteht auch hier nur für den öffentlichen Dienst.

Hinzuverdienst der BO 41

Für die BO 41 gelten folgende Besonderheiten: Die Hinzuverdienstgrenze beträgt 120 v. H. der jeweils ruhegehaltfähigen Dienstbezüge aus der Endstufe mindestens der Besoldungsgruppe A 14. Des Weiteren dürfen höchstens 7,625 v. H. der ruhegehaltfähigen Dienstbezüge gekürzt werden. Die Hinzuverdienstregelung endet mit der Vollendung des 65. Lebensjahres. Die Regelung für BO 41 ist also eine Art Sozialbestandteilsregelung.

Wurde der Ruhegehaltssatz noch nach altem Recht berechnet und liegt ihm kein besonderer Altersgrenzenzuschlag zugrunde – regelmäßig bei Pensionierungen bis zum 31.12.2001 – so findet (auch in Zukunft) keine Hinzuverdienstanrechnung statt (vgl. § 53 Abs. 7 S. 2 Nr. 4 SVG i. V. m. § 94b Abs. 4 SVG).

Für ein Anschlussarbeitsverhältnis im öffentlichen Dienst gelten die vorgenannten Begünstigungen nicht, sondern es gelten die Regelungen auf Seite 260.

Beispiel:

Ruhensregelung bei Hinzuverdienst eines BO 41

Major, A 13, Ruhegehalt: 2 173,72 EUR, Hinzuverdienst: 4 000,00 EUR

ruhegehaltfähige Dienstbezüge	3 813,54 EUR
Ruhegehalt	2 173,72 EUR
Hinzuverdienst	4 000,00 EUR

gesamt	6 173,72 EUR
abzüglich Höchstgrenze (120 v. H., Endstufe A 14)	5 342,20 EUR
möglicher Kürzungsbetrag	831,52 EUR

Die höchstmögliche Kürzung beträgt jedoch 7,625 v. H. der ruhegehaltfähigen Dienstbezüge (3 813,54 EUR), also 290,78 EUR.

Die tatsächliche Kürzung beträgt somit:

Ruhegehalt (2 173,72 EUR) – Kürzungsbetrag (290,78 EUR) = 1 882,94 EUR gekürztes Ruhegehalt.

Erweiterter Hinzuverdienst im Monat Dezember

Der Gesetzgeber hat nicht nur eine Kürzung der jährlichen Sonderzuwendung (Weihnachtsgeld) vorgenommen, sondern ab 2004 zudem eine Änderung bei den Hinzuverdienstregelungen für die Monate Juli und Dezember eingeführt.

Bisher galten in den vorgenannten Monaten erweiterte Hinzuverdienstmöglichkeiten, da die jeweilige Höchstgrenze erhöht wurde.

Für Juli gilt nunmehr überhaupt keine Besonderheit mehr, sodass die an sich geltende Höchstgrenze auch für diesen Monat unverändert Anwendung findet.

Im Monat Dezember gibt es zwar wie bisher eine erhöhte Höchstgrenze für den Hinzuverdienst, sodass eine Anrechnung auf die Pension (Kürzung durch Ruhensregelung) erst bei einem erhöhten Hinzuverdienst einsetzt. Aber dieser im Monat Dezember erhöhte Hinzuverdienst ohne Kürzungswirkung kann ab 2004 nur in geringerer Höhe als bisher erfolgen.

Der DBwV musste im Sommer 2003 bei der Anhörung zum Bundessonderzahlungsgesetz (BSZG) im Bundesministerium des Innern feststellen, dass sogar beabsichtigt war, auch im Monat Dezember keinerlei Begünstigung mehr vorzusehen. Auf unseren heftigen Protest hin konnte zumindest ein Teilerfolg erreicht werden.

Der BMI bzw. das BMVg haben nunmehr zu § 47 Abs. 4 SVG Durchführungshinweise erlassen.

Der Vergleich der Hinzuverdienstgrenze im Monat Dezember nach altem und neuem Recht soll anhand des nachfolgenden Beispiels dargestellt werden.

Eckdaten: Stabsfeldwebel a. D., verheiratet, Versetzung in den Ruhestand nach Überschreitung der besonderen Altersgrenze, 61. Lebensjahr noch nicht vollendet, Bezug eines Einkommens aus der Privatwirtschaft, ruhegehaltfähige Dienstbezüge aus der Endstufe der Besoldungsgruppe A 9.

Anmerkung: Die ruhegehaltfähigen Dienstbezüge setzen sich in diesem Beispiel aus jeweils der letzten Dienstaltersstufe des Grundgehalts, dem Familienzuschlag Stufe 1 und der allgemeinen Stellenzulage zusammen.

- Altes Recht (bis Ende 2003)

Es ergeben sich ruhegehaltfähige Dienstbezüge (= 100 v. H.) in Höhe von 2 649,89 EUR. Es liegt dabei die für das Jahr 2003 gültige Besoldungstabelle zugrunde.

Die an sich geltende Höchstgrenze (120 v. H. der ruhegehaltfähigen Dienstbezüge aus der Endstufe des Grundgehaltes) wurde im Monat Dezember mit dem für das „eingefrorene" Weihnachtsgeld geltenden Bemessungssatz (2003: 84,29 v. H.) multipliziert und um diesen Betrag aufgestockt.

Beispiel:

Höchstgrenze (120 v. H.)	3 179,87 EUR
Höchstgrenze x 0,8429 (= Erhöhungsbetrag für Höchstgrenze)	2 680,31 EUR
erweiterte Höchstgrenze für Dezember	5 860,18 EUR

- Neues Recht (ab 2004)

Der Erhöhungsbetrag für die Höchstgrenze im Dezember wird errechnet, indem die während des gesamten Kalenderjahres 2004 in den einzelnen Kalendermonaten geltenden Höchstgrenzen addiert werden und dieser Betrag sodann mit dem Bemessungssatz des Weihnachtsgeldes für Besoldungsempfänger (also 5 v. H.) multipliziert wird.

Das bedeutet, dass die sich durch die Anpassung der Besoldungs- und Versorgungsbezüge z. B. zum 01.04.2004 und 01.08.2004 um jeweils 1 v. H. eintretenden Veränderungen zu berücksichtigen sind.

Beispiel:

Januar bis März 2004:	
Höchstgrenze	3 179,87 EUR
x 3 Monate	9 539,61 EUR
April bis Juli 2004:	
Höchstgrenze (um 1 v. H. erhöht)	3 211,67 EUR
x 4 Monate	12 846,68 EUR
August bis Dezember 2004:	
Höchstgrenze (um 1 weiteres v. H. erhöht)	3 243,79 EUR
x 5 Monate	16 218,85 EUR
Summe der Höchstgrenzen des Kalenderjahres	38 605,24 EUR
x Bemessungssatz Weihnachtsgeld für Besoldungsempfänger (= 5 v. H.) = Erhöhungsbetrag	1 930,26 EUR
Höchstgrenze für Dezember:	
Regelhöchstgrenze (Besoldungstabelle ab 08/2004)	3 243,79 EUR
zuzüglich Erhöhungsbetrag	1 930,26 EUR
erweiterte Höchstgrenze	5 174,05 EUR

Wird die vorgenannte Höchstgrenze in der Summe aus Brutto-Ruhegehalt und Brutto-Hinzuverdienst überschritten, so wird der übersteigende Betrag bei der Pension wieder abgezogen. Bei einem Einkommen aus der Privatwirtschaft müssen jedoch 20 v. H. der Versorgungsbezüge verbleiben.

- Besonderheiten beim neuen Recht

a) Versetzung in den Ruhestand während des Kalenderjahres:

Erfolgte die Pensionierung erst im Laufe des Kalenderjahres, zählen nur die Monate, in denen der Anspruch auf Versorgung bestand. Bezogen auf das obige Beispiel bedeutet dies, dass zum Beispiel bei einer Versetzung in den Ruhestand mit Ablauf des 31.03.2004 die Summe der Höchstgrenzen des Kalenderjahres lediglich 29065,53 EUR (12846,68 EUR + 16218,85 EUR) beträgt.

Weitere Besonderheiten gelten, wenn der Soldat im Ruhestand schon Versorgungsbezüge bezieht und erst dann einen Hinzuverdienst aufnimmt, also Versorgungsbezüge und Hinzuverdienst nicht zeitgleich im ersten Monat nach der Pensionierung einsetzen.

In diesem Fall wird für die Monate, in denen schon Anspruch auf Versorgungsbezüge besteht, eine fiktive Höchstgrenze gebildet. Betragsmäßig wird sie an die Höchstgrenze angelehnt, die im ersten Monat des Hinzuverdienstes gilt.

b) Versetzung in den Ruhestand wegen Dienstunfähigkeit, die nicht auf einer Wehrdienstbeschädigung beruht:

Die Höchstgrenze beträgt bekanntlich hier nicht 120 v. H. der ruhegehaltfähigen Dienstbezüge aus der Endstufe des Grundgehaltes, sondern nur 75 v. H. zuzüglich 325,00 EUR.

Des Weiteren wird die Summe der Höchstgrenzen des Kalenderjahres mit dem Bemessungssatz des Weihnachtsgeldes für Versorgungsempfänger (4,17 v. H. statt 5 v. H.) multipliziert, um den Erhöhungsbetrag für Dezember zu bestimmen.

c) Zur Erinnerung:

Bezieht der Pensionär noch kinderbezogene Anteile des Familienzuschlages (ab Stufe 2), auch als Unterschiedsbetrag gemäß § 47 Abs. 1 SVG bezeichnet, erhöht sich die jeweilige Höchstgrenze immer um diesen Betrag.

Dies galt allerdings auch schon nach dem alten Recht.

Beispiel:

Höchstgrenze:	3243,79 EUR
zuzüglich Familienzuschlag, Stufe 2	90,05 EUR
Gesamt	3333,84 EUR

Zusammentreffen von zwei Versorgungsbezügen (§ 55 SVG)

Beispiel:

Der Soldat im Ruhestand erhält neben seiner Pension noch Witwengeld, da seine verstorbene Ehefrau Beamtin war.

Zu den Einzelheiten → Hinterbliebenenversorgung

Zusammentreffen von Pension und Rente (§ 55a SVG)

Beispiel:

Der Soldat im Ruhestand war vor der Begründung des Wehrdienstverhältnisses rentenversicherungspflichtig beschäftigt und hat die allgemeine Wartezeit für die GRV von mindestens 60 Monaten erfüllt.

Es dürfen gemäß § 55a SVG nur bestimmte Renten angerechnet werden:

- Renten aus der gesetzlichen Rentenversicherung (BfA, LVA)
- Renten aus einer Zusatzversorgung des öffentlichen Dienstes (zum Beispiel VBL-Rente)
- Renten aus der gesetzlichen Unfallversicherung (nicht: WDB-Renten)
- bestimmte Alterssicherungsleistungen aus berufsständischen Versorgungswerken (falls der Arbeitgeber im öffentlichen Dienst mindestens die Hälfte der Beiträge gezahlt hat).

Ausländische Renten dürfen gemäß § 55a Abs. 7 SVG nur verrechnet werden, wenn sie auf der Grundlage eines zwischenstaatlichen Abkommens mit der Bundesrepublik Deutschland gezahlt werden.

Nicht angerechnet werden dürfen in jedem Falle die aufgrund eigener Beschäftigung erworbene Rente einer Witwe sowie die Witwerrente, die ein Pensionär neben seinem Ruhegehalt bezieht, weil seine verstorbene Ehefrau in der gesetzlichen Rentenversicherung anspruchsberechtigt war.

Wichtig: Der Anteil der Rente, der auf freiwilligen Beiträgen beruht, wird herausgerechnet und nicht in die Kürzung mit einbezogen.

Des Weiteren gilt für Soldaten im Ruhestand, deren Dienstverhältnis vor dem 01.01.1966 begründet wurde, gemäß Art. 2 § 2 des 2. Haushaltsstrukturgesetzes (2. HStrG) eine Freibetragsregelung, sodass lediglich 60 v. H. der Rente angerechnet wird.

Der Verzicht auf die Rente kann die Kürzung nicht abwenden, da das Gesetz auch in diesem Fall die Durchführung des § 55a SVG vorsieht.

Rente und Pension dürfen auch hier eine bestimmte Höchstgrenze (regelmäßig 75 v. H. der jeweils ruhegehaltfähigen Dienstbezüge aus der Endstufe des Grundgehalts) nicht überschreiten; ansonsten wird die Pension gekürzt, die Rente wird immer in voller Höhe gezahlt.

Als Begründung hat der Gesetzgeber angegeben, Soldaten im Ruhestand mit so genannten gemischten Biografien (teilweise Ansprüche aus dem Versorgungsrecht, teilweise aus der GRV) dürften nicht gegenüber Soldaten bevorzugt werden, die nur Zeiten zum Beispiel im Wehrdienstverhältnis abgeleistet haben und auch nicht mehr als 75 v. H. Ruhegehaltssatz erreichen können.

Beispiel:

Ruhensregelung aus Pension und eigener Rente

StFw (wie im Beispiel auf Seite 257), aber Ruhegehaltssatz von 72 v. H.

Durchführung der Anrechnungsregelung:

Ruhegehalt (72 v. H.)	1 914,65 EUR
Rente	300,00 EUR
gesamt	2 214,65 EUR
abzüglich Höchstgrenze (75 v. H.)	1 994,42 EUR
Kürzungsbetrag	220,23 EUR

Fazit: Trotz Kürzung stellt sich der Soldat im Ruhestand besser als vorher, da ein Auffüllen der Pension bis auf 75 v. H. kürzungsfrei möglich ist. Das gekürzte Ruhegehalt beträgt daher 1 694,42 EUR.

Merke: Daneben besteht immer auch ein steuerlicher Vorteil, da die Renten weniger stark besteuert werden als die Pensionen. An diesem Grundprinzip wird sich auch durch das Alterseinkünftegesetz nichts ändern.

(Einzelheiten hierzu → Steuerprobleme)

Die Verfassungsmäßigkeit der Anrechnung von Pension und Rente wurde durch das Bundesverfassungsgericht bereits am 30.09.1987 (2 BvR 938/82) bestätigt!

Quasi-Ruhensregelung

Hintergrund: In § 55a SVG sind die anzurechnenden Rentenarten abschließend geregelt. Nicht erfasst sind zum Beispiel die meisten Alterssicherungsleistungen aus berufsständischen Versorgungswerken sowie Betriebsrenten.

Eine Kürzung beim Zusammentreffen dieser Leistungen mit der Pension ist nur möglich, wenn der Ruhegehaltssatzberechnung → Vordienstzeiten zugrunde liegen, deren Anrechnung auf einer Ermessensvorschrift beruht (§§ 23 f. SVG). Diese Zeiten dürfen dann nur insoweit berücksichtigt werden, als sich durch ihre Anrechnung keine höhere Gesamtversorgung als 75 v. H. der jeweils ruhegehaltfähigen Dienstbezüge ergibt.

Beispiel:

Ein Soldat im Ruhestand hat einen Ruhegehaltssatz von 75 v. H. erreicht. Dieser beruht unter anderem darauf, dass ihm 8 Jahre so genannte Kann-Zeiten gemäß §§ 23 f. SVG anerkannt wurden.

Beispiel:

Berechnung einer Quasi-Ruhensregelung

ruhegehaltfähige Dienstbezüge	2 500,00 EUR
x Anpassungsfaktor 0,98375	2 459,38 EUR
Ruhegehalt (75 v. H.)	1 844,54 EUR
Altersruhegeld Versorgungswerk	300,00 EUR
Durchführung der Quasi-Ruhensregelung:	
Höchstgrenze:	1 844,54 EUR
abzüglich Altersruhegeld Versorgungswerk	300,00 EUR
höchstens erreichbares Ruhegehalt (heRG)	1 544,54 EUR
Ruhegehalt (ohne Zeiten nach §§ 23, 24 SVG)	1 475,63 EUR (= 60 v. H.)

Ein Unterschreiten des höchstens erreichbaren Ruhegehaltes ergäbe sich somit nicht mehr bei einem Ruhegehaltssatz von 62,81 v. H. (= 1 544,74 EUR). Die geringfügige Überschreitung des heRG ist hinzunehmen, da der nächstniedrigere Ruhegehaltssatz (62,80 v. H.) zu einer Unterschreitung führen würde.

Als Gesamtversorgung erhält der Soldat im Ruhestand also neben seinem gekürzten Ruhegehalt in Höhe von 1 554,74 EUR weiterhin das volle Altersruhegeld aus dem berufsständischen Versorgungswerk in Höhe von 300,00 EUR. Die Gesamtversorgung beträgt 1 854,74 EUR.

Von den 8 Jahren anerkannter Vordienstzeiten (= 8 x 1,875 v. H. = 15 v. H.) können ihm somit 2,81 v. H. nicht anerkannt werden, das sind 1 Jahr und 182 Tage.

Rechengang:

2,81 v. H. : 1,875 v. H. x 365 = 547 Tage = 1 Jahr 182 Tage

Wichtig: Beruht das Altersruhegeld ganz oder teilweise auf freiwilligen Beiträgen, so darf insoweit keine Anrechnung erfolgen!

Zusammentreffen von Ruhegehalt nach SVG mit einer Versorgung aus einer Verwendung im öffentlichen Dienst bei einer zwischenstaatlichen oder überstaatlichen Einrichtung (zum Beispiel NATO, EU usw., § 55b SVG)

Es handelt sich hierbei um eine sehr komplizierte und zahlreichen Besonderheiten unterliegende Regelung.

Grundregel: Das Ruhegehalt nach SVG wird gekürzt, falls beide Pensionen eine Höchstgrenze von 100 v. H. der jeweils ruhegehaltfähigen Dienstbezüge aus der Endstufe der nächsthöheren Besoldungsgruppe überschreiten. Die Kürzung beträgt jedoch mindestens 1,875 v. H. für jedes vollendete Jahr im Dienste der überstaatlichen oder zwischenstaatlichen Einrichtung. Es gelten die üblichen Rundungsvorschriften, und Resttage werden mit berücksichtigt. Etwaige kinderbezogene Anteile ruhen in Höhe von 2,5 v. H. für jedes vollendete Jahr unter Berücksichtigung von Resttagen.

Wichtig: Wird anstatt einer laufenden Versorgung ein einmaliger Kapitalbetrag gezahlt, wird dieser Kapitalbetrag nach versicherungsmathematischen Grundsätzen verrentet. Der Kapitalbetrag wird dabei zuvor jedoch ab dem Zeitpunkt der Auszahlung bis zur Versetzung in den Ruhestand dynamisiert, d. h., um die Prozentsätze erhöht, um die auch in dieser Zeit die Besoldung angepasst wurde.

Eine Kürzung des Ruhegehaltes nach SVG erfolgt nicht, falls innerhalb eines Jahres nach Beendigung des Dienstes bei der internationalen Einrichtung der Kapitalbetrag nebst Zinsen an den Bund abgeführt wird. Der Kapitalbetrag umfasst dabei zum Beispiel bei der NATO sowohl die so genannte leaving allowance als auch die pension contribution.

Die Verrentung nach versicherungsmathematischen Grundsätzen erfolgt anhand des so genannten Bewertungsgesetzes anhand nachfolgenden Verfahrens:

Kapitalwert einer lebenslänglichen Nutzung oder Leistung					
Vollendetes Lebensjahr bei Eintritt in den Ruhestand	Divisor für Männer	Divisor für Frauen	Vollendetes Lebensjahr bei Eintritt in den Ruhestand	Divisor für Männer	Divisor für Frauen
25	16,785	17,328	48	13,406	14,684
26	16,699	17,261	49	13,187	14,503
27	16,608	17,190	50	12,961	14,316
28	16,512	17,116	51	12,730	14,122
29	16,411	17,038	52	12,494	13,920
30	16,306	16,956	53	12,253	13,711
31	16,196	16,870	54	12,008	13,495
32	16,080	16,781	55	11,759	13,271
33	15,960	16,687	56	11,506	13,040
34	15,833	16,589	57	11,249	12,801
35	15,700	16,486	58	10,987	12,553
36	15,562	16,379	59	10,720	12,298
37	15,417	16,267	60	10,448	12,034
38	15,267	16,150	61	10,171	11,763
39	15,109	16,029	62	9,889	11,484
40	14,945	15,902	63	9,603	11,197
41	14,775	15,770	64	9,313	10,903
42	14,598	15,632	65	9,019	10,601
43	14,415	15,489	66	8,723	10,292
44	14,225	15,341	67	8,422	9,977
45	14,030	15,186	68	8,120	9,654
46	13,828	15,025	69	7,816	9,325
47	13,620	14,858	70	7,511	8,990

Der Kapitalwert ist nach der „Allgemeinen Sterbetafel für die Bundesrepublik Deutschland 1986/88; Gebietsstand seit dem 3. Oktober 1990" unter Berücksichtigung von Zwischenzinsen und Zinseszinsen mit 5,5 v. H. errechnet worden. Der Kapitalwert der Tabelle ist der Mittelwert zwischen dem Kapitalwert für jährlich vorschüssige und jährlich nachschüssige Zahlungsweise.

Wichtig: Die vorgenannte Verfahrensweise gilt nur, falls zum Beispiel Zeiten bei der NATO erstmals nach dem 01.01.1999 zurückgelegt wurden. Wurden die Zeiten davor zurückgelegt, gilt gemäß § 96 Abs. 5 SVG eine Übergangsvorschrift, bei der verschiedene frühere Fassungen des § 55b SVG zu berücksichtigen sind.

Diese soll anhand nachfolgenden Beispiels aus der Praxis verdeutlicht werden:

Beispiel:

Oberstleutnant, A 14, Dienstaltersstufe 12, verheiratet, Versetzung in den Ruhestand mit Ablauf des 31.08.2003, erreichter Ruhegehaltssatz 75 v. H., Zeit bei der NATO vom 01.01.1984–30.03.1989, Zahlung einer leaving allowance in Höhe von 91 666,96 DM bei Beendigung des Dienstverhältnisses bei der NATO.

Es ist gemäß § 96 Abs. 5 SVG eine Vergleichsberechnung vorzunehmen. Im Rahmen dieser Gegenüberstellung ist zunächst der Ruhensbetrag (Kürzung des Versorgungsbezugs durch die WBV) gemäß § 55b SVG i. d. F. bis 30.09.1994 zu bestimmen. Sodann ist zu prüfen, ob sich nicht durch Anwendung des § 55b SVG i. d. F. bis 31.12.1998 ein günstigerer Ruhensbetrag ergibt, der bejahendenfalls zugrunde zu legen wäre.

Im Einzelnen:

1. § 55b SVG i. d. F. bis 30.09.1994 (§ 55b SVG F. 92)

Verminderung des Ruhegehaltes für jedes vollendete Jahr der Verwendung bei der NATO um den Betrag, der der Verminderung des Ruhegehaltssatzes um 1,875 v. H. entspricht.

Zeit bei der NATO:		
01.01.1984–30.03.1989	5 volle Jahre	
5 x 1,875 v. H. =	9,37 v. H.	
ruhegehaltfähige Dienstbezüge		4 364,10 EUR
(Grundgehalt A 14, Stufe 12; Familienzuschlag Stufe 1)		
x 0,99458 (Anpassungsfaktor gemäß Versorgungsänderungsgesetz)		4 340,45 EUR
x 9,37 v. H.		406,70 EUR
Ruhensbetrag gemäß § 55b SVG F. 92:		406,70 EUR

2. § 55b SVG i. d. F. bis 31.12.1998, falls günstiger (§ 55b SVG F. 94–98)

- Ruhen des Betrages, um den die Summe aus NATO-Versorgung und deutschem Ruhegehalt die gesetzliche Höchstgrenze überschreitet. Mindestruhensbetrag ist jedoch der Betrag aus dem Berechnungsgang nach § 55b SVG F. 92.
- Bei Zahlung einer leaving allowance (gegebenenfalls auch pension contribution) ist zur Bestimmung der NATO-Versorgung eine Verrentung des gesamten Kapitalbetrages vorzunehmen.
- Der Ruhensbetrag darf die von der NATO gewährte Versorgung bzw. den verrenteten Betrag nicht übersteigen.

Verrentung des Kapitalbetrages

geleisteter Kapitalbetrag: 91 666,96 DM

Dieser Kapitalbetrag ist ab dem 31.03.1989 mit den Prozentsätzen zu dynamisieren, um die auch jeweils die Besoldungsbezüge angepasst wurden.

ab 31.03.1989		91 666,96 DM
	Erhöhungen in v. H.	
01.01.1990	+ 1,7	93 225,29 DM
01.03.1991	+ 6	98 818,80 DM
01.06.1992	+ 5,4	104 155,01 DM
01.05.1993	+ 3	107 279,66 DM
01.01.1995	+ 2	109 425,25 DM
01.05.1995	+ 3,2	112 926,85 DM
01.03.1997	+ 1,3	114 394,89 DM
01.01.1998	+ 1,5	116 110,81 DM
01.06.1999	+ 2,9	119 478,02 DM
01.01.2001	+ 1,8	121 628,62 DM
01.01.2002	umgerechnet in EUR	62 187,73 EUR
	+ 2,2	63 555,86 EUR
01.07.2003	+ 2,4	65 081,20 EUR
dynamisierter Kapitalbetrag:		65 081,20 EUR

Kapitalwert bei Eintritt in den Ruhestand (58. Lebensjahr) (gemäß Bewertungsgesetz): 10,987

Verrentungsdivisor: Kapitalwert x 12 131,844

Berechnung des verrenteten Kapitalbetrages

Kapitalbetrag : Verrentungsdivisor

= 65 081,20 EUR : 131,844 = 493,62 EUR

Höchstgrenze gemäß § 55b SVG i. V. m. § 55 Abs. 2 SVG (75 v. H. der ruhegehaltfähigen Dienstbezüge aus der nächsthöheren Besoldungsgruppe)

tatsächlicher Ruhegehaltssatz: hier 75 v. H., da mehr als 38 Dienstjahre und Zeit bei der NATO pensionsfähig

fiktive ruhegehaltfähige Dienstbezüge: nächsthöhere Besoldungsgruppe (A 15, Endstufe)	4 817,53 EUR
Familienzuschlag, Stufe 1	103,20 EUR
Summe	4 920,73 EUR
x 0,99458 (Anpassungsfaktor gemäß Versorgungsänderungsgesetz)	4 894,06 EUR
davon 75 v. H.	3 670,55 EUR
fiktives Ruhegehalt (Höchstgrenze)	3 670,55 EUR

Berechnung, ob Höchstgrenze in der Summe aus tatsächlichem Ruhegehalt und verrentetem Kapitalbetrag überschritten wird:

Ruhegehalt (75 v. H. der eigenen ruhegehaltfähigen Dienstbezüge)	3 255,34 EUR
verrenteter Kapitalbetrag	493,62 EUR
Summe	3 748,96 EUR
abzüglich Höchstgrenze (siehe oben)	3 670,55 EUR
Ruhensbetrag	78,41 EUR

Zu beachten ist jedoch, dass der Ruhensbetrag gemäß § 55b SVG F. 92 einen Mindestruhensbetrag darstellt, d. h., 406,70 EUR (4 340,45 EUR x 9,37 v. H.). Als Begrenzungsgröße für den Ruhensbetrag gilt jedoch die Höhe des verrenteten Kapitalbetrages (= 493,62 EUR). Dieser ist hier höher, sodass der Mindestruhensbetrag in Höhe von 406,70 EUR greift.

Ergebnis:

Das Ruhegehalt (75 v. H.) in Höhe von 3 255,34 EUR wird um einen Ruhensbetrag in Höhe von 406,70 EUR gekürzt, sodass sich ein Bruttoversorgungsbezug in Höhe von 2 848,64 EUR ergibt.

Wichtig: Wurde der Ruhegehaltssatz selbst nach einem Übergangsrecht festgesetzt (vergleiche § 94b SVG), gilt eine andere Übergangsvorschrift, nämlich § 94b Abs. 5 Satz 2 bis 4 SVG.

Wurde der Ruhegehaltssatz nach dem ganz alten Recht festgesetzt, findet § 55b SVG in der bis zum 31.12.1991 geltenden Fassung Anwendung. Das bedeutet, dass die Pension für jedes vollendete Jahr um 2,14 v. H. der ruhegehaltfähigen Dienstbezüge gekürzt wird.

Wurde der Ruhegehaltssatz nach dem Übergangsrecht gemäß § 94b Abs. 1 SVG festgesetzt, gilt dieser Rechengang nur für Zeiten bis zum 31.12.1991, sodann wird lediglich in Höhe von 1,0 v. H. gekürzt.

Wichtig: Beim Zusammentreffen von einer Pension nach SVG, einer Pension von einer internationalen Einrichtung und einem Hinzuverdienst ist nach dem Bayerischen Verwaltungsgericht München (M 12 K 01.1347) zunächst die Regelung nach § 55b vorzunehmen und sodann erst die Ruhensregelung wegen des Hinzuverdienstes. Die Entscheidung ist rechtskräftig. Das BMVg wertet dies als Einzelfallentscheidung und beabsichtigt eine Gesetzesänderung (primäre Anwendung des § 53 SVG).

Ruhestand

Die Versetzung in den Ruhestand löst bei Berufssoldaten Anspruch auf Versorgungsbezüge (→ Ruhegehalt) aus.

Wann ein Berufssoldat in den Ruhestand tritt, ist im SG geregelt. Im Normalfall tritt der Soldat mit Erreichen der für ihn festgelegten → Dienstaltersgrenzen in den Ruhestand. Der Dienstherr kann jedoch eine Verwendung über die Dienstaltersgrenze hinaus vorsehen. Das heißt, es besteht kein Rechtsanspruch des Berufssoldaten, bereits mit Erreichen der besonderen Dienstaltersgrenze in den Ruhestand versetzt zu werden.

Ferner ist der Soldat in den Ruhestand zu versetzen, wenn er dienstunfähig wird. Ein weiterer Fall der Versetzung in den Ruhestand ist der des einstweiligen Ruhestands. Berufssoldaten können vom Brigadegeneral aufwärts in den einstweiligen Ruhestand versetzt werden.

In allen Fällen muss für die Versetzung in den Ruhestand die so genannte fünfjährige Wartezeit erfüllt sein (§ 44 Abs. 5 SG), sonst erfolgt → Entlassung.

Auf die Wartezeit wird nur verzichtet, wenn die Dienstunfähigkeit auf einer → Wehrdienstbeschädigung beruht, die man sich ohne grobes Verschulden zugezogen hat. Die Wartezeit ist ferner nicht erforderlich bei der Wahl zum Abgeordneten des Bundestages sowie für die Ansprüche der Hinterbliebenen eines während des Wehrdienstverhältnisses verstorbenen Berufssoldaten.

Erfolgt keine Versetzung in den Ruhestand, sondern → Entlassung, so ist wegen der Versorgung auf das → Übergangsgeld, den → Unterhaltsbeitrag sowie auf die Nachversicherung in der gesetzlichen → Rentenversicherung hinzuweisen.

Bei einer Versetzung in den Ruhestand wegen Überschreitens der besonderen Dienstaltersgrenze ist der Berufssoldat grundsätzlich spätestens ein Jahr vorher über diese beabsichtigte Versetzung in den Ruhestand zu unterrichten.

Eine vorzeitige Entscheidung über die ruhegehaltfähigen Dienstzeiten und über die Höhe der Versorgungsbezüge ist vor Versetzung in den Ruhestand regelmäßig nicht zulässig. Eine Ausnahme von diesem Grundsatz hat der Gesetzgeber in § 46 Abs. 2 Satz 2 SVG nur hinsichtlich der Anrechnung von Zeiten nach den §§ 22–24 SVG zugelassen, um den Soldaten die beruflichen Dispositionen zu erleichtern, und weil die Berücksichtigung dieser Zeiten in das Ermessen des Dienstherrn gestellt sind. Diese Entscheidungen sind aber gesetzlich ausdrücklich unter den Vorbehalt des Gleichbleibens der ihnen zugrunde liegenden Rechtslage gestellt (→ Vordienstzeiten).

Dessen ungeachtet besteht die Möglichkeit, den Soldaten Auskunft über die ruhegehaltfähigen Dienstzeiten und über die Höhe der Versorgungsbezüge zu erteilen. Diese Auskünfte sind allerdings unverbindlich und binden die Auskunft erteilenden WBV West oder Süd selbst dann nicht, wenn sie für verbindlich erklärt worden sind. Auskünfte über Versorgungsfragen können in den Fällen erteilt werden, in denen ein berechtigtes Interesse nachgewiesen wird. Ein berechtigtes Interesse liegt zum Beispiel dann vor, wenn ein Soldat vor der Frage steht, ob er seine gesetzliche → Rentenversicherung weiterführen oder sich eine zusätzliche Altersversorgung schaffen soll. Die Mitteilung über die beabsichtigte Versetzung in den Ruhestand stellt für sich allein kein berechtigtes Interesse dar, da es dem Soldaten selbst zugemutet werden kann, seine künftigen Versorgungsbezüge, die nicht auf der Anwendung der Vorschriften der §§ 22–24 SVG beruhen, überschlägig zu berechnen.

Soldatenhilfswerk

Das Soldatenhilfswerk ist eine Selbsthilfeorganisation, um Soldaten bei Katastrophen, besonderen Unglücksfällen und in Ausnahmen bei unverschuldeten Notständen schnell und wirksam dort unterstützen zu können, wo gesetzliche Unterstützungs- und Versorgungsleistungen nicht oder nicht ausreichend vorgesehen sind.

Ausgeschiedene Soldaten können Anträge stellen, wenn der Notstand durch ein Ereignis während der Zugehörigkeit zur Bundeswehr verursacht worden ist.

Unterstützungsanträge werden entgegengenommen:

- vom Einheitsführer oder Leiter der Dienststelle,
- vom Kompaniefeldwebel oder von der Vertrauensperson,
- vom Soldatenhilfswerk unmittelbar.

Der Antrag ist zu richten an das Soldatenhilfswerk der Bundeswehr e. V., Postfach 1328, 53003 Bonn.

Der Antrag muss in der Regel enthalten:

- die genaue Anschrift des Absenders mit Angabe der früheren Dienststelle, Telefonnummer der Einheit;
- eine ausführliche Schilderung des Sachverhaltes und Angabe der Umstände, wodurch die erhöhten Kosten entstanden und wodurch eine akute Notlage eingetreten ist, Zeitpunkt der Entstehung;
- Angaben zu den Familienverhältnissen (Kinderzahl, monatliches Einkommen, laufende Verpflichtungen, Schuldenstand usw.);
- die Mitteilung, ob bereits ein Antrag auf Gewährung einer Beihilfe oder Unterstützung gestellt worden ist.

Sonderzahlung

Bundessonderzahlungsgesetz (BSZG)

§ 1 Berechtigter Personenkreis

(1) Eine jährliche Sonderzahlung erhalten nach diesem Gesetz

1. Beamtinnen, Beamte, Richterinnen und Richter des Bundes,
2. Berufssoldatinnen und Berufssoldaten sowie Soldatinnen und Soldaten auf Zeit mit Anspruch auf Besoldung oder Ausbildungsgeld (§ 30 Abs. 2 des Soldatengesetzes),

3. Empfängerinnen und Empfänger von Amtsbezügen des Bundes,
4. Empfängerinnen und Empfänger, denen Versorgungsbezüge zustehen, die der Bund oder eine der Aufsicht des Bundes unterstehende Körperschaft, Anstalt oder Stiftung des öffentlichen Rechts oder eine Einrichtung nach § 61 des Gesetzes zur Regelung der Rechtsverhältnisse der unter Artikel 131 des Grundgesetzes fallenden Personen in der Fassung der Bekanntmachung vom 13. Oktober 1965 (BGBl. I S. 1685) zu tragen haben.

(2) Absatz 1 gilt nicht für Ehrenbeamtinnen, Ehrenbeamte, ehrenamtliche Richterinnen und ehrenamtliche Richter des Bundes.

§ 2 Dienst- und Amtsbezüge

(1) Wer am 1. Dezember zu dem Personenkreis nach § 1 Abs. 1 Nr. 1 bis 3 gehört, hat Anspruch auf eine Sonderzahlung in Höhe von 5 v. H. der für das Kalenderjahr zustehenden Bezüge. Eine Teilnahme der Sonderzahlung an allgemeine Anpassungen nach § 14 des Bundesbesoldungsgesetzes ist durch Gesetz zu regeln. Für Empfängerinnen und Empfänger mit Grundgehalt aus den Besoldungsgruppen A 2 bis A 8 erhöht sich die Sonderzahlung um den Festbetrag von 100,00 Euro.

(2) Bezüge im Sinne des Absatzes 1 sind

1. bei Dienstbezügen das Grundgehalt, der Familienzuschlag, Amts-, Stellen-, Ausgleichs- und Überleitungszulagen, Zuschüsse nach den §§ 4 und 6 sowie die Zulage nach § 5 der Zweiten Besoldungs-Übergangsverordnung, Zuschüsse zum Grundgehalt für Professorinnen und Professoren der Bundesbesoldungsordnung C (§ 77 des Bundesbesoldungsgesetzes), Zulagen nach Nummer 1 Abs. 3 der Vorbemerkungen zur Bundesbesoldungsordnung W, Leistungsbezüge nach § 33 des Bundesbesoldungsgesetzes, soweit diese nicht als Einmalzahlung gewährt werden,
2. bei Amtsbezügen das Amtsgehalt,
3. bei Anwärterbezügen der Anwärtergrundbetrag, der Familienzuschlag, der Anwärtersonderzuschlag, Stellenzulagen und Ausgleichszulagen sowie der Zuschuss nach § 6 Abs. 2 Satz 2 der Zweiten Besoldungs-Übergangsverordnung,
4. beim Ausbildungsgeld für Sanitätsoffizier-Anwärterinnen und -Anwärter der Grundbetrag und der Familienzuschlag.

(3) Die Sonderzahlung ist mit den laufenden Bezügen für den Monat Dezember zu zahlen.

§ 3 Sonderregelungen bei Dienst- und Amtsbezügen

(1) Abweichend von § 2 Abs. 1 hat Anspruch auf eine Sonderzahlung, wer vor dem 1. Dezember mit Versorgungsbezügen ausscheidet. In diesem Fall sind die bis zum Ausscheiden zustehenden Bezüge maßgebend. Die Sonderzahlung ist mit den Bezügen für den Monat vor Beginn des Ruhestandes zu zahlen.

(2) Entsteht während des Kalenderjahres erstmalig ein Anspruch nach § 2 und besteht für die Gewinnung des Empfängers oder der Empfängerin von Dienstbezügen ein dringendes dienstliches Bedürfnis, kann die Sonderzahlung in Höhe von bis zu 5 v.H. der Bezüge festgesetzt werden, die für das gesamte Kalenderjahr zugestanden hätten.

(3) Wenn vorübergehend Bezüge nach § 2 Abs. 2 wegen der Ableistung des Grundwehrdienstes oder des Zivildienstes oder der Inanspruchnahme von Elternzeit nur für einen Teil des Kalenderjahres zustehen, berechnet sich die Sonderzahlung nach den Bezügen, die für das ganze Kalenderjahr ohne diese Zeiten zugestanden hätten.

§ 4 Versorgungsbezüge

(1) Wer am 1. Dezember zu dem Personenkreis nach § 1 Abs. 1 Nr. 4 gehört, hat nach Anwendung von Ruhens- und Anrechnungsvorschriften Anspruch auf eine Sonderzahlung in Höhe von 4,17 v. H. der Versorgungsbezüge für das Kalenderjahr. Zuschläge nach den §§ 50a bis 50e des Beamtenversorgungsgesetzes und den §§ 70 bis 74 des Soldatenversorgungsgesetzes bleiben unberücksichtigt. Die Sonderzahlung nimmt nicht an den allgemeinen Anpassungen nach § 70 des Beamtenversorgungsgesetzes teil.

(2) Versorgungsbezüge sind

1. Ruhegehalt, Witwengeld, Witwergeld, Waisengeld, Unterhaltsbeitrag zuzüglich des Unterschiedsbetrages nach § 50 Abs. 1 Satz 2 bis 4 des Beamtenversorgungsgesetzes und § 47 Abs. 1 Satz 2 bis 4 des Soldatenversorgungsgesetzes,
2. Übergangsgeld für ausgeschiedene Empfängerinnen und Empfänger von Amtsbezügen,
3. Leistungen nach § 4 Abs. 2 Nr. 2 bis 7 des Gesetzes über die Gewährung einer jährlichen Sonderzuwendung in der Fassung der Bekanntmachung vom 15. Dezember 1998 (BGBl. I S. 3642), das zuletzt durch Artikel 18 des Gesetzes vom 10. September 2003 (BGBl. I S. 1798) geändert worden ist.

(3) Die Sonderzahlung ist mit den laufenden Versorgungsbezügen für den Monat Dezember zu zahlen.

Anmerkung der Verfasser: Das Gesetz wurde im Bundesgesetzblatt 2003 Teil I Nr. 68 vom 31.12.2003 veröffentlicht. Die in § 4 verwendete Formulierung „… nach Anwendung von Ruhens- und Anrechnungsvorschriften …" wurde im Gesetz zur Änderung des SVG richtigerweise in „… vor …" geändert.

Umsetzung

Jährliche Sonderzahlung (BSZG/BGBl. 2003, Nr. 68, Seite 3077), Stichtag 01.12.

Aktive Soldaten:

- 5 v. H. der Jahres-Besoldungsbezüge
- A 2 – A 8 = zusätzlich Festbetrag von 100,00 EUR
- Ausscheiden vom dem 01.12. = 5 v. H. der Jahresdienstbezüge bis zum Ausscheiden; Auszahlung im Monat vor dem Ausscheiden
- bei „Elternzeit" (Beginn oder Ende im laufenden Jahr) = Grundlage (fiktive) Jahresbezüge

Ruhestandssoldaten:

- 4,17 v. H. der Jahresversorgungsbezüge vor Ruhens- und Anrechnungsvorschriften
- Ausscheiden vor dem 01.12. = 4,17 v. H. der Versorgungsbezüge des „Rest-Jahres"
- Hinzuverdienstregelung für Monat Dezember siehe → Ruhensregelung
- **Achtung:** Übertragung der Beitragserhöhung für Rentner um 0,85 v. H. in der sozialen Pflegeversicherung auf Pensionäre.

§ 4 a Abzug für Pflegeleistungen

(1) Der Betrag nach § 4 Abs. 1 Satz 1 vermindert sich um den hälftigen Prozentsatz nach § 55 Abs. 1 Satz 1 des Elften Buches Sozialgesetzbuch der für das Kalenderjahr gezahlten Versorgungsbezüge (§ 4 Abs. 2) und des Betrages nach § 4 Abs. 1 Satz 1.

(2) Die Verminderung beträgt höchstens den hälftigen Prozentsatz nach § 55 Abs. 1 Satz 1 des Elften Buches Sozialgesetzbuch der Beitragsbemessungsgrenze in der Pflegeversicherung (§ 55 Abs. 2 des Elften Buches Sozialgesetzbuch).

(3) Der Betrag nach § 4 Abs. 1 Satz 1 vermindert sich im Jahr 2004 um 0,85 Prozent der Versorgungsbezüge für die Monate April bis Dezember 2004 (§ 4 Abs. 2) und des sich aus den Versorgungsbezügen für die Monate April bis Dezember 2004 (§ 4 Abs. 2) ergebenden Betrages nach § 4 Abs. 1 Satz 1. Die Verminderung beträgt höchstens 0,85 Prozent der Beitragsbemessungsgrenze in der Pflegeversicherung (§ 55 Abs. 2 des Elften Buches Sozialgesetzbuch), höchstens 266,79 EUR.

(4) Die Absätze 1 bis 3 sind nicht anzuwenden auf Übergangsgebührnisse und Ausgleichsbezüge nach den §§ 11 und 11a des Soldatenversorgungsgesetzes für ehemalige Soldatinnen auf Zeit und Soldaten auf Zeit.

Anmerkung der Verfasser: Einzelheiten zur Durchführung siehe → Beihilfe

Sozialdienst/Sozialberatung

Sozialberatung wird nach den vorläufigen Bestimmungen über die Abgrenzung und Wahrnehmung von Verwaltungsaufgaben auf dem Gebiete der Fürsorge als Verwaltungsaufgabe durchgeführt. Sie umfasst unter anderem die Beratung der Soldaten, insbesondere der mit gesundheitlichen Schädigungen aus der Bundeswehr ausscheidenden oder ausgeschiedenen Soldaten und der Hinterbliebenen von verstorbenen Soldaten, in allen sozialen Fragen. Im Einzelnen gilt unter anderem Folgendes:

Beraten werden Soldaten sowie ehemalige Angehörige der Bundeswehr und ihre Hinterbliebenen während der Dauer von → Versorgungsbezügen, die entweder selbst an die Standortverwaltung herantreten oder deren Beratung durch den Disziplinarvorgesetzten angeregt wird. Die Beratung wegen Dienstunfähigkeit entlassener Soldaten und der Soldaten, die während einer stationären Behandlung aus der Bundeswehr entlassen werden, sowie die Beratung der Hinterbliebenen von verstorbenen Angehörigen der Bundeswehr wird von Amts wegen durchgeführt.

Die Beratung erfolgt in der Regel mündlich. Sie umfasst auch die Hilfe bei der Formulierung sachdienlicher Anträge.

Auskünfte über die Höhe von Versorgungsleistungen werden grundsätzlich allerdings nur im Benehmen mit der für die Entscheidung zuständigen Stelle erteilt. Den für Sie zuständigen Sozialberater benennt Ihnen die nächstgelegene Standortverwaltung oder die letzte Dienststelle des Soldaten.

Steuerprobleme ausscheidender Berufssoldaten

Vermögenswirksame Anlage/Leistungen

Berufssoldaten, die Versorgungsbezüge erhalten, können diese nicht im Sinne der Vermögensbildungsgesetze vermögenswirksam anlegen, da diese Vermögensbildung nur für Arbeitnehmer vorgesehen ist. Wenn der Betreffende nach Ausscheiden aus der Bundeswehr aufgrund eines Arbeitsverhältnisses die Arbeitnehmereigenschaft erlangt, kann dieses Einkommen vermögenswirksam angelegt werden.

Weitere Lohnsteuerkarte

Bei Aufnahme eines Arbeitsverhältnisses nach Ausscheiden aus der Bundeswehr ist eine zweite Lohnsteuerkarte mit Lohnsteuerklasse VI, die von der zuständigen Gemeinde ausgestellt wird, erforderlich. Es erscheint zweckmäßig, die Lohnsteuerklasse VI, die eine ungünstigere Versteuerung vorsieht, für diejenigen Bezüge zu nehmen, die niedriger sind. Ist also die Pension niedriger als das Einkommen aus dem Arbeitsverhältnis, so gibt man die Lohnsteuerkarte VI bei der WBV ab. Liegt die Sache umgekehrt, so gibt man die erste Lohnsteuerkarte, die niedrigere, der WBV für die Versorgungsbezüge.

Steuervorteile bei → Wehrdienstbeschädigung

WDB bzw. Kriegsgeschädigte erhalten je nach Erwerbsminderung von 25 bis 100 v. H. gestaffelte Freibeträge. Außerdem ist eine Befreiung bzw. ein teilweiser Erlass der Kraftfahrzeugsteuer möglich.

Übersicht über die Steuerpflichtigkeit bzw. Steuerfreiheit der wichtigsten Versorgungsbezüge:

Steuerfrei sind:

- Der Ausgleich nach § 38 SVG
- die Kapitalabfindungen nach dem BVG
- die Kapitalabfindungen nach dem SVG

Steuerfrei sind ferner als laufende Leistungen die Renten nach dem BVG sowie zum Teil auch die Renten aus der gesetzlichen → Rentenversicherung. Allerdings unterliegen die Renten aus der Rentenversicherung der Versteuerung mit dem Besteuerungsanteil bei der Einkommensteuer, was aber oftmals zu einer Steuerfreiheit der Rente führt, sofern sie nicht neben anderen Einkünften bezogen wird.

Zu versteuern sind:

- das Ruhegehalt (abzüglich Freibetrag)
- eventuelles Einkommen aus einer Tätigkeit nach Ausscheiden aus der Bundeswehr als ehemaliger Berufssoldat

Einzelprobleme

Steuerspezifische Fragen für ehemalige Berufssoldaten: Zu diesem Komplex sind in der Vergangenheit zahlreiche Entscheidungen der Finanzgerichte und des Bundesfinanzhofs ergangen, die vielfach auch im Rahmen des Rechtsschutzes des Deutschen BundeswehrVerbandes erstritten wurden. Wir haben darüber von Fall zu Fall in der Verbandszeitschrift ausführlicher berichtet.

§

Studienkosten (§ 33 EStG)

Bei einem Studium nach Ende der Dienstzeit werden die Fahrtkosten usw. für ein Studium an der TH Aachen nur als Sonderausgaben gemäß § 10 Abs. 1 Nr. 7 EStG berücksichtigt. Aufwendungen für die eigene Berufsausbildung sind nur in Sonderfällen (krankheitsbedingte Umschulung) als außergewöhnliche Belastungen absetzbar.

FG Köln vom 11.12.1987, Az. 2 K 1969/87

Beiträge zu Berufsverbänden (§ 9 EStG)

Mitgliedsbeiträge von aktiven Soldaten und Versorgungsempfängern zum Deutschen Bundeswehr-Verband e. V. sind als Beiträge zur Berufsinteressenvertretung als Werbungskosten absetzbar. Für Reservisten sind die Beiträge zum Verband der Reservisten der Deutschen Bundeswehr e. V. als Spenden steuerlich absetzbar.

FG Köln VII K 206/84, BFH, EFG 1985, 227

Bruttoprinzip überzahlter Bezüge (§ 19 EStG, § 812 BGB)

Überzahlte Dienst- und Versorgungsbezüge sind mit den Bruttobeträgen zurückzuzahlen. Die Rückzahlung kann im betreffenden Jahr als negative Einnahme vom zu versteuernden Einkommen abgesetzt werden. Eine Anrechnung der Werbungskostenpauschale von 564,00 DM auf diese negativen Einnahmen kommt nach dem BFH-Urteil nicht in Betracht.

siehe auch Urteile BStBl. 1964 III S. 184 und BStBl. 1965 III S. 11 und BVerwGE 25, 97

Versteuerung Rente – Pension (§§ 19, 22, 46 EStG)

Versorgungsbezüge sind Einkünfte aus nichtselbständiger Arbeit und bleiben mit einem Freibetrag von jährlich maximal 3 072,00 EUR steuerfrei (§ 19 EStG). Renten sind nach § 22 EStG nur mit dem Ertragsanteil zu versteuern und damit in der Regel steuerfrei. Treffen sie mit Versorgungsbezügen zusammen, so werden Renten in Höhe des Ertragsanteils der Pension zugerechnet und können somit teilweise steuerpflichtig werden. In einem solchen Fall besteht Veranlagungspflicht zur Einkommensteuer nach § 46 Abs. 2 Nr. 1 EStG, auch wenn das Gesamteinkommen die Veranlagungsgrenzen des § 46 Abs. 1 EStG nicht erreicht.

Vorsorgepauschale, Kappung bei Pensionären (§ 10c EStG)

(Kappung der Versorgungspauschale für nicht rentenversicherungspflichtige Arbeitnehmer – Änderung des EStG § 10c durch das Haushaltsbegleitgesetz 1983 ist verfassungsgemäß)

Im Falle einer Änderung des Steuerrechts und einer damit zusammenhängenden Erhöhung der Steuerbelastung von Versorgungsbezügen muss der Versorgungsgesetzgeber die Steuererhöhung nicht durch eine Erhöhung der Versorgungsbezüge ausgleichen, sofern die verbleibenden Versorgungsbezüge ausreichend bleiben.

BVerfG vom 20.06.1984, Az. 1 BvR 342/83

Alterseinkünftegesetz (AltEinkG)

Mit Urteil vom 06.03.2002 erklärte das Bundesverfassungsgericht die damalige Regelung zur unterschiedlichen Besteuerung von Renten und Pensionen für verfassungswidrig. Es erteilte dem Gesetzgeber den Auftrag, eine Neuregelung bis zum 01.01.2005 zu schaffen.

Auf der Grundlage der Vorschläge der „Rürup-Kommission" hatte das BMF erste Eckwerte für diese Neuregelungen entwickelt.

Kernaussage des Gesetzes (BT-Drucksache 15/2150): Im Zeitraum von 2005–2040 werden Renten und Pensionen durch Nachbesteuerung gleichgestellt. Bei der Neuordnung der steuerrechtlichen Behandlung von Altersvorsorgeaufwendungen und Altersbezügen soll der Übergang zur nachgelagerten Besteuerung (Steuerentlastung der Altersvorsorgebeiträge – Besteuerung der darauf beruhenden Renten) schrittweise vor sich gehen.

Der Einstieg begann am 01.01.2005, die volle Wirksamkeit wird nach einer Übergangszeit bis 2040 erreicht.

Im Fokus = zwei Arten von Vorsorgeaufwendungen

1. Altersvorsorgeaufwendungen
   - Beiträge zur gesetzlichen Rentenversicherung
   - Beiträge an berufsständische Versorgungswerke

- Beiträge an landwirtschaftliche Alterskassen
- Beiträge für die private „Rürup-Rente“

2. Sonstige Vorsorgeaufwendungen
   - Beiträge für Kranken- und Pflegeversicherung
   - Beiträge für Haftpflichtversicherung
   - Beiträge für Unfallversicherung
   - Beiträge für Erwerbs- und Berufsunfähigkeitsversicherung
   - Beiträge für Arbeitslosenversicherung
   - Beiträge für Risikolebensversicherung
   - 88 v. H. der Beiträge zu Kapitallebens- und Rentenversicherungen mit Kapitalwahlrecht, vor dem 01.01.2005 abgeschlossen (Achtung: die Begrenzung auf 88 v. H. gilt bereits für das Steuerjahr 2004)
   - Beiträge für Rentenversicherungen ohne Kapitalwahlrecht, vor dem 01.01.2005 abgeschlossen

Achtung: Vor dem 01.01.2005 abgeschlossen heißt: Die Laufzeit des Vertrages muss bis spätestens 31.12.2004 beginnen und mindestens ein Versicherungsbeitrag muss eingezahlt sein.

Steuerliche Höchstbeträge für Soldaten/Pensionäre

1. Altersvorsorgeaufwendungen

Der berücksichtigungsfähige Höchstbetrag pro Jahr beträgt gemäß EStG 20 000,00 EUR für Ledige, 40 000,00 EUR für Verheiratete.

Aber: Zur Erlangung einer steuerlichen Gleichstellung zwischen Angestellten und Beamten wird bei Letzteren ein fiktiver Beitrag zur gesetzlichen Rentenversicherung abgezogen.

Berechnungsbeispiel:

Jahresbruttobezüge	30 000,00 EUR
fiktiver Rentenversicherungsbeitrag 19,5 v. H.	5 850,00 EUR
Höchstbetrag Ledige	20 000,00 EUR
fiktiver Rentenbeitrag	5 850,00 EUR
maßgeblicher Höchstbetrag	14 150,00 EUR

Dieser Betrag wäre für unsere Beispiel-Person im Jahre 2025 mit absetzbaren 100 v. H. der Altersvorsorgeaufwendungen gleichzusetzen. Im Jahre 2005 dürfen diesem Höchstbetrag jedoch nur 60 v. H. der Aufwendungen gegenübergestellt werden. Dieser Prozentsatz steigt dann jährlich um 2 Punkte.

2. Sonstige Vorsorgeaufwendungen

Maßgebend für den sehr eng begrenzten Höchstbetrag ist für Soldaten/Pensionäre die Tatsache, dass sie einen Anspruch auf teilweise Erstattung/Übernahme der Krankheitskosten ohne eigene Aufwendungen haben (Beihilfe); absetzbar sind höchstens 1 500,00 EUR.

(Durch den Arbeitgeberanteil gilt dieser Betrag auch für die nichtselbstständig arbeitende Ehefrau.)

3. Vorsorgepauschale

Wie bisher gibt es eine Vorsorgepauschale, aber unter veränderten Berechnungsparametern. Für Soldaten/Pensionäre, die nicht der Rentenversicherungspflicht unterliegen, die so genannte „gekürzte Vorsorgepauschale“:

- enthält beide Arten von Vorsorgeaufwendungen (Alters- und sonstige)
- 11 v. H. des Einkommens, höchstens 1 500,00 EUR, für Verheiratete 3 000,00 EUR

4. Günstigerprüfung

Da insbesondere Versicherungsbeiträge neu geordnet und nur noch mit einem geringeren Höchstbetrag absetzbar sind, gibt es bis zum Jahr 2019 eine so genannte „Günstigerprüfung" von Amts wegen. Also die Prüfung, ob die Vorsorgeaufwendungen nach altem (bis 2004) oder neuem (ab 2005) Recht steuerlich günstiger zu berücksichtigen sind. Innerhalb der Übergangsfrist bis 2020 reduzieren sich die Alt-Beträge aber von heute 3 068,00 EUR ab 2011 in 300-EUR-Schritten auf null.

Besteuerung von Pensionen

1. Bestandspensionäre am 31.12.2004
   - Der Versorgungsfreibetrag von 40 v. H. der Versorgungsbezüge, höchstens 3 072,00 EUR, wird auf höchstens 3 000,00 EUR „geglättet".
   - Der Arbeitnehmerpauschbetrag in Höhe von jährlich 920,00 EUR entfällt.
   - Als Ausgleich für den Arbeitnehmerpauschbetrag gibt es einen „Zuschlag zum Versorgungsfreibetrag" von jährlich 900,00 EUR.
   - Ein Werbungskostenpauschbetrag von jährlich 102,00 EUR wird für Pensionen und Renten eingeführt.

     (Wer also Pension und Rente erhält, kann diesen Betrag zweimal in Anspruch nehmen!)

2. Zugangspensionär in 2005
   - Werte wie Bestandspensionär
   - Versorgungsfreibetrag wird aber nicht mehr voll (wie bisher), sondern nur anteilig für die Pensionsmonate des Jahres (Pensionierung 31.03.2005 = 9/12) gewährt.

3. Zugangspensionär ab 2006
   - Versorgungsfreibetrag reduziert sich bis 2020 um jährlich 1,6 v. H. bzw. 120,00 EUR, von 2021 bis 2040 um 0,8 v. H. bzw. 60,00 EUR.

- Zuschlag zum Versorgungsfreibetrag reduziert sich bis 2020 um jährlich 36,00 EUR, von 2021–2040 um jählich 18,00 EUR.
- In 2040 sind beide Beträge auf null.

4. Für alle drei Pensionärsgruppen gilt:
   - Versorgungsfreibetrag und Zuschlag werden bezogen auf die Werte des Jahres des Pensionsbeginns auf Dauer festgeschrieben.
   - Hinterbliebene von Pensionären werden zwar wegen der veränderten Einkommenshöhe neu berechnet, aber die Berechnungsgrößen bleiben die aus dem Jahr des Pensionsbeginns des Pensionärs.
   - Der Altersentlastungsbetrag (40 v. H. der sonstigen Einkünfte = keine Renten und Pensionen) wird von höchstens 1 908,00 EUR in 2005 auf 1 900,00 EUR „geglättet".

     Dieser Betrag, den Pensionäre in Anspruch nehmen können, die im Kalenderjahr vor dem Steuerjahr das 64. Lebensjahr vollendet haben, reduziert sich von 2006–2020 um jeweils 1,6 v. H. bzw. 76,00 EUR, von 2021–2040 um jeweils 0,8 v. H. bzw. 38,00 EUR (auf null).

     Der Altersentlastungsbetrag wird nicht auf Dauer festgeschrieben.

So sieht die Besteuerung Ihrer Rente ab 2005 aus

1. Welche Renten unterliegen der „vollen" Steuerpflicht?
   - Renten aus der gesetzlichen Rentenversicherung
   - Renten aus berufsständischen Versorgungswerken
   - Renten der landwirtschaftlichen Alterskasse
   - Renten aus einer privaten Rürup-/Riester-Rente
   - Achtung: auch Zusatzversicherungsrenten, die an eine Rürup-Rente angehängt werden
   - Achtung: auch Erwerbsminderungsrenten (vor dem 01.01.2001 = Berufs-/Erwerbsunfähigkeitsrenten)

2. Welche Renten bleiben weiterhin steuerfrei?
   - gesetzliche Unfallrenten
   - Kriegsopfer-/Wehrdienstrenten

3. Welche Renten werden zukünftig mit einem reduzierten Ertragsanteil versteuert?
   - Renten aus privaten Versicherungen (siehe nachfolgenden Abschnitt „Altersvorsorge und Steuer")
   - auch Renten aus einer Berufsunfähigkeitsversicherung, wenn diese nicht Teil des Rürup-Vertrages ist (siehe nachfolgenden Abschnitt „Altersvorsorge und Steuer")

4. Wie wird die Steuer für die Rente festgesetzt?

a) Zwei neue Begriffe

   - Besteuerungsanteil

Dies ist der ab 2005 bis 2040 jährlich steigende Prozentsatz anstelle des bisherigen Ertragsanteils.

2005	50 v. H.	2021	81 v. H.
2006	52 v. H.	2022	82 v. H.
2020	80 v. H.	2040	100 v. H.

   - Rentenfreibetrag

Aufgrund des für Sie gültigen Prozentsatzes im Jahr des Rentenbeginns wird Ihr Rentenfreibetrag auf Dauer festgeschrieben.

D. h., Sie zahlen nicht auf Dauer (zum Beispiel als Bestandsrentner am 01.01.2005) für 50 v. H. der Rente Steuer, sondern es wird der steuerfreie Teil (im Jahr 2005 = 50 v. H., 2006 = 48 v. H.) auf Dauer festgeschrieben. Eine Rentenerhöhung in 2006 erhöht also Ihren zu versteuernden Anteil voll.

b) Bestandssicherung

- Für Hinterbliebenenrenten erfolgt die Neuberechnung mit den Eintrittsdaten des verstorbenen Rentenbeziehers.
- Bei Wechsel der Rentenart (zum Beispiel von Erwerbsminderungs- in Altersrente) bleibt ebenfalls das Grundverhältnis von Besteuerungsanteil und Rentenfreibetrag aus Rentenbeginn erhalten.

5. Berechnungsbeispiele

a) Bestandsrentner am 01.01.2005

- Rente pro Monat 500,00 EUR x 12 = 6 000,00 EUR

  Bei einer Jahresrente von 6 000,00 EUR und einem Besteuerungsanteil von 50 v. H. beträgt der Rentenfreibetrag 50 v. H. = 3 000,00 EUR. Dieser wird auf Dauer festgeschrieben. Zu versteuern sind 3 000,00 EUR.
- Würde in 2005 eine Rentenerhöhung von 1 v. H. die Jahresrente auf 6 060,00 EUR erhöhen, so wäre der Rentenfreibetrag auf Dauer 3 030,00 EUR. Zu versteuern sind 3 030,00 EUR.
- Erfolgte dann 2006 ebenfalls eine Rentenerhöhung von 1 v. H., würde sich der Rentenfreibetrag nicht verändern, sondern das zu versteuernde Einkommen erhöhte sich auf 3 090,60 EUR.

b) Rentenbeginn am 01.04.2010

- im Jahr 2010/Rente pro Monat 500,00 EUR x 9 = 4 500,00 EUR

  Der Rentenbeginn liegt in dem Jahr, in dem der Besteuerungsanteil bei 60 v. H. liegt. Der Rentenfreibetrag für 2010 beträgt 40 v. H. = 1 800,00 EUR. Er wird jedoch noch nicht auf Dauer festgeschrieben, da ja noch kein volles Rentenjahr vorhanden ist.
- im Jahr 2011/Rente pro Monat 500,00 EUR x 12 = 6 000,00 EUR

  Der Rentenbeginn lag in 2010 = 60 v. H.; der Rentenfreibetrag (40 v. H.) für das Steuerjahr 2011 beträgt 2 400,00 EUR und wird auf Dauer festgeschrieben.

6. Werbungskostenpauschbetrag

Wenn Sie Pension und Rente erhalten, dürfen Sie für beide Alterseinkunftsarten je 102,00 EUR zur Minderung des zu versteuernden Einkommens einsetzen, d. h. die in der laufenden Nummer 5 genannten zu versteuernden Einkommen reduzieren sich um jeweils 102,00 EUR.

7. Beispiel für Pension und Rente

In diesem Beispiel wird davon ausgegangen, dass der Pensionär 75 v. H. erreicht hat, sodass die volle Rente zur Kürzung der Pension führt.

■ Jahresrente 2005	3 000,00 EUR
■ Jahresbetrag der Pension nach Kürzung	23 000,00 EUR
■ zu versteuernde Rente (50 v. H. abzüglich 102,00 EUR)	1 398,00 EUR
■ zu versteuernde Pension (abzgl. 3 000,00 EUR, 900,00 EUR, 102,00 EUR)	18 998,00 EUR
■ zu versteuerndes Einkommen	20 396,00 EUR

Altersvorsorge und Steuer

Es soll ein kurzer Abriss über die Altersvorsorgemöglichkeiten ab 2005 und deren steuerliche Behandlung während der Beitragszahlung und des Auszahlungszeitraumes gegeben werden.

1. Sie erinnern sich: Wesentliche Neuerung ist die veränderte Aufteilung der Vorsorgeaufwendungen:

a) Altersvorsorge (Basisversorgung)

- gesetzliche Rentenversicherung oder berufsständische Versorgungswerke
- „Rürup-Rente"

b) Sonstige Vorsorge

- Zusatzversorgung des Bundes und der Länder (VBL)
- Kapital-Lebensversicherungen
- private Rentenversicherungen (ggf. mit Kapitalwahlrecht)

c) Zusätzlich/daneben ist die „Riester-Rente" gemäß § 10 a EStG steuerlich berücksichtigungsfähig.

2. „Rürup-Rente"

- Neu geschaffene private und kapitalgedeckte Rentenversicherung
- Steuerfreistellung der Beiträge innerhalb des Höchstbetrages für Sonderausgaben

Bruttoeinkommen 2005 = 30 000,00 EUR alleinstehend, Beiträge Rürup-Rente 1 800,00 EUR (gesetzliche Rentenversicherung 19,5 v. H.)		
	Arbeitnehmer	Beamter/Soldat
gesetzlicher RV-Beitrag ArbN-Anteil ArbG-Anteil fiktiver RV-Beitrag	 2 925,00 EUR 2 925,00 EUR	 5 850,00 EUR
Beitrag „Rürup-Rente"	1 800,00 EUR	1 800,00 EUR
maximal 20 000,00 EUR abzüglich fiktiver RV-Beitrag	20 000,00 EUR	14 150,00 EUR
zu berücksichtigende Aufwendungen (RV-Beitrag + „Rürup")	7 650,00 EUR	1 800,00 EUR
Prozentsatz 60 v. H., mit dem 2005 die berücksichtigungsfähigen Aufwendungen eingesetzt werden dürfen (2006 = 62 v. H.; 2007 = 64 v. H.)	4 590,00 EUR	1 080,00 EUR
abzüglich ArbG-Anteil RV-Beitrag	2 925,00 EUR	
steuerlich wirksamer Sonderausgabenabzug 2005	1 665,00 EUR	1 080,00 EUR

- Keine Flexibilität hinsichtlich einer Teil-Kapitalisierung; ausschließlich lebenslange monatliche Leibrente
- Rentenbeginn nicht vor Vollendung des 60. Lebensjahres
- Vertrag ist ausschließlich auf den Steuerpflichtigen beziehbar, d. h. Versicherungsnehmer, versicherte Person und Bezugsberechtigter sind eine Person.

- Volle (nachgelagerte) Besteuerung der ausgezahlten Rente
- Zusatzversicherungen (Berufs-/Erwerbs-Unfähigkeit, Witwenrente für Ehegatten oder Lebenspartner) sollen einschließbar werden.
- Hinsichtlich der Vertragsbedingungen dürfen Ansprüche aus der Rürup-Rente nicht vererblich, nicht übertragbar, nicht beleihbar, nicht veräußerbar, der Vertrag nicht vorzeitig kündigungsfähig sein.
- Vertragspartner kann nur eine Gesellschaft mit der Erlaubnis zum Geschäftsbetrieb in Deutschland sein.

3. Lebensversicherungen (Mindestlaufzeit 12 Jahre)

   - Bis zum 31.12.2004 abgeschlossene und bereits in 2004 mit einem Beitrag bediente Verträge können weiterhin mit 88 v. H. der Beiträge als Sonderausgaben berücksichtigt werden. Aber nur noch innerhalb des kleineren Höchstbetrages für „sonstige Vorsorgeaufwendungen" (in der Regel 1 500,00 EUR/3 000,00 EUR). Als „Trostpflaster" gilt aber bis 2019 die so genannte „Günstiger-Prüfung".

     Die Auszahlung des Kapitalbetrages ist voll steuerfrei.
   - Ab dem 01.01.2005 abgeschlossene Verträge sind nicht mehr steuerlich berücksichtigungsfähig.

     Bei Auszahlung ist die Differenz zwischen Versicherungsleistung und eingezahlter Beitragsleistung zu versteuern. Allerdings nach dem so genannten „Halbeinkünfteverfahren" nur die Hälfte des „Gewinns", wenn die Auszahlung nach einer Mindestlaufzeit von 12 Jahren erfolgt und das 60. Lebensjahr vollendet ist.

4. Private Rentenversicherungen (mit und ohne Kapitalwahlrecht)

   - Für die steuerliche Behandlung der Einzahlungsphase gelten dieselben Regeln wie für Lebensversicherungen mit der zeitlichen Schnittstelle 31.12.2004/01.01.2005.
   - Für die Rentenzahlung gilt ein gegenüber heute reduziertes „Ertragsanteils-Prinzip".

Lebensalter bei Rentenbeginn	bis 2004	ab 2005
50	43 v. H.	30 v. H.
55	38 v. H.	26 v. H.
60	32 v. H.	22 v. H.
65	27 v. H.	18 v. H.

Die neue Besteuerung gilt ab 2005 auch für bestehende Rentenzahlungen aus Versicherungsverträgen und zum Beispiel für Leistungen der VBL.

5. „Riester-Rente"

- Grunddaten hinreichend bekannt
- Wesentlich ist begrenzte Einzahlung hinsichtlich der steuerwirksamen Grenzen für Zulagen oder Sonderausgabenabzug
- Änderungen
  - Einführung von so genannten Uni-Sex-Tarifen ab 2006: Männer und Frauen erhalten bei gleichem Beitrag gleiche Leistung. Da aber Frauen statistisch länger leben, erhalten Männer für ihren bisherigen Beitrag weniger Leistung, weil die Versicherungsmathematik die Beiträge für eine bestimmte Leistung auf das „Frauen-Niveau" anhebt.

    Verträge, die bis 31.12.2005 abgeschlossen sind, sind nicht „zwangsweise" zu verändern.
  - Auszahlung von bis zu 30 v. H. anstelle bisheriger 20 v. H. des vorhandenen Kapitals bei Rentenbeginn möglich
  - Einheitlicher Sockelbetrag von 60,00 EUR gegenüber den bisher geltenden drei unterschiedlichen Beträgen
  - Dauer-Zulagenantrag
- Volle Besteuerung bei Auszahlung (nach dem jeweiligen Stand der bis 2040 aufwachsenden Prozentsätze) hinsichtlich des

Rentenanteils, der auf der Quasi-Steuer-Freistellung der Förderung beruht; darüber hinausgehende Rentenanteile werden mit dem ab 2005 reduzierten Ertragsanteil besteuert (siehe oben Nr. 4).

6. Überlegungen

- Ein absoluter Tipp für oder wider eine Vorsorgeart ist nicht möglich.
- Altersvorsorge besteht aus einem ganz individuell entstehenden und bestimmten Vorsorgemodell, das sich aus unterschiedlichen Bausteinen zusammensetzt.
- Bedenken Sie, dass steuerliche Entlastung heute nicht das alleinige Maß der Dinge ist. Die Vollversteuerung bei Auszahlung erhöht ggf. den erforderlichen Beitrag, um auf den gewünschten Netto-Betrag der Rente zu kommen.
- Flexibilität in der Verwendung der angesparten Altersvorsorge ist ebenfalls ein bestimmendes Merkmal für „Alters"-Lebensplanung.
- Sicherheit für die nicht kalkulierbare Zukunft des Beschäftigungsverhältnisses kann für einen Teil der Altersvorsorge das wesentliche Element sein. Die „Rürup-Rente" ist in der Ansparphase auch bei Arbeitslosigkeit nicht angreifbar.
- Berücksichtigen Sie, dass Sie durch Anlageformen, die die volle nachgelagerte Besteuerung hervorrufen, Ihr Einkommen während der Auszahlung wesentlich erhöhen und damit ggf. in eine erhebliche Steuerprogression geraten.
- Die bei der „Rürup-Rente" „angehängten" Zusatzversicherungen sind zwar nicht angreifbar, erhöhen aber im Auszahlungsfalle die Steuerlast erheblich. Es ist zu prüfen, ob als Zusatzversicherung eine „normale" Lebensversicherung nicht besser geeignet ist, weil dann nur „Ertragsanteile für abgekürzte Leibrenten" (Renten, die nur eine bestimmte Zeit, nicht lebenslang, gezahlt werden) zu versteuern sind (zum Beispiel Laufzeit 10 Jahre = 12 v. H. Ertragsanteil).

- Wer sich ausführlicher über diese Grundgedanken informieren will, dem empfehlen wir: Gert Wagner, Die neue Renten- und Pensionsbesteuerung, erschienen im Walhalla Fachverlag, ISBN 3-8029-3791-0.
- Unter dem Strich: Ausführliche Information bei Ihrem Versicherungsberater ist zwingend! Gegebenenfalls ist nach dieser Beratung eine Prüfung durch Ihren Steuerberater zu empfehlen! Erst dann entscheiden und unterschreiben!

Stiftungen des DBwV

→ Heinz-Volland-Stiftung – Mildtätige Stiftung des DBwV
→ Karl-Theodor-Molinari-Stiftung – Bildungswerk des DBwV

Übergangsgeld

Anstelle des → Unterhaltsbeitrags nach § 36 SVG kann ein Berufssoldat, der die Voraussetzung der Wartezeit nicht erfüllt oder wegen → Dienstunfähigkeit entlassen worden ist, ein Übergangsgeld erhalten. Übergangsgeld erhält auch ein Berufssoldat, der wegen mangelnder Eignung entlassen worden ist. Dieses beläuft sich nach einjähriger Dienstzeit auf das Einfache und bei längerer Wehrdienstzeit für jedes weitere volle Jahr auf die Hälfte, insgesamt höchstens auf das Fünffache der Dienstbezüge des letzten Monats (§ 37 SVG). Das Übergangsgeld ist einkommensteuerfrei.

Umzugskostenvergütung

Dargestellt werden Art und Umfang der Ansprüche auf Umzugskostenvergütung (UKV) von aus der Bundeswehr ausscheidenden bzw. bereits ausgeschiedenen Soldaten.

Für alle nachfolgend aufgeführten Arten der UKV gilt: Nur die im Bundesumzugskostengesetz (BUKG) ausdrücklich aufgeführten Kosten und Auslagen, die durch einen Umzug verursacht worden sind, können erstattet werden. Das Umzugskostenrecht berücksichtigt dabei wie alle Erstattungsgesetze nur die notwendigen Kosten.

Die mit dem Umzug zusammenhängenden Aufträge, Leistungen und Anschaffungen sind in aller Regel zu verschiedenen Zeitpunkten zu bezahlen. Es empfiehlt sich deshalb, jeweils für die einzelne Leistung usw. einen Abschlag auf die spätere endgültige Erstattung zu beantragen.

Alle Umzugsauslagen müssen innerhalb einer Ausschlussfrist von 1 Jahr bei der zuständigen Stelle beantragt werden. Die Jahresfrist beginnt mit dem Tage nach Beendigung des Umzuges. Bei einer Ausschlussfrist handelt es sich um eine absolute Frist, d. h., es gibt keine Verlängerung. Zu beachten ist ferner, dass UKV in den Fällen des § 4 Abs. 3 BUKG (Endumzug, Umzug von Grenzorten) nur gewährt wird, wenn sie vorher schriftlich zugesagt worden ist.

Umzugskostenvergütung bei Endumzug

Mit dem Gesetz zur Neufassung des BUKG vom 11.12.1990 ist die langjährige Forderung des DBwV nach einem vollbezahlten Endumzug in einem ersten, wenn auch noch unvollständigen Schritt realisiert worden: Nach § 4 Abs. 3 Nr. 2 BUKG kann UKV zugesagt werden für Umzüge aus Anlass der Beendigung des Dienstverhältnisses von Berufssoldaten, wenn in den vorausgegangenen 10 Jahren mindestens ein Umzug mit Zusage der UKV an einen anderen Ort durchgeführt wurde. Die UKV wird nur gewährt, wenn innerhalb von 2 Jahren nach Beendigung des Dienstverhältnisses umgezogen wird. Sie wird nicht gewährt, wenn das Dienstverhältnis aus Disziplinargründen oder zur Aufnahme einer anderen Tätigkeit beendet wurde. Erstattet werden bei diesem Endumzug nur die Beförderungsauslagen (§ 11 Abs. 2 Satz 3 BUKG).

Diese Regelung gilt auch für Hinterbliebene.

Hinterbliebene im Sinne des BUKG sind die Hinterbliebenen der in § 1 Abs. 1 Satz 2 Nr. 1–5 BUKG aufgeführten Personen, also auch die Witwe eines BS. Sind die maßgeblichen Voraussetzungen erfüllt, treten die Hinterbliebenen an die Stelle des Soldaten/Beamten. Das bedeutet, dass die Umzugskosten in dem gleichen Umfang erstattet werden, in dem sie dem Verstorbenen erstattet werden können. Wichtig ist, dass eine häusliche Gemeinschaft mit dem Verstorbenen bestanden hat.

Hinsichtlich der 2-Jahres-Frist: Sie gilt für Hinterbliebene von im Ruhestand verstorbenen BS mit dem Tage nach Eintritt des Ruhestandes.

Umzugskostenvergütung für ausscheidende Berufssoldaten zur Begründung eines neuen Berufs

Berufssoldaten, die vor dem 60. Lebensjahr in den Ruhestand getreten oder wegen Dienstunfähigkeit entlassen worden sind, erhalten auf Antrag einmalig die Leistungen nach den §§ 6–8, 9 Abs. 1 und 3 BUKG, nämlich

- Beförderungsauslagen,
- Reisekosten,
- Mietentschädigung,
- Wohnungsvermittlungsgebühr,
- Ofenbeschaffungsbeitrag,

wenn der Umzug zur Begründung eines neuen Berufs an einen anderen Ort als den bisherigen Wohnort erforderlich ist (§ 62 Abs. 3 SVG). Die Bewilligung ist nur zulässig, wenn der Umzug innerhalb von 2 Jahren nach Eintritt in den Ruhestand oder nach der Entlassung durchgeführt und UKV aus Anlass der Räumung einer Dienstwohnung bzw. einer im Besetzungsrecht des Bundes stehenden Wohnung oder nach Umzug aus abgelegenen Standorten noch nicht gewährt worden ist.

Auch schon vor Beendigung des Dienstverhältnisses kann UKV gewährt werden, wenn der Berufssoldat den Umzug zur Begründung eines neuen Berufs aus besonderen Gründen (zum Beispiel günstiges Wohnungsangebot, Einzug ins Eigenheim) innerhalb eines Jahres vor Ausscheiden durchführt.

Umzugskostenvergütung für ausscheidende Strahlflugzeugführer

Strahlflugzeugführer, die als Berufssoldaten mit der besonderen Altersgrenze ausscheiden (41 Jahre), erhalten auf Antrag ebenfalls die Leistungen nach den §§ 6–8, 9 Abs. 1 und 3 BUKG (Einzelheiten siehe vorstehend). Die Bewilligung ist nur zulässig, wenn der Umzug innerhalb von 2 Jahren nach Beendigung des Dienstverhältnisses durchgeführt wurde.

Umzugskostenvergütung bei Ausscheiden wegen Dienstunfähigkeit

Berufssoldaten, die wegen Dienstunfähigkeit ausscheiden und Anspruch auf Fachausbildung gemäß § 40 SVG haben, erhalten auf Antrag die Leistungen nach den §§ 6–8, 9 Abs. 1 und 3 BUKG (Einzelheiten siehe vorstehend). Auch hier ist die Bewilligung nur zulässig, wenn der Umzug innerhalb von 2 Jahren nach Beendigung des Dienstverhältnisses durchgeführt worden ist (§ 62 SVG).

Umzugskostenvergütung aus Anlass der Räumung von Bundesbedienstetenwohnungen

Aus Anlass der Räumung einer bundeseigenen oder im Besetzungsrecht des Bundes stehenden Mietwohnung kann UKV gewährt werden, wenn die Wohnung auf Veranlassung der obersten Dienstbehörde oder einer von ihr ermächtigten Behörde im dienstlichen Interesse geräumt werden soll (§ 4 Abs. 2 Nr. 2 BUKG). Dienstliches Interesse liegt nach den Ausführungsbestimmungen vor, wenn die zu räumende Wohnung einem Trennungsgeldempfänger zugewiesen werden kann.

Umzugskostenvergütung bei Umzug von Grenzorten

UKV kann gewährt werden bei Umzügen von Grenzorten, kleineren abgelegenen Plätzen oder Inselorten, wenn ein Verbleib an diesen Orten nach Beendigung des Dienstverhältnisses nicht zumutbar ist und der Umzug spätestens 2 Jahre nach diesem Zeitpunkt durchgeführt wird (§ 4 Abs. 3 Nr. 1 BUKG).

Umzugskostenvergütung aus zwingenden persönlichen Gründen

UKV kann weiter gewährt werden bei Umzügen aus zwingenden persönlichen Gründen:

- Wohnungswechsel wegen des Gesundheitszustandes des Soldaten/Familienangehörigen
- weil die Wohnung zu klein geworden ist.

Es werden nur die Beförderungsauslagen und die Reisekosten erstattet, die bei einem Umzug bis 25 Kilometern ersetzt werden (§ 11 Abs. 2 BUKG).

Erstattung von Umzugsauslagen

Die jeweils auf den einzelnen Fall bezogenen Einzelheiten erfragen Sie bitte (schriftlich) bei der für Sie zuständigen WBV.

Unfallentschädigung (und sonstige einmalige Entschädigung)

Einmalige Unfallentschädigung erhalten Soldaten, die einen Dienstunfall aufgrund einer besonders gefährlichen Tätigkeit nach § 63 SVG erleiden. Besonders gefährliche Tätigkeiten im Sinne des § 63 SVG sind Unfälle im Dienst, zum Beispiel als Personal von ein- und zweisitzigen Strahlflugzeugen, als sonstiges fliegendes Personal, Fallschirmspringer, Kampfschwimmer, Taucher, Feuerwerker. Ein Fall der sonstigen Einmalentschädigung im Sinne des § 63a SVG liegt vor, wenn sich der Soldat bei einer Diensthandlung bewusst einer besonderen Lebensgefahr aussetzt oder der Soldat in Ausübung des Dienstes durch einen rechtswidrigen Angriff oder außerhalb des Dienstes als Soldat durch einen solchen Angriff Schaden erleidet. Diese Regelungen gelten im In- und Ausland. Bei mindestens 50 v. H. Erwerbsminderung werden 80 000,00 EUR gewährt.

Die Hinterbliebenen erhalten gemäß den §§ 63, 63a SVG in diesen Fällen ebenfalls (gestaffelte) Leistungen, zum Beispiel 60 000,00 EUR für die Witwe und die versorgungsberechtigten Kinder. Besonderheiten gelten bei Auslandseinsätzen (siehe → Auslandsversorgung).

Uniformtragen

Das Uniformtragen nach Ausscheiden aus der Bundeswehr ist geregelt in der Verordnung über die Berechtigung zum Tragen der Uniform außerhalb eines Wehrdienstverhältnisses vom 14.12.1999 (BGBl. 2000, S. 9) und den Ausführungsbestimmungen gemäß VMBl. 2000, S. 54. Danach kann das Tragen der Uniform den aus dem Wehrdienst ausgeschiedenen Soldaten der Bundeswehr außerhalb eines Wehrdienstverhältnisses für folgende Gelegenheiten genehmigt werden:

- festliche Familienereignisse sowie im Freundes- und Kameradenkreis (zum Beispiel Hochzeit, Taufe oder Anlässe von ähnlicher Bedeutung)
- Beerdigung von Angehörigen und Kameraden
- festliche Veranstaltungen und öffentliche Gedenkfeiern des Bundes, der Länder und Gemeinden und anderer Körperschaften des öffentlichen Rechts
- andere repräsentative Veranstaltungen, zum Beispiel herausragende Veranstaltungen insbesondere von privaten Veranstaltern, unter anderem auch von Berufsverbänden und Vereinen.

Die Genehmigung für die ersten 3 Gelegenheiten wird allgemein zeitlich unbefristet und widerruflich durch den letzten Disziplinarvorgesetzten bei Beendigung des Dienstverhältnisses des Soldaten erteilt. Über spätere Anträge entscheidet der für den Wohnsitz des ausgeschiedenen Soldaten zuständige Kommandeur im Verteidigungsbezirk. Die Genehmigung für die bezeichnete Gelegenheit wird jeweils nur für eine bestimmte Veranstaltung durch den für den Wohnsitz des ausgeschiedenen Soldaten zuständigen Kommandeur im Verteidigungsbezirk erteilt.

Die Uniform darf bei folgenden Gelegenheiten nicht getragen werden:

Bei politischen Veranstaltungen (§ 15 Abs. 3 SG), bei Veranstaltungen, an denen der ausgeschiedene Soldat beruflich oder ehrenamtlich teilnimmt, und bei Gelegenheiten, bei denen auch aktive Soldaten die Uniform nicht tragen dürfen.

Werden ehemalige Soldaten zu einer Wehrübung oder einer anderen dienstlichen Veranstaltung einberufen, so lebt für diese Zeit der Status als aktiver Soldat wieder auf. Damit wird automatisch auch ein Recht auf Uniformtragen begründet.

Unterhaltsbeitrag

Einem Berufssoldaten kann ein Unterhaltsbeitrag bis zur Höhe des Ruhegehaltes bewilligt werden, wenn er vor Ableistung einer Dienstzeit von 5 Jahren wegen Erreichens der für seinen Dienstgrad bestimmten Altersgrenze (selten) oder wegen → Dienstunfähigkeit entlassen wird. Hiermit können insbesondere bei vorzeitiger → Dienstunfähigkeit (die nicht auf WDB oder auf Dienstunfall beruht) Härtefälle vermieden werden.

Für die Höhe des Unterhaltsbeitrags sind die wirtschaftlichen Verhältnisse des Antragstellers, seine Würdigkeit und die Länge der Dienstzeit maßgebend, Gewährung von einmaligem → Übergangsgeld nach § 37 SVG schließt die anschließende Bewilligung nicht aus.

Die Nachversicherung in der → Rentenversicherung entfällt, da lebenslängliche Versorgung gewährt wird, bzw. wird aufgeschoben, sofern der Unterhaltsbeitrag nach § 36 SVG nur auf Zeit gezahlt wird.

Auch hinsichtlich sonstiger Regelungen, insbesondere

- → Ruhensregelung,
- → Beihilfe,
- → Wohnungsfürsorge,
- Mindestruhegehalt usw.

gelten die Grundsätze für Berufssoldaten als Versorgungsempfänger entsprechend.

Unterhaltsbeitrag für Witwen

→ Hinterbliebenenversorgung

Versicherungsfreiheit (der Soldaten)

Die Versicherungsfreiheit der Berufssoldaten während der Dienstzeit besteht für sie als so genannte versicherungsfreie Personen von der Versicherungspflicht in der gesetzlichen

- → Rentenversicherung,
- → Krankenversicherung,
- Arbeitslosenversicherung.

Nebentätigkeiten von Soldaten sind dagegen grundsätzlich versicherungspflichtig. Dies gilt nicht für die → Krankenversicherung. Seit 01.01.1989 sind Soldaten in einer Nebenbeschäftigung in der Krankenversicherung befreit.

Nach Ausscheiden aus der Bundeswehr sind Berufssoldaten a. D. bei Aufnahme eines Arbeitsverhältnisses versicherungsfrei in der → Rentenversicherung, versicherungsfrei in der → Krankenversicherung, dagegen versicherungspflichtig in der Arbeitslosenversicherung (→ Anschlussarbeitsverhältnis Pensionär).

Versorgungsausgleich

Mit Wirkung zum 01.07.1977 hat der Gesetzgeber durch das 1. Ehereformgesetz (1. EheRG) das Rechtsinstitut des Versorgungsausgleichs als Bestandteil des Scheidungsfolgenrechts eingeführt. Der Versorgungsausgleich erfolgt dabei nach der Maxime, dass die während der Ehezeit von beiden Ehegatten erworbenen Versorgungsanrechte miteinander verglichen werden und der Ehegatte, der selbst keine oder nur wertniedrigere Anrechte erworben hat, in Höhe der Hälfte dieses Wertunterschiedes ausgleichsberechtigt ist. Auf diesem Wege sollen zum Beispiel auch Zeiten der Haushaltsführung und Kindererziehung der Erwerbstätigkeit gleichgestellt werden.

Ist dieser Leitgedanke der gleichen Teilung des wirklichen Werts des auf die Ehezeit entfallenden Versorgungsvermögens durchaus vernünftig, ergeben sich bekanntermaßen für Soldaten aus dem geltenden Recht des Versorgungsausgleichs gravierende Nachteile.

Besondere Benachteiligungen für Soldaten

Da ein Berufssoldat, insbesondere der Berufsunteroffizier, im Vergleich zu einem Beamten verhältnismäßig früher in den Ruhestand versetzt wird, ergibt sich eine zweifache Benachteiligung:

- Für die wertmäßige Berechnung des Versorgungsausgleichs, die nach den Regelungen des Bürgerlichen Rechts erfolgt, ist unter anderem das Verhältnis der in die Ehezeit fallenden ruhegehaltfähigen Dienstzeit zur so genannten Gesamtzeit (Zeit bis zur Altersgrenze) maßgebend. In Folge der vorgezogenen besonderen Altersgrenzen ist die zu betrachtende Gesamtzeit geringer, sodass der auf die Ehezeit entfallende Pensionsanteil innerhalb dieser Gesamtzeit versorgungsintensiver ist.
- Grundsätzlich werden die Versorgungsbezüge ab dem Beginn des Ruhestandes um den Versorgungsausgleich gekürzt, sodass der entsprechende Abzug bei Soldaten im Vergleich zu Beamten teilweise bis zu 12 Jahren früher erfolgt. Der Abzug erfolgt dabei einerseits vor Steuern, andererseits kann die verminderte Versorgung nicht durch einen → Hinzuverdienst ausgeglichen werden, da dort strikt das Bruttoprinzip gilt.

Dabei ist es im Übrigen unerheblich, ob die frühere Ehefrau aus dem Versorgungsausgleich bereits eine Rente bezieht oder nicht. Liegen zum Beispiel zwischen Scheidung und Rentenbeginn für die Ex-Frau noch etliche Jahre, so erbringt der Soldat während dieser Zeit Leistungen nur für die Solidargemeinschaft. Nach Festsetzung des Versorgungsausgleichs spielt die Entwicklung der Vermögensverhältnisse beider Ehegatten im Gegensatz zum Unterhaltsrecht keine Rolle mehr.

Fälle des Härteausgleichs

Von diesem Grundsatz, dass der Versorgungsausgleich bereits ab dem Zeitpunkt der Pensionierung in Abzug gebracht wird, gibt es jedoch mehrere Abweichungen:

Zu nennen ist zunächst das so genannte Pensionistenprivileg gemäß § 55c Abs. 1 Satz 2 SVG. Es liegt dann vor, wenn sich der Soldat zum Zeitpunkt der Rechtskraft des Scheidungsurteils bereits im Ruhestand befindet. Dann wird der Versorgungsausgleich erst abgezogen, wenn die Ex-Ehefrau eine Leistung von ihrem Versicherungsträger bezieht. Das kann zum Beispiel eine Altersrente, Rente wegen verminderter Erwerbsfähigkeit oder aber eine Rehabilitationsmaßnahme sein.

Das Pensionistenprivileg trägt dem Umstand Rechnung, dass der Pensionär aufgrund seiner geringeren Bezüge weniger finanzielle Ausgleichsmöglichkeiten hat. Ein Gericht darf ein anhängiges Verfahren aber deshalb nicht so lange aussetzen und die Scheidung erst nach der Pensionierung aussprechen, um dem Soldaten einen Versorgungsvorteil zu verschaffen.

Auch bei rechtskräftiger Scheidung während der Dienstzeit bestehen Ausnahmen nach dem Versorgungsausgleichshärteregelungsgesetz (VAHRG), die nur auf Antrag durch die WBV berücksichtigt werden:

- Das Bestehen einer gesetzlichen Unterhaltsverpflichtung gegenüber der Ex-Ehefrau führt ebenfalls so lange noch nicht zu einer Kürzung des Ruhegehalts, wie diese noch keine Leistung vom Versicherungsträger bezieht (§ 5 VAHRG). Dabei kann die gesetzliche Unterhaltsverpflichtung einmal bereits durch das Gericht bei der Scheidung ausgesprochen werden, jedoch auch durchaus erst später entstehen. Die Voraussetzungen sind im Bürgerlichen Gesetzbuch geregelt (§§ 1569 ff. BGB). Es seien beispielhaft die Fälle erwähnt, in denen die frühere Ehefrau aus Gründen der Betreuung eines gemeinsamen Kindes, wegen Krankheit oder Alters keine (angemessene) Erwerbstätigkeit ausüben kann. Die Unterhaltsverpflichtung endet bei Wiederheirat der Ex-Ehefrau, ab diesem Zeitpunkt wird also auch der Versorgungsausgleich abgezogen.

  Bemerkenswert ist, dass freiwillige Unterhaltsvereinbarungen den Versorgungsausgleich nicht ausschließen, andererseits aber auch die Höhe einer gesetzlichen Unterhaltsverpflichtung irrelevant ist. Ist also der zu zahlende Unterhalt geringer als der Versorgungsausgleichsbetrag, darf dieser dennoch nicht abgezogen werden.

- Letztlich sind die Fälle des so genannten Vor- und Alsbaldversterbens zu beachten (vergleiche § 4 VAHRG). Der Versorgungsausgleich entfällt auch dann, wenn die Ex-Ehefrau vor Bezug einer Renten- oder Rehabilitationsmaßnahme verstirbt. Dann wird der Versorgungsausgleich für die Zukunft nicht mehr abgezogen, in der Vergangenheit bereits abgezogene Beträge werden zurückerstattet. Gleiches gilt für den Fall des so genannten Alsbaldversterbens, bei dem die Ehefrau noch keine Leistungen von ihrem Versicherungsträger bezogen haben darf, die den zweifachen Jahresbetrag einer auf das Ende des

Leistungsbezuges (Tod) berechneten Altersrente übersteigen. Hat die Ex-Ehefrau also zum Beispiel länger als 2 Jahre Altersrente bezogen und stirbt dann, wird der Versorgungsausgleich immer weiter abgezogen. Liegt der Fall des Alsbaldversterbens vor, werden bereits abgezogene Beträge unter Verrechnung der bereits an die Ex-Ehefrau geflossenen Beträge zurückerstattet.

Wichtig: Hatte die Ex-Ehefrau wieder geheiratet bzw. sind Waisen vorhanden, wird die entsprechende Witwer- bzw. Waisenrente aus demselben Versorgungsanrecht gewährt, sodass der Versorgungsausgleich weiter abzuziehen ist.

Dynamisierung des Versorgungsausgleiches

Die Betroffenen erleben oftmals eine Überraschung, wenn sie feststellen, dass der tatsächlich in Abzug gebrachte Betrag den seinerzeit durch das Familiengericht festgesetzten deutlich übersteigt. Das liegt daran, dass der Abzugsbetrag nach dem Gesetz zu dynamisieren ist, d. h., er steigt in den Jahren des aktiven Dienstverhältnisses jeweils um den Prozentsatz, mit dem auch die Besoldungs- bzw. Versorgungsanpassung erfolgt.

Beispiel:

Festsetzung Versorgungsausgleich gemäß Familiengericht am 03.02.1995		527,96 DM
01.05.1995	3,1	544,32 DM
01.03.1997	1,3	551,39 DM
01.01.1998	1,5	559,66 DM
01.06.1999	2,8	575,33 DM
01.01.2001	1,7	585,11 DM
01.01.2002	Umrechnung in EUR	299,16 EUR
01.01.2002	2,1	305,44 EUR
01.04./01.07.2003	2,3	312,47 EUR
× Anpassungsfaktor 0,99458		310,18 EUR

Wichtig: Auch der Abzugsbetrag wird also mit den Anpassungsfaktoren abgeflacht. Außerdem wird bei der Dynamisierung das „Einfrieren" des Weihnachtsgeldes auf den Stand von 1993 berücksichtigt, indem ein gegenüber der Besoldungsanpassung jeweils um 0,1 v. H. reduzierter Satz angewandt wird.

Ab dem Zeitpunkt der Pensionierung wird das Verhältnis des Abzugsbetrages zum Pensionsbetrag bestimmt, anschließend wird bei einer Pensionserhöhung der Abzugsbetrag in gleichem Verhältnis erhöht.

Beispiel:

Versorgungsbezug 2003	=	1 750,00 EUR
Versorgungsausgleich	=	310,18 EUR
Verhältnis 310,18 EUR zu 1 750,00 EUR	=	17,72 v. H.
Versorgungsausgleich 2004: 17,72 v. H. v. 1 767,50 EUR	=	313,20 EUR
(nach Bezügeanpassung von zum Beispiel 1 v. H.)		

Abwendung bzw. Abänderung des Versorgungsausgleichs

Der Abzug des Versorgungsausgleichs ist nicht in jedem Falle zwingend. Das geltende Recht räumt die Möglichkeit ein, in einem notariell geschlossenen Ehevertrag eine ausdrückliche Vereinbarung über den Ausschluss des Versorgungsausgleichs zu treffen. Dieser Ausschluss ist jedoch dann unwirksam, falls innerhalb eines Jahres nach Vertragsschluss Antrag auf Scheidung der Ehe gestellt wird.

Vorsicht: Ein solcher Ehevertrag kann im Einzelfall bei einseitiger Benachteiligung eines Ehepartners sittenwidrig und damit nichtig sein!

Im Übrigen sieht das Soldatenversorgungsgesetz (SVG) in § 55d vor, dass die Kürzung der Versorgungsbezüge aufgrund eines durchgeführten Versorgungsausgleichs durch Zahlung eines Kapitalbetrages an den Dienstherrn abgewendet werden kann. Diese Zahlung kann vom Dienstherrn nicht mehr rückgängig gemacht werden. Grundsätzlich sind jedoch zur Abwendung sehr hohe Einmalzahlungen zu leisten.

Letztlich bleibt immer zu beachten, dass der vom Familiengericht im Scheidungsurteil rechtskräftig festgesetzte Abzugsbetrag durch einen Abänderungsantrag beim Familiengericht gemäß § 10a Versorgungsausgleichshärteregelungsgesetz (VAHRG) nachträglich – mit Wirkung vom Antragsmonat – angepasst werden kann. Voraussetzung ist jedoch, dass sich aus der Neuberechnung eine wesentliche Abweichung zum ursprünglich festgesetzten Betrag ergibt, die durch das Gesetz in Höhe von mehr als 10 v. H. festgelegt wird.

Beispiel:

a) ursprüngliche – rechtskräftige – Festsetzung des Familiengerichts (im Jahre 1991)

ruhegehaltfähige Dienstbezüge:	3 950,00 DM
Ruhegehalt (75 v. H.):	2 962,50 DM
1/12 Sonderzahlung (voll):	246,88 DM
Gesamt (monatlich):	3 209,38 DM

Berechnung des auf die Ehezeit entfallenen Anteils:

$$\frac{\text{25 Jahre (= Ehezeit) x 3 209,38 DM}}{\text{33 Jahre (= Gesamtzeit)}} = \text{2 431,35 DM}$$

(= Pensionsanteil Ehezeit)

Ermittlung des Versorgungsausgleichs:

Ehemann Pension:	2 431,35 DM
Ehefrau Rente:	500,00 DM

$$\frac{\text{2 431,35 DM – 500 DM}}{2} = \text{965,68 DM}$$

b) Neuberechnung auf der Basis 1991 mit den neuen Parametern

ruhegehaltfähige Dienstbezüge (Ende Ehezeit):	3 928,12 DM
Ruhegehalt (71,75 v. H.):	2 834,13 DM
1/12 Sonderzahlung (§ 4 BSZG):	11[illegible] DM
Gesamt (monatlich)	3 045,40 DM

Ehezeitanteil:

Berechnung des auf die Ehezeit entfallenen Anteils:

$$\frac{\text{25 Jahre (= Ehezeit) x 3 045,40 DM}}{\text{33 Jahre (= Gesamtzeit)}} = \text{2 307,12 DM}$$

(= Pensionsanteil Ehezeit)

neuer Versorgungsausgleich:

Ehemann Pension:	2 307,12 DM
Ehefrau Rente:	500,00 DM

$$\frac{2\,307{,}12 \text{ DM} - 500 \text{ DM}}{2} = 903{,}56 \text{ DM}$$

Differenz – 62,19 DM

10 v. H.-Schwelle = mehr als 96,56 DM ist nicht erfüllt

Wichtige Hinweise:

Sollten Sie nach dem → Personalanpassungsgesetz in den Ruhestand versetzt worden sein, verringert sich dadurch die Gesamtzeit, was sich bezüglich der Erfolgschance eines Abänderungsantrages zu Ihren Ungunsten auswirkt.

Aber auch bei Ihrer Ex-Ehefrau könnte sich die Rentenauskunft, bezogen auf die Ehezeit, zu Ihren Ungunsten verändert haben, zum Beispiel, wenn Ihre damalige Ehefrau in der Ehe studiert hat. Diese Zeiten sind nach neuem Recht nicht mehr rentenwirksam.

Der Antrag kann erst gestellt werden, wenn Sie Pensionär sind.

Zuständig ist das Familiengericht. Besteht kein gemeinsamer Wohnort mehr mit der Ex-Frau, ist für die Zuständigkeit des Gerichts der Wohnort der früheren Ehefrau maßgebend.

Achtung: Vor Antragstellung wird in jedem Falle dringend empfohlen, einen Fachanwalt für Familienrecht zu konsultieren!

Belastung der Hinterbliebenenversorgung

Auch die Hinterbliebenenversorgung wird weiter um den Versorgungsausgleich gekürzt. Da die Witwe zum Beispiel nur 60 v. H. der Versorgung des Mannes erhält, kürzt man das Witwengeld auch nur um 60 v. H. des Versorgungsausgleichsbetrages (→ Hinterbliebenenversorgung).

Beispiel:

Pension 2 000,00 EUR, Witwengeld wäre 1 200,00 EUR

Scheidung mit Versorgungsausgleich 1 000,00 EUR ergibt bei Wiederheirat:

Witwengeld 60 v. H. von Restpension 1 000,00 EUR = 600,00 EUR und 1 000,00 EUR Rente aus Versorgungsausgleich = 1 600,00 EUR Gesamtversorgung der Witwe.

Prüfung durch die höchstrichterliche Rechtsprechung

Die Ausgangsposition des DBwV zur Erreichung von Verbesserungen zugunsten der Berufssoldaten ist deshalb ungünstig, weil sowohl das Bundesverfassungsgericht in seiner Grundsatzentscheidung vom 28.02.1980 als auch der Bundesgerichtshof mit Beschluss vom 14.07.1982 die Regelungen des Versorgungsausgleichs, letztlich auch unter Berücksichtigung der besonderen Altersgrenzen für Berufssoldaten und der oben geschilderten Ausnahmefälle, als verfassungsgemäß eingestuft haben.

Auch seitens des Bundesministeriums der Verteidigung hat es in der Vergangenheit Bemühungen gegeben, diesen Zustand für die Soldaten zu verbessern, entsprechende Initiativen sind jedoch insbesondere am erheblichen Widerstand anderer Ressorts (BMI, BMF, BMJ und BMAuS) gescheitert. Dabei wurde letztlich darauf verwiesen, dass nicht nur die Berufssoldaten von dem frühen Abzug des Versorgungsausgleichs betroffen seien, sondern zum Beispiel auch wegen Dienstunfähigkeit ausscheidende Beamte sowie Invaliditätsrentner. Außerdem müsse der Versorgungslastenträger (beim Berufssoldat = Bund) aufgrund eines durchgeführten Versorgungsausgleichs oftmals auch Belastungen hinnehmen, die ohne Ehescheidung nicht entstanden wären, zum Beispiel, wenn die gesetzliche Rentenversicherung an den ausgleichsberechtigten Ehegatten (Ex-Ehefrau) bereits eine Rentenleistung gewährt, obwohl der ausgleichspflichtige Soldat noch ungekürzte Dienstbezüge erhält und damit keinen Versorgungsausgleichsabzug hat.

Letztlich werden allgemeine Kostengründe ins Feld geführt, da bei einer Änderung des geltenden Rechts die Scheidungsfolgen zumindest teilweise aus Steuermitteln zu finanzieren seien.

Fazit

Es bleibt mithin festzustellen, dass die Regelungen zum Versorgungsausgleich für Betroffene teilweise zu erheblichen finanziellen Belastungen führen. Schwerpunktmäßig wird die Ungerechtigkeit für von der Regelung erfasste Berufssoldaten darin erblickt, dass diese bereits relativ früh Kürzungen der Pension hinnehmen müssen, wobei oftmals abgezogene Beträge nicht der früheren Ehefrau zugute kommen, sondern in einem Solidartopf verschwinden.

Aufgrund der dargelegten höchstrichterlichen Rechtsprechung und der Widerstände zahlreicher Ressorts ist weder auf dem Klagewege noch auf Initiative der Exekutive (Verwaltung) eine Änderung zu erwarten. Einzig und allein die politische Lobbyarbeit mit dem Ziel, das Parlament selbst zu einer entsprechenden Gesetzesänderung zu bewegen, erscheint Erfolg versprechend. Hierbei ist insbesondere durch den DBwV massive Aufklärungsarbeit zu leisten, da wiederholt festgestellt werden konnte, dass die Problematik nicht oder nur unzureichend bekannt ist.

Des Weiteren hat die Bundesjustizministerin Brigitte Zypries eine Reformkommission eingesetzt, die das Recht des Versorgungsausgleichs überarbeiten soll. Der DBwV hat sich auch hier im Interesse seiner Mitglieder eingebracht; die Konsequenzen durch entsprechende Gesetzesänderungen bleiben anzuwarten.

Stellungnahme des Petitionsausschusses des Bundestages

Um die Schwierigkeit der Rechtslage aufzuzeigen, nachstehend die Entscheidung des Petitionsausschusses des Deutschen Bundestages in einer vom DBwV unterstützten Eingabe eines Mitglieds im Wortlaut:

„Der Petent strebt eine Änderung der in § 55c Soldatenversorgungsgesetz normierten Vorschriften zur Kürzung der Versorgungsbezüge nach einer Eheschließung an.

Er beanstandet an den geltenden Regelungen, dass die Kürzung seiner Versorgung bereits mit Beginn seiner Pensionierung am 31.03.2004 eintritt, seine geschiedene Ehefrau hingegen erst 2014 bzw. 2016 das

Rentenalter erreicht und entsprechende Leistungen aus der Rentenversicherung erhält. Er sieht hierin eine ungerechtfertigte „Bereicherung" des Staates zu seinen Lasten. Des Weiteren sieht er in dem Umstand, dass für Berufssoldaten in bestimmten Fällen besondere Altersgrenzen gelten und sie somit länger als andere Berufsgruppen, die erst mit 63 oder 65 Jahren in den Ruhestand gehen, von der Kürzung der Versorgungsbezüge betroffen sind, eine besondere Härte für diesen Personenkreis.

Der BundeswehrVerband unterstützt das Anliegen des Petenten und erhebt folgende Forderungen:

- Die Kürzung der Pension erst vorzunehmen, wenn der geschiedene Partner eine Rente aus dem Versorgungsausgleich bezieht.
- Wegfall der Kürzung im Todesfall des Ausgleichsberechtigten.
- Aufhebung bzw. Neuberechnung des Versorgungsausgleichs im Falle der Wiederheirat des/der Begünstigten.
- Bei der Berechnung des Versorgungsausgleichs nicht die besondere, sondern die allgemeine Altersgrenze (Vollendung des 60. Lebensjahres) zugrunde zu legen.

Der Petitionsausschuss hat zu dem Vorbringen des Petenten eine Stellungnahme des Bundesministeriums der Verteidigung eingeholt. Darin wird Folgendes ausgeführt:

Es trifft zu, dass das Ruhegehalt eines im aktiven Dienst geschiedenen Soldaten grundsätzlich mit Beginn des Ruhestandes um den fortgeschriebenen Versorgungsausgleich gekürzt wird. Dabei ist es unerheblich, ob der geschiedene Berufssoldat aufgrund der besonderen oder allgemeinen Altersgrenze oder wegen Dienstunfähigkeit in den Ruhestand versetzt worden ist. Das Ruhegehalt wird auch unabhängig davon gekürzt, ob der ausgleichsberechtigte frühere Ehegatte aus dem Versorgungsausgleich bereits eine Rente bezieht. Dadurch ergibt sich bei Berufssoldaten – ebenso wie bei Frühpensionären und Frührentnern im Allgemeinen – ein zum Teil deutlich höheres Gesamtkürzungsvolumen als bei Personen, die in höherem Alter ihren aktiven Dienst beenden.

Allerdings ist der Versorgungsausgleich bei Soldaten und Beamten grundsätzlich nicht anders geregelt als bei Arbeitnehmern. Auch bei diesen führt der während des aktiven Arbeitsverhältnisses durchgeführte Versorgungsausgleich beim Ausgleichspflichtigen ab Rentenbeginn zu einem Abschlag an Entgeltpunkten und damit unabhängig vom Rentenschicksal des Ausgleichsberechtigten zu einer entsprechend geminderten Rente. Der Gesetzgeber hat dadurch erreicht, dass der zwischen den Ehegatten durchgeführte Versorgungsausgleich – insgesamt gesehen – kostenneutral geregelt ist, d. h., dass Scheidungsfolgen nicht aus Steuermitteln finanziert werden. Denn der Versorgungslastenträger, bei Berufssoldaten folglich der Bund, muss andererseits aufgrund eines Versorgungsausgleichs auch die nachstehend genannten Belastungen hinnehmen, die ohne Ehescheidung und Versorgungsausgleich nicht entstanden wären:

- Erstattung der vom Träger der gesetzlichen Rentenversicherung an den ausgleichsberechtigten Ehegatten und gegebenenfalls dessen Hinterbliebene (auch aus einer neuen Ehe) gewährten Rentenleistungen auch dann, wenn der ausgleichspflichtige Soldat noch Dienstbezüge erhält, die nicht zu kürzen sind;
- Gewährung beamtenrechtlicher Hinterbliebenenversorgung bei erneuter Eheschließung des Ausgleichsverpflichteten zusätzlich zu den Erstattungen für den geschiedenen Ehegatten.

Die vom Petenten für erforderlich gehaltene Kürzung der Versorgungsbezüge bei Berufssoldaten generell erst ab dem Beginn der Rentenzahlung müsste aus Gründen der Gleichbehandlung auch alle anderen Personengruppen umfassen und würde die Kosten für den Versorgungsausgleich zum Teil den öffentlichen Kassen auferlegen. Das Bundesverfassungsgericht hat mit Grundsatzentscheidung vom 28.02.1980 die Vereinbarkeit des Versorgungsausgleichs mit dem Grundgesetz bestätigt. Soweit der Gesetzgeber aufgefordert wurde, grundgesetzwidrigen Auswirkungen zu begegnen, ist dem mit dem Gesetz zur Regelung von Härten im Versorgungsausgleich (VAHRG) vom 21.02.1982 (BGBl. I S. 105) entsprochen worden. Danach unterbleibt die Kürzung des Ruhegehalts eines im aktiven Dienst geschiedenen Berufssoldaten nur in den im Gesetz näher bezeichneten Fällen, und zwar

- beim Vorversterben des ausgleichsberechtigten Ehegatten (Grund: keine oder nur geringe Rentenleistungen aus dem Versorgungsausgleich, § 4 VAHRG);
- bei gesetzlicher Unterhaltsverpflichtung des Ausgleichspflichtigen gegenüber dem geschiedenen Ehegatten bis zur Rentenberechtigung (Grund: Vermeidung einer Doppelbelastung des Ausgleichspflichtigen durch Kürzung der Versorgung und Unterhaltszahlungen, § 5 VAHRG). Diese Ausnahmeregelung scheidet beim Petenten wegen der erneuten Eheschließung seiner früheren Ehefrau aus.

Die Regelung des § 4 VAHRG ist vom Bundesverfassungsgericht mit Beschluss vom 05.07.1989 für verfassungsmäßig erklärt worden. Sie wirkt sich auf alle vom Versorgungsausgleich betroffenen Personengruppen gleich aus, eine Benachteiligung der Gruppe der Berufssoldaten liegt nicht vor.

Durch den Versorgungsausgleich werden die während der Ehe erworbenen Versorgungsanrechte gleichmäßig und grundsätzlich auf Dauer beiden Ehegatten zugeordnet. Stirbt der ausgleichsberechtigte frühere Ehegatte, so fallen die von ihm erworbenen Anrechte demnach grundsätzlich nicht an den ausgleichsverpflichteten früheren Ehegatten zurück. Dieser Grundsatz beruht auf dem Gedanken, dass die in der Ehezeit erworbenen Versorgungsanrechte das Ergebnis einer partnerschaftlichen Lebensleistung der Eheleute sind, an der bei der Auflösung der Ehe beide gleichmäßig teilhaben sollen.

Das Ergebnis der parlamentarischen Prüfung lässt sich wie folgt zusammenfassen:

Die Ehe des Petenten wurde 1994 geschieden. Nach dem ab 01.07.1977 geltenden Recht wird im Rahmen des Versorgungsausgleichs zugunsten des Ausgleichsberechtigten in Höhe der Hälfte des Wertunterschiedes der von den Ehepartnern während der Ehe gemeinsamen erworbenen Versorgungsanwartschaften eine entsprechende Rentenanwartschaft in der gesetzlichen Rentenversicherung begründet (§ 1587b BGB). Der ausgleichsberechtigte Ehegatte wird also im Ergebnis so gestellt, als ob er die Rentenanwartschaften durch eigene Arbeitsleistung und eine entsprechende Zahlung von Rentenversicherungsbeiträgen selbst erworben hätte. Die Versorgungsanrechte des ausgleichsverpflichteten und die Versorgungsanrechte des ausgleichsberechtigten Ehegatten sind von diesem Zeitpunkt an grundsätzlich nicht mehr miteinander verbunden oder voneinander abhängig, sodass sich ein früherer oder späterer Wegfall der Versorgung bei einem der Ehegatten grundsätzlich nicht auf den anderen auswirkt. Ist nämlich der Versorgungsausgleich durchgeführt, bestehen zwei selbstständige Versicherungs- und Versorgungsverhältnisse, die grundsätzlich unabhängig voneinander zu betrachten sind. Die dem ausgleichsberechtigten Ehegatten aufgrund des Versorgungsausgleichs übertragenen Versorgungsanwartschaften stehen ihm vom Zeitpunkt der Wirksamkeit der Entscheidung ab auch förmlich als eigene Rechte zu. Während er hieraus unmittelbar (höheren) Versicherungsschutz genießt, verbleibt dem Ausgleichverpflichteten nach der Entscheidung über den Versorgungsausgleich nur eine entsprechend geminderte Versorgungsanwartschaft. Die vom Ausgleichsberechtigten erworbenen Anrechte dienen daher ausschließlich der Sicherung der sich in seiner Person verwirklichenden Versicherungsrisiken (Alter, Invalidität, Tod) und damit nicht mehr der Sicherung des früheren Versorgungsinhabers. Der Versorgungsausgleich entspricht insoweit dem Zugewinnausgleich, durch den das während der Ehe erworbene Vermögen unter den Ehegatten aufgeteilt wird. Wie bei jeder Vermögensteilung geht mit der Eigentumsübertragung im Versorgungsausgleich die Zuordnung des Vermögensgegenstandes von einem Berechtigten auf einen anderen Berechtigten über.

Die Aufwendungen, die dem Träger der gesetzlichen Rentenversicherung durch die Begründung dieses neuen Versicherungs- und Versorgungsverhältnisses entstehen, werden ihm vom Dienstherren des beamteten Ehepartners, welcher Träger der Versorgungslast ist, erstattet. Die Erstattung geht zu Lasten der Versorgung des Soldaten, die dann nach Maßgabe des § 55c SVG gekürzt wird. Für den Zeitpunkt, ab dem die Kürzung der Versorgungsbezüge wirksam wird, ist dabei maßgeblich, ob sich der Soldat zum Zeitpunkt der Scheidung noch im aktiven Dienst (§ 55c Abs. 1 Satz 1 SVG) oder bereits im Ruhestand befindet (§ 55c Abs. 1 Satz 2 SVG). Im ersten Fall tritt die Kürzung ab der Zurruhesetzung in Kraft, im zweiten Fall erst dann, wenn der ausgleichsberechtigte Ehepartner eine Rente aus der gesetzlichen Rentenversicherung erhält. Dieses „Pensionistenprivileg“ entspricht dem in § 101 Abs. 3 SGB VI geregelten „Rentnerprivileg“. Hier handelt es sich um eine Ausnahmeregelung, mit der das System des Versorgungsausgleichs durchbrochen wird. Der Grund für diese Begünstigung liegt auf sozialem Gebiet. Sie gewährt eine vorübergehende Besitzstandswahrung, indem sie dem Versorgungsberechtigten eine Übergangsfrist einräumt, in der er sich auf eine Kürzung seiner Versorgung einrichten kann. Hier wirkt sich das frühere Ausscheiden des Berufssoldaten unter Umständen durchaus positiv aus (Beispiel: Zurruhesetzung mit 53 Jahren, Scheidung mit 54 Jahren würde bei einem etwa gleichaltrigen Ehepartner, der erst mit 63 oder 65 Jahren eine Rente erhält, 9 bzw. 11 Jahre ungekürzte Versorgungsbezüge bedeuten).

Der Petitionsausschuss teilt nicht die vom Petenten vertretene Auffassung, die mit Beginn des Ruhestandes erfolgende Kürzung der Versorgungsbezüge stelle eine „Bereicherung des Staates“ dar. Der Träger der Versorgungslast – im Fall des Petenten also der Bund – muss wegen eines durchgeführten Versorgungsausgleichs teilweise auch Belastungen, die ohne Ehescheidung und öffentlich-rechtlichen Versorgungsausgleich nicht entstanden wären, tragen. Diese sind außer den bereits in der Stellungnahme des Fachministeriums genannten:

- Die Erstattung an den Träger der gesetzlichen Rentenversicherung beschränkt sich nicht nur auf die gewährte Rentenleistung, sondern auch auf Leistungen der Rehabilitation und Krankenversicherungszuschüsse.
- Verstirbt der Versorgungsberechtigte nach einer Wiederheirat, hinterlässt er dem späteren Ehegatten und/oder den eigenen Kindern einen höheren Anspruch auf Hinterbliebenenversorgung.
- Alle Fälle, in denen der ausgleichsberechtigte Ehegatte aufgrund des Versorgungsausgleichs früher rentenberechtigt wird oder früher höhere Rentenleistungen erhält, als dies ohne den Versorgungsausgleich der Fall wäre, zum Beispiel bei verminderter Erwerbsfähigkeit oder bei einer vorzeitigen Altersrentenberechtigung).

Diese Höherbelastung des Bundes (bzw. analog der gesetzlichen Rentenversicherung) ist nur zu rechtfertigen, wenn in anderen Fällen eine in etwa äquivalente Entlastung erfolgt, also Fälle, in denen entsprechende Mehraufwendungen nicht auftreten. Nur so lässt sich für den Träger der Versorgungslast die angestrebte Kostenneutralität verwirklichen.

Eine einzelfallbezogene Risikobetrachtung ist demnach systembedingt grundsätzlich nicht möglich. Sie wäre gleichbedeutend mit dem Verlangen, gezahlte Versicherungsbeiträge wieder zurückzuzahlen, wenn sich später herausstellt, dass sich aus dem versicherten Risiko kein Versicherungsfall ergeben hat (zum Beispiel das versicherte Haus nicht abgebrannt ist). Der Versorgungsausgleich kann bei einer auf den Einzelfall bezogenen Betrachtungsweise für den Ausgleichspflichtigen durchaus Härten beinhalten. Nach höchstrichterlicher Rechtsprechung müssen jedoch gewisse Benachteiligungen in Einzelfällen hingenommen werden, sofern sich für die Gesamtregelung ein vernünftiger Grund anführen lässt (BVerfG 26, 141).

Bezüglich des Vorwurfes, dass Soldaten, auf die die besonderen Altersgrenzen des § 45 Abs. 2 Soldatengesetz Anwendung finden, gegenüber anderen Personengruppen, die erst zu einem späteren Zeitpunkt pensionsberechtigt werden, unverhältnismäßig benachteiligt werden, ist Folgendes auszuführen:

Die Höhe des Ruhegehaltes ist in § 26 SVG geregelt. Es beträgt für jedes Jahr ruhegehaltfähiger Dienstzeit 1,875 v. H. der ruhegehaltfähigen Dienstbezüge, insgesamt jedoch nicht mehr als 75 v. H. (§ 26 Abs. 1 SVG). Das Ruhegehalt nach Absatz 1 wird nach Maßgabe der Absätze 3 und 4 für die Berufssoldaten erhöht, die nach den Vorschriften des Soldatengesetzes wegen Überschreitens der für sie unterhalb des 60. Lebensjahres festgesetzten besonderen Altersgrenze in den Ruhestand versetzt werden (§ 26 Abs. 2 SVG). Die Erhöhung beträgt für die Berufssoldaten, die wegen Überschreitens der besonderen Altersgrenze des 53. Lebensjahres in den Ruhestand versetzt werden, 13,125 v. H. der ruhegehaltsfähigen Dienstbezüge. Die Erhöhung vermindert sich für die Berufssoldaten, für die als besondere Altersgrenze ein höheres Lebensjahr festgesetzt ist, um 1,875 v. H. für jedes Jahr, um das diese Altersgrenze über dem 53. Lebensjahr liegt (§ 26 Abs. 3 SVG).

Mit dieser Regelung erreicht fast jeder Soldat bei seinem Ausscheiden sein Höchstruhegehalt.

Darüber hinaus erhält ein Berufssoldat, der vor Vollendung des 65. Lebensjahres nach § 44 Abs. 1 oder 2 des Soldatengesetzes in den Ruhestand getreten ist, neben seinem Ruhegehalt einen einmaligen Ausgleich in Höhe des Vierfachen der Dienstbezüge des letzten Monats, jedoch nicht über 4 091,00 EUR. Dieser Ausgleich erhöht sich nach § 38 Abs. 4 SVG um 528,00 EUR für jedes Jahr, um das die Zurruhesetzung vor dem Ende des Monats liegt, in dem das 60. Lebensjahr vollendet wird (§ 38 Abs. 1 und 4 SVG).

Es darf bei der Betrachtung der Gesamtproblematik auch nicht außer Acht gelassen werden, dass der Umstand einer tendenziell stärkeren und vermutlich länger andauernden Kürzung der Versorgungsbezüge untrennbar damit verbunden ist, dass die betreffenden Berufssoldaten in einem erheblich kürzeren Zeitraum als die Vergleichsgruppen in den Genuss ihrer Versorgungsbezüge kommen. Selbst wenn die Behauptungen zutreffen sollten, Berufssoldaten seien einem viel höheren beruflichen Druck, der eine viel größere Scheidungsrate zur Folge habe, ausgesetzt als andere Arbeitnehmer, sind die sich daraus ergebenden Unterschiede nicht so bedeutsam, dass der Gesetzgeber sich nicht dennoch in zulässiger Weise auf die angeführten, vernünftigen Gesichtspunkte für das Unterlassen einer Ausdifferenzierung stützen dürfte (VG Ansbach 17. Kammer, Urteil vom 26.06.1998, Az. AN 17 K 98.00017).

Verbesserungen des Versorgungsausgleichsrechts müssten aus Gleichbehandlungsgründen auch die anderen vorzeitig aus dem Erwerbsleben ausscheidenden Berufsgruppen sowie alle diejenigen, die aus gesundheitlichen Gründen vorzeitig erwerbsunfähig werden, erfassen. Bei einer ständig wachsenden Zahl von Rentnern und Pensionären sind die vom Petenten und dem Bundeswehrverband angestrebten Verbesserungen auf absehbare Zeit nicht finanzierbar.

Der Petitionsausschuss empfiehlt daher, das Petitionsverfahren abzuschließen, weil dem Anliegen des Petenten nicht entsprochen werden kann."

Einzelprobleme bzw. wichtige Gerichtsentscheidungen zum Versorgungsausgleich

Versorgungsausgleich – Bruttoprinzip

Bei der Berechnung des Versorgungsausgleichs sind Rentenansprüche einerseits und Versorgungsansprüche des Ehemannes andererseits, wenn beide Ehepartner schon im Ruhestand sind, ausnahmsweise im Nettobetrag gegenüberzustellen. Eine Bruttoberechnung führte zu erheblichen Benachteiligungen des Beamten, der als pensionierter Beamter von der Pension Lohn- bzw. Einkommensteuer zu zahlen hat, während die aus dem Versorgungsausgleich zu zahlende Rente steuerfrei ist.

OLG Celle vom 28.03.1985, NJW 86, 1818 und BGH vom 24.05.1989, NJW 89, 2814

Versorgungsausgleich – Härteregelung wegen Unterhalt

Der Abzug des Versorgungsausgleichs ist wegen Unterhaltsverpflichtungen gegenüber der Ehefrau nach § 5 VAHRG auszusetzen. Es kommt nicht auf die Höhe der Unterhaltsverpflichtung an. Das Maß des Unterhalts bestimmt sich nach den ehelichen Lebensverhältnissen zum Zeitpunkt der Rechtskraft des Scheidungsurteils mit den prägenden Verhältnissen. Beim BO 41er ist regelmäßig davon auszugehen, dass er nach der Pensionierung eine Berufstätigkeit aufnimmt und damit Einnahmen erzielt. Insoweit weicht hier die Beurteilung von normalen Pensionärsfällen ab. Spätere Nebeneinnahmen zählen normal nicht für den Unterhalt.

OVG Rheinland-Pfalz vom 13.03.1992, Az. 2 A 11257/91.OVG

Versorgungsausgleich – Rentenkürzung

Treten bei einem geschiedenen Pensionär neben den Abzug des Versorgungsausgleichs nach § 55c SVG noch weitere Kürzungstatbestände (Rentenanrechnung, Hinzuverdienst, §§ 55a, 53 SVG), so wird erst die Pension um die Rente nach § 55a SVG bzw. Einkommen nach § 53 SVG gekürzt. Von der so gekürzten Pension erfolgt dann der Abzug des vollen Versorgungsausgleichs. Darin ist keine unzulässige Doppelkürzung zu sehen, da andernfalls die Folgen der Ehescheidung durch die Ruhensregelung umgangen würden, d. h., der Geschiedene stünde sich nicht schlechter als der Nichtgeschiedene mit Rente oder Zuverdienst.

Versorgungsausgleich – Verfassungskonform

Das Härteregelungsgesetz in der Fassung vom 21. Februar 1983 ist verfassungsgemäß. Insbesondere entspricht es dem Verhältnisgrundsatz, dass es endgültig bei der Kürzung des Versorgungsausgleichs bleibt, wenn der geschiedene Ehegatte verstirbt, nachdem er mindestens über einen Zeitraum von länger als 2 Jahren Renten bezogen hat. Hierin mag eine Härte für den einzelnen liegen, jedoch musste der Gesetzgeber im Interesse der Versicherungsgemeinschaft gemüht sein, die mit der erforderlichen Härteregelung zu erwartenden Mehrkosten für die Versicherungsträger in Grenzen zu halten. Im Übrigen sei es von der Gestaltungsfreiheit des Gesetzgebers umfasst, die Grenzen für die Rückabwicklung zu ziehen.

BVerfG vom 05.07.1989

Versorgungsausgleich – Verfassungskonform

Die Festsetzung des Versorgungsausgleichs beim Berufsoffizier (§ 1587b Abs. 2 BGB) aufgrund der besonderen Altersgrenze nach § 1587a Abs. 2 Nr. 1 BGB ist verfassungsmäßig unbedenklich (siehe auch Bundesverfassungsgericht, NJW 80, 692). Auch wenn der Soldat damit gegenüber den Beamten benachteiligt ist, gibt es keinen Grundsatz dahingehend, dass der Ausgleich immer von der allgemeinen Altersgrenze zu berechnen ist und dass der Ausgleich nicht ab Pensionierung, sondern erst dann einzubehalten ist, wenn die allgemeine Altersgrenze erreicht ist oder wenn die Frau Rente daraus erhält.

BVerfG vom 25.08.1982; Az. 1 BvR 905/81, BGH in NJW 82, 2374

Versorgungsausgleich – Vorversterben

Die Rechtsprechung schließt bei Leistungen an Hinterbliebene (Kinder/Witwer) die Rückgängigmachung des Versorgungsausgleichs im Falle des Vor- oder Alsbaldversterbens der Frau aus (Urteil OVG Koblenz NJW RR 1986 373, BSG vom 22.06.1991, Az. 8 RKN 15/90 und BSGE Band 66, Seite 44, sowie BSG vom 20.06.1991, in: Zeitschrift für Familie und Recht 5/1991).

Versorgungsausgleich – Vorversterben

Rückgängigmachung des Versorgungsausgleichs ist trotz Vorversterbens der Frau dann nicht möglich, wenn an Hinterbliebene (hier Witwer) Leistungen aus dem Versorgungsausgleich (Witwerrente) gewährt werden.

BayVG München vom 02.06.1993, Az. M 12 K 92.2517

Versorgungsausgleich – Vorversterben der Frau – Waisen-/Witwerrente

Auch bei Vorversterben (Alsbaldversterben) der Frau entfällt die Kürzung der Versorgungsbezüge nicht, wenn zwar die Frau keinerlei oder nur kurz Rente bezogen hat, aber an die Kinder der Frau Halbwaisenrente in Höhe von mehr als zwei Jahresrenten der Frau gezahlt wurde (§ 55c SVG, § 4 Abs. 2 VAHRG).

An den Witwer der wiederverheirateten Frau wurden entsprechende Leistungen gezahlt oder werden in Zukunft gezahlt. Im Falle einer zukünftigen Zahlung an den Witwer wird der Versorgungsausgleichsabzug nur vorübergehend unterbrochen, solange Leistungen nicht erfolgen. Eine Rückzahlung der bisher einbehaltenen Versorgungsausgleichsbezüge kann nicht erfolgen. Erfolgt später die Rentenzahlung an den Witwer, setzt der Abzug des Versorgungsausgleichs wieder ein.

Auch bei Rehabilitationsleistungen des Rentenversicherungsträgers an die verstorbene Frau in entsprechender Höhe erfolgt keine Rückgängigmachung des Versorgungsausgleichs.

Versorgungsausgleich – Wertberechnung

Bei der Wertberechnung des Versorgungsausgleichs durch das Gericht werden bereits vorhersehbare Kürzungen der Pension, zum Beispiel Wegfall von Familienzuschlägen nach § 1578a Abs. 8 BGB, Anrechnung von Renten auf die Pension nach Abs. 6, von vornherein berücksichtigt. Eine Abänderungsklage mit der Begründung, die Pension sei entsprechend gemindert, ist daher unbegründet. Diese späteren Änderungen sind vom Familiengericht bereits bei der Festsetzung nach § 1587a BGB berücksichtigt. Auch die Änderung der Steuerklasse begründet keine Abänderungsklage, da für die Wertberechnung grundsätzlich das Bruttoprinzip gilt.

Versorgungsausgleich – Wiederheirat

Heiratet der Geschiedene seine Frau wieder, so bleibt der Versorgungsausgleich unangetastet. Die Pension kann aber voll gezahlt werden, wenn die Frau noch keine Rente bezieht. Nach Härteregelungsgesetz ist nämlich auch der eheliche Unterhalt ein Grund, den Abzug auszusetzen. Verstirbt der Mann danach, so hat die Frau Anspruch auf 60 v. H. Witwengeld von der um den Versorgungsausgleich gekürzten Pension. Die Rente aus dem Versorgungsausgleich bleibt ihr zu 100 v. H. Folge: Erhöhung der „Witwenversorgung" um bis zu 20 v. H.

Versorgungsausgleich – Berücksichtigung von Pensionskürzungen

Bei der Berechnung des Versorgungsausgleiches ist bereits ab Beginn des Jahres 2003 der abgesenkte Höchstsatz von 71,75 v. H. maßgeblich. Eine Berücksichtigung erst ab 2010 wäre mit dem so genannten Halbteilungsgrundsatz nicht vereinbar. Zu berücksichtigten ist ebenfalls das abgesenkte Weihnachtsgeld.

BGH vom 26.11.2003, Az. XII ZB 75/02 und XII ZB 30/03

Versorgungsbezüge

Ankündigung der Beendigung der Dienstzeit

Der Berufssoldat erhält gemäß § 44 Abs. 6 SG ein Jahr vor Dienstzeitende die dienstliche Eröffnung der beabsichtigten Versetzung in den Ruhestand. Diese bildet spätestens den Auslöser für

- die Beantragung der Anerkennung von Vordienstzeiten gemäß §§ 22–24 SVG, (siehe → Vordienstzeiten);
- die Beantragung der Doppelberücksichtigung von Dienstzeiten (Aufbau Ost, Auslandsverwendung mit besonderer klimatischer Belastung (siehe → Ruhegehalt);
- gegebenenfalls Antrag auf Auskunft über die zukünftigen Versorgungsbezüge bei Vorhandensein eines schwerwiegenden Grundes;
- gegebenenfalls Antrag auf Verlängerung der Dienstzeit.

Alle Anträge sind über den zuständigen A 1/S 1 des eigenen Truppenteils auf dem Dienstwege zu stellen.

Antrag auf Verlängerung der Dienstzeit

Insbesondere „Seiteneinsteiger“, die nur ein unter dem Höchstsatz von 71,75 v. H. liegendes Ruhegehalt erreichen, fragen sich, ob durch Verlängerung der Dienstzeit erhöhende Prozentpunkte zu „erwirtschaften“ seien.

Grundsätzlich haben alle personalbearbeitenden Stellen in Erlassen veröffentlicht, dass diese Möglichkeit bestehe und ein Antrag wohlwollend geprüft werde.

Aber zum gegenwärtigen Zeitpunkt soll durch das → Personalanpassungsgesetz die Personalstruktur der Streitkräfte hinsichtlich der Altersstruktur in den einzelnen Dienstgraden und in den Verwendungsbereichen/Ausbildungs- und Verwendungsreihen „bereinigt“ werden. Somit besteht eine begründete Hoffnung auf Verlängerung der Dienstzeit nur für denjenigen, der in einer so genannten „Mangel-ATN“ ausgebildet/verwendet wurde.

Ferner ist Folgendes zu berücksichtigen:

Der Ruhegehaltssatz bestimmt sich nach dem Günstigkeitsprinzip aus zwei unterschiedlichen Berechnungsgängen. Dieses Ergebnis, nämlich die Festlegung auf Ruhegehalt nach neuem Recht oder nach Übergangs-/Kombinationsrecht (siehe → Ruhegehalt), bestimmt dann auch den möglichen „Gewinn" aus der Verlängerung der Dienstzeit.

- Sie werden nach neuem Recht festgesetzt: Dann dürfen Sie 2 Jahre schadlos verlängern; erst danach wird durch weitere Verlängerung der Altersgrenzenzuschlag verbraucht/um jeweils 1,875 v. H. reduziert.
- Sie werden nach Übergangsrecht festgesetzt und haben noch einen Anteil Altersgrenzenzuschlag (höchstens 5 v. H.) eingerechnet!

  Jedes Verlängerungsjahr reduziert diesen Altersgrenzenzuschlag um 1 v. H.; netto bleiben also für 1 Jahr Verlängerung nur 0,875 v. H. übrig.

Bescheid über die Festsetzung der Versorgungsbezüge

Der → Bescheid über die Festsetzung der Versorgungsbezüge kommt – je nach Arbeitsanfall in der für Sie als Pensionär zukünftig zuständigen WBV – in der Regel vor der Zurruhesetzung. Gegebenenfalls werden Sie Ihre Kontogutschrift über die erste Pension und die zustehenden Einmalzahlungen (siehe → Ausgleich für Berufssoldaten und → NVA-Versorgung) vor dem Bescheid haben. Dies stellt für Sie aber keinen Nachteil dar, da etwaige Rechtsmittelfristen ja auf den Bescheid und nicht auf den Geldfluss ausgerichtet sind.

Prüfen Sie bitte die persönlichen Angaben (Geburtsdatum, Diensteintritt, Dienstgrad, Dienstaltersstufe, Familienstand, Stellenzulagen, ruhegehaltfähige Dienstzeiten) genau; dort kann einmal ein Eingabefehler passieren – den Rest „macht der Computer".

Sollten Sie einem → Versorgungsausgleich unterliegen, so ist ein → Bescheid über die Kürzung der Versorgungsbezüge beigefügt. Hier sind das Ende der Ehezeit und der Ausgangsbetrag gemäß Scheidungsurteil auf Richtigkeit zu prüfen.

Rechtsmittel

Stimmen einzelne Angaben des Bescheides nicht, so legen Sie unter Nennung der Gründe, gegebenenfalls unter Beifügung von Belegen, Widerspruch ein. Denken Sie bitte daran, dass der Widerspruch bei der zuständigen WBV innerhalb der sich ergebenden Frist eingegangen sein muss; ein Einschreiben gegen Rückschein empfiehlt sich.

Zahlungsweise der Versorgungsbezüge

Der Rechtsanspruch nach dem Bundesbesoldungsgesetz, auf das auch das Soldatenversorgungsgesetz für Versorgungsempfänger Bezug nimmt, schreibt vor: „Das Geld muss am ersten Tag des Monats zur Verfügung stehen." Die gültigen Kommentare formulieren dieses aus: „Zahltag ist der letzte Werktag des Vormonats (sofern dieser nicht ein Wochenend- oder Feiertag ist)."

Das Rentenrecht konkretisiert den Zahltag noch deutlicher durch die Begrifflichkeit „letzter Banktag des Vormonats".

Das BMF hat im Dezember 2003 ein Rundschreiben an die obersten Bundesbehörden erlassen mit der Weisung, den Zahlungsauftrag für Dienst- und Versorgungsbezüge im Inland erst einen Tag vor dem Zahltag der Deutschen Bundesbank zu erteilen. Damit hat man die so genannten „arbeitstechnischen Pufferzeiten" beseitigen wollen, die dazu geführt haben, dass die Bundeskassen bereits mit einer Wertstellung vor dem Rechtsanspruch des Zahlungsempfängers belastet wurden.

Verzögerung der Zahlung der Versorgungsbezüge

Gemäß BBesG ist das „Einklagen" entgangener Habenzinsen (Verzugszinsen) nicht möglich, da kraft Gesetz in § 3 Abs. 6 BBesG ausdrücklich ausgeschlossen.

Gegebenenfalls entstandene Soll-Zinsen sind nur dann als Vermögensschaden „einklagbar", wenn Sie bereit sind, Ihre gesamte Vermögenssituation offen zu legen, denn: Zahlungsempfänger unterliegen einem Vertrauensverhältnis auf Gegenseitigkeit mit dem Dienstgeber. Das heißt, er ist ebenso verpflichtet, einen Schaden des Dienstgebers zu vermeiden. Stellt man also fest, dass die Daueraufträge bereits ausgeführt werden, ohne dass – sichtbar – die Gutschrift bereits erfolgt ist, ist zu prüfen, inwieweit anderweitig verfügbares Guthaben (zum Beispiel vom Sparbuch) das Entstehen von Soll-Zinsen auf dem Girokonto verhindern kann.

Änderungen in den persönlichen Verhältnissen

Denken Sie bitte an

- die Erfüllung der → Anzeigepflicht der Versorgungsempfänger und die
- rechtzeitige Übersendung der Steuerkarte.

Prüfen Sie, ob

- ein Antrag auf Gewährung der → Kapitalabfindung sinnvoll ist;
- durch verändertes Erwerbseinkommen aus einem Anschlussarbeitsverhältnis gegebenenfalls die Lohnsteuerklassen ausgetauscht werden sollten.

Versorgungsreformen 1992 bis 2001

Die demographische Entwicklung nötigt zu Reformen. Die Alterssicherungssysteme beruhen auf dem Generationenvertrag. Das bedeutet, dass der arbeitende Teil der Bevölkerung mit seinen Steuer- und Sozialabgaben die Versorgung der „Alten" sicherstellt. Dieser Generationenvertrag ist ernsthaft in Gefahr. Die Gründe sind vielfältig. Ein Hauptgrund: Heute kommt auf 3 Erwerbstätige 1 Rentner. Im Jahre 2030 sollen dagegen 1 1/2 Erwerbstätige 1 Rentner finanzieren. Die Konsequenzen sind:

- entweder die Verdoppelung der Beitragslast für die Erwerbstätigen

oder

- die Halbierung der Versorgungsbezüge für die Rentner/Pensionäre.

Mit der Reform 1992 im Bereich der Beamten- und Soldatenversorgung und der gleichzeitigen Reform der Rentenversicherung 1992 zog der Gesetzgeber erste Konsequenzen. So erfolgten sowohl für die gesetzliche Rentenversicherung als auch für die Versorgung der Beamten, Richter und Soldaten Einschnitte in Leistungshöhe und Leistungsumfang. Weitere Reformschritte – parallel zur Rentenversicherung – waren die Dientrechtsreform 1997 und die Versorgungsreform 1998. Letzte gravierende Einbußen brachte das Versorgungsänderungsgesetz 2001.

Reform 1992

Die Reform 1992 hatte folgende Schwerpunkte:

- Streckung und Linearisierung der Ruhegehaltsskala;
- einen ersten Schritt zur Anhebung der Altersgrenzen ab 2002;
- Einführung einer Anrechnung von Erwerbseinkommen aus der Privatwirtschaft auf die Pension, begrenzt auf die Sozialbestandteile.

Ruhegehaltsskala nach altem und neuem Recht

Die alte Ruhegehaltsskala (Ruhegehalt 75 v. H. nach 35 bzw. 30 Jahren) bestand nach dem bis 31.12.1991 geltenden Recht.

Gemäß (§ 26) SVG wurden nach altem Recht grundsätzlich 35 Dienstjahre benötigt.

Bis 10. Jahr	=	35 v. H.
11. bis 25. Jahr 2 v. H.	=	65 v. H.
26. bis 35. Jahr 1 v. H.	=	75 v. H.

Dabei gilt ein Rest von mehr als 182 Tagen als volles Dienstjahr.

Unteroffiziere, Fachoffiziere, die mit 53 Jahren ausscheiden, erhalten einen Zuschlag von 5 v. H., sodass sie bereits nach 30 Dienstjahren auf 75 v. H. kommen.

Beispiel:

30 Dienstjahre = 70 v. H. + Zuschlag 5 v. H. = 75 v. H.

Neuregelung Ruhegehaltsskala

(Ruhegehalt 75 v. H. nach 40 bzw. 33 Jahren; Reform 1992)

Die in der Regel aufgrund von Übergangsvorschriften erst ab 2002 greifende neue Regelung sieht vor, dass das Höchstruhegehalt bei Beamten nach 40 Dienstjahren erreicht wird. Die Ruhegehaltsskala ist linearisiert. Das Ruhegehalt steigt jährlich um 1,875 v. H. Hauptforderung war, dass das Höchstruhegehalt auch bei der besonderen Altersgrenze erreicht werden kann. Das Gesetz trägt dem Rechnung. Bei der Neuregelung des § 26 Abs. 2 SVG sind ebenfalls Erhöhungszuschläge vorgesehen, die sicherstellen, dass jeder, der mit 20 Jahren in die Bundeswehr eingetreten ist, den Höchstsatz von 75 v. H. trotz niedrigerer Altersgrenze ab 2002 erreichen kann.

Anhebung der Altersgrenzen seit 2002

Seit 2002 wird die allgemeine und besondere Altersgrenze nach der Reform 1992 um 1 Jahr angehoben. Nicht betroffen sind Berufsunteroffiziere und Strahlflugzeugführer (BO 41). Sie behalten danach auch 2002 zunächst ihre bisherige Altersgrenze mit dem 53. bzw. 41. Lebensjahr.

Hinzuverdienstanrechnung in der Privatwirtschaft seit 01.01.1992

1992 wurde erstmals auch die Anrechnung von Hinzuverdienst in der Privatwirtschaft eingeführt. Diese auf den Sozialbestandteil begrenzte Verdienstanrechnung wird aber durch eine neue Hinzuverdienstanrechnung überholt. Für seit 01.01.1999 ausgeschiedene Soldaten gilt die verschärfte Hinzuverdienstanrechnung auch in der Privatwirtschaft aufgrund des Versorgungsreformgesetzes 1998. Die Regelung des § 54 SVG (Anrechnung der Sozialbestandteile) von 1992 hat nur noch Bedeutung für Pensionäre, die vor dem 01.01.1999 pensioniert wurden und ein Arbeitsverhältnis innehatten. Für diese gilt eine Übergangsregelung, d. h., die nächsten 7 Jahre nach Inkrafttreten des Gesetzes verbleibt es beim bisherigen Recht. Danach fallen sie ebenfalls in die neue verschärfte Anrechnungsregelung (→ Ruhensregelung.

Dienstrechtsreform 1997

Bereits zum 01.07.1997 trat die Dienstrechtsreform in Kraft, die unter anderem zur Streckung der Dienstaltersstufen des Grundgehaltes führte. Im Vorgriff auf die Umsetzung des Versorgungsberichts im Versorgungsreformgesetz nahm die Dienstrechtsreform bereits einige wesentliche Eingriffe in die Höhe der Versorgung vor.

Wegfall des so genannten Anpassungszuschlags für Versorgungsempfänger

Darunter versteht man die pauschale Beteiligung der Versorgungsempfänger an allen strukturellen Verbesserungen bei den aktiven Besoldungsempfängern durch Weitergabe eines prozentualen Anteils an strukturellen Verbesserungen in Form eines so genannten Anpassungszuschlags. Dieser bereits 1983 weggefallene und dann 1993 wieder eingeführte Anpassungszuschlag für Versorgungsempfänger wird an die vorhandenen Versorgungsempfänger weitergezahlt und eingefroren. Seit 01.07.1997 entfiel dieser Anpassungszuschlag. Da der Anpassungszuschlag in den Jahren zuvor regelmäßig 0,1 v. H. Versorgungserhöhung und weniger ausmachte, handelte es sich um keinen schwerwiegenden Eingriff in den Versorgungsstatus.

Wegfall des Erhöhungsbetrages für verheiratete Versorgungsempfänger in Höhe von 17,30 DM

Der Erhöhungsbetrag für verheiratete Versorgungsempfänger in Höhe von 17,30 DM beim Ortszuschlag (das verkappte Urlaubsgeld für Pensionäre) entfiel für Versorgungsfälle seit 01.07.1997 ganz. Bei den vorhandenen Versorgungsempfängern wurde er in zwei Stufen mit der Besoldungserhöhung 1997 zur Hälfte und mit der vorgesehenen Besoldungserhöhung 1998 mit der zweiten Hälfte in Abzug gebracht.

Kürzung der Anerkennung von Ausbildungszeiten als Vordienstzeiten

Ausbildungszeiten wie Studium usw., die bis dahin als Vordienstzeiten beim Ruhegehalt bei den ruhegehaltsfähigen Dienstzeiten in Höhe der

Mindestausbildungszeit anerkannt werden konnten, wurden analog der rentenrechtlichen Regelung auf höchstens 3 Jahre als versorgungswirksam anerkannt (Beispiel: Medizinstudium usw. bisher 5 Jahre, jetzt nur noch 3 Jahre).

Verschlechterung bei Versetzung in den Ruhestand wegen Dienstunfähigkeit

- Dienstaltersstufe

Bei Versetzung in den Ruhestand wegen → Dienstunfähigkeit (nicht bei → Dienstunfall) wurde die Versorgung drastisch verschlechtert. Bei Dienstunfähigkeit wurde bis dato für die Berechnung des Ruhegehaltes stets die letzte (höchste) Dienstaltersstufe zugrunde gelegt. Für Versorgungsfälle seit 01.07.1997 war ohne Übergangsregelung nur noch die tatsächlich erreichte Dienstaltersstufe maßgeblich. Diese Verschlechterung gilt aber nicht für WDB-Fälle und bei Dienstunfall. Hier wird nach wie vor die höchste Dienstaltersstufe zugrunde gelegt.

- Zurechnungszeit

Außerdem wurde bei einfacher Dienstunfähigkeit die Zurechnungszeit vom Ausscheiden bis zum 60. Lebensjahr nur noch zu einem Drittel als ruhegehaltsfähige Dienstzeit angerechnet, bisher zu zwei Dritteln.

Versorgungsreform 1998

Das Versorgungsreformgesetz 1998 sah weitere Eingriffe in den Bereich der Versorgung vor. Hervorzuheben ist die verschärfte Anrechnung des Hinzuverdienstes auch bei Erwerbseinkommen aus der Privatwirtschaft. Außerdem wurde mit dieser Reform ein Versorgungsbeitrag zur gesetzlichen Altersversorgung eingeführt. Zulagen waren nach Auslaufen einer Übergangsfrist nicht mehr ruhegehaltfähig, die Wartezeit für die Versorgung aus dem letzten Amt wurde von 2 auf 3 Jahre verlängert. Die Regelungen traten regelmäßig ab 01.01.1999 in Kraft. Es galten jedoch zum Teil Übergangsregelungen. Im Einzelnen galt Folgendes:

Versorgungsbeitrag zur gesetzlichen Altersversorgung (§ 14a BBesG)

Es wird ein Versorgungsbeitrag der Soldaten durch Einbehaltung eines Teiles von 0,2 v. H. der Besoldungsanpassung in den Jahren 1999 bis 2013 erhoben. Das Versorgungs- und Besoldungsniveau wird so insgesamt um 3 v. H. abgesenkt, um die künftigen hohen Versorgungslasten tragen zu können.

Die so geschaffene Versorgungsrücklage wird einem Sondervermögen zugeführt, um eine zweckgebundene Verwendung zu sichern.

Betroffen von dieser Regelung sind auch Versorgungsempfänger.

Wegfall der Ruhegehaltfähigkeit der Stellenzulagen

Stellenzulagen sind künftig grundsätzlich nicht mehr ruhegehaltfähig. Für die bereits im Ruhestand befindlichen Soldaten bleiben während der aktiven Dienstzeit bezogene Stellenzulagen jedoch auch in Zukunft ruhegehaltfähig.

Es konnten jedoch wichtige Übergangsregelungen erreicht werden: Stellenzulagen für Besoldungsempfänger bis BesGrp A 9 sind ruhegehaltfähig, wenn sie nicht später als 12 Jahre nach Inkrafttreten des Gesetzes aus dem Dienst scheiden (bis 31.12.2010), ab der BesGrp A 10 gilt eine Übergangsfrist von 9 Jahren (bis 31.12.2007).

(→ Ruhegehalt/Stellenzulagen)

Verlängerung der Wartezeit für die Versorgung aus dem letzten Dienstgrad

Die Wartezeit für die Versorgung aus dem letzten Dienstgrad wird von 2 auf 3 Jahre verlängert (→ Versorgungswirksame Beförderung, → Ruhegehalt).

Verschärfung der Hinzuverdienstregelung

Höchstgrenzen: Für Erwerbseinkommen aus privater Tätigkeit gilt bis zum 61. Lebensjahr ein Freibetrag von 45 v. H., d. h., Versorgungsbezüge und Einkommen bleiben bis zu 120 v. H. der ruhegehaltfähigen Dienstbezüge anrechnungsfrei, bis zum 65. Lebensjahr bleibt ein Freibetrag von 25 v. H., d. h. Versorgungsbezüge und Einkommen bleiben bis zu 100 v. H. anrechnungsfrei (→ Ruhensregelung, → Hinzuverdienst und → Anschlussarbeitsverhältnis Pensionär).

Verschlechterung bei Dienstunfähigkeit

Nach dem Versorgungsreformgesetz ab 01.01.2000:

- Abschläge vom Ruhegehalt bei Dienstunfähigkeit

  Die Versorgung bei DU-Fällen (ohne WDB und Dienstunfall) wurde durch das Versorgungsreformgesetz mit Wirkung ab 01.01.2000 erneut geändert. Abweichend von dem normalen Inkrafttreten zum 01.01.1999 des Gesetzes trat die DU-Neuregelung erst zum 01.01.2000 in Kraft. Bei DU sind nunmehr Abschläge vom Ruhegehalt vorgesehen. Danach vermindert sich gemäß § 26 SVG im Fall einer vorzeitigen Versetzung in den Ruhestand das Ruhegehalt um 3,6 v. H. für jedes Jahr, um das der Berufssoldat vor Erreichen der für ihn geltenden besonderen oder allgemeinen Altersgrenze wegen Dienstunfähigkeit, die nicht auf einer WDB oder Dienstunfall beruht, in den Ruhestand versetzt wird. Die Minderung des Ruhegehaltes darf 10,8 v. H. nicht übersteigen.

- Zurechnungszeit ab 01.01.2000

  Als Ausgleich für diese Verschlechterung wird die Zurechnungszeit wieder auf zwei Drittel erhöht.

(→ Ruhegehalt)

Anhebung der Altersgrenzen

Die Altersgrenzen werden in der Zeit von 2007 bis 2015 erneut um ein Jahr angehoben.

Einzelheiten siehe → Dienstaltersgrenzen.

Minderung der Versorgungslücke (§ 26a SVG)

Nachdem schon die Rentenkürzungen nach dem RÜG für ehemalige NVA-Soldaten zum 01.01.1997 weitgehend beseitigt werden konnten, ist es durch die Einbeziehung der besonderen Altersgrenzen in § 26a SVG zu einer weiteren wesentlichen Verbesserung der Versorgung von in die Bundeswehr übernommenen älteren ehemaligen NVA-Soldaten gekommen: Bekanntlich sind die Dienstzeiten bei der NVA regelmäßig nicht ruhegehaltfähig. Viele bleiben unter 35 v. H. Ruhegehalt.

Zu der in der Bundeswehr erreichten Versorgung wird der Ruhegehaltsatz vorübergehend um 1 v. H. für jedes Jahr versicherungspflichtiger Tätigkeit in der ehemaligen DDR bis zum Rentenbezug erhöht. Mindestversorgungsempfänger sind in die Regelung einbezogen (→ NVA-Versorgung).

Versorgungsänderungsgesetz 2001

Der Bundesrat hat in seiner Sitzung am 20.12.2001 leider dem aus verfassungsrechtlicher Sicht höchst umstrittenen Versorgungsänderungsgesetz 2001 zugestimmt. Damit ist das Gesetz zum 01.01.2002 in Kraft getreten. Die intensiven Bemühungen des Deutschen BundeswehrVerbandes, auch im Gleichklang insbesondere mit der Gewerkschaft der Polizei, haben zwar zu begrüßenswerten Verbesserungen für unsere Mitglieder geführt, jedoch noch lange nicht die geforderten und notwendigen Änderungen bewirkt.

Daher werden nun auf dem Rechtswege alle möglichen Mittel ausgeschöpft werden, um das Versorgungsänderungsgesetz im Nachhinein in Gänze zu stoppen bzw. deutlich zu verändern. Entsprechende Musterverfahren sind eingeleitet (→ Abflachung der Versorgungsbezüge).

Im Folgenden soll jedoch auf die konkreten, derzeit gültigen Änderungen durch das Gesetz eingegangen werden:

Absenkung des Versorgungsniveaus

In den Jahren 2003 bis 2010 erfolgt eine Abflachung der Erhöhung der Versorgungsbezüge in 8 gleichen Schritten, um insgesamt ca. 4,33 v. H. Dadurch wird der Höchstruhegehaltssatz letztlich von derzeit 75 v. H. auf 71,75 v. H. abgesenkt. Betroffen sind sämtliche Versorgungsempfänger mit Ausnahme der Bezieher von Mindest- und Dienstunfallversorgung.

Umgesetzt wird die jährliche Abflachung, die jeweils bei Inkrafttreten der Erhöhung der Besoldungs- und Versorgungsbezüge des betreffenden Jahres erfolgt, durch einen so genannten Anpassungsfaktor, mit dem die jeweiligen ruhegehaltfähigen Dienstbezüge bzw. im Rahmen der 8. Stufe der erdiente Ruhegehaltssatz selbst vor der Anpassung der Versorgungsbezüge multipliziert werden.

Für die einzelnen Anpassungen nach dem 31.12.2002 gelten dabei folgende Anpassungsfaktoren:

Anpassungsfaktoren nach dem Versorgungsänderungsgesetz 2001

Anpassung nach dem 31.12.2002	Anpassungsfaktor
1.	0,99458
2.	0,98917
3.	0,98375
4.	0,97833
5.	0,97292
6.	0,96750
7.	0,96208
8.	0,95667

Nachfolgendes Beispiel soll die nicht unkomplizierte Regelung verdeutlichen:

Beispiel:

Stabsfeldwebel, geboren 15.04.1952, Eintritt in die Bundeswehr am 01.04.1970, Versetzung in den Ruhestand mit Ablauf des 30.04.2003.

ruhegehaltfähige Dienstzeit:	33 Jahre, 30 Tage
oder (restliche Tage: 365):	33,08 Jahre
Ruhegehaltssatz: 33,08 Jahre × 1,875 v. H. pro Jahr	62,025 v. H.
zuzüglich Zuschlag entsprechend § 26 Abs. 3 SVG	
(besondere Altersgrenze 53. Lebensjahr) =	13,125 v. H.
Ruhegehaltssatz	75 v. H. (Höchstsatz)

Betragen nun beispielsweise die ruhegehaltfähigen Dienstbezüge (Grundgehalt der erreichten Dienstaltersstufe, Familienzuschlag bis zur Stufe 1, Amtszulagen, ruhegehaltfähige Stellenzulagen) 2 500,00 EUR, so ergibt sich ein Ruhegehalt (Pension) von 1 875,00 EUR (75 v. H. von 2 500,00 EUR).

Bei der Erhöhung der Versorgungsbezüge für das Jahr 2003 wird nun der Betrag von 2 500,00 EUR zunächst mit dem Anpassungsfaktor von 0,99458 multipliziert (vermindert), sodass sich nur noch ruhegehaltfähige Dienstbezüge in Höhe von 2 486,45 EUR ergeben und das entsprechende Ruhegehalt dann auch nur noch 1 864,83 EUR beträgt (= 74,6 v. H. Ruhegehaltssatz).

Erfolgt die Anpassung der Versorgungsbezüge nunmehr in Höhe von beispielsweise 2 v. H., so werden lediglich die vorgenannten 1 864,83 EUR um diesen Prozentsatz erhöht. Das hat die gleiche Wirkung, als ob lediglich ein Ruhegehaltssatz von 74,6 v. H. erhöht wird. Es ergäbe sich also ein erhöhtes Ruhegehalt von 1 902,13 EUR (= 1 864,83 EUR zuzüglich 37,30 EUR).

ruhegehaltfähige Dienstbezüge	2 500,00 EUR
ruhegehaltfähige Dienstbezüge, vermindert um den Anpassungsfaktor 0,99458	2 486,45 EUR
Ruhegehalt (75 v. H. der verminderten ruhegehaltfähigen Dienstbezüge)	1 864,83 EUR
Erhöhtes Ruhegehalt (fiktive Versorgungsanpassung in Höhe von 2 v. H. für das Jahr 2003)	1 902,13 EUR

Ohne Versorgungsänderungsgesetz hätte die Erhöhung von 2 v. H. auf die 1 875,00 EUR erfolgen müssen, es ergäbe sich ein Ruhegehalt von 1 912,50 EUR. In der ersten Stufe wird somit eine reale Absenkung von ca. 0,5 v. H. erreicht.

Gleichsam wird in den entsprechenden Folgejahren verfahren, bis nach der 8. Anpassung dann auf Dauer der Höchstruhegehaltssatz von nur noch 71,75 v. H. gilt.

Ausgleich für die Abflachung

Ab dem 01.01.2002 erhalten Soldaten, die mit einer besonderen Altersgrenze in den Ruhestand versetzt werden, zuzüglich zu den bereits gemäß § 38 Abs. 1 SVG gewährten 4091,00 EUR eine weitere Einmalzahlung gemäß § 38 Abs. 4 SVG, die bereits ebenfalls mit der Versetzung in den Ruhestand gewährt wird. Da die Abflachung der Versorgungsbezüge stufenweise eingeführt wird, gelten zunächst für die Jahre der Übergangsfrist auch abgestufte Beträge. Es gilt der Grundsatz, dass für jedes Jahr vor der Vollendung des 60. Lebensjahres ein Betrag gewährt wird, einzelne Monate eines Kalenderjahres werden anteilsmäßig berechnet. Maximal ergeben sich also 7 berücksichtigungsfähige Jahre (bei Ausscheiden mit 53 Jahren → Ausgleich für Berufssoldaten).

Änderung beim Mindestselbstbehalt

Zur Verhinderung einer Doppelalimentation wird der Mindestselbstbehalt von 20 v. H. gemäß § 53 Abs. 1 SVG dann gestrichen, falls bei einem Anschlussarbeitsverhältnis im öffentlichen Dienst (Verwendungseinkommen) mindestens ein Einkommen erzielt wird, das der Besoldungsgruppe entspricht, aus der die Versorgung gewährt wird.

Aussetzung Versorgungsrücklage

In den Jahren 2003 bis 2010, also der Wirkungsdauer der Abflachung, wird der Abzug zur so genannten Versorgungsrücklage in Höhe von jeweils 0,2 v. H. der jährlichen Versorgungsanpassungen vorübergehend ausgesetzt.

Anmerkung: Die Versorgungsrücklage wurde BVerwG am 19.12.2002 als verfassungsgemäß eingestuft (Az. 2 C 34.01)!

Aufnahme von Soldaten in das „Riester-Modell"

Alle aktiven Soldaten sind nunmehr in den förderungsfähigen Adressatenkreis bei der zusätzlichen privaten Altersvorsorge, dem so genannten Riester-Modell, aufgenommen. Wichtig in diesem Zusammenhang ist, dass sich für ein durch das Bundesamt für das Versicherungswesen zertifiziertes Produkt entschieden wird. Banken und Versicherungen bieten hier zahlreiche Produkte an. Vorzugsweise sollte sich an die Förderungsgesellschaft des Deutschen BundeswehrVerbandes gewendet werden, die für Soldaten in Zusammenarbeit mit der DBV Winterthur ein besonders günstiges Angebot ausarbeitet.

Geringere Hinterbliebenenversorgung

Die bei der Hinterbliebenenversorgung eingetretene Absenkung des Witwen-/Witwergeldes von 60 v. H. auf 55 v. H. betrifft nur Ehen, die nach dem Inkrafttreten des Gesetzes (also dem 01.01.2002) geschlossen wurden bzw. für bestehende Ehen, wenn beide Ehegatten am 31.12.2001 das 40. Lebensjahr noch nicht vollendet hatten. Das Verfahren entspricht der Abflachung des Ruhegehaltes.

Die Absenkung auf 55 v. H. kann im Falle von Kindererziehungszeiten kompensiert werden, da das Gesetz dann so genannte Kinderzuschläge vorsieht (vergleiche § 72 SVG).

Sonstige Eingriffe

- mit Wirkung 01.01.2004 Übertragung GMG auf Beihilfe des Bundes
- mit Wirkung Dezember 2004 Absenkung Sonderzahlung (§ 4 BSZG)
- mit Wirkung Dezember 2004 Übertragung der Mehrbelastung für Rentner (0,85 v. H.) in der sozialen Pflegeversicherung auf Pensionäre durch weitere Reduzierung der Sonderzahlung (§ 4a BSZG)
- Absenkung der Steuerfreibeträge durch AltEinkG (nachgelagerte Besteuerung)

Versorgungswirksame Beförderung

Durch das Versorgungsreformgesetz wurde § 18 SVG geändert. Bisher genügte für die Versorgung aus dem letzten Amt eine Wartezeit von 2 Jahren im letzten Dienstgrad/Besoldungsgruppe. Außerdem zählten die Zeiten einer Wahrnehmung höherwertiger Dienstposten auch dann für die Wartezeit, wenn der Dienstgrad förmlich noch nicht verliehen war.

Nach der Neuregelung mit Wirkung ab 01.01.1999 wird die Wartezeit für die Versorgung aus dem letzten Dienstgrad von 2 auf 3 Jahre verlängert. Die Ausnahmeregelung (Wahrnehmung höherwertiger Dienstposten) entfällt.

Vorbereitung auf den Ruhestand

Die evangelische und katholische Militärseelsorge bietet für die Berufssoldaten und Soldaten auf Zeit ihre Hilfe zur Vorbereitung auf den „Dritten Lebensabschnitt" an: Die evangelische Militärseelsorge hält auf Bitten von interessierten Soldaten Rüstzeiten, die katholische Militärseelsorge bietet Akademietagungen an. An diesen Veranstaltungen können auch die Ehefrauen der Soldaten teilnehmen.

Bestandteil des Angebots der → Karl-Theodor-Molinari-Stiftung des DBwV ist ebenfalls das Seminar „Vorbereitung auf den Ruhestand – Alterssicherungssysteme in Gegenwart und Zukunft" (die Jahresplanung entnehmen Sie bitte der jeweiligen Oktober-Ausgabe des Verbandsmagazins).

Vordienstzeiten

Wird der Berufssoldat nach Erreichen der allgemeinen bzw. nach Überschreitung der für seinen Dienstgrad festgesetzten besonderen Altersgrenze oder wegen Dienstunfähigkeit in den Ruhestand versetzt, so hat die zuständige WBV als Pensionsfestsetzungsbehörde über die Höhe der dem Soldaten zustehenden Versorgungsbezüge (→ Ruhegehalt) zu befinden.

Die Pension des Berufssoldaten a. D., das Ruhegehalt, basiert dabei auf zwei Säulen:

Neben der Bestimmung der so genannten ruhegehaltfähigen Dienstbezüge, also der Bestandteile der bisherigen Dienstbezüge, die versorgungsrechtlich relevant sind, muss geklärt werden, welche ruhegehaltfähigen Dienstzeiten zu berücksichtigen sind.

Die ruhegehaltfähige Dienstzeit entscheidet über den so genannten Ruhegehaltssatz, also den Prozentsatz, der bezogen auf die ruhegehaltfähigen Dienstbezüge als Ruhegehalt zu zahlen ist.

Der Höchstruhegehaltssatz beträgt derzeit noch 75 v. H., soll aber nach vollständiger Umsetzung der mit dem Versorgungsänderungsgesetz beabsichtigten bzw. bereits eingeleiteten „Pensionsabflachungen" auf 71,75 v. H. absinken.

Vielfach ergibt sich eine Fallkonstellation, in der der Soldat allein aufgrund seiner Wehrdienstzeiten den Höchstruhegehaltssatz nicht mehr erreicht. Die Wehrdienstzeiten sind dabei nach Vollendung des

17. Lebensjahres immer als ruhegehaltfähige Dienstzeit zu berücksichtigen, unabhängig davon, ob sie als GWDL, FWDL, Wehrübender, Soldat auf Zeit oder Berufssoldat zurückgelegt worden sind.

Dann stellt sich für den Betroffenen die sehr interessante Frage, ob er dieses Manko nicht durch bestimmte Zeiten seiner Erwerbsbiografie, die vor der Berufung in das Wehrdienstverhältnis (also Vordienstzeiten) zurückgelegt wurden, ausgleichen kann.

Im Folgenden soll über die wichtigsten Vordienstzeiten ein kurzer Überblick gegeben werden:

Zeiten im Beamten- bzw. Richterverhältnis

Diese Zeiten werden, wie auch die Wehrdienstzeiten, von der WBV von Amts wegen gemäß § 64 Abs. 1 SVG berücksichtigt (so genannte Ist-Zeit). Eines gesonderten Antrags bedarf es also nicht.

Zeiten im privatrechtlichen Arbeitsverhältnis im öffentlichen Dienst

Als ruhegehaltfähig sollen gemäß § 22 SVG auch folgende Zeiten berücksichtigt werden, in denen ein Berufssoldat nach Vollendung des 17. Lebensjahres vor der Berufung in das Dienstverhältnis eines Soldaten auf Zeit oder eines Berufssoldaten im privatrechtlichen Arbeitsverhältnis im öffentlichen Dienst ohne von dem Soldaten zu vertretende Unterbrechung tätig war, falls diese Tätigkeit zu seiner Einstellung als Soldat auf Zeit oder als Berufssoldat geführt hat:

- Zeiten einer hauptberuflichen, in der Regel einem Beamten, Unteroffizier oder Offizier obliegenden, oder später einem Beamten, Unteroffizier oder Offizier übertragenen entgeltlichen Beschäftigung (Ziffer 1) oder
- Zeiten einer für seine Laufbahn förderlichen Tätigkeit (Ziffer 2).

Auch die Zeit nach § 22 SVG ist von Amts wegen zu berücksichtigen, es sei denn, es läge ein atypischer Fall vor. Es handelt sich dabei um hauptberufliche Tätigkeiten als Angestellter oder Arbeiter im öffentlichen Dienst, die ohne vom Soldaten zu vertretende Unterbrechung in die Begründung des Wehrdienstverhältnisses übergehen müssen. Auf ein Verschulden für die Unterbrechung kommt es nicht an. Die Unterbrechung ist dem Soldaten dann zuzurechnen, falls sie in seiner Verantwortungssphäre liegt (zum Beispiel Entlassung auf eigenen Antrag).

Ziffer 1 der Vorschrift greift dann, wenn Aufgaben wahrgenommen wurden, die regelmäßig im Geschäftsbereich des jeweiligen Dienstherrn ansonsten von Beamten oder Soldaten wahrgenommen wurden (so genannte Beamtendiensttuerzeiten).

Ziffer 2 dagegen erfasst auch sonstige Tätigkeiten, die für die spätere Dienstausübung als Soldat förderlich waren, also zur Gewinnung von Fähigkeiten und Erfahrungen auch für die spätere Verwendung als Soldat geführt haben. Auf die Zuordnung zum Hoheitsbereich kommt es nicht an.

Die Vordienstzeit muss nicht der ausschlaggebende Grund für die Begründung des Wehrdienstverhältnisses gewesen sein, sondern es genügt, dass sie gegebenenfalls unter mehreren Gründen aufgrund des funktionellen Zusammenhangs für die Ernennung mitursächlich war.

Zeiten einer vorgeschriebenen Ausbildung bzw. einer vorgeschriebenen praktischen hauptberuflichen Tätigkeit

Einem Berufssoldaten kann aufgrund § 23 Abs. 1 SVG die nach Vollendung des 17. Lebensjahres verbrachte Mindestzeit einer außer der allgemeinen Schulbildung vorgeschriebenen Ausbildung (Fachschul-, Hochschul- und praktische Ausbildung, übliche Prüfungszeit) oder einer praktischen hauptberuflichen Tätigkeit, die für die Übernahme in das Soldatenverhältnis vorgeschrieben ist, als ruhegehaltfähig anerkannt werden.

Die Zeit gemäß § 23 Abs. 1 SVG kann (also Ermessensvorschrift) nur auf Antrag anerkannt werden. Dieser ist auf dem Dienstwege für Offiziere beim Personalamt der Bundeswehr, für Unteroffiziere über die jeweilige Stammdienststelle beim Personalamt der Bundeswehr zu stellen.

Beispiel:

- Abgeschlossene Kfz-Mechanikerlehre für die Verwendung als Kfz/PzInstFw in der Laufbahn der Unteroffiziere des Truppendienstes;
- abgeschlossenes Medizinstudium für die Verwendung als Stabsarzt in der Laufbahn der Offiziere des Sanitätsdienstes;

- abgeschlossenes geowissenschaftliches Studium für die Laufbahn der Offiziere des Geoinformationsdienstes der Bundeswehr;
- als Beispiel für eine vorgeschriebene praktische hauptberufliche Tätigkeit kann die Zeit als Arzt im Praktikum nach einem Studium außerhalb der Bundeswehr genannt werden.

Wichtig: Eine Anerkennung ist aber dann nicht möglich, falls die allgemeine Schulbildung durch eine andere Art der Ausbildung ersetzt wird. Es findet dabei immer die Fassung der Vorschrift (zum Beispiel SLV) Anwendung, die zum Zeitpunkt der Begründung des Dienstverhältnisses eines Berufssoldaten gilt!

Beispiel:

- Laufbahn der Offiziere des Truppendienstes (gemäß § 23 SLV als allgemeine Schulbildungsvoraussetzung Abitur gefordert, Ersatz durch Fachhochschulreife oder anderen gleichwertigen Bildungsstand möglich)

  Hat also zum Beispiel ein Berufssoldat in der Laufbahn der Offiziere des Truppendienstes den an sich nach der SLV vorgeschriebenen allgemeinen Bildungsstand für die Laufbahn (Abitur) durch die Fachhochschulreife ersetzt, so können sämtliche Bestandteile dieser Fachhochschulreife – zum Beispiel auch eine abgeschlossene Berufsausbildung – ebenfalls nicht als ruhegehaltfähig anerkannt werden.

- Laufbahn der Offiziere des militärfachlichen Dienstes (gemäß § 40 SLV als allgemeine Schulbildungsvoraussetzung Realschulabschluss, Ersatz durch als gleichwertig anerkannten Bildungsstand möglich)

  Dem Offizier, der statt dem Realschulabschluss die Fachschulreife erlangt hat und dazu neben dem erfolgreichen Besuch der Hauptschule eine abgeschlossene Berufsausbildung benötigte, kann Letztere als vorgeschriebene Ausbildung gemäß § 23 Abs. 1 SVG nicht anerkannt werden.

Praxisrelevanz erlangt aber insbesondere die Zeit einer vorgeschriebenen Ausbildung. Hier ist zunächst zu beachten, dass Ausbildungen, die der allgemeinen Schulbildung zuzuordnen sind, in keinem Falle anerkannt werden können. Die allgemeine Schulbildung endet mit dem Abitur.

Weiterhin stellt sich die Frage, wie der Begriff „vorgeschrieben" zu verstehen ist. Die höchstrichterliche Rechtsprechung des Bundesverwaltungsgerichts hat dazu bestimmt, dass dabei alleine auf den Status Berufssoldat abzustellen ist. Nur der Berufssoldat besitzt die Anwartschaft auf eine spätere Pension, sodass danach zu fragen ist, was für eine bestimmte Laufbahn im Status Berufssoldat bzw. für eine bestimmte Verwendung innerhalb einer Laufbahn im Status Berufssoldat durch die Soldatenlaufbahnverordnung oder andere Vorschriften (zum Beispiel eine Ausbildungs- und Verwendungsreihe – AVR) vorgeschrieben ist.

Wichtig: Es spielt beim Begriff „vorgeschrieben" im Übrigen keine Rolle, unter welchen Voraussetzungen zum Beispiel als Soldat auf Zeit die Einstellung mit einem höheren Dienstgrad erfolgen konnte oder unter welchen Voraussetzungen ein Unteroffizier zur Laufbahn der Offiziere des Truppendienstes zugelassen werden konnte (vergleiche dazu § 29 SLV).

Stand also zum Beispiel der Aufstieg aus einer Laufbahn der Unteroffiziere nur einem Bewerber offen, der die für die vorgenannte höhere Laufbahn an sich geforderte allgemeine Schulbildungsvoraussetzung (= Abitur) nicht von vornherein mitbrachte, so kann daraus keinesfalls gefolgert werden, die Ersatzqualifikation Fachhochschulreife bzw. deren Einzelbestandteile (insbesondere abgeschlossene Berufsausbildung) seien „vorgeschrieben" gewesen.

Wichtig: Nach der Neuregelung durch das Dienstrechtsreformgesetz 1997 kann die Anerkennung eines Studiums, das außerhalb des Wehrdienstverhältnisses abgeleistet wurde, in Parallele zum Rentenrecht nur noch inklusive Prüfungszeit bis zu einer Höchstdauer von 3 Jahren anerkannt werden.

Wird jedoch das → Ruhegehalt noch nach einem Übergangsrecht (vergleiche § 94b SVG) festgesetzt, so bleibt bei dem dann anzustellenden Vergleich nach dem Günstigkeitsprinzip gegebenenfalls eine höhere Anerkennungsfähigkeit (zum Beispiel Mindeststudienzeit zuzüglich ein Prüfsemester) erhalten.

Das Studium als Soldat wird dagegen immer in Gänze als Wehrdienstzeit anerkannt.

Förderliche Zeiten

Gemäß § 23 Abs. 2 SVG können auch Zeiten einer praktischen Ausbildung und einer praktischen hauptberuflichen Tätigkeit nach Vollendung des 17. Lebensjahres bis zu einer Gesamtzeit von 5 Jahren auf Antrag als ruhegehaltfähige Dienstzeit berücksichtigt werden, wenn sie für die Wahrnehmung der später als Soldat auf Zeit oder Berufssoldat übertragenen Aufgaben förderlich sind. Diese Regelung greift bereits dann, wenn die während der Vordienstzeit gewonnene Lebens- und Berufserfahrung für die nach Abschluss der allgemeinen militärischen und der notwendigen verwendungsbezogenen Ausbildung nicht nur vorübergehend übertragenen Aufgaben Lebens- und Berufserfahrung gebracht hat. Diese Vorschrift wird regelmäßig weit ausgelegt.

Die Regelung wurde zum 01.01.1992 eingeführt und wird nur bei einer Ruhegehaltsfestsetzung nach dem neuen Recht berücksichtigt. Wird also die Pension nach einem Übergangsrecht festgesetzt, fällt diese Zeit gemäß § 23 Abs. 2 SVG heraus.

Es können nur Zeiten einer praktischen Ausbildung und einer praktischen hauptberuflichen Tätigkeit anerkannt werden, also in keinem Falle theoretische Ausbildungen (zum Beispiel ein nicht vorgeschriebenes Studium).

Die Gesamtdauer der Anerkennung aus Zeiten gemäß § 23 Abs. 1 und 2 SVG darf 5 Jahre nicht überschreiten.

Auch hier gilt das oben zu § 23 Abs. 1 SVG Gesagte, dass im Falle des Ersatzes der allgemeinen Schulbildung durch einen gleichwertigen Bildungsstand dessen sämtliche Komponenten ebenfalls nicht anerkennungsfähig sind.

Beispiel:

Hat ein Berufssoldat in der Laufbahn der Offiziere des Truppendienstes eine Elektrikerlehre absolviert und ist später im Bereich der ELOKA verwendet worden, so kann trotz unbestreitbarer Förderlichkeit aus dieser abgeschlossenen Berufsausbildung für die spätere Verwendung keine Anerkennung erfolgen, weil – wie aus dem Fachhochschulreifezeugnis ersichtlich – die Elektrikerlehre zusammen mit dem Realschulabschluss und dem Besuch zum Beispiel einer Bundeswehrfachschule zur Erlangung der Fachhochschulreife geführt hat, die ihrerseits das an sich geforderte Abitur ersetzt hat.

Beispiele für Anerkennung wegen Förderlichkeit:

- praktische hauptberufliche Tätigkeit als Elektroinstallateur und anschließende Verwendung als Feuerleit-Radar-Mechaniker;
- praktische hauptberufliche Tätigkeit als Bauhilfsarbeiter und anschließende Verwendung als Prüfgeräte-Mechaniker;
- praktische Ausbildung zum Bankkaufmann und anschließende Verwendung als Rechnungsführer.

Zeiten des Erwerbs besonderer Fachkenntnisse

Es handelt sich auch um Kann-Zeiten, die nur auf Antrag anerkannt werden können.

Gemäß § 24 SVG muss der Soldat besondere Fachkenntnisse, die über die mit einem Berufsbild in Verbindung gebrachten allgemeinen Kenntnisse hinausgehen, erworben haben, und diese müssen die notwendige Voraussetzung für die Einstellung gewesen sein.

Beispiele sind Verwendungen in Stellen mit technischer Spezialausbildung (etwa Waffen- und Munitionstechnik) oder Verwendungen auf einem Spezialgebiet der Laufbahn des Sanitätsdienstes, des Militärmusikdienstes und des Geo-Info-Dienstes. Die Zeiten werden höchstens bis zur Hälfte und in der Regel nicht über 10 Jahre hinaus berücksichtigt.

Zeiten im Beitrittsgebiet bis zum 02.10.1990

Diese Zeiten sind sowohl als Wehrdienstzeit als auch als sonstige Vordienstzeit nicht ruhegehaltfähig, falls die allgemeine Wartezeit in der gesetzlichen Rentenversicherung (60 Monate) erfüllt ist und diese Zeiten auch als Rentenzeiten Berücksichtigung finden (§ 24b SVG und

§ 2 Nr. 5 SVÜV). Das Bundesverwaltungsgericht hat dies in einer Entscheidung vom 16.11.2000 – 2 C 23.99 – als verfassungsgemäß eingestuft. Die Bemühungen des DBwV zu einer Korrektur auf politischer Ebene werden jedoch unverändert fortgeführt.

Antrag und Genehmigungsvorbehalte

Der Antrag auf Anerkennung der Kann-Zeiten (§§ 23 und 24 SVG) sollte keineswegs erst kurz vor der Versetzung in den Ruhestand und erst recht nicht erst danach gestellt werden. Gemäß § 46 Abs. 2 Satz 2 SVG ist sogar vorgesehen, dass bereits bei der Berufung in das Dienstverhältnis eines Berufssoldaten über die Zeiten nach den §§ 22–24 SVG als ruhegehaltfähige Dienstzeit entschieden werden soll. Wird ein Antrag auf Berücksichtigung von Vordienstzeiten nach den §§ 23 und 24 SVG später als 3 Monate nach Beginn des Ruhestandes gestellt, können solche Zeiten erst ab Beginn des Monats berücksichtigt werden, in dem der Antrag gestellt wurde. Die Anerkennung steht immer unter dem Vorbehalt eines Gleichbleibens der Rechtslage.

Zu beachten ist weiterhin, dass die Anerkennung von Kann-Zeiten (§§ 23 und 24 SVG) aufgrund der Ausgestaltung als Ermessensvorschrift wieder rückgängig gemacht werden kann, falls zur Pension später eine weitere Alterssicherungsleistung hinzutritt, die nicht wie zum Beispiel eine Altersrente aus der gesetzlichen Rentenversicherung gemäß § 55a SVG mit der Pension verrechnet werden darf. Auch dazu findet sich grundsätzlich ein entsprechender Widerrufsvorbehalt im Bescheid.

Musterbeispiele sind zum Beispiel das Altersruhegeld aus einer berufsständischen Versorgungseinrichtung (zum Beispiel Ärzteversorgung) oder eine Betriebsrente.

In diesen Fällen dürfen nach einer entsprechenden Verwaltungsvorschrift Kann-Zeiten nur insoweit angerechnet werden, sofern sich durch ihre Berücksichtigung keine höhere Gesamtversorgung (Ruhegehalt zuzüglich Altersruhegeld) als die ansonsten geltende Höchstgrenze – regelmäßig 75 v. H. der ruhegehaltfähigen Dienstbezüge – erzielt würde. Man bezeichnet dies auch als so genannte „Quasi-Ruhensregelung".

Die → Karl-Theodor-Molinari-Stiftung des DBwV bietet ebenfalls vorbereitende Wochenseminare – auch mit Ehefrauen – an.

Wehrdienstbeschädigung (WDB)

Das SVG regelt in den §§ 80 ff. die so genannte Beschädigtenversorgung, die bei Vorliegen einer Wehrdienstbeschädigung (WDB) gewährt wird.

Die Beschädigtenversorgung ist statusunabhängig, d. h., sie wird jedem Soldaten (Soldaten, die nach dem Wehrpflichtgesetz Wehrdienst leisten, SaZ und Berufssoldaten) zuteil. Sie tritt dabei neben die eigentliche statusabhängige Regelversorgung. Ein Berufssoldat a. D. erhält daher neben seinem Ruhegehalt bei einer anerkannten WDB zusätzliche, hinzutretende Leistungen (zum Beispiel eine steuerfreie Grundrente gemäß § 80 SVG i. V. m. § 31 BVG).

Voraussetzungen einer Wehrdienstbeschädigung

Die Grundvorschrift für den Tatbestand einer WDB findet sich in § 81 Abs. 1 SVG. Danach versteht man unter einer WDB eine gesundheitliche Schädigung, die durch eine Wehrdienstverrichtung, durch einen während der Ausübung des Wehrdienstes erlittenen Unfall oder durch die dem Wehrdienst eigentümlichen Verhältnisse herbeigeführt worden ist.

Es sind also im Prinzip 3 verschiedene Fallvarianten zu unterscheiden:

Gesundheitliche Schädigung durch eine Wehrdienstverrichtung

Erfasst sind dadurch sämtliche gesundheitlichen Schädigungen, die infolge der Ausübung des Wehrdienstes verursacht werden. Nicht erfasst sind damit gesundheitliche Beeinträchtigungen, die sich der Soldat in der Freizeit zuzieht, oder die zwar in zeitlichem Zusammenhang mit dem Wehrdienst eintreten, für die dieser jedoch nicht die eigentliche Ursache ist. Bedeutung erlangt dies im Rahmen der so genannten Gelegenheitsursache. Liegt also eine anlagebedingte Vorschädigung vor, so kann zum Beispiel eine bestimmte Bewegung/Anstrengung während des Wehrdienstes das Leiden auslösen, geschieht jedoch dabei rein zufällig. Genauso gut hätte oftmals eine ähnliche Bewegung in der Freizeit zur gleichen gesundheitlichen Beeinträchtigung führen können.

Beispiel:

Herzinfarkt beim Dienstsport aufgrund einer bereits anlagebedingt vorhandenen Gefäßverengung.

Ebenfalls nicht erfasst ist ein Unfall auf dem Kasernengelände während der Freizeit.

Gesundheitliche Schädigung durch einen Dienstunfall

Unter dem Begriff des Dienstunfalles versteht man gemäß § 27 SVG ein auf äußerer Einwirkung beruhendes, plötzliches, örtlich und zeitlich bestimmbares, einen Körperschaden verursachendes Ereignis, das in Ausübung oder infolge des Dienstes eingetreten ist. Mithin werden zum Beispiel Krankheiten grundsätzlich nicht dem Begriff des Dienstunfalls zugeordnet, da es dabei regelmäßig an einem plötzlichen Ereignis fehlen wird. Es gilt daher der Satz: Jeder Dienstunfall ist eine WDB, aber nicht jede WDB ist unbedingt ein Dienstunfall.

Gesundheitliche Schädigung durch dem Wehrdienst eigentümliche Verhältnisse

Hierunter fallen alle Verhältnisse, die sich wehrdiensttypisch vom Zivilleben unterscheiden. Es handelt sich um eine Art Sammelbegriff, dessen Hauptanwendungsbereich im Falle der Inanspruchnahme der unentgeltlichen truppenärztlichen Versorgung liegt (siehe auch so genannter OP-Erlass vom 10.12.1986 in ZDv 20/30 Kap 4 II).

Erfolgt also die unentgeltliche truppenärztliche Versorgung nicht nach den Regeln der ärztlichen Kunst, so stellen daraus resultierende gesundheitliche Schädigungen eine WDB dar.

Neben dem eigentlichen Anwendungsbereich anhand der Definition der WDB gibt es bestimmte andere gesundheitliche Schädigungen, die als WDB gelten (gesetzliche Fiktion).

Insofern wird zum Beispiel ein so genannter Wegeunfall dem Bereich der WDB zugeordnet, d. h., ein Unfall, der sich beim Zurücklegen des mit dem Wehrdienst zusammenhängenden Weges nach und von der Dienststelle ereignet (vergleiche § 81 Abs. 4 Nr. 2 SVG).

Eine Besonderheit gilt auch für die Teilnahme bei einer besonderen Auslandsverwendung im Sinne des neuen Einsatzversorgungsgesetzes, in deren Rahmen eine WDB bereits immer dann angenommen wird, wenn die gesundheitliche Schädigung auf vom Inland wesentlich abweichende Verhältnisse zurückzuführen ist, denen der Soldat während dieser Verwendung besonders ausgesetzt war. Erkrankt der Soldat zum Beispiel an einer für das Verwendungsgebiet typischen Erkrankung, so ist der Nachweis, ob sich die Infizierung während des Dienstes ereignet hat, entbehrlich (siehe auch → Auslandsversorgung).

Eine gesundheitliche Schädigung im vorgenannten Sinne führt jedoch nur dann zu Ersatzansprüchen wegen einer WDB, wenn sich daraus eine verbleibende (dauerhafte) so genannte Gesundheitsstörung als Folge einer WDB entwickelt.

Sehr problematisch in den WDB-Fällen ist oftmals der Nachweis des so genannten Ursachenzusammenhangs zwischen dem schadenstiftenden Ereignis (Wehrdienstverrichtung, Dienstunfall, wehrdiensteigentümliche Verhältnisse usw.) und der gesundheitlichen Schädigung sowie andererseits zwischen der gesundheitlichen Schädigung (so genannte primäre Gesundheitsbeeinträchtigung) und der dauerhaft verbleibenden Gesundheitsstörung.

In beiden Fällen muss es wahrscheinlich sein, dass ein Ursachenzusammenhang besteht (vergleiche § 81 Abs. 6 SVG). Die bloße Möglichkeit reicht also dafür nicht aus. Die Wahrscheinlichkeit wird bejaht, wenn nach der geltenden ärztlich-wissenschaftlichen Lehrmeinung mehr für als gegen einen Ursachenzusammenhang spricht. Gelingt es nicht, den Beweis des Ursachenzusammenhangs zu führen, so geht dieses Risiko zu Lasten des Antragstellers (Soldaten).

Eine Besonderheit stellt dabei noch die so genannte Kann-Versorgung gemäß § 81 Abs. 6 Satz 2 SVG dar. Besteht in der Medizin Ungewissheit über die Ursache eines Leidens (und nur dann!), kann mit Zustimmung des Bundesministeriums für Gesundheit und Soziale Sicherheit eine Gesundheitsstörung unter bestimmten Voraussetzungen als WDB anerkannt werden. Welche Voraussetzungen im Einzelnen erfüllt sein müssen, regeln die „Anhaltspunkte für die ärztliche Gutachtertätigkeit im sozialen Entschädigungsrecht und nach dem Schwerbehindertengesetz".

Beispiel:

Multiple Sklerose (MS)

- Körperliche Belastungen oder Witterungseinflüsse, die nach Art, Dauer und Schwere geeignet sind, die Resistenz herabzusetzen;
- Krankheiten, bei denen eine toxische Schädigung oder eine erhebliche Herabsetzung der Resistenz in Frage kommt;
- Elektrotraumen (mit Stromverlaufsrichtung über das Rückenmark).

Haben vorgenannte Umstände vorgelegen, sind die Voraussetzungen für eine Kann-Versorgung dann gegeben, wenn die Erstsymptome der MS während der Einwirkung der genannten Faktoren oder mehrere Monate (bis zu 8) danach oder in der Reparationsphase (bis zu 2 Jahre) im Anschluss an eine unter extremen Bedingungen verlaufende Kriegsgefangenschaft aufgetreten sind.

Bewertung des Körperschadens

Der Maßstab für die medizinische Bewertung einer Gesundheitsschädigung als WDB-Folge stellt die so genannte Minderung der Erwerbsfähigkeit (MdE) dar. Sie darf nicht verwechselt werden mit der → Dienstunfähigkeit nach dem SVG bzw. einer vollständigen oder teilweise verminderten Erwerbsfähigkeit nach Rentenrecht. Ebenfalls ist die MdE vom Grad der Behinderung (GdB) zu unterscheiden, dessen Bewertung auch die Nicht-WDB-Folgen erfasst.

Prinzipiell ist der entsprechende Prozentsatz den „Anhaltspunkten für die ärztliche Gutachtertätigkeit im sozialen Entschädigungsrecht und nach dem Schwerbehindertengesetz" zu entnehmen, an denen sich auch die Rechtsprechung orientiert. Die Zahlung einer Rente wegen einer WDB erfolgt ab einer MdE von mindestens 25 v. H., zudem muss eine nicht nur vorübergehende Gesundheitsstörung vorliegen (mehr als 6 Monate).

Zuständigkeiten

Die Zuständigkeiten für die Ansprüche aufgrund einer WDB sind geteilt in die Zeit des aktiven Dienstverhältnisses und die Zeit nach dessen Beendigung.

Während des Dienstverhältnisses ist die Wehrbereichsverwaltung zuständig. Als mögliche Ansprüche kommen die Zahlung einer Grundrente analog zu § 31 BVG sowie eine Schwerstbeschädigtenzulage (ab einer MdE von 90 v. H.) in Betracht (vergleiche § 85 Abs. 1 SVG).

Zu den einzelnen Rentenleistungen und deren Höhe siehe → Bundesversorgungsgesetz.

Ebenfalls kann ein Ersatz für Sachschäden an Kleidungsstücken bzw. sonstigen mitgeführten Privatgegenständen in Betracht kommen, wenn es um einen Unfall während des Wehrdienstes geht (§ 86 Abs. 1 SVG). Es handelt sich um eine Ermessensvorschrift. Die einschlägige Verwaltungsvorschrift sieht im Übrigen zahlreiche Einschränkungen vor.

Nach Beendigung des Wehrdienstverhältnisses geht die Zuständigkeit auf das für den Wohnort zuständige Versorgungsamt über. Es handelt sich dabei um eine zivile Behörde der Landesverwaltung.

In Baden-Württemberg ist vorgesehen, im Rahmen einer Verwaltungsreform die Versorgungsämter als eigenständige Behörden aufzulösen und in die Kommunalbehörden einzugliedern.

Die Ansprüche, die durch das Versorgungsamt gewährt werden können, sehen neben der Grundrente bzw. der Schwerstbeschädigtenzulage noch weitere Leistungen vor. Insbesondere zu nennen sind die freie Heilbehandlung der durch eine WDB verursachten Gesundheitsschädigung, berufliche Rehabilitationsmaßnahmen sowie sonstige Rentenleistungen (zum Beispiel Ausgleichsrenten, Berufsschadensausgleich usw.), die allesamt im → Bundesversorgungsgesetz (BVG) geregelt sind.

Einzelfragen

Wirbelsäulenschäden

Gesundheitsstörungen an der Wirbelsäule bzw. an den Bandscheiben stellen einen Schwerpunkt im Rahmen der WDB-Verfahren dar. Die Anerkennung derartiger Gesundheitsstörungen als Folge einer WDB ist als äußerst schwierig zu bezeichnen.

Die höchstrichterliche Rechtsprechung des Bundessozialgerichtes (vergleiche zum Beispiel Urteil vom 05.05.1993, Az. 9/9a RV 25/02) hat sich für den Fall, dass es zu keinem unfallbedingten Trauma auf den Wirbelapparat gekommen ist, bei den unfallunabhängigen Krankheiten hinsichtlich des versorgungsrechtlich geschützten Bereichs am Vorbild des Berufskrankheitenrechts, insbesondere der gesetzlichen Unfallversicherung, orientiert.

Das bedeutet, dass eine Anerkennung nur dann möglich ist, falls die Voraussetzungen für eine Berufskrankheit vorliegen. Diese sind in einer eigenständigen Rechtsverordnung, der Berufskrankheitenverordnung, abschließend geregelt.

Praxisrelevanz erlangen die Berufskrankheiten Nr. 2109 und 2110.

2109: Bandscheibenbedingte Erkrankungen der Halswirbelsäule durch langjähriges Tragen schwerer Lasten auf der Schulter, die zur Unterlassung aller Tätigkeiten gezwungen haben, die für die Entstehung, die Verschlimmerung oder das Wiederaufleben der Krankheit ursächlich waren oder sein können.

2110: Bandscheibenbedingte Erkrankungen der Lendenwirbelsäule durch langjährige, vorwiegend vertikale Einwirkung von Ganzkörperschwingungen im Sitzen, die zur Unterlassung aller Tätigkeiten gezwungen haben, die für die Entstehung, die Verschlimmerung oder das Wiederaufleben der Krankheit ursächlich waren oder sein können.

Diese Berufskrankheit erlangt vor allem Bedeutung für Führer von Luftfahrzeugen sowie von Militärfahrzeugen im Gelände.

Wichtig: Der Begriff „langjährig“ wird dabei durch die Rechtssprechung als „mindestens 10 Jahre“ ausgelegt, wobei die Krankheitssymptome während dieser so genannten Expositionsdauer nicht aufgetreten sein dürfen. Ansonsten wird von einer anlagebedingten Vorerkrankung ausgegangen.

Schadensersatz/Schmerzensgeld

Die Geltendmachung von Schadensersatzansprüchen ist weitestgehend ausgeschlossen. § 91a SVG stellt in diesem Zusammenhang einen Haftungsausschluss dar. Schadensersatzansprüche sind an sich im SVG bei einer WDB nicht vorgesehen und können gemäß § 91a SVG nur dann nach sonstigen Vorschriften gegen den Bund oder einen Kameraden geltend gemacht werden, wenn eine vorsätzliche Dienstpflichtverletzung (Beispiel: vorsätzlicher Verstoß gegen einen Befehl) vorliegt. Dies wird in den seltensten Fällen nachweisbar sein.

Der Vorsatz muss sich dabei im Übrigen nicht auf den Körperschaden selbst beziehen.

Dieser Haftungsausschluss ist durch das Verfassungsgericht bereits im Jahre 1971 höchstrichterlich bestätigt worden, weil zur Aufrechterhaltung der Disziplin in der Truppe vor allem Klagen von Kameraden untereinander vermieden werden sollten.

Im Übrigen wird darauf verwiesen, dass für die nach dem SVG vorgesehenen Ansprüche ein Verschuldensnachweis nicht erforderlich ist und somit eine schnelle Entschädigung gewährleistet werden soll. Dem kann bei der bekannt langen Verfahrensdauer in der Praxis nicht gefolgt werden.

Wichtig: Der Haftungsausschluss gilt nicht für die Teilnahme am allgemeinen Straßenverkehr, wenn also zum Beispiel bei einem Wegeunfall Schmerzensgeld gegen den „zivilen" Unfallgegner eingeklagt werden soll (Urteil des BGH vom 02.11.1989, Az. II ZR 133/88).

Dienstbeschädigungen in der NVA

In diesem Zusammenhang greift das WDB-Recht nach dem SVG nicht. Für in der NVA erlittene Körperschäden hat der Gesetzgeber den so genannten Dienstbeschädigungsausgleich (DBA) in einem eigenständigen Gesetz vorgesehen. Er ist bei der Wehrbereichsverwaltung Ost in Strausberg zu beantragen und setzt einen Körperschaden in Höhe von 20 v. H. voraus. Die Höhe des DBA orientiert sich dabei an der Grundrente des § 31 BVG.

Vorbehaltsbescheid

Oftmals wird vor der endgültigen Bewertung der durch eine WDB verursachten MdE ein Vorbehaltsbescheid erteilt. Dieser ist an sich im Sinne der Fürsorgepflicht des Dienstherrn zu verstehen, da eine Rentenzahlung bereits ermöglicht wird, bevor die endgültige Festlegung der MdE nach den entsprechenden Richtlinien vorliegt.

Außerdienstlicher Sportunfall

Problematisch ist die Ausübung individuellen außerdienstlichen Sports bzw. die Teilnahme am gemeinsamen außerdienstlichen Sport.

Eine WDB ist nur dann zu bejahen, falls die (außerdienstliche) sportliche Betätigung dienstlichen Interessen diente und durch organisatorische Maßnahmen sachlicher und persönlicher Art in den weisungsgebundenen Dienstbereich einbezogen war. Vorausgesetzt wird, dass der Sport von dem zuständigen Disziplinarvorgesetzten aus dienstlichen Gründen genehmigt sowie von einem von ihm beauftragten Soldaten oder von einer von ihm bestellten Zivilperson, die in einem Dienstverhältnis zur Bundeswehr steht, verantwortlich geleitet worden war.

Erfolgt sportliche Betätigung jedoch in der Freizeit auf eigenen Entschluss, so liegt keine WDB vor. Dies gilt selbst dann, wenn die sportliche Betätigung dienstlich erwünscht oder gefördert war.

Verjährung/Verzinsung

Rentenansprüche aufgrund einer WDB stellen an sich Leistungen des sozialen Entschädigungsrechts dar. Durch eine gesetzliche Neuregelung in § 88 SVG ist nunmehr vorgesehen, dass die Verjährungsfrist gemäß § 45 SGB I stets 4 Jahre beträgt. Wird also in 2004 die Anerkennung einer WDB beantragt, können die Rentenzahlungen rückwirkend frühestens ab 01.01.2000 erfolgen. Außerdem ist die Grundrente gemäß § 44 SGB I wie jede andere Sozialleistung zu verzinsen.

Verfahrenseinleitung

Während des Wehrdienstverhältnisses ist ein WDB-Verfahren von Amts wegen einzuleiten, wenn Anzeichen für das Vorliegen einer WDB bestehen. Vielfach gerät das Verfahren aber auch dadurch „ins Rollen", dass der Betroffene einen Antrag beim Truppenarzt stellt und dieser sodann ein WDB-Blatt anlegt.

Für die Zeit nach Beendigung des Wehrdienstverhältnisses ist immer ein Antrag beim Versorgungsamt zu stellen. Dies sollte auch zeitnah geschehen, da die Leistungen nur dann ohne Unterbrechung gezahlt werden, wenn dieser Antrag innerhalb eines Jahres nach Beendigung des Wehrdienstverhältnisses gestellt wird!

Zu den Einzelheiten einer WDB-Erfassung siehe WDB-Erlass (VMBl. 1997, Seite 32).

Verbindlichkeit bekannt gegebener Entscheidungen

Gemäß § 88 Abs. 3 SVG ist zu beachten, dass eine bekannt gegebene Entscheidung der WBV das Versorgungsamt bzw. umgekehrt des Versorgungsamts die WBV hinsichtlich der Feststellung des Ursachenzusammenhangs zwischen Wehrdienst und Gesundheitsschädigung bindet. Lediglich in dem Falle, in dem sich nachträglich herausstellt, dass bei der ersten Entscheidung zum Beispiel das Recht unrichtig angewandt oder von einem fehlerhaften Sachverhalt ausgegangen wurde, kann eine Abweichung erfolgen.

Hinsichtlich der prozentualen Bewertung der MdE ist jedoch eine Abweichung stets möglich, da sich der Gesundheitszustand des Betroffenen selbstredend ständig verändern kann.

Anrechnung von Leistungen

Zu beachten ist, dass gemäß § 84 Abs. 6 SVG i. V. m. § 65 Abs. 1 Nr. 2 BVG in dem Fall, in dem der Pensionär eine Versorgung infolge eines Dienstunfalles oder qualifizierten Dienstunfalles erhält, die Leistungen wegen der WDB in Höhe der Differenz zwischen der Normalversorgung und der wegen des (qualifizierten Dienstunfalles) höheren Versorgung nicht greifen. Ausnahme: Die Grundrente gemäß § 31 BVG.

Bei Hinterbliebenen gilt selbst diese Ausnahme nicht, sodass regelmäßig die Witwe, deren Hinterbliebenenversorgung auf einer Dienstunfallversorgung basiert, über die WDB keine zusätzlichen Leistungen erhält.

Beispiele aus der Rechtsprechung

§

Es ist mit dem Grundgesetz vereinbar, dass gemäß § 91a SVG eine WDB nur durch die im SVG ausdrücklich genannten Ansprüchen entschädigt wird und daher grundsätzlich ein Anspruch auf Schmerzensgeld ausgeschlossen ist (Ausnahme: vorsätzliche Dienstpflichtverletzung).

BVerfG, Beschluss vom 22.06.1971, 2 BvL 10/69

Außerdienstlicher Sport kann unter bestimmten Voraussetzungen eine so genannte dienstliche Veranstaltung werden, wenn er dienstlichen Interessen dient und durch organisatorische Maßnahmen sachlicher und persönlicher Art in den weisungsgebundenen Dienstbereich eingebunden wurde.

BSG, Urteil vom 22.04.1998, B 9 V 20/97 R

Wer von einem „dritten Ort“, also nicht dem Wohnort, nach privater Verrichtung zum Dienst fährt, erleidet keinen Wegeunfall und damit keine WDB.

LSG Niedersachsen-Bremen vom 09.10.2003, L 10/5 VS 3/02

Gesundheitsstörungen durch die Inanspruchnahme der unentgeltlichen truppenärztlichen Versorgung können zwar eine WDB, jedoch nicht ein Dienstunfall im Sinne des Dienstunfallrechts mit der Folge einer erhöhten Pension (Unfallruhegehalt) sein.

BVerwG, Urteil vom 17.10.1991, 2 C 8/91

Die Anerkennung von Wirbelsäulenschäden bei Hubschrauberpiloten bzw. Bordmechanikern als WDB-Folge bedingt, dass die Voraussetzungen einer Berufskrankheit im Sinne der Berufskrankheitenverordnung vorliegen, es sei denn, es läge ein unfallbedingtes Trauma vor.

SG Hannover, Urteil vom 10.09.2002, S 18 V 5 11/96 sowie LSG Baden-Württemberg, Urteil vom 01.07.2003, L 11 VS 2569/02

Erfolgt bei einer unentgeltlichen truppenärztlichen Versorgung eine Operation später, als diese bei freier Arztwahl hätte vorgenommen werden können, liegt eine WDB vor, wenn eine gesundheitliche Beeinträchtigung dadurch länger andauert.

BSG, Urteil vom 25.03.2004, B 9 SV 1/02 R

Muss ein Soldat an einer dienstlich befohlenen Kasernenfeier teilnehmen und konsumiert er dabei erhebliche Mengen Alkohol, liegt eine WDB vor, wenn er anschließend volltrunken aus einem Kasernenfenster stürzt.

LSG Rheinland-Pfalz, Urteil vom 04.03.2004, L 4 VS 1/02

Achtung: Dieses Urteil hat aufgrund des Einzelfalls absoluten Ausnahmecharakter! Regelmäßig wird bei einer Alkoholisierung der Zusammenhang mit dem Wehrdienst als aufgelöst angesehen, sodass weder eine WDB noch ein Dienstunfall vorliegen!

Treten nach einem bedrohlichen Ereignis im Auslandseinsatz Depressionen ein und sind diese durch die vermeintliche Persönlichkeitsstruktur des Betroffenen nicht widerlegbar, ist von einem Ursachenzusammenhang zwischen dem Wehrdienst und der so genannten posttraumatischen Belastungsstörung auszugehen (Anerkennung als WDB).

SG Dortmund vom 30.07.2003, S 32 (7) VS 161/01

Auswirkungen der WDB auf die reguläre Versorgung

Bei Vorliegen einer WDB wird nicht nur eine Beschädigtenversorgung neben der eigentlichen Regelversorgung gewährt, sondern bei der Regelversorgung selbst treten auch bestimmte Vergünstigungen gegenüber dem Falle einer nur einfachen Dienstunfähigkeit (ohne Zusammenhang mit dem Wehrdienst) auf.

Im Wesentlichen sind vier Aspekte zu nennen:

- Dienstaltersstufe des Grundgehalts

  Bei einer (anerkannten) WDB wird das Grundgehalt automatisch aus der letzten Dienstaltersstufe bemessen. Bei der einfachen Dienstunfähigkeit lediglich aus der Dienstaltersstufe, die der Betroffene erreicht hat.

- Hinzuverdienst

  Es gilt bei einer WDB eine erweiterte Hinzuverdienstmöglichkeit mit einer Höchstgrenze von 100 v. H. der jeweils ruhegehaltfähigen Dienstbezüge aus der Endstufe des Grundgehalts. Bei einer einfachen Dienstunfähigkeit gilt lediglich eine Hinzuverdienstgrenze von 75 v. H. der jeweils ruhegehaltfähigen Dienstbezüge aus der Endstufe des Grundgehalts, erhöht um 325,00 EUR.

- Wartezeit für die Versorgung aus dem letzten Amt

  Bei einer WDB ist es nicht erforderlich, bereits 3 Jahre vor der Versetzung in den Ruhestand befördert worden zu sein, um aus der letzten Besoldungsgruppe auch versorgt zu werden. Anders bei der einfachen DU, bei der diese Wartezeit aus dem letzten Amt gemäß § 18 SVG zu erfüllen ist.

- Versorgungsabschläge

  Die Versorgungsabschläge gemäß § 26 Abs. 10 SVG werden bei einer WDB nicht in Abzug gebracht. Bei der einfachen Dienstunfähigkeit werden für jedes Jahr einer vor der eigentlichen Altersgrenze erfolgten Versetzung in den Ruhestand 3,6 v. H., maximal 10,8 v. H. vom Ruhegehalt (nicht Ruhegehaltssatz!) abgezogen.

Wehrübungen (soziale Absicherung)

Zur Wahrung der Rechte bei der Einberufung zum Wehrdienst ist die genaue Beachtung von Vorschriften und Meldepflichten von besonderer Bedeutung. Die Nichtbeachtung kann zu erheblichen Nachteilen führen.

Über Rechte und sich daraus ableitende Pflichten informieren Sie sich bitte rechtzeitig in der jeweils gültigen Broschüre „Leistungskatalog für Wehrpflichtige und Reservisten", die bei Ihrem Kreiswehrersatzamt ausliegt.

Wohngeld

Nach dem Wohngeldgesetz in der Neufassung vom 23.01.2002 können Mieter Wohngeld in Form eines Mietzuschusses sowie Eigentümer eines Eigenheimes oder einer Eigentumswohnung in Form eines Lastenzuschusses erhalten. Das Familieneinkommen darf bestimmte Höchstbeträge, die nach der Zahl der zur Familie zählenden Personen gestaffelt sind, nicht übersteigen. Maßgebend ist das bereinigte Familieneinkommen, d. h., es können Freibeträge für Kinder bzw. für bestimmte Personengruppen (unter anderem pflegebedürftige Schwerbehinderte), Werbungskosten und Betriebsausgaben neben pauschalen Freibeträgen abgezogen werden.

Anträge auf Mietzuschuss und Lastenzuschuss sind bei der zuständigen Gemeinde-, Stadt-, Amts- oder Kreisverwaltung einzureichen. Diese Stellen erteilen auch Auskunft über Einzelheiten der Berechnung des Wohngeldes.

Wohnungsfürsorge

Bei ausgeschiedenen Soldaten konzentriert sich hierbei die Frage darauf,

- ob sie berechtigt sind, in einer dem Besetzungsrecht des Bundes unterliegenden Wohnung (Bundesdarlehenswohnung, bundeseigene Wohnung) weiterhin wohnen bleiben zu dürfen bzw.
- ob ihnen auch nach dem Ausscheiden eine Bundesbedienstetenwohnung (Bundesdarlehenswohnung, bundeseigene Wohnung) zugewiesen werden kann.

Ehemalige Berufssoldaten unterliegen weiterhin der Wohnungsfürsorge des Bundes. Das sehen die Wohnungsvergaberichtlinien vom 01.09.1998 ausdrücklich vor.

Ruheständler haben Anträge auf Wohnungszuteilung unmittelbar bei der für ihren Wohnort zuständigen Standortverwaltung zu stellen.

Zulagen (Ruhegehaltfähigkeit)

siehe → Ruhegehalt

Stichwortverzeichnis